JOB HUNTING GUIDE

How to Get a Great Job in Finance

金融求职宝典

玩转金融业的正确姿势

金融小伙伴◎著

增订版

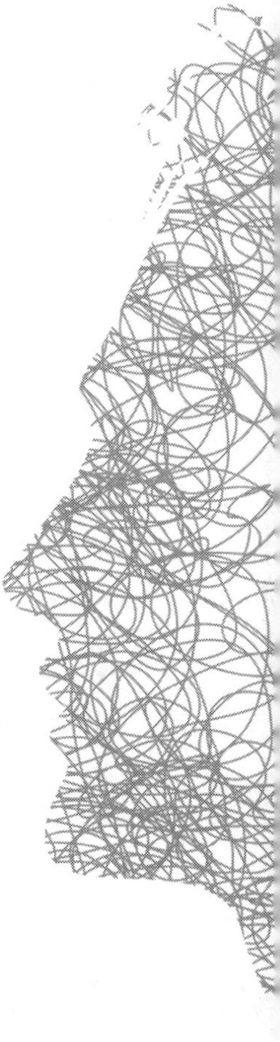

中国市场出版社
China Market Press
·北 京·

图书在版编目（CIP）数据

金融求职宝典：玩转金融业的正确姿势 / 金融小伙伴著 . —增订本 . —北京：中国市场出版社，2017.7
ISBN 978-7-5092-1563-0

Ⅰ. ①金… Ⅱ. ①金… Ⅲ. ①金融业 – 职业选择 Ⅳ. ① F83

中国版本图书馆 CIP 数据核字（2017）第 113612 号

金融求职宝典：玩转金融业的正确姿势（增订版）

JINRONG QIUZHI BAODIAN: WANZHUAN JINRONGYE DE ZHENGQUE ZISHI（ZENGDINGBAN）

金融小伙伴 著

责任编辑：白 琼（qiongbaiace@126.com） 张 瑶

出版发行：中国市场出版社 China Market Press

地 址：北京市西城区月坛北小街 2 号院 3 号楼（100837）

电 话：编 辑 部（010）68032104 读者服务部（010）68022950
总 编 室（010）68020336 盗 版 举 报（010）68020336
发 行 部（010）68021338 68020340 68053489
68024335 68033577 68033539

技术支持：致胜防伪溯源系统（一书一码）

经 销：新华书店

印 刷：河北鑫兆源印刷有限公司

规 格：170 毫米 ×240 毫米 16 开本

印 张：25.25 **字 数：**400 千字

版 次：2017 年 7 月第 1 版 **印 次：**2019 年 10 月第 3 次印刷

书 号：ISBN 978-7-5092-1563-0

定 价：56.00元

本书编写组

编　委

邹永胜： 华东政法大学金融法硕士，现就职于中泰证券投行委资本市场部。

陈利俊： 南开大学金融硕士，现就职于中泰证券投行委并购部。

段小刚： 北京大学经济学硕士，现就职于中信建投证券债券承销部。

黄懿杰： 清华大学经济学硕士，现就职于光大安石投资。

李海荣： 上海交通大学金融硕士，现就职于中国人保资产管理有限公司。

彭波： 华南理工大学生物医学工程硕士，现就职于前海联合基金研究部。

吴普云： 中国社会科学院税务硕士，现就职于中信建投证券债券承销部。

邓凯迪： 南开大学金融硕士，现就职于天风证券并购融资部。

赵玉松： 南开大学经济学硕士，现就职于中银国际证券投行部。

特邀作者

于梦洋： 复旦大学金融硕士，现就职于上海银行总行投资银行部。

胡西辉： 北大光华金融硕士，现就职于中国工商银行总行资管部。

薛雨晴： 南开大学金融硕士，现就职于中国农业银行总行托管部。

梁路平： 中国人民大学金融硕士，现就职于民生证券研究所固收组。

邵伟： 上海财经大学金融工程硕士，现就职于国海证券研究部传媒组。

胡叶倩雯： 武汉大学会计学硕士，现就职于中信证券研究部。

谭天问： 西南财经大学金融学硕士，现就职于中信建投证券固定收益部。

刘则： 清华大学经济学硕士，现就职于金石投资有限责任公司。

仲丹丹： 中国人民大学管理学硕士，现就职于中泰证券投行委并购部。

王榕： 华东政法大学法律硕士，现就职于招商证券场外市场部。

王浩： 英国伯明翰大学硕士，现就职于中国出口信用保险公司资产管理事业部。

魏雷： 中央财经大学财政学硕士，现就职于申万宏源证券资产管理事业部。

刘年康：重庆大学金融硕士，现就职于九鼎投资。

刘素雅：同济大学企业管理硕士，现就职于德邦证券资产管理部。

陈关武：武汉大学统计学硕士，现就职于国金证券投资银行部。

王方舟：北京大学保险专业硕士，现就职于中银基金有限责任公司。

王文翰：山东大学保险专业硕士，现就职于工商银行北京分行。

推荐序 I

JOB HUNTING GUIDE
How to Get a Great Job in Finance

管清友

民生证券副总裁、研究院院长

如是金融研究院首席经济学家

国家发展改革委城市与小城镇中心学术委员

小伙伴们常常问我，如何做一名优秀的卖方研究员？先做卖方？还是先做研究？我的回答是：先做自己。其实这不只适用于卖方研究员，对每一个金融从业者来说都是最基本的要求。

金融业是离财富最近的地方，正因为如此，才容易让人远离自己。资本市场的时变与喧嚣，足以淹没个人的意志。谁也不能保证从不犯错，研究员尤甚。做自己，就是在市场的惊涛骇浪中不随波逐流，朝着自己的方向坚持下去。

“金融小伙伴”就是一个鲜活的例子。三年前，当耳边充斥着各种创业者关于市场痛点的“宏伟蓝图”时，我发现身边的几位实习生已经结结实实地抓住市场痛点，组建了一个实习交流平台，逐渐把同学们找工作的需求和工作单位找人才的需求对接了起来。这群“小伙伴”从三五个人做起，逐渐扩散到北京各高校，现在又进一步发展到全国乃至海外，当初小小的公众号已经成长为完备的金融求职平台，而当初那些只顾喊口号的同类却早已消失无踪。从一开始我就鼓励他们，这是一个学习的机会，最后在这个平台上找到什么工作不是最重要的，最重要的是你们在这里可以接触到各个行业、各种人才，这个交流学习的过程才是最大的财富。三年过去了，他们不仅在不断地学习，还把学习的成果汇成了这样一本关于金融求职的手册，非常了不起。作为一个资本领域的前辈，我由衷地为他们感到高兴，也希望借此书与各位即将或已经跨入金融业的同学分享我的建议。

首先，要有独立思考的勇气。年轻人有我们这辈人所没有的新思维，但有时也缺乏独立思考的勇气。金融业，尤其是卖方研究，是一个喧嚣的行业，诱惑和干扰，质疑和批评，乃至谩骂和诋毁，时刻萦绕在你的周围；金融业也是一个残酷的行业，政策的突变，市场的波动，甚而行业的萧条……一根长阳质疑信仰，一片绿野击垮信心，是资本市场的常态，更是对人性最大的考验。大多数人像盲目的羔羊，会向压力低头。但我们需要冷静分析市场与自己判断相背离的原因，既要不耻于修正自身的逻辑漏洞，也需要顶住压力的勇气，挑战市场偏差，坚守自己的观点。回到开头所说的，选择从事什么行业前，首先要做自己，有独立思考的勇气，才能够在市场中不断成长。

其次，要培养专注的力量。年轻人刚入职场，人微言轻，身无长物，如何在行业内崭露头角？以我从事的研究行业为例，大部分卖方研究员的从业年限和市场经验都远逊于资深的买方客户，且大部分都没做过投资，如何证明自己存在的价值呢？我想，答案的核心就是“专注”二字。买方客户一般要求“全能”，需要涵盖宏观政策走势、行业运行逻辑以及热点概念等，达到“上知天文、下晓地理”；而要做到全能，就需要大量在各自领域有所专攻的卖方研究员来支持。所以我常常告诉我的小伙伴，不要怕年轻，年轻才能让你们心无旁骛，专注于一个细分领域，如果你能花上几个月时间深挖一个领域，完成一篇深度报告，那单就这个领域来说，你完全可以成为大多数资深基金经理的老师，此所谓术业有专攻也。

各位同学，“独立”和“专注”，是我要送给你们的两个关键词。不论市场如何变化，都希望大家坚持自己的思考，专注自己的领域，对错自有市场评说。在此以英国诗人雪莱的一句话结尾：“就让我写过的东西都付诸流水，任它浮沉”。

推荐序 Ⅱ

JOB HUNTING GUIDE
How to Get a Great Job in Finance

张建平

国家发展改革委对外经济研究所国际合作室主任、研究员

中国社会经济系统分析研究会副理事长

多年来我在国家发展改革委的研究院从事国际经济合作研究工作，同时也在对外经贸大学、南开大学和首都经贸大学担任硕士生和博士生导师。这些年来，我看到很多稚嫩懵懂的学生逐渐成长，成了金融行业的中坚力量。

常有学生向我咨询求职相关的问题，选择金融业的占据了多数。在这些学生中，有的同学目标相对明确，在进入金融行业之后发展得很快；有的同学则一开始不明白自己到底喜欢什么样的工作，在职业发展中走了不少弯路。我觉得这和在校期间对自身职业生涯的规划有关。大多数在校学生多只是就眼前所见，囿于职业来考虑职业，没有真正找到自己喜欢并能胜任的职业，也没有能够站得高一

些来考虑自己长远的发展。

市面上有关金融职业规划的书籍很多都是非国内专业人士抑或工作甚久的人士所写，往往理论性有余，但实践性、时效性和代表性不足。这本《金融求职宝典》由金融行业职场上的众多新秀共同撰写而成，较为系统和准确地讲述了金融行业的概况，根据当前金融行业求职实战经验对学生进行系统指导，可读性及可操作性较强。诚意推荐本书，希望能够给求职的学子们带来帮助。

最后，也给步入职场的年轻人提一些建议。我觉得不管从事什么行业，在职业生涯的初期都应尽量做到专注，避免频繁跳槽。专注可以让人心无旁骛地去精通一个细分领域或行业，从而使人以超越同龄人的速度去成长。金融行业的浮躁，很多时候都会淹没个人的初心。希望大家还能保留在学校时做学术研究的风格，坚持独立、冷静思考问题的精神。

衷心希望莘莘学子都能够找到理想的职业，成为时代的精英，促进社会进步和市场的变革。

推荐序Ⅲ

JOB HUNTING GUIDE
How to Get a Great Job in Finance

周金涛

中信建投证券原首席经济学家

担任券商研究所的管理工作已有十余年，负责新员工招聘是我每年的例行工作。每年在校园招聘中，面试堪称海量，以每年面试100~200名新员工计算，至今我至少面试了千人以上，因此在金融机构的求职和招聘方面，有一些自己的心得。所以当金融小伙伴邀请我为这本《金融求职宝典》作序时，我欣然答应。我希望能从一个面试官的角度，给想进入金融行业的后辈们提一些建议。

首先，很多机构在新生招聘的时候是有“硬门槛”的，最常见的比如设置院校范围。小伙伴们最好在投简历之前做好功课，了解“硬门槛”的信息，因为既然硬门槛是很难突破的，不如把功夫下在自己条件适合的机构身上。其次，每一个面试官最关心的方面可能并不相同，即使是同一个面试官，他对不同的人关心的方面也可能不一样。但是，有一点是可以肯定的，对于一个学生，我们并不在意他在专业方面有多优秀，因为院校教育本身就是基础教育，与金融业的从业要求有很大的距离。我们更在意的是一个人的学习能力、交往能力和表现能力。所以，面试中呈现出的情商很重要，在面试前如果想突击一下，不如多练习如何与人沟通和交往。再次，一定要在实习环节注意改变自己的学生习惯。实习生到公司实习往往会有一个突出的问题，就是十分谨慎，不敢与指导老师交流，在完成老师交给的任务时，往往由于缺乏交流，容易偏离任务的要求，而变得被动。实习期间要勤于与指导老师交流，这样才能取得事半功倍的效果。另外，求学期间总会有一些拖沓的习惯。这与学校的生活节奏有关，但实习期间一定要注意自己行为的细节问题，有的指导老师十分注意通过细节来观察一个人的品行，最简单的就是，上班一定不能迟到。以面试官的眼光来看，专业水准是可以通过学习来提高的，但是，人的基本品行是很难改变的，所以，你在面试和实习期间表现出的基本素质，才是决定你去留的关键。

最后，推荐一下这本《金融求职宝典》。我通读了这本书，觉得这是一本很实用的金融行业求职的基础读物，显然作者在撰写本书上是下了很多功夫的。之后的版本中，如果可以加入一些素质教育方面的内容，会更加出色。正如我所述，有时细节就可以决定一个人的去留。

衷心希望金融小伙伴这个平台越办越好，希望有志于进入金融业的同学们都能够找到自己满意的工作。

注：2016 年 12 月 27 日，惊闻中信建投证券首席经济学家周金涛因病去世，享年 44 岁，感慨天妒英才。本序乃周老师患病之时所作，字字恳切，透露出对金融行业后辈的关爱与期待。

推荐序Ⅳ JOB HUNTING GUIDE How to Get a Great Job in Finance

孙刚

高维资本创始人

招商昆仑原股权投资 CEO

德意志银行原董事总经理

摩根士丹利原执行董事

这本书打动我的地方很多。其中一个，书是由很多正在从事各类金融工作的小伙伴用亲身经验和真诚的心合作写成的。愿意挤出时间把心得告诉别人，是一种快乐的分享。

我在伦敦商学院读金融硕士的时候，特别期待有前辈或师兄指导金融圈的择业技巧，例如投行、咨询、PE、对冲基金等行业的比较和什么样的人适合什么样的机会等。

选择之前很重要的一点是问自己想要做什么，想成为什么样的人，未来三五年内预计达到一个怎样的目标。

我在投资银行工作的时候，每年都从国内外名校招人，后来发现出色的伙伴往往都有一个短期目标，他们心中有明确的职业规划。不知道如何选择的时候，不妨多试试不同类型的实习环境和业务，通过实践比较来得出自己的判断。

在很久以前，毕业后的第一份工作至关重要，甚至能决定你的职业生涯。现在大可不必了，没有谁应该把自己绑在某个机构一成不变。不久的将来，很有可能凭借你的技能可以同时自由地在不同机构间穿梭！所以，大胆地去尝试有活力和新创的业务吧！

鸡汤可以没有，但是强健自己的内心随时都需要。特别需要知道，面试后被拒绝，往往不是你自己的问题，只是你与机构要找的那个人在那个时点不匹配而已。与机会的博弈是最好的认识自己和市场环境的方式，千万不要灰心和自卑。

这本书也及时地分享了互联网金融的机会。未来的平台可能都是一种金融机构，好比现在的阿里和京东等。智能金融和相互金融会不断改变金融的生态，也会带来很多有趣的工作机会。建议工作之余，多和创业公司、研习社、社群组织学习交流，不断了解新的业态和方式。千万别足不出户，只顾着手头的那些事情。

中国将逐步和全球金融市场融合，金融服务行业的机会和挑战会层出不穷。愿我们不忘初心，都能在金融圈有进步和发展。

推荐序V

JOB HUNTING GUIDE
How to Get a Great Job in Finance

曹凌松

申万宏源证券研究所人力资源总监

我个人职业生涯的绝大部分时间在两所金融行业的“黄埔军校”度过，每年的暑期、校招、春招平均要见到1000多个同学，以至于有时候面试的同学没说两句我就能说出他的问题、困惑和经历，搞得有点算命先生的嫌疑，其实当你们以后见的人多了，再加上一点点总结，就会有和我一样的感觉。

金融是如此具有魅力，一批又一批的青年才俊通过无数次的PK希望进入这个行业，但当我回头看看他们的发展轨迹，真可谓感慨万千。因此，这次金融小伙伴邀请我为这份宝典作序，便欣然应之，也希望将我的感悟和经验分享给大家。

第一个关键词叫“职业理想”。很多同学会疑惑地问：

我们就是找份工作，大家好像都在投金融行业，为什么我不投呢？而我经常会反问一个问题：你为什么要投呢？因为这关乎你的选择是用排除法做出的，是根据参照系设定的，还是源自你的理想、你的爱好。麦肯锡做项目的 PPT 前两页必有一张“Principle”，因为当你在路径选择中感到困惑时，回过来看这页就会有答案，而这一页的完成需要你花费很长的时间去思考、沟通、学习和实践。

第二个关键词叫“80 分”。我相信，那些希望投身金融行业的同学，智商肯定很高，同时智商很高的情商也不会太差，即使现在有问题也只是需要时间和催化剂。但我看到更多的是，很多非常优秀的同学会“因为优秀所以平庸”：拿到 80 分太轻松，但是要达到 95 分以上，往往需要花费大量的时间去做最基础的、重复的，甚至有些无聊的工作，边际收益太小而边际成本太大，太慢了！而我想说的是，练好基本功没有捷径。

第三个关键词叫“点位”。就像二级市场一样，大部分投资者是买在了高点抛在了低点，人们在职业生涯的初期也会有类似的经历，在遇到困难、问题、挑战时很容易放弃。“换个环境也许就能做出来了”。太多同学的经历告诉我，没有一个是因为换了环境而做出来的，只有因为换了“你自己”而成功的。当遇到困难时，其实是你处在职业生涯的低点，只有迈过去才能迎来阶段性的高点，在高点时你的信心、状态甚至议价能力都会有所不同，而且迈过一道坎的经历会让你更加与众不同。

以上谈了很多求职之“道”，因为“术”的问题在这份宝典中已经有了很棒的解答和指导。金融小伙伴是一个很好的平台，无私地为大家提供了很多经验交流和分享，所以，祝愿有志于进入金融业的同学们求职顺利！

第一版自序

JOB HUNTING GUIDE
How to Get a Great Job in Finance

蓦然回首，金融小伙伴创立已三年有余。不图近利，静水流深，点滴深扎。一路摸索前行，从未停止思考，究竟如何给予渴望进入金融业的学子们应有的指引与鼓励。这本《金融求职宝典》正是我们的诚意之作，希望能把前人对金融行业从业的认识、感悟分享给大家，带领大家更加顺利地踏上金融之路。

金融岗位一直为大家所向往，其中所涉及的工作内容、发展路径、招募标准、面试技巧……大家想知道的实在太多，然而当今网络时代知识零散而冗杂，需要用有限的精力面对近乎海量的信息。而且市面上专注于国内金融类的求职书籍少之又少，许多有志投身金融业的学子对金融市场的认识甚至停留在部分资料中所描述的——比如说认为国内的投行还是像国外电影中那样的“华尔街之狼”。这些知识和资料都是片面的，不够贴近真实的中国金融业的情况。国内金融业求职市场也是日新月异，即便你拥有名校的学历和优异的成绩，如果没有对行业的充分的认识以及充足的准备，也难以轻易寻获自己心仪的工作。条条大路通罗马，你首先需要的就是打通对行业认知的“任督二脉”，剩下的就是专注，脚踏实地，仰望星空。

本书分为行业篇、求职篇、故事篇，涵盖金融各行业概况、求职技巧及从业感悟等信息，为你娓娓道来、答疑解惑。行业篇主要包括金融业总体概况及行业分类，如银行、证券（后文均称“券商”）、基金、信托等多个板块。求职篇系统地总结了求职信息的渠道、金融业素质培养、笔试与面试技能提升等内容。故事篇则主要源自一些相关行业从业人员的感悟。

本书由就职于各大金融机构核心岗位的新秀合力撰写而成。各位作者分别撰写其擅长领域的相关章节，并分享了他们学习、工作过程中的故事和感悟。希望本书能为读者解析最真实的中国本土金融市场情况，提供第一手的金融求职信息，帮助读者在这片精英的海洋中，更早地驶向成功的彼岸。

本书虽由众多优秀的金融界人士合力撰写而成，但相关内容难免还有提高的空间，有待商榷之处欢迎大家在阅读过程中及时提出，以促使这本求职宝典日臻完善，编撰团队在此表示不胜感激。

金融小伙伴

增订版序

JOB HUNTING GUIDE
How to Get a Great Job in Finance

作为一本真正由金融从业人员合著的关于国内金融求职的书，《金融求职宝典》力求解读行业真实情况，为有志从事金融业的人指点迷津。该书问世后，在各种渠道中都收获了读者大量的好评。笔者在许多金融名校举行主题分享活动时发现，学生们基本人手一本，其受欢迎程度可见一斑。

目前，金融行业正处于一个监管政策快速更迭的过程中，频繁更替的金融监管政策，对投行、资管、固收、银行等业务都有着巨大的影响，这也直接导致金融行业求职现状发生了翻天覆地的变化。因此，笔者在上一版的基础上，迅速做了修改和完善，推出了这本增订版以应对最新的求职市场情况，提升其参考价值。

增订版在内容方面的修订和完善主要有以下几个方面：

- 求职概况。加入了 2017 年金融行业求职概况及总结，助力求职者把握金融行业最新风口！

- 笔试与面试。更新笔试内容概况，加入 2016—2017 年应届生求职的典型面试题目、案例。
- 银行章节。更新银行业务变化，加入了五大行的求职经历，替换了银行求职感悟。
- 投行章节。根据 IPO 加速、监管倡导“脱实入虚”的现实情况，更新并调整投资银行业务的竞争格局及业务方向方面的内容。
- 固定收益。“行业篇”中，在研究章节增加固收研究框架相关内容，在大资管章节增加固收一二级相关内容。
- 大资管。“行业篇”中，根据当前资产管理行业监管政策调整情况，更新了行业篇相关章节内容。
- 从业感悟。随着笔者从业经历的增加，对原有内容做了相应修改及提升。
- 行业数据、业务排名等。对全书所有的行业数据、业务排名等进行更新，力求做到与时俱进。
- 差错修订。仔细更正和修订了部分差错和疏漏。

此外，在封面用纸和装帧工艺方面，增订版进一步优化升级，力求为读者提供更加悦目方便的阅读体验。

此次修订虽精益求精，力求完美，但是由于更新增订的时间较为紧张，疏漏之处恐在所难免。如有疑问，欢迎通过各种渠道与我们联系。未来，金融小伙伴编撰团队将继续为大家提供金融行业最新、最全、最有价值的信息！

金融小伙伴

目 录 JOB HUNTING GUIDE
How to Get a Great Job in Finance

行业篇

01 大格局：金融业概况及子行业简介

知己知彼，百战不殆 / 004

你是谁：入行前的自我剖析 / 005

你从哪里来：关于学校与专业的思考 / 005

你要到哪儿去：最终职业发展方向 / 007

勿忘初心：为何想进入金融业 / 012

似乎一旦进入金融业就“钱景”无限 / 012

最初的梦想：过来人如何看 / 013

金融业很大，子行业繁多 / 015

为何金融有“五大业” / 015

金融五大业及其他子行业的分类逻辑 / 016

02 金融航母之银行业解读

银行业的前世今生 / 019

银行业的概况 / 019

银行业的发展现状 / 022

银行业的业务及岗位 / 024
商业银行的负债业务 / 024
商业银行的资产业务 / 025
商业银行的中间业务 / 025
商业银行的岗位分类 / 026

银行业的待遇概览 / 038

银行业的职业发展空间 / 039
从柜员起步 / 040
从客户经理起步 / 040
从管培生起步 / 041

银行人的出路在哪里 / 041
证券公司、信托公司等非银行金融机构 / 042
互联网金融企业 / 042
新型民营银行 / 043
其　他 / 043

附：金少银行五大行北京分行求职历险记 / 043
网申：是否纯凭运气 / 044
笔试：知识的积累与沉淀 / 044
面试：八仙过海各显神通 / 047
感　悟 / 048

银行业招聘对应届生的要求 / 048

结　语 / 050

03 资本运作弄潮儿之投行业解读

投行业的江湖与地位 / 052
大型综合券商 / 053
各类投行业务的翘楚代表 / 056
创新型精品投行 / 061

投行业的业务范围 / 062
IPO 业务 / 062
再融资业务 / 063
债券融资业务 / 065
并购业务 / 067

新三板上市业务 / 068

投行业的现状、待遇及出路 / 069

投行业的现状：多元化及上升趋势 / 070

投行业的待遇：部分信息汇总 / 070

投行新员工的工作内容及晋升路径 / 077

投行业的出路：投行人可以去哪儿 / 080

结　语 / 082

04 投资家最佳起点之研究员解读

研究从业者总体情况概览 / 084

研究部 / 所概述 / 084

研究员概述 / 087

研究员的研究方向分类 / 090

宏观研究 / 091

策略研究 / 094

金融工程 / 量化研究 / 096

固定收益研究 / 099

细分行业研究 / 101

研究员的岗位划分 / 108

卖方研究员 / 108

买方研究员 / 112

研究所的江湖与排名 / 115

卖方研究所排名媒介——《新财富》/ 115

卖方研究所评选——水晶球奖 / 119

买方研究所评选——金牛奖 / 119

研究员的职业规划与出路 / 120

进入的门槛 / 120

研究员的待遇 / 123

卖方研究员的职业通道 / 125

买方研究员的职业通道 / 126

结　语 / 127

05 异军突起之资产管理解读

大资管业的概况 / 128
大资管业概述 / 129
我国资产管理行业的现状与发展趋势 / 129

大资管业的江湖与排名 / 135
基金子公司及其规模排名 / 135
证券公司及其规模排名 / 136
保险资产管理公司及其规模实力 / 137
信托公司及其规模排名 / 138
商业银行及其规模排名 / 139

资管业务分类 / 140
非标资管业务 / 141
资本市场业务 / 144
资产证券化业务 / 147
二级市场投资 / 150
标准化固收产品投资 / 156

资管业的发展前景与出路 / 160
资管业的薪酬待遇 / 160
资管业的晋升空间及出路 / 161

资管业偏好什么样的人才 / 162
偏好的教育背景 / 162
必备的知识和技能 / 162

结 语 / 163

06 包罗万象之其他金融子行业解读

崛起中的私募大军 / 165
私募的行业概况 / 165
私募的机构 / 168
私募的业务种类和岗位 / 175
私募从业的职业规划与出路 / 176

金融体制内：金融监管机构及事业单位 / 178
金融体制内的行业概况 / 178
金融体制内的机构 / 180

金融体制内的业务和岗位 / 182
金融体制内机构的求职准备和规划 / 184
金融体制内工作的优劣势 / 186

蓬勃发展的融资租赁业 / 187
融资租赁业的行业概况 / 187
融资租赁业的机构 / 189
融资租赁业的业务和岗位 / 191
融资租赁业的职业规划 / 191

行业新贵：互联网金融 / 192
互联网金融的行业概况 / 192
互联网金融机构的分类 / 193
互联网金融机构的业务和岗位 / 195
互联网金融行业的职业规划 / 196

结　语 / 197

求职篇

07 入门：金融职业的 N 项修炼

金融业的必备素质 / 201
金融从业人员的通用素质模型 / 202
金融核心岗位从业人员素质要求 / 203

素质要求：从岗位切入 / 214

08 八面玲珑：金融业求职渠道建设

网络渠道的丰富资源 / 221
专业求职网站 / 222
相关社区论坛 / 224
新媒体平台 / 225
金融小伙伴资讯全平台 / 225

社交渠道的合理利用 / 226
合理利用已有人脉资源 / 226

充分利用学校资源 / 227
巧妙搭建社交网络 / 228

09 求职初级装备：简历和求职信

简历：一页纸上的人生 / 230
简历撰写的基本原则 / 231
简历要素解析 / 232
简历撰写细则及示例 / 234
简历制作的总结及模板 / 244

求职信：与雇主的首次半正式对话 / 248
求职信的作用 / 248
撰写求职信的要点 / 249
求职信的具体内容 / 250
求职信范例 / 251

10 求职进阶装备：笔试与面试的必胜秘籍

简历初筛及流程 / 253
初步筛选 / 253
匹配度筛选 / 254
对比筛选 / 254

网上测评 / 254
性格测评 / 255
综合能力测评 / 255

笔试须知及准备 / 256
笔试总体策略 / 257
笔试考点梳理 / 258
笔试备考经典推荐 / 259
国内主要金融机构笔试考点及招聘形式汇总 / 261

面试准备及要点 / 271
面试之前要做的准备 / 272
初面准备 / 273
初面和复试 / 279
终　面 / 290
面试之后 / 294

写一封言辞恳切的感谢信 / 295

附：金小妹求职记 / 296

结　语 / 300

故事篇

11 银行，TO BE OR NOT TO BE

银行业面临的困局与挑战：净利润增速下滑 / 305

不良双升，资产质量承压 / 305

主动求变 / 306

支行 VS 分行 VS 总行 / 306

支　行 / 306

分　行 / 307

总　行 / 307

银行 = 去能力化吗 / 307

结　语 / 308

12 风雨投行路

踏上征程 / 309

求职经验分享 / 310

求职前的准备 / 311

投行新人入行感悟 / 313

关于投行业的推荐读物 / 314

13 外资投行一定比内资投行高大上吗

为什么大家普遍觉得外资投行更高大上 / 316

为何会形成内资投行和外资投行的诸多差异 / 318

内资投行与外资投行的工作内容差异 / 320

笔者感想 / 321

结　语 / 322

14 行业研究漫谈

平凡的我 / 324

追求自己所爱，二次转行 / 324

专业上的转变：计算机→金融 / 324

金融子行业间的转变与适应 / 325

背景不突出，如何突破桎梏转行 / 326

研究工作感悟 / 327

给后来者的一些建议 / 329

结　语 / 331

15 应届生适合做私募吗

PE 行业需要什么样的能力 / 332

研究能力 / 333

执行能力 / 333

沟通能力 / 334

从事 PE 行业的感悟 / 336

为什么选择 PE 行业 / 336

从事 PE 行业的感受 / 336

16 误入信托业的法科学子

资产管理市场的现状是什么样的 / 339

信托经理 / 项目经理到底做什么 / 342

从事信托行业需要哪些知识与技能 / 343

基础阶段 / 344

进阶阶段 / 345

信托从业人员的“钱景”与前景 / 347

关于“钱景” / 347
关于前景 / 348

工作感悟 / 349
最难得的能力是靠谱 / 349
决定一个人能否成功的是学习能力 / 350
要宽容，解决问题，不要抱怨 / 350

结　语 / 351

17 从理工科闯进金融业

我为何放弃科研 / 352

我的转行经历 / 354

世上无难事，只怕有心人 / 354
理工科转行的思想准备 / 354
行研路径 / 356
行研实习和校招建议 / 358

书单和网站推荐 / 361

18 致正在参加金融业校招的你

为什么金融业校招成功这么难 / 363

校招的参与心态和战略 / 365

杂　谈 / 366

结　语 / 368

致谢 / 369
后记 / 371

JOB HUNTING GUIDE

How to Get a Great Job in Finance

行业篇

01

大格局：金融业概况及子行业简介

金融是什么？陈志武教授在《金融的逻辑》中的解释是：“金融的核心是跨时间、跨空间的价值交换，所有涉及价值或者收入在不同时间、不同空间之间进行配置的交易都是金融交易，金融学就是研究跨时间、跨空间的价值交换为什么会出现、如何发生、怎样发展，等等。”而在众多货币银行学教材的开篇中，多数将金融解释为“资金的融通”，即金融业是通过资金的调配，进行资源配置的优化。但以上这些概括，恐怕很难让读者具象化地认识到金融这个概念到底有着多么深厚的内涵。从最初的货币保管和兑换，到后来的资金借贷，发展到如今具备多样融资功能的资本市场，金融行业的概念和内涵都发生了巨大的变迁和升级。

如今，在现代经济中，金融业已成为衡量一个国家综合国力、现代化程度和经济成果的重要标志。金融源于实业，却又促进实业，二者密不可分。所以说，在美国金融业最发达的地方，除了华尔街，就是硅谷。在过去金融不发达的年代，企业大多数只能进行简单再生产。是金融业跨时间与跨空间的效用，为各种产业的各个阶段进行资源调配，大大提高了整个经济的运行效率。

而在就业市场上，金融业也是引人瞩目的“皇冠”，因其高薪资、高成长性的工作特点，每年都吸引大量的学生涌入其中。然而金融业的求职就业，有着其独特的地方——每年就业行情与经济形势和证券市场行情呈现出较显著的正相关关系。如 2016 年整体市场情况不景气，对于金融行业的学生就业来说形势异常严峻，在 2016 年的秋招中，许多大型券商的核心岗位鲜有对外招聘名额。而 2015 年，更可以说是中国资本市场充满戏剧性的一年，中国股市在这一年里，经历了短暂的牛市与熊市[1]的切换。这一轮过山车式的震荡行情，对金融业影响巨大。从职场方面也能反映出此情况。在2015年上半年乐观的资本市场环境下，金融机构均陆续大规模“招兵买马”，整个金融业的岗位需求剧增。但下半年资本市场环境的骤变，致使各大金融机构遭受了巨大冲击，招募岗位骤减。2017年以来惨淡的行情，使得立志从事金融业的应届毕业生们一度相当悲观。

实际上，每年金融行业的核心岗位需求总数都非常有限，其中又有相当大部分只通过社会招聘进行。求职者如果想要进入金融机构从事核心岗位工作，将要面临的竞争可想而知。求职者的研究生学历、“985”教育背景、知名机构实习经历、相关证书技能等，很多时候仅仅是入门的基础标准。究竟如何才能有的放矢做准备，在如此激烈的竞争中杀出一条血路，值得我们深深思考。

知己知彼，百战不殆

在很多人眼中，金融行业有着非常独特的行业魅力。进入金融行业就意味着“高大上的工作环境、远超其他行业的平均薪资、良好的交际圈”，出差是“飞机往返、高级宾馆”，交往的“不是富豪就是高管”。西装革履、挥金如土的形象更是在《华尔街》《华尔街之狼》《亲密敌人》等电影中得到了艺术性的放大，也成了每一个金融行业求职者美好的愿景。

然而，真实的中国金融行业确实是这样吗？本书将尽力为读者揭秘最真实的金融行业的工作状态、入行途径及求职规划要点，帮助读者准确定位自我，选择最适合自身的部门和岗位。希望每一个求职者尽早规划征程，从起跑线开始笑傲职场。

在进一步了解各大金融子行业具体信息前，首先你需要更全面地剖析自己。正所谓知彼知己，百战不殆。本书从求职角度来议议那个热门的哲学问题，从经典的“哲学三问”，又或是俗话说的入门“保安三问”讲述如何自我剖析：你是谁？你从哪里来？你要到哪儿去？

[1] 牛市：预料股市行情看涨、前景乐观的专门术语。熊市：预料股市行情看跌、前景悲观的专门术语。

你是谁：入行前的自我剖析

1. 衣带渐宽应不悔

在顶级金融机构的面试中，求职者常常会被问到“你为什么想从事金融业？”前辈纷纷教导说千万别提“薪酬”，即便你心中真的如此认为。有时候求职者只看到了动辄年薪百万、华丽光鲜的外表，却不知道背后需要付出的艰辛——出差勤、强度高、压力大的生活是常态。扪心自问，在经历过一切之后你是否还能不忘初心？

所以在面试中，面试官会希望你有更远大的抱负、更强烈的动机，说服他相信你能够在这个行业坚持下去。一个很好的验证办法就是尽早开始实习，在度过了新鲜期后，每天早上再走进办公室时还能怀着最初的激情吗？这个办法简单而有效，因为实习工作一般而言简单、枯燥且物质回报有限。如果你在坚持很长一段时间后，仍然能够激情满满，那么你已经做好了从事这个行业的准备。

2. 选择最适合自己的

在已经确信自己有了从事金融业的决心后，下一步的工作就是思考自己更适合做哪一个细分职业，以便提前、有序地进行针对性的准备。虽然金融行业包罗万象，但从大类上还是能够提前判断自己的性格适合哪一个方向的。

如果你具备活泼开朗、喜欢与别人打交道的性格，可能更适合承担业绩压力、接触客户的前台工作；如果你是成熟内敛、严谨细心的性格，可能更适合中后台的岗位。从发展的角度说，不同岗位之间并无高低之分，重要的是分析清楚自己的性格，看自己更适合、更擅长哪一个方向。具体岗位的分类和解析将会在后文予以展开阐述。

你从哪里来：关于学校与专业的思考

1. 英雄也问出处

非常遗憾，金融业是非常典型的“论出身”的行业。虽说有才之人终归能出人头地，但学校背景无疑会对职业起点和之后的发展产生影响。比如是否就读于“目标院校”，或职业生涯中“相关行业”第一份工作的选择，将很大程度上影响求职者的职业生涯。细究下来，其实学问很多。

关于金融机构的目标院校，涉及主流高校在金融方面的就业竞争力比较，历来都是颇有争议的焦点。若细数历年在金融业的就业数据及校友数量，究竟哪家称得上是金融界的“黄埔军校”，这个问题恐怕难下定论，但国内如清华大学、北京大学、中国人民大学、中央财经大学、对外经济贸易大学、上海交通大学、复旦大学、上海财经大学、浙江大学、南京大学、南开大学、厦门大学、武汉大学[1]等一直都是金融专业领域的佼佼者。如果有机会，请努力进入这些高校，这会使你在金融业求职路途中的阻力大为减小。

假若没有就读于这些目标院校呢？其实也无须气馁，实践中金融业的知名从业人员中非上述名校出身的大有人在。不过这就更需要你努力和拼搏，在选择工作和实习时更需要有长远的考虑。举个例子，如果无法以应届生身份进入投资银行部，那么可以通过律师及会计师的工作、实习经历进行弥补。令人眼前一亮的从业经历、有含金量的职业证书，通过“Networking”[2]获得内部推荐等方式，都是学历以外的重要敲门砖。“硬件”上会有所差距，但在“软件”上可以做到无懈可击，相信命运不会辜负每一个努力奋斗的人。

所以，不论目前就读于哪所学校，希望你在开篇之初，做好奋斗的心理准备。有一句话说得好，“不忘初心，方得始终”，坚持初衷、抓住重点、不屈不挠，这些个人品质事实上比学校背景更加重要。

2. 专业背景各有千秋

从事金融工作的必备条件之一是掌握相关的专业知识与技能，这包括对整个金融行业的宏观认识，专业的经济、财务、会计、法律知识，细分行业的业务种类及其发展趋势等。

不过，金融业本身就是一个知识密集型行业，面试官也并不期待求职者完全具备这些知识，而是希望求职者能有快速学习的能力和潜力。所以，最重要的并非知识本身，而是学习能力。当然，仅仅具备相关知识远远不够，还需要敏锐掌握市场信息并诠释加工，形成分析思路，提供解决方案，以最终满足客户的需求。因此，金融机构寻找的是那些既具备丰富理论功底，又能够在强烈的热情和好奇

[1] 为方便阅读，在不引起歧义的前提下，本书尽可能采用大学的简称，例如清华、北大、人大、中财、对外经贸、上海交大、复旦、上财、浙大、南开、厦大、武大等。

[2] Networking，指以人际关系拓展为目的的社交。

心的驱使下不断努力学习的人才。

进一步说，金融行业对各种行业的知识及技能都有需求，因其服务的对象是国民经济中的各类实体企业，而且由于与其他行业交融甚深，而更青睐拥有理工科、财务、法律背景的复合型人士。众多的分析师出身于数理化及工科等专业，由律师、会计师转行而来的投行家更是数不胜数。无论一级市场还是二级市场，研究岗位还是投资岗位，从实业企业工作多年转行而来的，也为数不少。从聘用非金融专业人才角度分析，财务、法律、医药、工程、物理、化学、数学等学科较多。除了原先专业或行业的经验，更多时候是这些专业出身的人才学习能力较强，对于金融业务也可以触类旁通，能够通过快速学习提升专业知识及实践操作能力。

总之，金融行业整体实操性较强，不论是标准的金融产品，例如股票、债券、基金等，还是众多非标准化的产品，都需要从业人员能够静下心来，既进行宏观环境分析和中观的行业分析，也在微观层面对企业做细致的研究和总结；既从书本、法条中寻找理论依据，也要去项目实地考察。其间涉及之广，不论哪一类背景，都能找到自身优势，也会发现诸多不足之处。譬如，非金融学科的学生，优势在于产业背景和基础扎实，而劣势在于对金融整个大行业缺乏理解。总之，无论研修哪个专业，都必须做好心理准备，一定要努力并持续积淀，才能创造出别人无法替代的自身价值。

你要到哪儿去：最终职业发展方向

金融行业岗位种类繁多，从出差频率、与外部客户接触程度、工作强度、是否直接创收等方面分类，大体可划分为前台、中台和后台业务线条。

前台的含义，在不同金融岗位之间有很大的差异。在一些机构，前台是指直接创造利润和价值的岗位。从这个角度看，投资岗位也可以归入前台部门。针对投资公司或者“买方”，相对来说投资类业务线是前台业务，主要承担各种投资决策和投资管理，具体包括银行的资金部门，保险公司的资产管理（以下简称资管）部门，基金、证券公司（以下简称券商）的资管和自营部门。针对提供服务的机构或者“卖方”，前台主要是直接面对客户，提供相关专业服务的人员，具体包括券商的投资银行部、资本市场部、研究所等。投资银行（以下简称投行）是典型的前台业务，其业务技巧性很强，对综合能力要求很高。除了掌握扎实的专业知识，从业人员还应具备强大的沟通协调、处理复杂事务的能力，以及高强度工作的能力，包括高频且长期的出差。

金融机构中的岗位如图 1–1 所示。

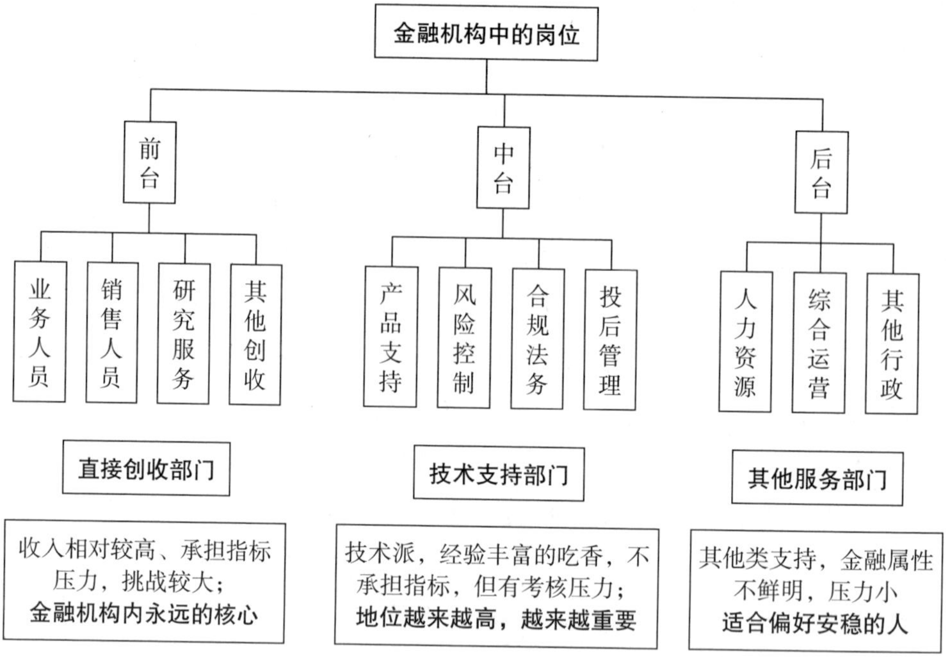

图 1–1 金融机构中的岗位

对于其他金融分支机构来说，前台的岗位更多的是销售线条类，比如客户经理。另外，在券商营业部为寻找客户推荐理财产品，在银行卖基金产品，在保险公司销售保单，这类角色都直接为公司创收，可称为前台部门。总体而言，前台岗位通用的能力包括较强的沟通技巧和心理承受能力以及出色的观察能力。

中台业务线在不同公司的划分也不尽相同，一般包括风控、稽核、合规、法务、产品条线等。在部分公司中，不直接接触客户的承做岗位也会被列为中台。中台部门本身不是单独的利润中心，主要为了保障前台部门业务和为项目提供支持，相对而言更重视专业能力。一般认为中台部门比较适合女性，一方面具有较大的职业上升空间，另一方面更容易在家庭和事业之间取得平衡。一般而言，中台部门因为没有对外拓展的业务压力，因此工作节奏较平稳，但也不代表工作非常轻松。碰上年度审计或者项目出现问题，熬夜加班甚至出差也在所难免。

后台业务线主要是为前台和中台等提供支持，提供公司整体运营服务，包括财务、信息、人力等，由于与其他非金融机构类似岗位并无鲜明的差异，在此不再赘述。

金融求职中大家常问的问题之一是“金融机构内部前中后台哪一个部门最好”？其实这样的问题是没有答案的。各岗位并无好坏之分，只有适合与否。“最好”的评价标准是主观感受，不同的行业、公司会有区别，相对而言，最终的目标是找到“合适”的工作。“合适”评价的是求职者的个人目标和工作的匹配程度，这需要基于行业特点与个人的成长环境、学习经历、生活与工作期待等因素来加以判断。因此，挑选合适的工作，必须对不同的行业、不同的公司、不同的岗位有一个相对了解，才可以基于基本的信息来做出相对准确的判断。

由于金融业不同领域部门过多，差异巨大，详细内容将在行业篇展开，此处仅进行概括性描述。按业务类型划分的金融各子行业概况如图 1–2 所示。

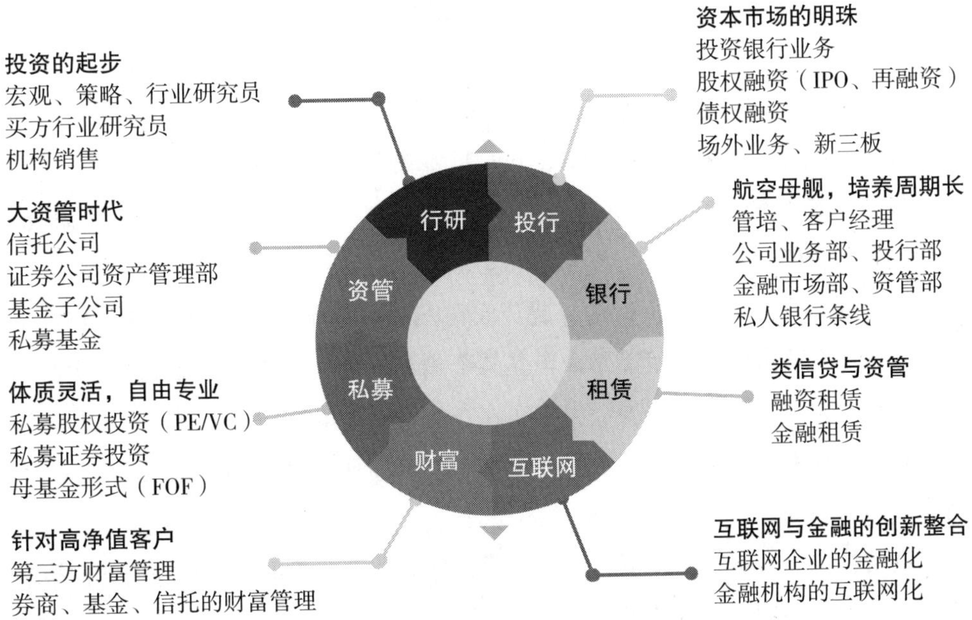

图 1–2　金融各子行业（按业务类型划分）

商业银行。想追求较高的生活质量和较舒适的生活状态，银行或许是好的选择。银行业包括外资银行、国有银行、股份制银行、城市商业银行（以下简称城商行）、农村商业银行（以下简称农商行）等。不少求职者最初投身于国有四大银行或者大型股份制商业银行，在积累了足够多的经验和资源后，跳槽至其他城商行、股份制商行成为中坚力量。

对应届生来说，银行的各种管理培训生（以下简称管培生）、非定向类等仍是主要投递方向，招聘数量每年都在数万以上。在此类岗位上，刚开始都需要进行一段时间的轮岗，从柜员到对公、对私的客户经理，再通过内部竞聘等走向分支机构管理层或分行业务岗位。银行的岗位相对来说门槛稍低，每年解决了巨量的经济管理类（以下简称经管类）专业毕业生就业问题。

投资银行 / 卖方研究所。如果追求短期内职业技能得到最大的磨炼，可以考虑从券商投行部、研究所入行。券商的投行部是连接资本市场与实业的重要通道，一般承担着证券发行与承销、兼并和收购（以下简称并购）、再融资等业务，从业人员的工作内容主要是投行项目承揽、承做及承销，最终为企业提供直接融资服务。券商研究所的主要工作是对上市公司进行研究，对外向各种买方发布相关研究报告。券商投行及研究所是典型的卖方部门，其在人员使用上奉行“精英路线”，工作强度大，个人产出高。人力成本往往是前台部门的主要支出，因而相对来说奖金可观；同时，上述岗位对专业方面要求较高，一般需要系统学习过金融、投资、财务、法律等专业知识，同时具备较强的人际沟通能力。

买方机构投资研究（以下简称买方投研）。包括公募基金、保险投资研究、自营投资等部门，是培养投资家的良好起点。买方投研与卖方研究的相同点在于，都是针对股票和债券等投资标的，展开宏观、策略和行业研究；但是买方研究员的关注面不如卖方细致，可能每人覆盖几个相关的行业，很多时候会借助卖方的力量。同时，买方投研还需要做出实实在在的投资决策，选取投资组合，制定投资策略。整体而言，相对于卖方研究而言，买方投研中服务性质的工作会少一些，因而自由度更高。

资管机构。大资管时代下，信托公司、券商资管、基金子公司等资管机构成为热门。如果希望职业快速发展，专业方面亦有所建树，又不想像投行及卖方研究所那样从事工作强度过高的职业，上述机构是非常不错的选择。

信托公司的资产管理规模在 2010—2012 年因历史性机遇出现飙升，拉开了大资管的序幕，因其牌照的万能性，在金融几大行业的规模排名中一举攀升至第二，仅次于银行；而良好的激励机制带来的各种创富神话也吸引了许多其他子行业优秀从业人员涌入。但是随着利率下行及公司债放开，市场陷入“资产荒”状态，信托公司的传统业务空间不断受到挤压，目前不少机构在谋求转型。一个重要的转型方向是资本市场投资，但因信托公司自身投研实力相对较弱，整体而言近年来发展速度明显下降。

大中型券商资管、基金专户等主动管理相关岗位，对于个人的投资能力有一定的要求，同时也需要有一定的市场分析能力和与证券研究员交流的能力。此外，以收益率为核心的考核、末位淘汰制度等带来的压力也不容小觑。

四大资产管理公司[1]也是目前资管中的一道风景。目前其主营业务除了不良资产处置之外，还涉及非标及部分资本市场的投资。在成立之初，它们主要肩负政策性功能，但通过多年发展已经转向市场化、多元化金融集团战略和国际化战略。如华融资管在香港 H 股首次公开募股（Initial Public Offerings，IPO）。这一资产规模最大、盈利能力最强、净利润最多、平均股权回报率最高的资产管理公司的发展代表了该行业的前景。目前，华融资管旗下拥有银行、证券、金融租赁、信托、期货、基金、置业等多牌照子公司。

此外，金融租赁、担保等行业的发展也非常迅速，工作内容和其他资管行业相似。

保险公司。保险业目前也处于上升趋势。保险公司的工作强度及内容可以参照对商业银行的分析。在国内股份制保险机构迅速成长、外资保险机构进入的契机下，若具备扎实的营销及风险管理经验，个人发展大有可为。具体而言，社保中心以及财政审计部门等稳定有余、灵动不足；而保险精算、保险资管、险资投资岗是保险业的核心岗位。保险业的巨量资金一直是各大机构觊觎的低成本资金来源，近年来保险资金与地产、基础设施融资以及资本市场正不断擦出新的火花。

私募基金。如 PE（Private Equity，即私募股权投资）、VC（Venture Capital，即风险投资）、HF（Hedge Fund，即对冲基金）等。相对而言，不管是从事一级市场投资（企业进行股票发行的，以企业、券商和申购股票的机构或个人投资者为主要参与对象的市场）还是二级市场投资（机构或个人投资者在证券交易所进行的股票转让，以投资者、券商为主体对象的市场）的私募基金，因机构本身人

[1] 四大资产管理公司：中国华融资产管理股份有限公司、中国信达资产管理股份有限公司、中国长城资产管理股份有限公司、中国东方资产管理公司。以下简称华融资管、信达资管、长城资管和东方资管。

数较少，培养机制会较为匮乏，因而更加看重求职者的综合素质及实际操作的经验，所以对应届毕业生（以下简称应届生）的招聘需求较少。如私募股权投资要求从业人员具备对专业技术、商业模式、商业逻辑的判断能力，应届生没有工作经历和阅历，一般而言难以胜任。整体而言，虽然私募基金的规范程度弱于传统金融机构，但是更加自由灵活，激励机制颇具吸引力。

实业集团的投融资部。设立这种机构的主要集中于上市公司或一些大型的国企集团等。上市公司先天横跨资本市场及实业产业，因此在资本市场的发展就有立脚点。如果能够全程参与企业的IPO/再融资工作，对未来的职业生涯将更加有益。国企等大型企业集团具备雄厚的资金实力，在资本市场中的地位较高。但与强度很大的金融机构核心岗位相比，对个人的成长而言，此类岗位未必如金融机构那样提升明显，需要自己具备很强的自学能力及驱动力。

互联网金融。现代金融业的发展离不开金融创新，如果说金融信息化是金融创新的原动力之一，互联网金融就是金融创新的一个热点。互联网行业所需要的人才主要分为四类："典型"的传统金融人才、金融产品研发人才、互联网技术人才和运营推广人才。传统金融人才主要是为互联网金融平台提供更多的底端传统金融资产，金融产品研发人才需精于金融风控建模等，互联网技术人才需要掌握硬件端、移动端、产品端的研发，运营推广人才则需要具备利用互联网渠道进行创新营销的能力。

金融监督管理/事业单位。这也是部分对金融业感兴趣又想从政的求职者的首选。监管机构岗位的优势在于熟悉和了解中国的金融监管规则，积累相关人脉资源，思考甚至制定创新的金融业务规范，因而能够为个人发展提供较大的空间。但其局限在于，每年监管机构总部招聘规模较小，要通过层层考试和面试，难度较大；另外，监管机构的薪酬待遇受限较大，无法与市场化的金融机构相提并论。

勿忘初心：为何想进入金融业

似乎一旦进入金融业就"钱景"无限

为什么如此多的求职者想要从事金融类工作？相信良好的薪酬待遇是不可忽

略的驱动力量。根据国家统计局公布的数据，2015 年全国城镇单位就业人员平均工资中，金融业就业人员平均工资达 11.48 万元 / 年，在所有行业中高居第一，是平均工资的 1.85 倍。

另外，金融业常常给求职者以高大上的刻板印象——工作地点是国际甲级写字楼，出差待遇是头等舱和五星级酒店等。同时，金融行业工作也可能带来社会地位的提升，尤其是四大银行或者券商基金的工作人员，在社交的时候经常会被人“高看”一眼。这也是众人对金融追捧有加的一个因素。

最初的梦想：过来人如何看

大家选择进入金融业拼搏，有着各式各样的理由，除了前述金融业的优点之外，还有哪些因素呢？下面是一些往年的求职者的观点分享，或朴实，或激情，但确有很多思考。

◆ 理工科出身的研究员

放弃理工科专业后，我立志做一名金融民工。为什么选择金融业？第一是我认为短期内国内的传统产业界不景气，经济环境影响了就业市场，而制造业首当其冲。本科毕业曾在某外资制造型企业工作过一年多，后辞职考研，主要是因为在制造业环境中待久了，接触的人大多数是为了生活辛勤工作的人，非常孤单，而且我怕自己会变得没有梦想，没有追求。第二是对科研无太大兴趣。虽然有着七年工科的背景，但内心无法适应国内复杂的科研环境。而接触了金融业后，我拥有了很强的满足感，每天有学不完的新知识，每天接触不一样的人。兴趣是最大的动力，为了实习、工作，可以不求报酬，可以坚持每周广深两地跑，可以熬夜做实验，我所承担的工作让我充满干劲。用一句话总结就是：以前知道自己不喜欢干什么，现在知道自己喜欢干什么。最终，我进入一家公募基金从事买方研究工作，回首过去，充满了感动。

◆ 一心进入投行的同学

从一开始，投行就是我的目标。大学时选择了金融专业，在浩瀚的资本市场理论学习中领略到金融的魅力，那种通过各种手法变魔术般进行资本的腾挪变幻的魅力，让我一直梦想着能够进入投行。然而真正到了投行后，感觉从业者中优秀人员实在太多，而自己需要学习的东西也太多太多。

我在投行主要做了两类工作：一是挖掘行业和企业的亮点，用专业的术语表达出来；二是不断地协调项目推进，不仅要与发行人高管沟通，还要与各类中介机构（如会计师事务所、律师事务所、评估机构）沟通。最终问题的解决方案都是我们来拍板的，这也正好诠释了投行工作为何需要优秀的财务和法律技能。所以，在投行工作不仅需要高智商，还需要高情商，沟通能力会在很大程度上影响项目的进度。投行的一大好处就是相对自由，没有领导管你坐班的事情，上班时间灵活，一切以在 deadline 之前完成项目为准。但是出差和加班确实是家常便饭，长期下来可能会对健康有所影响。即便如此，如果再有一次机会，我还是会选择投行，因为它总是给我新的东西，我喜欢这种感觉。

◆ 法律背景出身的资管从业人员

误入金融业，情定大资管。最初也是想着到投行开始自己的职业生涯，但是后来听说了大资管时代。感谢职业生涯第一份在资管行业的实习，每天大量的学习，使我可以感觉到自己每天都在进步。资管的工作性质，督促着我主动地去研究和留意金融业的很多子行业的业务模式及最新动态，着实获益良多。

之所以一直想要在金融业发展的一个很重要的理由是，我想成为一个既有专业，又有意思的人：牛顿能掌握天体物理知识，却算不出股票的规律；金融业是一个无穷无尽的领域。行业内部纷繁复杂，各子行业截然不同，各种专业知识日新月异，产品创新层出不穷，我觉得只要在这个行业，就永远有学不完的东西。如果自己不是每天都在进步，就可能被淘汰。然则，在金融业这种相对不那么刻板的工作环境中，我也以相对自由的态度做一个有趣的人，给身边的人带来乐趣。

总结来看，一路遇到了非常多的贵人，许多大牛、老师都给过我很多宝贵的建议。至于回归到对金融业“执着而坚持”的理由，我再补充几句。仍记得电影中的一句名言：“其实战场上，支持战士们勇猛地向前冲的，不是国家也不是荣耀，而是隔壁掩体里的战友”。

所以，对金融业的执着，也许并不在于金融业的财富与光环，而在于大家在追求梦想的过程中努力地付出。正因为在金融业里熬过夜，加过班，受过挫折，也获得过成功，所以我们才如此深爱这个行业。正如我们一直记得自己当初爱着的那个姑娘，或许不是因为她多美丽、多善良，而是因为我们付出的那些热血的青春！

金融业很大，子行业繁多

传统意义上，金融业有“五大业”之说。为什么这么说呢？

为何金融有“五大业”

网易财经发布的2016年“中国金融500强”榜单中，各类银行、保险公司、证券公司、信托公司、资产管理公司、金融租赁公司等都活跃在榜单上。中国金融机构排行榜以各金融机构净资产总额排名为依据，各类金融机构上榜数量及占比详见表1–1。

表1–1 2016年“中国金融500强”结构

排名前500位的公司类型	数 量	占 比
银行	212	42%
保险公司	105	21%
证券公司	100	20%
信托公司	61	12%
资产管理公司	4	1%
政策性金融机构	3	1%
其他	15	3%
总 计	**500**	**100%**

由表中数据可以看出，银行、保险、证券、信托、资管、政策性金融机构等都在前100位的排行榜中占据一席之地，尤以银行为甚。在排名第100~400位的金融机构中，信托公司占据很大一部分的比例。总体而言，银行、信托、保险、证券在金融业中的占比均排在前列。

再来关注中国的资本市场资产规模。传统金融子行业规模的排名依次是银行业、信托业、保险业、证券业。单从管理的资产规模看，根据基金业协会公布的《证券期货经营机构资产管理业务统计数据》，截至2016年底，基金管理公司及其子公司、证券公司、期货公司、私募基金管理机构资产管理业务总规模约

51.79万亿元。其中，基金管理公司管理的公募基金规模9.16万亿元，基金管理公司及其子公司专户业务规模16.89万亿元，证券公司资产管理业务规模17.58万亿元，期货公司资产管理业务规模约2 792亿元，私募基金管理机构资产管理认缴规模10.24万亿元，实缴规模7.89万亿元。

国家统计局对金融业的分类包括第66大类～第69大类，分别是：66.货币金融服务，此处以各类银行服务为代表；67.资本市场服务，以证券期货和基金服务为代表；68.保险业，以保险服务为主要代表；69.其他金融业，以信托和其他未列明金融业为代表。

综合考虑，本书将重点分析银行、信托、证券、保险、基金五大行业及其他金融业。

金融五大业及其他子行业的分类逻辑

银行业。在我国银行业主要包括国有商业银行、股份制商业银行、城商行、农商行、非银行金融机构、政策性银行及其他。

信托业。信托与银行、证券、保险并称为金融业的四大支柱。信托的本来含义是“受人之托、代人理财”，指委托人基于对受托人的信任，将其财产权委托至受托人，由受托人按委托人的意愿以自己的名义，为受益人的利益或者特定目的，进行管理或者处分的行为。行业内的主要金融机构主体是信托公司，目前已经衍生出了很多类型的投融资业务，在金融市场中有着举足轻重的地位。

证券业。证券业是指从事证券发行和交易服务的专门行业，是证券市场的基本组成要素之一，主要由证券交易所、证券公司、证券协会及金融机构组成，并为双方证券交易提供服务，促使证券发行与流通高效地进行，并维持证券市场的运转秩序。行业内主要金融机构是证券公司，可以说是资本市场中最活跃的主体之一。

保险业。保险业是指将通过契约形式集中起来的资金，用以补偿被保险人的经济利益业务的行业。保险是指投保人根据合同约定，向保险人支付保险费，保险人对于合同约定的财产或人身出现事故承担赔偿保险金责任。行业的主要金融机构是保险公司，保险公司因其资金性质的优势，一直是金融市场的买方主力之一，在西方国家更是最成熟、最大的机构投资者。

基金业。基金业是指从事证券投资基金管理业务的行业。行业内最主要的主体是基金管理公司（公募）。截至2016年10月底，我国境内共有基金管理公司107家，其中中外合资公司44家，内资公司63家；取得公募基金管理资格的证券公司或证券公司资管子公司共12家，保险资管公司1家。以上机构管理的公募基金资产合计9.16万亿元。

其他金融子行业。其他金融子行业包括中国人民银行、银行业监督管理委员会、证券业监督管理委员会、保险业监督管理委员会及其下属监管机构，这是金融业的监督管理机构；其他还包括金融控股集团，四大资产管理公司，期货、金融租赁、担保公司，互联网金融公司等。

02

金融航母之银行业解读

为何将银行业比作金融航母？原因主要有以下几个方面：一是银行业作为现代金融业的主体，主要有发行信用货币、管理货币流通、调剂资金供求、办理货币存贷与结算等功能，是负责经营货币和信用业务的金融机构；二是银行业在各金融机构中扮演着桥梁的角色，为各类金融机构提供相应的金融服务，以保证各金融投资与融资相关的业务有序进行；三是规模庞大，中央银行、政策性银行、国有商业银行、股份制商业银行等各类银行种类繁多，数量极大，资产总规模已超 232 万亿元，高居各大金融子行业榜首。同时银行业从业人员数量最多，分支机构遍布大街小巷，是广大居民和企业接触最多的金融机构，与人们的生活息息相关。

与其他金融机构对比，银行绝对是“庞然大物”。2016 年“中国金融 500 强”上榜企业中有 212 家银行（不含政策性银行），总资产超过 160 万亿元，占 500 家上榜企业总资产的 80%。其中，人们熟悉的中国工商银行、中国建设银行、中国农业银行及中国银行四大行总资产均超过 16 万亿元。从规模上看，商业银行无疑是金融业霸主。

目前，我国银行业已初步形成了多元化的银行体系，包括大型国有商业银行、全国性股份制商业银行、城市商业银行、农村商业银行和其他类金融机构。截至 2015 年末，我国银行业共有法人机构 4 262 家。同时，银行体系不断丰富，已经开展民营银行试点工作，首批 5 家民营银行已获得批复并筹办开业（深圳前海微众银行、温州民商银行、上海华瑞银行、天津金城银行和浙江网商银行）。截至 2017 年 3 月末，武汉众邦银行、江苏苏宁银行、山东威海蓝海银行、吉林亿联银行、北京中关村银行、辽宁振兴银行等共计 12 家第二批民营银行的审批也开闸放行，将陆续筹办开业。

此外，100 余家中小商业银行的股权结构中，民间资本占比超过 50%，部分中小商业银行的民间资本占比甚至为 100%；全国农村合作金融机构的股权结构中，民间资本占比超过 90%；村镇银行的股权结构中，民间资本占比超过 72%。已开业民营控股非银行业金融机构 43 家，不同种类的银行在金融市场上各放异彩。

在本章中，笔者将结合自身经验，围绕银行业概况及现状、岗位和业务分类、薪酬待遇、对应届生的要求等方面为读者揭开金融航母的面纱。

银行业的前世今生

银行业的概况

中国银行体系由中央银行、监管机构、自律组织和银行业金融机构组成。

1. 中央银行、监管机构与自律组织

中央银行（以下简称央行）：我国的央行是中国人民银行。中国人民银行根据《中华人民共和国中国人民银行法》的规定，在国务院的领导下依法独立执行货币政策，履行职责，开展业务，不受地方政府、各级政府部门、社会团体和个人的干涉。央行的含义非常广泛，简而言之，中国人民银行就是银行的银行，是实施监管的银行，也是发布各种货币政策的银行。中国人民银行总部位于北京金融街（北京市西城区成方街 32 号），并于 2005 年 8 月 10 日在上海设立了中国人民银行上海总部。

监管机构：我国银行业的监管机构是中国银行业监督管理委员会（以下简称银监会），成立于 2003 年，位于北京市西城区金融大街甲 15 号。银监会为国务院直属正部级事业单位，统一监督管理银行、金融资产公司、信托投资公司及其他存款类金融机构。在 2015 年 1 月的银监会机构大调整过程中，专门设立了审慎规制局、现场检查局和银行业普惠金融工作部三个部门。尤其需要提到的是，曾经一度发展无序的 P2P 网贷平台也由普惠金融工作部负责牵头管理。

行业自律组织：我国的银行行业自律组织是中国银行业协会。中国银行业协会成立于2000年，是由中华人民共和国境内注册的各商业银行、政策性银行自愿结成的非营利性社会团体，经中国人民银行批准并在民政部门登记注册，是我国银行业的自律组织。该协会及其业务接受中国人民银行的指导、监督和民政部的管理。2003年中国银监会成立后，中国银行业协会的主管单位由中国人民银行变更为中国银监会。

2. 银行业金融机构

◆ 政策性银行

我国的政策性银行包括三家：国家开发银行（以下简称国开行或CDB）、中国进出口银行和中国农业发展银行。由于政策性银行不以营利为目的且无个人存贷业务，因此人们日常生活中很少接触，分支机构也很少。由于国开行整体规模较大，近年来多元化金融板块布局较为迅速，而且转型为开发性金融机构较为成功，此处重点介绍国开行。

国家开发银行于1994年3月成立，直属国务院领导。目前在全国设有38家分行、2家代表处及其他分支机构。国开行的主要任务是为国家基础设施、基础产业和支柱产业提供长期资金支持，引导社会资金投向，缓解经济发展瓶颈制约。电力、公路、铁路、石油石化、煤炭、邮电通讯、农林水利、公共基础设施等始终是国开行的主要业务领域和贷款支持重点。国开行一般采用发行国开行金融债的方式来吸收资金，然后向大型投资项目发放长期低利率贷款，用于实现国家的产业支持政策。国开行的发展较为迅速，近年来逐步转型，定位转换为直属国务院的开发性金融机构，旗下成立了国开证券、国开金融、国银金租、中非基金等子公司，加大拓展证券、租赁、基金和PE等业务板块的力度。

◆ 国有商业银行

国有商业银行是指由国家（财政部、中央汇金公司）直接管控的商业银行，其特点体现为所有的国有商业银行都是由国家投资控股的，是国有金融企业。目前我国国有商业银行有中国工商银行、中国农业银行、中国银行、中国建设银行和交通银行5家，也即大家所熟悉的“五大行”，此处不再赘述。

◆ 股份制商业银行

与国有商业银行的公有制性质不同，股份制商业银行属于股份制。我国经银监会批准成立的股份制商业银行共有12家，包括：招商银行、浦发银行、中信银行、中国光大银行、华夏银行、兴业银行、民生银行、平安银行、广发银行、恒丰银行、渤海银行、浙商银行。

其中，中信、招行、光大、华夏、兴业、浦发、广发、渤海 8 家银行股份结构中国有法人持股占多数，属于国有企业性质；民生、浙商、恒丰 3 家银行主要由非国有法人持股，属于民营企业性质。值得一提的是，原国内第一家股份制商业银行——深圳发展银行于 2010—2012 年被平安保险收购，吸收合并原平安保险旗下平安银行后，整合成为新的平安银行。由于平安保险目前的最大股东为汇丰集团，因此平安银行本质上也属民营企业性质。

◆ 城市商业银行

城市商业银行是中国银行业的重要组成部分，也是其中的特殊群体，其前身是 20 世纪 80 年代设立的城市信用社，当时的业务定位是为中小企业提供金融支持，为地方经济发展搭桥铺路。从 80 年代初到 90 年代，全国各地的城市信用社发展到了 5 000 多家。然而，随着中国金融事业的发展，城市信用社在发展过程中逐渐暴露出许多风险管理方面的问题，很多城市信用社逐步转变为城市商业银行，为地方经济发展及地方居民提供金融服务。

第一家城市信用社是 1979 年成立的河南驻马店信用社。2006 年 6 月，上海银行宁波分行开业，打响了城市商业银行跨区域经营的第一枪。城市商业银行是中央金融主管部门整肃城市信用社、化解地方金融风险的产物。部分城市商业银行已经具有相当的规模和行业知名度。截至 2016 年末，北京银行资产规模达到 2.1 万亿元，成为城商行中当之无愧的“巨无霸”；上海银行、江苏银行、南京银行的资产规模也超过万亿元；宁波银行的资产规模迈过 8 000 亿元大关，资产年均增速均达到 10% 以上；此外，徽商银行、青岛银行以及郑州银行等也实现了资产规模的较快增长，多数城商行呈现逆势增长的发展态势。

◆ 农村金融机构

目前，我国农村银行类金融机构可以划分为四类，共九种，分别是政策性银行中的农业发展银行（见前文），商业银行中的农业银行和中国邮政储蓄银行（后文将单独介绍），农村合作金融机构中的农村信用社、农村商业银行和农村合作银行，以及新型农村金融机构中的村镇银行、农村贷款公司和农村资金互助社。下文提到的中国邮政储蓄银行也有部分农村金融业务。

农村合作金融机构（包括农村信用社、农村商业银行和农村合作银行）、农业银行、村镇银行、贷款公司等都属于商业性银行业金融机构，主要是按照商业原则依据监管部门核定的业务范围为“三农”提供各类农村金融服务，这一业务范围的优势在中国人民银行定向降准的政策中经常会得以体现。其中，依据有关法律法规规定，贷款公司不能吸收社会公众存款。近年来，农村商业银行无论是资产规模还是盈利能力，发展速度均大大加快，更有一部分领军者已经开始冲刺资本市场。自 2010 年重庆农村商业银行在香港成功上市，成为首家成功 IPO 的农村商业银行以来，多家农村商业银行都在积极谋求上市。近年来，已有江苏常熟农商行、张家港农商行、江苏江阴农商行、无锡农商行、江苏吴江农商行等多家农商行顺利实现 IPO。农村资金互助社是按照银监会调整放宽农村地区银行业金融机构准入政策试点组建的合作性金融组织，主要是为入股的社员提供金融服务。

◆ 中国邮政储蓄银行

中国邮政储蓄银行于 2007 年 3 月 20 日正式挂牌成立，是在改革邮政储蓄管理体制的基础上组建的商业银行。中国邮政储蓄银行承继原国家邮政局、中国邮政集团公司经营的邮政金融业务及因此而形成的资产和负债，并将继续从事原经营范围和业务许可文件批准、核准的业务。中国邮政储蓄银行于 2012 年 1 月 21 日依法整体变更为中国邮政储蓄银行股份有限公司，并于 2016 年 9 月 28 日成功在香港上市。目前中国邮政储蓄银行的营业网点为行业内最多，全国约有 3.9 万个。

◆ 外资银行

目前银监会已批准 20 家外国银行将其中国境内分行改制为外资法人银行，其中 12 家外资法人银行已完成改制并开业，全面从事外汇和人民币业务，包括对中国境内公民的人民币业务。这 12 家外资法人银行分别是：汇丰银行、渣打银行、东亚银行、花旗银行、恒生银行、新加坡华侨银行、日本三菱东京日联银行、新加坡星展银行、荷兰银行、永亨银行、日本瑞穗实业银行、美国摩根大通银行。

银行业的发展现状

1. 全方位覆盖

截至 2016 年末，中国银行业的金融机构网点总数达到 20.09 万个，在全国

49 个金融机构空白乡镇、2 308 个城镇社区和 318 个小微企业集中地区均增设了银行网点，50 多万个行政村实现了基础金融服务全覆盖。

2. 业务模式转型

随着利率市场化改革的逐步深入，商业银行依靠存贷差躺着赚钱的日子已一去不复返，国内商业银行均在积极谋求转型，寻找新的利润增长点，其中，投行业务及资管业务是商业银行的重要转型方向。商业银行投行业务主要包括债券业务、并购和财务顾问、CLO 等。在大力拓展现有业务的基础上，各类商业银行也在寻求与券商的深度合作，不断壮大财务顾问收入。近年来，伴随着银行资产配置的选择多样化，大资管业务逐渐丰富壮大。

如果股票呈现牛市行情，银行资管的客户对于权益市场的投资意愿就会加大。众多商业银行通过定增配资、专门的净值型产品、“打新”基金等方式投资直接融资市场，提升投资收益。在大资管视野下，商业银行更加注重跨界投资，寻找标的涵盖存款、理财、保险、信托、实物资产等，同时银行更加强调投资研究能力，发挥集团银行、投行、基金、保险的多牌照优势，针对养老、消费、教育、财富传承等多元化的客户需求匹配不同的产品。部分商业银行已瞄准直接融资市场、混合所有制改革领域、境外人民币投资市场等新型投资领域，酝酿新的产品形态。

3. 互联网银行兴起

2014 年下半年，深圳前海微众银行和浙江网商银行两家民营银行陆续获得批复，开始筹建。2015 年初，随着国务院总理李克强按下按键，我国首家互联网银行——深圳前海微众银行第一笔贷款发放；同年 6 月，浙江网商银行正式开业。紧接着，微众银行、网商银行 APP 相继上线。互联网银行方兴未艾，成为银行业中的新生力量。互联网银行对传统银行的冲击，一方面在于对人才的吸引，另一方面在于传统银行内部的理念转化太慢，对于新事物的接受度低，以及机制的僵化，互联网银行相比传统银行更适应新时代发展潮流，在业务、文化方面具有更新的活力，因而比较优势明显。

从目前的经营数据来看，互联网银行发展迅猛。深圳前海微众银行、上海华瑞银行、温州民商银行、天津金城银行和浙江网商银行，这首批发起设立的 5 家民营银行开业不到一年，总资产已突破 500 亿元大关。利用互联网开展业务是独有优势。浙江网商银行大量运用大数据和云计算，在小微企业与农村金融方面进行探索实践，截至 2015 年末已服务了 30 万家小微企业和个人创业者，贷款余额超过 30 亿元。利用互联网来强化风险管理也是其核心优势。互联网银行对小微企业具有信息对称优势，依赖差异化经营，借助大数据，以及较好的风控体系，在金融支持小微领域的业务方面得到了良好发展。2016 年其不良贷款率仅约为 0.54%，远低于同期中国商业银行整体不良贷款率。

4. 交易依旧增长，但是外部竞争压力巨大

2016 年，中国银行业金融机构离柜交易达 1 777.14 亿笔，同比增长 63.68%，离柜交易金额达到 1 522.54 万亿元，行业平均离柜率达到 84.31%，比 2015 年上升了近 7 个百分点；其中，民生银行的离柜业务率已经达到 99.27%。丰富、方便、快捷的离柜交易，尤其是如支付宝、微信支付等互联网电子金融服务的兴起，受到广大客户的欢迎。

展望 2017 年，商业银行依旧面临着较为严峻的外部经营环境，经济增速进一步下降，经济下行压力仍然存在，一系列因素继续对银行经营发展构成较大压力。与此同时，金融传媒和互联网金融的快速发展等，都在冲击着传统银行业的经营。但同时，“一带一路”战略带动对外直接投资快速发展，出口保持平稳增长；京津冀协同发展、长江经济带等区域战略重点实施，国有企业改革将迎来实质性推进阶段等对于商业银行经营都是利好信息，商业银行挑战与机遇并存。

银行业的业务及岗位

择业先择行业。只有对金融某一行业有一定的了解，才能判断自己是否适合该行业，把握时代发展机遇。以上是对银行业的宏观介绍，下面将介绍银行业具体业务、组织架构与部门设置等与求职更为相关的内容。

商业银行的负债业务

商业银行的负债业务是商业银行筹措资金，借以形成资金来源的业务，是商业银行资产业务和其他业务的基础。金融行业之所以称银行为“金主”，首要的原因便是银行的资金吸收能力无比强大。

商业银行负债主要分为储蓄存款、对公存款、同业存款、同业拆借、向中央银行借款、金融债券、回购协议等。

在各类负债业务中，存款是最为核心的业务，主要包括对公存款和储蓄存款。储蓄存款为银行带来了长期稳定的资金流，同业存放、同业拆入、向中国人民银行借款及债券融资也是重要的资金来源渠道。发行金融债券、大额可转让定期存单，以及出售或发行商业票据等新业务也日益成为负债业务发展的增长点。商业银行负债风险则包括流动性风险、利率风险和清偿性风险。总之，银行资金来源渠道多元化，而且储蓄存款作为低成本资金来源占比较大。

商业银行的资产业务

商业银行资产业务是指商业银行运用资金的业务，也就是商业银行将其吸收的资金贷放或投资出去赚取收益的活动。商业银行的资产结构具有以下特点：第一，金融资产占据了绝大部分的比重；第二，各项贷款是最重要的盈利性资产；第三，现金类资产是银行最有意义的资产。商业银行盈利状况如何、经营是否成功，很大程度上取决于资金运用的结果，其中以贷款和投资最为重要。金融行业之所以称银行为“金主”，银行的资金投资规模无与伦比也是一大原因。

贷款，即按一定利率和确定的期限贷出货币资金的信用活动，是商业银行资产业务中最重要的项目，在资产业务中所占比重最大，因此存贷款之间的利差是商业银行最重要的利润来源之一。常见的贷款形式主要有：信用贷款、普通借款限额、透支贷款、备用贷款承诺、消费者贷款、票据贴现贷款、保证书担保贷款等。

商业银行的投资业务按照所投标的类型的不同可以分为标准化资产业务与非标准化资产业务。标准化资产是指在银行间市场、交易所市场等公开市场发行及转让的资产，以债券为典型代表；除此之外均为非标准化资产，例如各种受益权和结构化产品。

商业银行的中间业务

商业银行中间业务是指其从事的不在资产负债表内反映的业务，商业银行中间业务收入是指各类中间业务所带来的营业收入。由于中间业务不占用银行自有资金，经营风险较小、相对可持续发展，中间业务收入及其占营业收入的比重被认为是衡量商业银行收入结构优劣的重要指标。发达国家商业银行中间业务收入占其营业收入比重一般在 40% 以上，欧洲一些全能银行更高达 70% 以上，而我国商业银行目前一般为 20% 左右，主要原因在于国内商业银行的盈利模式仍然以传统的利差收入为主。当然，国内商业银行仍然以利差收入为主要盈利模式，一方面是由于商业银行大多为国有体制背景，缺乏积极创新的动力，另一方面是由于我国金融业实行分业经营，银行拓展业务的空间有限。

中间业务大体上分为支付结算类中间业务、银行卡业务、代理类中间业务、担保类中间业务、承诺类中间业务、交易类中间业务、基金托管业务、咨询顾问类业务和其他类中间业务。

中间业务资本占用少、风险小、客户黏性高、收益稳定性强，其发展水平的高低，很大程度上已成为衡量一家银行客户服务能力、市场竞争能力和金融创新能力的显著标志。例如，银行多年的业务经营积累了得天独厚的客户资源，通过与券商投行部门的合作，商业银行参与各类债券的前期承揽与后期的资金监管，可以获得承销费分成与资金托管费双重收入。

商业银行的岗位分类

商业银行内部的部门职责是在银行业务的基础上划分的，只是对于部门设置，各家银行和而不同，本部分内容未必与每家银行完全一致，只是希望读者能对商业银行的体系架构有一个初步的了解。

1. 管培生

管培生制度是企业为了满足对高级管理人才长远规划的需求而实施的一种人才培养制度，类似于大家熟知的公务员选调生制度。其基本含义是：企业集中优势资源，对具备高层领导者潜质的优秀应届毕业生进行 1~3 年系统、全面的管理培训，包括提供轮岗机会、参与专案管理、接受资深经理为其进行量身定做的职业规划指导等，使初出茅庐的应届生在短期内成为既具有实际的工作经验，又具有专业技能和系统管理技巧的管理人才。从某种程度上来说，管培生计划融合了接替规划、企业内部导师辅导制及人才加速储备库计划的内涵，是一种面向优秀大学毕业生的全面快速培养机制。[1]

在银行业，管培生计划更是后备管理人才培养竞争中的“常规武器”。以国内某商业银行为例，2011 年，该银行正式启动了“管理培训生计划”。计划远期目标为加强管理人才队伍战略性、梯队化培养，储备优秀的金融管理人才；近期目标为通过 3 年的分阶段培养，帮助优秀青年人才快速成长，成为该行部门团队主管、管辖支行行长或某地区直属支行副行长层级的后备人选。该计划总共分为 3 个阶段，历时约 3 年。

第一阶段为融入与基础掌握阶段。公司将管培生安排至营业部、大中型网点等基层机构锻炼，为期 12 个月。轮岗职位包括对私柜员、对公柜员、大堂经理、对私客户经理、对公客户经理等。通过轮岗让管培生充分了解银行的产品与业务流程，了解相关业务规章制度，掌握与客户交流的基本技巧，通过为客户提供咨询、差异化引导、争议调解等服务，提高对政策与市场信息的敏感度，提高其客户服务意识及沟通、协调能力。

第二阶段为提升阶段。公司将管培生安排至省分行公司业务部与个人金融部岗位锻炼，为期 9 个月，并到风控板块、运营板块短期轮岗培训。经过省分行部门岗位锻炼，帮助管培生熟悉省分行管理体制与业务流程，对相关条线的业务和管理体系有充分的了解；提高业务方向的产品知识、政策与市场信息、客户管理、市场营销、风险管理、商务谈判等专业知识与能力，初步培养业务管理能力。

第三阶段为融合升华阶段。所有人员均安排至大中型二级支行挂职担任副行长，为期 15 个月。经过大中型二级支行挂职锻炼，使其积累基层管理工作经验，学习基层机构管理实务、人际关系与团队建设、高效执行力的锻造、领导者的情商管理，深入了解支行所处的市场环境、客户服务与市场营销，网点转型、情绪管理与压力缓解及基层网点案例防范等，全面锻炼和提高各项业务知识、能力和综合管理能力。

从网点基层岗位，到省分行核心岗位，再回到网点管理岗位，三个阶段环环相扣，步步推进。每个阶段都有各自的侧重点，在培养目标与培养内容方面存在

[1] 邵磊，倪陈明，吴璐缤．某商业银行的管理培训生计划探索［J］．中国人力资源开发，2013（9）：14.

一定的差异；前一阶段是后一阶段的基础，后一阶段是前一阶段的提升，形成螺旋上升态势，具有清晰的职业发展路径，是求职者较好的择业选择。

银行管培生项目是较多求职者的职业目标，从往届毕业生的调查来看，总体上求职者对银行管培生项目认可度较高。为了加深求职者对银行管培生项目的理解，此处以交通银行的管培生项目为例。交通银行总行管培生项目定位于培养交行未来高级管理人员。2005 年 9 月至今，交行已从国内外著名大学的优秀硕士、博士研究生中累计招收 200 余名管培生。

培养计划包括三个阶段。第一阶段：基层轮岗实习（18 个月），入职并经过 1 个月的集中培训后，前往北京、上海、江苏、浙江、湖北 5 家分行之一，重点在个金、公司、国际、风控和财会管理等关键岗位实习；第二阶段：海外实务轮训（3~5 个月），赴海外参加国际一流金融企业专项培训，了解国际先进银行的经营理念、业务特点、战略管理、发展趋势；初步确定个人专业发展条线，并到交行海外分行的个人银行、商业信贷、风险控制、财务管理等专业岗位实习锻炼，重点学习产品、渠道、市场、风险管理和企业策略、管理工具等；第三阶段：总行项目实践（12 个月），根据管培生培养与考核情况，结合个人专长、业务特点和职业发展志向，安排到总行各条线业务部门，参与业务管理、市场拓展、项目开发、综合经营等工作实践，着力提高业务处理和组织管理能力。3 年集中培养结束后，根据交行改革发展及人才队伍建设需要，结合培养期间学习实践和考核情况，主要面向重点省直分行基层管理岗位或专业岗位任职。

2. 营业部条线

◆ 大堂经理

银行大堂经理是银行业改善金融服务、提高服务质量的一个重要环节，也是大家进入银行大门所熟知的热心工作人员。银行大堂经理岗位涉及的业务内容非常广泛，要熟悉几乎所有的银行服务内容，对综合素质的要求也较高。工作职责主要包括：

协助管理和督导银行事务，纠正违反规范化服务标准的现象；收集市场、客户信息，挖掘重点客户资源，与重点客户建立长期稳定的关系；迎送客户，询问客户需求，引导、解答客户业务，处理客户意见，化解矛盾，减少客户投诉；推介银行金融产品，提供理财建议；保持卫生环境，维持营业秩序，及时报告异常情况，维护银行和客户的资金及人身安全；记载工作日志和客户资源信息簿（重点客户情况），安排人员。

◆ 柜员

银行柜员一般指在银行支行柜台里直接跟顾客接触的银行员工，是直接与客户办理各项业务的一线员工，有时也被大家戏称为“桂圆”，工作职责主要包括：

对外办理存取款、计息业务，包括输入电脑记账、打印凭证、存折、存单，收付现金；办理营业用现金的领解、保管，登记柜员现金登记簿；办理营业用存单、存折等重要空白凭证和有价单证的领用与保管，登记重要空白凭证和有价单证登记簿；掌管本柜台各种业务用章和个人名章；办理柜台轧账，打印轧账单，清理、核对当班库存现金和结存重要空白凭证和有价单证，收检业务用章，在综合柜员的监督下，共同封箱，办理交接班手续，将凭证等会计资料交综合柜员。

柜员的工作看似简单、琐碎，但任何一个细小的疏漏都可能给银行带来不可估量的损失，因此柜员工作期间不仅要集中注意力发现并停止错误的交易，而且要保持充沛饱满的精神状态，带给客户良好的服务体验。

◆ 客户经理

银行客户经理是在银行内从事市场分析、客户关系管理、营销服务方案策划与实施，并直接服务于客户的专业技术人员（银行作为特殊的企业，其客户经理有些类似于银行的销售人员）。客户经理作为内涵丰富的金融行业对外业务代表，通过集中商业银行内部各种可用资源，向目标客户大力营销金融产品，提供优质金融服务，搭建起银企双方沟通联系与关系发展的桥梁。此外，客户经理也是银行战略决策和产品创新的源泉，是实现银行整体发展战略与目标的主要执行者。

客户经理属于银行的营销岗，分为对私客户经理（理财客户经理）、对公客户经理和个贷客户经理。

对私客户经理主要是服务私人客户，即个人，有的银行称为理财客户经理，其工作职责主要是维护老客户、开发新客户、拉存款、销售银行产品等。对私客户经理需要具备存款、国债、基金、股票、保险、黄金、外汇、期货等多种金融理财知识，为客户提供理财咨询和建议。对私客户经理因为面对的是数量庞大的个人客户，所以主要靠热情、周到、专业的服务来赢得客户的信赖，继而销售银行产品，实现业绩增长。

对公客户经理主要是服务对公客户，即政府、机关事业单位、企业、公司等，工作职责主要是吸引对公存款、发放对公贷款，要求社交能力强、懂人情世故，应酬相对较多，若有资源则会相对轻松。

个贷客户经理主要负责营销和办理个人住房贷款和汽车贷款等个人贷款业务，要求有较强的风险意识，工作内容与以上两种客户经理相比更为单一。

3. 零售业务条线

◆ 个人金融部

商业银行个人金融业务是面向个人客户开展的业务，首先具有客户范围广、客户数量多以及客户数量较稳定的特点，又因为个人业务服务对象分散以及单笔个人业务量小的特点，个人金融业务的风险相对较小。另外，随着个人金融业务的发展，商业银行个人高端客户不断增加，财富管理和私人银行业务不断扩张，个人金融业务收入在整个银行业务收入中所占的比重也越来越大。

◆ 信用卡中心

信用卡业务分为前台营销、中台管理和后台集中运营三个层面。

信用卡前台业务处理主要在分支行网点完成；网点柜面服务内容包括受理申请表、启用、挂卡、查询、补换卡、开销户等。

信用卡中台管理包括客户资信审查、柜员联机交易控制、内控检查审计、系统风险监控等。

信用卡后台业务重点着眼于提高业务集中化处理能力和效率，开展有效、快速的资源配置行动。目前，国内外银行业流行的做法是：建立后台信用卡业务集中运营中心，这些中心包括资金清算中心、客户服务中心、账户管理中心、卡片管理中心、授权中心等。

◆ 电子银行部

电子银行业务作为商业银行业务发展的新型分销方式和渠道，是商业银行未来生存发展必不可少的竞争手段，已经成为各大商业银行和中小银行的效益增长点和服务利器，也是现代商业银行转变经营方式、实现战略转型的重要组成部分。随着电子银行的普及，人们已经减少了去银行网点办理日常个人业务的频率，而是通过手机 APP 来办理转账、汇款、还款等业务。

电子银行部主要负责全行网上银行、电话银行、手机银行等电子银行业务的发展规划、产品开发、管理协调、宣传营销和电子银行中心的业务运作与客户服务。

4. 资金业务条线

◆ 金融市场部

广义的金融市场部一般包括银行资金头寸管理、银行间拆借、债券交易、外汇及衍生品交易、贵金属交易、代客理财池投资运作、同业销售等，覆盖范围较广，并且规模越小的银行该部门包含的业务越多，四大行则可能分得较细，该部门的业务可能会分到其他部门中。其中最重要的业务包括：

金融市场分析。研究宏观经济运行状况，预测经济发展趋势，解读宏观政策；跟踪债券市场走势，对债券投资交易提供建议；开展金融市场业务专题研究等。

投资交易。构建投资交易组合，对投资组合进行日常主动管理；银行间债券市场询价、谈判和交易业务；债券承销、分销业务和结算代理业务等。

同业业务。制定同业业务发展规划；实施和完善同业业务对内和对外统一授信工作；开拓与同业机构的沟通和合作渠道，开展同业存放、资产配置等同业业务。业务品种包括同业授信、同业存款、债券分销、理财销售等，交易对手包括中外资银行、保险公司、证券公司、基金公司、信托公司、财务公司、金融租赁公司等金融机构。

衍生品及贵金属交易。收集相关信息，分析和揭示投资机会及风险；进行具体业务操作，制定实施方案；申请维护贵金属与衍生品资格等。

商业银行金融市场部产品一览表见表 2-1。

表 2-1　商业银行金融市场部产品一览表

<table>
<tr><th>利率期限
市场</th><th>1~3 个月</th><th>3~12 个月</th><th>1~2 年</th><th>3~5 年</th><th>5 年以上</th></tr>
<tr><td>货币市场</td><td>拆借、回购</td><td></td><td></td><td></td><td></td></tr>
<tr><td>票据市场</td><td></td><td>票据贴现与回购</td><td></td><td></td><td></td></tr>
<tr><td rowspan="2">同业市场</td><td></td><td colspan="2">同业存款、同业借款、理财产品</td><td></td><td></td></tr>
<tr><td></td><td></td><td colspan="2">信托受益权、资产管理计划</td><td></td></tr>
<tr><td>债券市场</td><td></td><td colspan="4">债券</td></tr>
<tr><td>衍生品市场</td><td></td><td>期货</td><td colspan="3">利率互换</td></tr>
</table>

◆ 投资银行部

相比之下，证券公司的投资银行部是求职者较为熟知的部门，而商业银行的投资银行部却较少为人所了解。近年来，商业银行投资银行部是各商业银行重点发展的部门。商业银行的投资银行业务目前也已成为其新的利润增长点，但其投行部和券商相比还是有一定不同的，受牌照资质的影响，其业务范围比证券公司更狭窄。不过，伴随着国内相关法律法规的陆续出台，现阶段我国商业银行除了难以涉足证券交易所内的公募证券承销、发行和交易，以及金融企业股权投资等业务以外，投行业务的范畴基本可以覆盖投资银行的其他主要业务领域。

具体而言，现阶段商业银行开展的投行业务主要有以下三类。

发行类业务。发行分两种，一种是帮助企业发行银行间债券，如短期融资券、中期票据和永续债等在银行间可以交易的债券；另一种就是目前比较热门的资产支持证券。商业银行可与证券公司合作为企业提供资产支持证券的发行，并对资产进行评估和运营设计。具体而言，该部分业务包括银行不良资产证券化、基础设施资产证券化、出口企业应收账款（硬通货类）证券化、社会福利基金托管、社保基金托管、企业年金托管等。在发行银行间债券方面，商业银行具有绝对的优势，网点众多、客户广泛、承销能力较强等特点构成了商业银行债券投行业务的基础。

财务顾问类业务。主要包括企业并购、证券承销、项目融资顾问、集合财务顾问等。其中，财务顾问业务是利用商业银行的客户网络、资金资源、信息资源、人才资源等方面的优势，为客户提供资金、风险、投资理财、企业战略等多方面综合性的咨询服务，事实上通常所说的财务顾问业务就是客户资源承揽业务。商业银行从事理财顾问业务的动机不仅是为了获取咨询服务费，更重要的是在此过程中可以了解客户财力和经营状况，进而为实施高效风险控制提供依据，同时也可以加强与银行客户的联系，培养客户群体的忠诚度，推广其他相关金融服务产品。

杠杆融资类业务。杠杆融资类业务是商业银行通过为企业提供信贷资金，来满足企业上市、配股、并购、股份制改造等活动对资金的需求。由于此类信贷资金的规模较大且贷款期限较短，加之近年来我国企业股份制改革发展迅速、企业间的并购交易频繁发生，商业银行开展此类业务可以实现与企业之间的双赢。不过，由于银行的风控体系较严，因此只能作为优先级收取固定收益。此外，杠杆融资类业务可以促进商业银行创新，诸如股权资金收款结算、并购咨询与方案设计、配股项目推荐等，开拓新利润增长点，同时也是商业银行强化银企关系、发展核心客户、增强核心竞争力的重要选择。[1]

商业银行投行部主要产品一览见表2-2。

表2-2 商业银行投行部主要产品一览表

债券业务	资产证券化
• 债务融资工具 • 债券策略性投资与交易 • 跨境债券融资业务	• 信贷资产证券化 • 企业资产证券化 • 探索 REITs 模式，设立房地产投资基金 • 探索成立大型 SPV 机构
并购业务	**股权业务**
• 并购顾问及并购融资，着重于非上市公司间的并购撮合，以及向券商推荐上市公司并购项目 • 并购贷款、并购债券、并购基金、并购直投等并购融资，获取相应服务收益及融资收益 • 探索跨境并购业务	• 投资定向增发、二级市场等股权业务（配资为主） • 探索股权直投 • 国企混改 • 产业基金
场外市场业务	**创新业务**
• 新三板业务为主，区域性股交所挂牌推荐做补充 • 中小企业股权融资、私募债等全方位金融服务 • 新三板直投基金	中概股私有化及解红筹、保险资管综合金融服务、优先认股权财务顾问等

◆ 资产管理部

我国商业银行成立资产管理部是银行理财业务（包括对一般个人客户、高净值客户，以及对公客户的理财业务）发展到一定阶段的必然结果。

资产管理部之前是作为金融市场部的下属理财科，2009年工商银行率先成

[1] 张坤．商业银行的投行之路［J］．银行家，2015（6）：8.

立资产管理部，之后其他银行也纷纷成立了自己的资产管理部。2014 年，银监会印发了《关于完善银行理财业务组织管理体系有关事项的通知》（银监发〔2014〕35 号），首次对银行理财事业部制相关规范进行了说明，明确要求银行设立专门的理财业务经营部门，负责集中统一经营管理全行理财业务，并于 2014 年 9 月底前完成理财业务事业部制改革。自此，商业银行的理财资金和自有资金分离，资产管理部管理的是“代客理财”的资金，资金来源是各种理财产品销售所得。

资产管理部的资金投向包括标准化及非标准化两类。标准化是指在银行间市场、交易所市场公开交易的产品，如一些债券；非标准化则与之相对，全称为非标准化债权，包括收（受）益权、结构化融资、委托贷款、信托计划等。银行的理财资金之所以要投标准化以外的非标准化项目，主要是为了通过期限错配获得比较高的收益。随着市场化程度的逐渐提高，目前资产管理部面临的主要挑战是如何打破刚性兑付惯例，实现理财产品真正向净值型产品转型。资产管理部的具体业务流程可参考图 2-1。

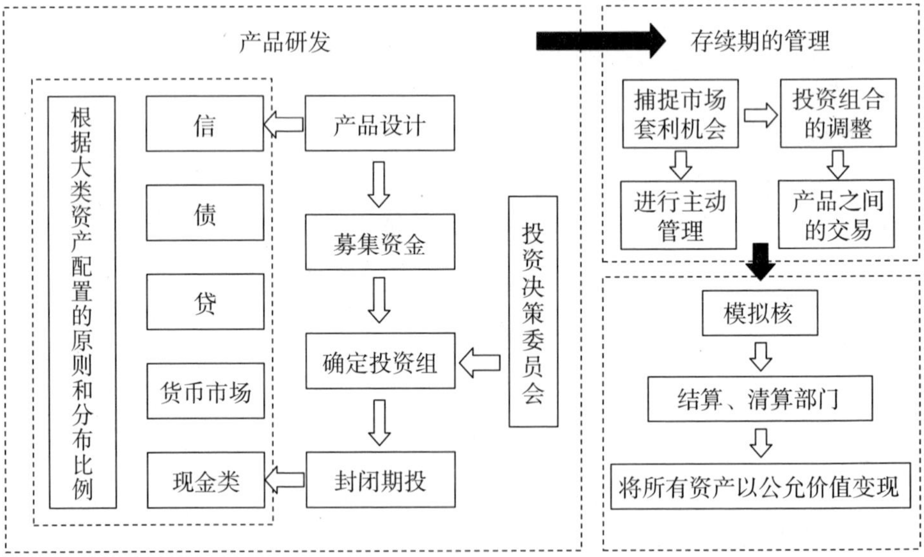

图 2-1 商业银行资产管理部业务流程图

资料来源：马续田．中国资产管理行业发展报告［R］．智信资产管理研究院，2014.

商业银行资产管理部主要产品一览见表 2–3。

表 2–3 商业银行资产管理部主要产品一览表

产品系列	投向范围
保本低风险系列	债券、回购、同业拆借、同业借款、存款、现金等固定收益工具
非保本中低风险系列	债券、回购、同业拆借、同业借款、存款、现金等固定收益工具，利率互换、货币（利率）互换、基金（债券货币类）等
	债券、回购、同业拆借、同业借款、存款、现金等固定收益工具，利率互换、货币（利率）互换、资产管理计划、基金（债券货币类）等
非保本中高风险系列	债券、回购、同业拆借、同业借款、存款、现金等固定收益工具，衍生品、资产管理计划、基金、股权类资产等

5. 其他业务条线

◆ 公司业务部

公司业务部是银行的前台部门，覆盖范围较广，是以企业法人、单位等客户为主体，围绕对公存款账户开展各类支票、汇兑、贷款等业务，具体包括企业电子银行、单位存款业务、信贷业务、机构业务、国际业务、委托性住房金融、资金清算、中间业务、资产推介、基金托管等。各家银行的具体业务可能不同。

公司信贷业务：流动资金贷款、固定资产贷款、委托贷款、房地产开发贷款、保函等业务产品，以适应不同类型客户的融资需求。

对公存款业务：与私人存款业务类似，包括活期、定期、通知存款、协定存款等形式。

外汇业务：外汇存款、结售汇、国际结算、贸易融资、外币贷款、担保等业务。

公司业务部的其他职责还包括：收集、整理和分析公司类客户信息，实施全行公司业务发展战略和营销策略；公司类客户其他金融产品与服务的综合营销；公司类客户市场需求调研，参与新产品设计、开发和测试；各类票据业务；开发资金池产品为集团客户搭建多级账户体系；对公跨境人民币结算、贷款、离岸人民币债券、企业理财及咨询服务等。

◆ 国际业务部

国际业务部负责处理国际进行的涉及不同货币的各种交易，其中主要的三类业务包括国际结算、国际信贷与投资及外汇交易。

国际结算业务。因国际贸易或非贸易往来而发生的债权债务，要用货币收付，并在一定形式和条件下结清，国际结算业务应运而生。货币的收付形成资金流动，资金流动又须通过各种结算工具传送来实现，具体有汇款结算、托收结算、信用证结算和担保业务等。

国际信贷与投资业务。这是国际业务中的资产业务。与国内资产业务有所不同，该业务的对象绝大部分是国外借款者，主要包括进出口融资（为国际贸易提供资金融通，对象包括本国和外国的进出口商）和国际放款。

外汇交易业务。主要包括外汇头寸、即期外汇买卖、远期外汇买卖、期权交易、套汇、套利、投机等。

6. 风险管理条线

◆ 信贷审批及管理部

现代银行都有非常严密的信贷审批制度和完善的风险管理机制，因此信贷工作主要分为审批和管理两大块。

信贷审批的主要工作就是根据授信政策在相应的权限内审批各种新增、延续和重组贷款，确保审贷分离，保证全行对公资产质量。具体包括信贷审批、授信调查、评审管理、协助制定信贷制度四个方面的工作。

信贷管理则主要负责制定信贷政策和信贷制度，审批涉及信贷风险的产品开发，开发和维护用于风险度量的模型和系统，制定贷后管理制度，负责贷款的评级分类及准备金计提的管理，监控信贷资产组合并进行适当干预等。具体包括信贷政策、制度制定；产品开发审批；贷后管理；风险管理工具及新资本协议；信贷组合管理；信息管理等。

◆ 法律合规部

法律合规部是负责全行法律事务、合规管理、审批责任认定等工作的职能部门。

主要职责包括：负责本行日常法律事务、对各业务条线制定合规流程并进行合规审核；对本行制定、修改的各项规章制度、新产品等进行合规审核，对外部合同、重大决策等提出合规性审核意见，对各业务条线风险状况进行分析控制，参与各类违规行为的责任认定调查等。

◆ 稽核部

银行的稽核部门类似于内审部门，主要负责评估内控风险点，实施内部审计，提交审计报告，进行责任认定，分析全行内控情况并提出内控建议等。

主要职责包括：制定审计、稽核工作规章制度并实施，制定内部控制制度，对全行内部控制情况开展调查并提出整改意见，组织实施管理层任期内审计和离任审计，联系银行业监管部门，提供相关数据、配合现场检查，上报各项许可审核资料等。

◆ 资产保全部

资产保全部主要负责牵头全行不良资产的清收，抵债及抵债资产处置，呆账核销管理，并与其他相关部门合作进行问题贷款的管理和清收，促进资产质量的提高和不良资产的“双降”。

7. 综合管理条线

◆ 计划财务部

负责提出银行各种业务的指标、核算资产负债的成本或利润率以及资金头寸、备付等。

◆ 人力资源部

银行的人力资源部和一般企业的人力资源部相同，主要负责人才招聘、管理、考核、培训、劳资、员工激励政策等。

◆ 信息技术部

银行的 IT 部门除了基层的电脑维修及系统维护人员外，总部 IT 人员的职责与一般软件公司差不多，为各种系统、程序开发、项目开发、功能模块等提供 IT 支持。

◆ 办公室

办公室是银行的综合后勤部门，每家银行的办公室职责都不尽相同，并且办公室一般会负责很多方面的工作，主要可能包括：组织协调本行日常办公；组织各种会议并整理会议纪要；承办文秘、信息综合、新闻报道、档案管理等工作；与支行领导沟通；其他后勤事务等。

银行业的待遇概览

银行业的待遇结构较为公开透明，总的来说，银行业的工资结构主要是“基本工资＋绩效工资＋专项奖励”。基本工资为固定收入，主要就是员工的岗位工资加上履职津贴，基本工资主要由岗位和职级决定，柜员、客户经理、部门经理、支行行长岗位和职级不同，相应的岗位工资也不同。

关于绩效奖金部分，每家银行的激励机制不同，差别较大。但绩效奖金的共性有以下几点：

（1）绩效奖金的构成结构一般包括本职岗位的绩效薪酬、所属部门业绩完成度的浮动绩效薪酬和归于个人业务的奖励；

（2）每个部门根据自身业务要求会获得一套考评指标，其中后台或与主要业务无关的支持性部门的奖金则按以全行平均数为参考的某种方式再做计算。

专项奖励主要和基层员工相关，包括销售信用卡、理财、保险、网银等产品的回佣，这一部分主要依靠个人业绩。银行内部薪酬等级复杂，如某银行岗位工资分为 16 等 62 级，职级之间的薪酬差别不等，所以简单地根据上市银行财务报表计算出的人均薪酬数据并不具有代表性，更不适用于应届毕业生。故而此处结合笔者的自身体会及所了解的行业情况，从前台、中台和后台的角度分别做一个定性的介绍。

毋庸置疑，各家银行的收入分配趋势都是向前台倾斜，因为银行的各项业务营销和落地都离不开前台业务人员，前台人员是银行利润链条的起始和开端。前台主要包括柜员和客户经理，直接面对客户，是一家银行的“窗口”。对于前台业务人员，绩效奖励比基本工资更有意义。绩效奖励金额取决于每月的业务量和指标完成情况，主要看营销能力，若客户资源丰富或营销能力强大，每月仅绩效奖励就可能过万，但是如果不能完成指标，工资可能还会打折扣。前台人员的工作压力和强度无疑也是最大的，出差、应酬、拜访客户都是日常工作的一部分。

举一个例子。一个客户经理管理着 20 个客户，了解每个客户的需求，可能有 10 个客户的需求可以通过分行审核，送至总行审核后可能只剩下 5 个客户，5 个之中还可能遇到客户临时违约的情况。所以一个客户经理的成功率如果能达到

15%~20%，已经算是不错了。虽然可能只有15%的希望，但是前期对于每一个项目都要付出100%的努力，所承受的压力及工作强度可见非同一般。中后台人员的工作特点就是工作时间和强度相对稳定，所处理的事务规律性较强，工作节奏更为平稳。中台与主营业务部门的关联性较强，后台与业务关系不大，起辅助支撑作用。

所以，中后台人员的薪酬为所在分支机构的平均水平，相对前台业务人员而言薪酬的可预测性更强，每月变动不大。主要是生活质量较高，尤其对于女性或者部分男性而言，每天的下班时间可以自己安排丰富多彩的生活计划。

总而言之，多劳多得、风险收益对等是亘古不变的原则，“钱多事少离家近，位高权重责任轻”对大多数人而言都是不现实的。市场普遍观点认为，银行业最黄金的十年已经过去，各家银行“躺着赚钱”的时代也一去不复返。与此同时，之前关于银行种种隐性福利的传言也在慢慢收紧甚至消失。

建议求职者在职业发展的前期充分发挥主观能动性，打好基础。与基金券商相比，银行业虽然素来不以专业取胜，但是扎实的基本功对于整个职业生涯的发展都将大有裨益。在刚入职的头两三年，过多地看重薪资数额意义不大，更多的是要思考现有的平台可以给自己提供怎样的机会，将平台资源内化为自身的技能，成为自身价值的一部分。有位前辈曾经说过，“前5年不要考虑赚钱的事情，因为前面几年你不是定位在赚钱，而是在付出，在积累资源和能力；而且换位思考可以发现，前面几年你也不是不可替代的，因此考虑太多的报酬没有意义”。在职业发展的中后期，更看重的是资源整合能力，能够辐射多大的社交范围、能够积累多少社会资源并撬动它，如能够为公司带来新增资源，薪酬的提升自然是水到渠成。而且目前银行体系还有一定的级别划分，存在一定的梯度晋升机制，整体还是在体制内，因此努力做好眼前的工作，在职业生涯后期会有更多的机会和报酬。夯实基础是资源整合的根基，资源整合是夯实基础的升华，对于应届生而言，二者均不可放松。

银行业的职业发展空间

银行业作为传统的金融行业，经过多年的发展已经形成了一套自有、相对体系化的发展空间，不同的岗位具有不同的职业路径。应届生进入银行一般都是从柜员做起，大多数人的生活也都是从轮岗开始，时间长短不一，一般 3 个月到半年不等，柜员基本是每个银行从业者的起点。

对于应届生而言，实习期间做得比较多的就是大堂经理、柜台柜员和外汇会计。经过一段时期专业知识和技能的培训，再根据个人特质以及部门需求定岗。在区支行层面，新入行的应届生上升路径主要有三条。

从柜员起步

柜员是银行内部对于在柜台工作的人员的统称。通常分为前台和后台。

前台柜员的职业发展一般有两个方向：

（1）在会计条线精耕细作，做成业务标杆，升为柜长，然后竞聘为支行的会计主管，再竞聘为支行的副行长，再往上可以到省分行的会计部门做个小领导，然后竞聘会计部总经理，再向总行进军。

（2）转岗做客户经理，走营销条线。一般需要在坐柜时有较强的营销意识，转岗一般需要参加笔试和面试。

从客户经理起步

客户经理属于银行的营销岗，分为对私客户经理（理财客户经理）、对公客户经理和个贷客户经理。

客户经理的职业发展一般有三条路径：

（1）一直做客户经理。客户经理助理→客户经理→高级客户经理助理→高级客户经理→私人银行顾问，随着级别的不断升高，工资收入也不断提高，管理的客户也变得高端起来，主要靠专业知识推动业绩增长来增加收入。

（2）竞聘支行行长。支行行长的任职期一般为 3 年，有意愿的员工在积累了一定的工作经验之后就有资格参加每年的支行行长竞聘。在支行行长的岗位上，员工能够得到全面的锻炼，但同时也承担着较大的压力，每年要背负各个条线的数十个指标，指标完成情况直接影响所负责支行的利润考核。

（3）向省分行的相关部门发展。比如对私客户经理对口私人金融部，对公客户经理对口公司业务部，个贷客户经理对口信贷部，在分行从事相关的管理工作并寻求晋升机会。

从管培生起步

关于银行管培生主要的岗位职责前文已有表述，管培生先要经过大堂经理、储蓄柜台、会计柜台、个人客户经理和对公客户经理培训，之后才是拓展业务，创造价值。在这个过程中，管培生所做所知可以概括为12个字，即“学规矩，见市面，磊上来，落下去”，之后根据相关的表现进行定岗。管培生作为储备人才，比柜员和客户经理的起点和培养相对要好。

在银行里是否能够晋升主要取决于业绩表现，只有业绩出类拔萃，才可能在竞聘中胜出，当然每往上升一级，身上背负的任务也要加一层。如果做前台业务，必须给自己树立较高的目标，努力提升业绩，给自己增加足够多的筹码；而如果做后台业务，必须认真静心工作，把自己的本职工作做好，赢得同事和领导的青睐。无论如何，作为管培生的毕业生，必须把自己的心态摆好，既然选择了银行业作为自己奋斗的目标和方向，就要放低姿态，努力从小事做起，从点滴积累开始，为自己的万丈高楼职业生涯打好基础。

银行作为一个经营风险的行业，有很多需要遵守的标准，在职业发展的道路上，参加各种培训必不可少。银行的培训多为业务知识普及，拓展能力方面的培训不多。新入行的员工一般都要经过一个月左右的集中培训，然后再分配上岗。到了岗位之后通常会由前辈帮带，单独辅导，提高培训效率，快速上岗。

柜员参加的培训一般有服务礼仪、业务操作规范、新业务介绍等。客户经理参加的培训内容更为丰富，一般每周都会有一到两次。银行的理财产品层出不穷，每出一种新产品，就要参加相关的培训，内容涉及贷款、基金、保险、外汇、信托、信用卡等各方面。除了内部培训之外，银行也会安排外部专家就营销技巧以及茶艺、收藏品、奢侈品等特殊专题开展培训。

银行人的出路在哪里

职业路径一般分为内部路径和外部路径，银行业也不例外。

对于银行业来说，内部路径就是在银行的体系内发展，上文已经有所阐述。

外部路径即从原来的银行体系中脱离出来，转向其他银行或者金融机构。银行员工的跳槽基础是其掌握着优质的客户资源及具有丰富的相关业务经验，一般主要有以下几个去向。

证券公司、信托公司等非银行金融机构

证券公司、信托公司、基金公司的短期回报较高（风险亦大），且激励机制较为到位，银行从业人员跳槽到这些机构，一般意味着会伴随较大幅度的薪资提升。银行从业人员长期积累的社会关系等资源对于其跳槽后工作的有效展开也极具优势，因此证券公司、信托公司、基金公司是银行工作人员跳槽瞄准的主要方向之一。商业银行网点众多，所渗透进入的地区涵盖全国范围，所服务的客户涵盖各个行业各个企业，而通过普通的理财和存贷款业务也可以接触到更多的高净值客户，这些会给跳槽后的业务带来非常扎实的基础。银行本身具有非常明显的资金优势，熟悉投行线和产品线的员工跳槽出来，做二级市场业务或者去其他资产管理机构，利用新的平台来助力原有银行的资金资源，可谓如虎添翼。另外，银行本身层级众多，不同层级所服务的客户主体也有所不同，视角和平台也不尽相同，这一点是其他金融机构难以感受到的，因此，从银行中成长到一定的级别后跳槽出来，利用自身积累的社会关系，到券商或者信托公司承揽项目会有更加明显的优势。

互联网金融企业

蓬勃兴起的互联网金融行业也吸引了大量银行人才一展身手。一边是银行业的低迷困境，倒逼银行高管辞职走人；另一边是互联网金融行业求贤若渴，张开怀抱热烈欢迎来自银行各层级的人才，尤其是银行高管。具有风控、信贷审核部门工作经验及优质客户资源的客户经理，是互联网公司急需的人才。2015 年 3 月以来，从银行离职的高管达 60 多名，基本每个月都有高管离职消息传出来。包括平安银行副行长助理李昌国加盟友金所担任总裁，兴业银行行长李仁杰加盟陆金所任董事长，华夏银行副行长黄金老加盟苏宁金融担任常务副总裁，中国建设银行网络金融部总经理黄浩加盟蚂蚁金服担任财富事业群总经理。

高薪自然是互联网金融公司挖人的利器，加入创业公司可能还会享有股权激

励。当然，收入不是重新选择职业方向的全部因素，传统银行体制较为僵化，选择新兴活力的互联网金融机构，也许能打开一片全新的天地。

新型民营银行

除了互联网金融公司，民营银行也在挖角传统银行。公开信息显示，首批 5 家试点民营银行的高管和中层中有大量传统银行重量级人士加盟。新型民营银行通过给予一定数量的股权或期权来改变在传统银行中激励不足的现状。同时，传统银行公司治理结构和业务运转也被很多离职者质疑不合理或不够高效，因此加入新型民营银行能够在相对扁平化的平台上施展。先有中国进出口银行副行长曹彤加盟微众银行。随后，2015 年 5 月，杭州银行行长俞胜法加盟网商银行，担任行长。而在基层员工方面虽然没有特别明确的数字，但是从招聘信息增多的情况来看，传统银行的人才流失恐怕难以避免。传统银行基层员工传说中的高薪通常也附加着业绩高压，而且考核任务更是压力山大，伴随着经济形势下行压力较大，业务中不良率带来的业绩扣减更令新型民营银行优势凸显。

在民营银行发布的招聘信息中，银行业的从业经验依旧是加分项，甚至是必要条件，当然，除了工作经验之外，更重要的前提是拥有客户资源。

其　他

上述提及的去向只是银行从业人员跳槽时较为典型的选择，笔者身边也有选择其他金融机构、考取公务员、独立创业等实例。总之，只要踏踏实实地积累资源和经验，另寻一片天地并非难事。

附：金少银行五大行[1]北京分行求职历险记

大家好，我是金少，参与了2017年的校招。因为在求职时相对看重户口指标，同时又是金融专业，故重点参加了北京地区各大银行的秋季校园招聘，经验与教训良多。写下此文，希望能造福各位读者。

[1] 指工商银行、建设银行、中国银行、农业银行和交通银行。

网申：是否纯凭运气

在求职之前，我曾请教过众多前辈，银行求职网申究竟有没有技巧，得到的大部分回复是："网申嘛，主要靠运气"。但是，在参加完众多银行的校招之后，个人认为，网申还是有一些技巧的。

（1）各大银行的北京分行（以下简称北分）的招聘首先看生源户籍。如果你是北京生源（高考前为北京户口），那么你通过网申的难度相对会低很多，因为五大行的北分还是偏爱北京生源。江湖曾有传闻，对于用人单位而言，招三个或者四个北京生源可以给该行换取一个北京户口指标。

（2）网申也看"颜值"。所以准备一张帅气美丽的照片是很重要的。银行作为金融服务业，确实会比较在意"第一印象"。亲身体会，花十块钱拍的证件照和花上百块钱拍的证件照的差距还是非常大的。

（3）有的银行网申还需要填写身高。在这里没必要太过"诚实"，可根据自己的身高适当地写一个比较合理的数值。这样在量化指标筛选的时候不至于被剔除。

（4）个人学历情况。985/211 等知名院校有一定的优势；经济学、管理学和理工类专业有一定的优势；英语和计算机比较精通有一定的优势。

五大行北分的网申，都是在各个银行的官网上完成的。网申系统基本都比较落后（记得某行注册了就提示密码错误，还要找回密码），而且需要填写的信息都较为相似，所以建议大家在申请第一个的时候把所有需要填写的内容复制一份到 Word 文档里面，方便后续申请填写。

这里重点提一下工行北分。2016 年工行北分举行宣讲会的时候是有直通笔试名额的，所以，如果你有时间一定要参加他们的宣讲会。笔试一共 10 道题目，现场选出 20 人直接通过网申进入笔试，10 道题目正确率优先，正确率相同者则用时少者优先。在这里跟大家说一个小技巧，貌似工行每一场宣讲会的题目都一样，所以完全可以在参加第一场的时候记下题目再去参加后续的宣讲会。

笔试：知识的积累与沉淀

个人参加了所有五大行北分的笔试，个人感觉，工行的题目最有水平，中行的题目最有趣，农行的题目最多，建行的题目最难，交行的题目最中规中矩。

银行的笔试，基本就是行测（言语理解、判断推理、数量关系、资料分析等），综合知识素养（经济学、金融学、会计学、统计学、财务管理、国际金融、国际贸易、计算机、市场营销、时事政治、银行基本知识等），英语（多为托业类型），性格测试这四大块。

2017 年的校招，最早进行考试的是中行北分，时间是 2016 年 11 月 5 日下午 1:30—4:55，一共分为五大部分，分别是英语（13:30—14:30）、行测客观题（14:30—15:30）、综合知识（15:30—16:10）、行测操作题（16:10—16:30）、英语（16:30—16:55）。英语一共 100 道题目，50 道单选题，50 道阅读题（10 篇），难度不大，多为托业语法和阅读。行测客观题一共 70 道，分别是 15 道逻辑推理（包括图形推理、数列推理和假设推理）、10 道数学能力、20 道语言理解、10 道思维测试（速算）、15 道资料分析。综合知识一共 80 道选择题，分为 56 道单选题和 24 道多选题，主要包括金融经济、银行常识、时事政治、中行知识等，还有 5 道色系辨析题（考察是否为色盲）。行测操作题是两个小游戏，这也恰恰是中行题目比较有趣的地方，一个是 6× 6 的格子中按照顺序标出一闪而过的数字（从 3 个一直到 9 个），然后让你按照从 1 开始的顺序点出来，主要考查瞬间记忆能力。还有一个是找茬游戏，找出两张图的 5 个不同。最后的性格测试比较中规中矩。

接下来是工行北分的考试，在中行北分过后的第二天下午 14:00—17:00 进行。工行的题目出得有水平，个人感觉是那种容易分辨出优秀人才的考试。工行 2017 年的题目分为五大块，一共 141 道题。题目主要是行测、专业知识、英语、时政和性格测试，前四部分一共 140 分钟，性格测试 40 分钟。2017 年工行并没有考工行知识，倒是考了很多逻辑推理题。

交行北分的考试在 2016 年 11 月 13 日下午 13:30—16:20，其中包括 140 分钟的综合测试和 30 分钟的性格测试。交行是把经济金融类和 IT 类考试分开的。经济金融类的考试一共 140 分钟，共计 192 题目，平均 43.75 秒一个题目，可见交行笔试对做题速度的要求。主要分为行测（10 道语言理解 +40 道数学类 +20 道资料分析）、专业知识（40 道经济金融 +15 道计算机 +10 道常识题）、时政热点（10 道）、交行知识（5 道）和英语（22 道单选题 +20 道阅读题）。

农行北分的笔试时间是 2016 年 11 月 20 日上午 9:00—12:00，考试分为四部分，分别是专业知识（50 分钟，55 道经济、金融、会计、管理、计算机 +10 道时事政治 +5 道农行知识）、行测（55 分钟，10 道语言理解 +20 道数学运算 +20 道逻辑推理 +5 道资料分析）、英语（55 分钟，45 个单选 +35 道阅读）、性格测试（20 分钟）。2017 年农行的笔试题目颇为奇怪，经济金融类题目考得很少，倒是管理学和计算机知识考得特别多。而且农行的笔试每个部分是分开的，不允许提前交卷。

从农行的考场出来，下午 14: 00—17:00 便是建行的考试，前面的 150 分钟共 160 道题目，分别是 17 道语言理解（每个 0.5 分）、17 道数量关系（每个 0.5 分）、16 道逻辑推理（每个 0.5 分）、15 道资料分析（每个 1 分）、15 道职业能力测试（10 道单选 +5 道多选，每个 1 分）、65 道综合知识（40 道单选 +25 道多选，每个 1 分）、15 道英语附加题（3 篇阅读，每道题 1 分）。最后是 30 分钟的性格测试，12 个题目。不得不说，建行在五大行中一直都是以好学生的形象出现的，所以感觉他们笔试的题目也是冲着学霸去的，目测题目难度位居五大行之首。

综合来看，银行的笔试考查的知识面广、知识点杂，所以需要好好复习。在这里跟大家说一些小技巧：

（1）一定要分清考试时间是综合计时还是单独计时，综合计时记得规划好考试时间。都是机考，所以英语部分是可以用 CTRL+F 定位关键词的。

（2）考场预约一定要尽早，否则你预约的时候很可能就只剩北六环甚至六环外的考点了，而且预约系统特别卡，推荐使用 Google 浏览器。

（3）考试过程中一般不允许使用计算器，所以对于数字较大的题目，可以使用估算。

（4）行测题目一般都做不完，优先选择熟练模块，一般看到那种材料分析 + 哪一个不正确 + 四个选项都要计算的题目我都是选择性放弃的，因为要在一分钟不到的时间里做四次计算难度较大。

（5）关于性格测试，一定不要瞎选，真的有因为性格测试而被刷的。

（6）如果实在做不完或者不会做，那么只能靠蒙，这个时候请谨记各大银行缩写，比如中行是 BOC，那么可以主蒙 BC；农行是 ABC；建行是 CCB；工行是 ICBC；交行是 BCM。

面试：八仙过海各显神通

关于五大行 2017 校招的面试，中行北分的面试是最早的。面试地点是中国银行东安门培训中心七层报告厅，在王府井附近。到达后首先填写一张个人信息表，然后进行分组，大概是 10 ~ 12 人一组。面试一共分为三轮，第一轮是一分钟自我介绍加上你对销售的理解和看法，可能与我的意向是营销岗位有关系。第二轮是无领导小组讨论，一共是 25 分钟，感觉每个人都没能说几句话就结束了。第三轮是单面，面试官根据你第二轮群面的表现和你的简历进行提问。整个面试大概进行了 2 ~ 3 个小时。我个人的感觉是无领导小组讨论比较乱，人很多，时间短，如何在短时间内很好地表现自己十分重要。

然后是交行北分的面试，地点是金融街 22 号交通银行大厦。交行通知的时候让打印 8 份《交通银行应聘登记表》带上。面试形式是群面，大概是 8 位面试官，15 ~ 25 个面试者一组，每人一分钟自我介绍，然后面试官随机抽取几位同学进行提问。交行只有一轮面试，总共半个小时左右。

一天后，农行北分的面试在农行展览路支行举行，地址是西城区展览路 5 号。首先是无领导小组讨论，形式类似于辩论。10 个人分为两个小组，给定话题进行讨论，分为阐述观点、辩论讨论、总结发言。无领导小组讨论结束后是群面，3 个面试官，4 个面试者，先是自我介绍，有问到简历相关的问题，还有关于生源地、北京户口的问题。

工行北分的面试在工行金融培训学校举行，地址是东城区夕照寺街板厂南里 9 号。工行面试的人特别多，大概 6 ~ 8 人一组，面试形式是无领导小组讨论和提问。关于无领导小组讨论我所遇到的是辩论形式，题目是客服的集中化和分散化哪个更好。首先是 5 分钟阅读环节，每个人将支持自己辩题的观点写在一张纸上，每人一分钟陈述自己的观点。接下来是 10 分钟辩论环节，一方必须打败另一方。最后是 10 分钟讨论环节，讨论胜利方案的优化问题。无领导小组讨论结束后，面试官会对每个人进行提问，会问无领导小组讨论相关问题，也会问简历相关的问题。身边别的同学也有抽到选择因素形式的无领导小组讨论，并不都是辩论形式。

过了许久，收到建行北分的面试通知，在丰台区西客站南路 18 号建行北分教育培训中心进行。建行只有一轮单面，两个面试官，先是自我介绍，然后会根据简历提两三个问题，比如说会不会长期留在北京工作。

总结一下面试的相关技巧。其实参加了十来场银行的面试，最终我明白了一个道理：面试官最想看到的是能力，其次是态度。但是在短短的时间内，想展现出很强的能力其实很难，所以态度很重要！你如果可以表现出一种我就想来你们公司的态度，那么胜率将会大大增加。之前看过网上有很多面试套路，可是在经验丰富的面试官面前，再多的套路都是浮云。无领导小组讨论，可能是挂人最多的，那么选好自己的定位很重要。个人觉得领导者、计时者和总结者这三个位置比较重要，可以根据自己的性格特点去抢夺合适的位置。如果是辩论形式的无领导小组讨论，建议在小组面试前提前沟通好，不要火拼得太厉害。最后一定要达成一致，如果无领导小组讨论最后没有统一的结论，可能是全组都挂。结构化面试，网上基本有很多经典问答可供参考。半结构化面试，需要提前准备，比如自己的专业、实习经历与相关公司及其岗位的契合度，显示出个人优势。单面时切记不要紧张，放松心态，听清面试官的问题，冷静作答。

感悟

最后说一点感悟吧。从网申到笔试到面试到体检到签约，从 10 月初到 1 月中旬，我走过了五大行北分的整个校园招聘。这三个半月，确实很累很累，但是收获颇丰。我分别在首经贸华侨学院、中国石油大学南校区、首都师范大学东校区、首钢工学院和北京培黎职业技术学院参加过笔试，记得农行和建行是同一天的上下午考试，为了赶时间中午只能在车上啃面包。为了面试，有时候早晨五点半出门，头发上的水珠都会结冰。尽管有时候真的觉得很累，但最终我还是坚持下来了，也收获了满意的 offer。希望大家也能够如愿获得自己理想的 offer！

银行业招聘对应届生的要求

银行的支行、分行和总行对应届生都有一定的需求，只是准入门槛依次升高，需求数量依次减少。

大多数应届生会被分至支行锻炼，从事柜员或客户经理的工作。这类工作虽然琐碎但至关重要，也是应届生了解银行体系的一个良好机会。这类工作对学历的要求相对不高，更多的是考察与人沟通交流的能力。大体上有如下几方面的素质和能力要求：（1）有较强的亲和力；（2）学历硬性指标达标，全日制本科及以上；（3）具备一定的解决问题的能力和学习能力，反应速度快；（4）细致、耐心，有一定的风险控制的意识。

银行的分行和总行部门也会视情况招收少量应届生，一般是金融市场部、资产管理部、投行部等部门补充少量新鲜血液。

一般而言，大型银行里，工农中建及招行的金融市场部、资产管理部、投行部有一定的应届生岗位招聘的需求。

某些四大行总行一般会与指定高校合作，由校方内部推荐（主要取决于学习成绩），进行单独的笔试面试。笔试面试之后发放录取通知，岗位主要分为利润中心和管培轮岗两类。内部推荐与大规模招聘是分开的，在时间上也要更早，11月初就会有结果。如果求职者能够获得内部推荐的机会，一定要好好准备。

举几家银行的例子。2015 年招商银行招收的管培分为四个方向：金融市场方向、投行方向、私人银行方向及普通管培。前三个是有明确指向的，而普通管培需要去各业务条线轮岗。前三种管培方向名额比较少，每个方向大概二三十人，要求普遍比较高。

当然，有些银行的管培生不一定全部包含四个方向，例如广发银行的金融市场部是单独招聘的，校招的时候会发现网申系统里面有单独的选项。这个岗位招聘人数只有六人，竞争非常激烈。此外，宁波银行的金融市场部也是单独网申、单独笔试和面试，专业性较强，约招收 20 人。此外，上海银行也有少量此类岗位开放，其招聘模式是先统一招聘，分为管培生和业务岗。业务岗每年招聘规模为 200 人左右，其中约有 20 人会分到总行，还需要参加相关部门的笔试面试，到次年四五月份的时候才知道最终分配结果。

一般而言，总分行部门对应届生的学历要求较高，一般要求 985 院校或海外名校硕士；在实习经历方面，更偏向具有相关性强的实习，不仅是银行，券商、基金、信托的经验均有所帮助；个人素质方面，更看重书面表达能力和口头表达能力。

总体来说，应届生进入总分行部门并不是没有任何机会，但是其门槛要比一般岗位高一些。应届生能否直接进入总分行部门需要辩证地看待。如果能直接进入这些部门，优势是可以获得比较高的起点，但是如果毕业直接到核心部门工作，可能会难以清晰地理解整个银行体系、业务模式和流程，这就需要更严格地要求自己，多想多学，补足相应的短板。如果没有直接进入这些部门，也不代表之后就不再有机会了。就目前情况来说，银行是一个很讲究实力的地方，如果在基层表现很优秀，是可以通过内部招聘从支行、分行调动到这些核心部门的。

那么，如何从在校的时候起就做好前期准备呢?

第一，多参加相关的实习或者社会实践活动。银行实习生是一个非常不错的选择，能够让自己更加直观地了解银行相关工作，对银行工作有更清晰的职业规划；提升银行专业知识和技能，增强在银行业中的就业优势，为自己的求职简历锦上添花；实习期间表现突出者将在秋季校园招聘中优先录用，这一项在有些实习公告中会明确列出。

第二，在校期间认真学习，取得优秀的考试成绩，积极参与校园活动。争取获得奖学金及相关的荣誉证书，所有金融机构的招聘中，银行招聘相对看重学习成绩和在校期间的表现，比如有些银行青睐学生班级干部、在学校社团组织中担任一定职务的干部。

第三，考一些相关的证书。银行从业资格证、会计从业资格证、CPA、CFA等证书能证明个人的专业素养，助力笔试和面试。

第四，合理安排时间复习相关的笔试内容，特别是行测和专业知识。这里尤其需要说的是行测。可能大家自己单独做题都觉得非常容易，但是在规定时间内完成大量的题目而且保证一定的正确率，这个难度就比较大了。

简而言之，这些要求对毕业生来说并不算高，有些努力只需要平时多花一分钟就能轻松做到，失败从来不是没有原因的，别人在努力奋斗的时候你在迷茫，距离自然会越来越远。你的专业、背景和认真准备都能帮助你找到一份不错的职业。

结　语

想必上文已经让大家对银行业或多或少有所了解，因篇幅有限，部分内容无法详尽描述。总体来说，我国目前的间接融资市场规模非常巨大，而银行作为金融业的航母，有着巨量的人才缺口和发展空间，机遇与挑战并存。可以把银行比喻成国民经济的毛细血管，深入渗透到各地，覆盖居民和企业，所带给你的舞台也足够宽广。在如此广袤的土地上，精心耕耘会给你带来更多的资金资源和客户资源。银行是机构融资的首选，所以单就客户资源和资金资源而言，有着其他任何金融机构都无法望其项背的优势。

愿每一个将银行业作为求职方向的应届生，都能够在这里获取关于整个银行业的宏观认识，在今后的求学和求职生涯中，能够不断丰富自身的职业素养和职业技能，踏踏实实地、坚定地走下去。无论选择在银行业内稳步前行，还是将银行作为职业生涯初期的踏板，相信你在银行业中都能够得到足够的成长。

03

资本运作弄潮儿之投行业解读

上文提到，金融的本质就是资金的融通，将资源配置到运用效率最高的地方。而投资银行（以下简称投行）的核心就是这个本质的直接体现，通过股权、债权等形式为企业融资，或通过并购重组、财务顾问等形式协助企业的产业投资与升级，加速产业积累和延伸。传统的投行业务可以分为股权、债权和财务顾问等大类，常见的业务为首次公开发行股票并上市（IPO）、上市公司再融资[1]、并购重组、债券发行等。本书所讨论的投资银行主要指内资券商，与大家在新闻报道中经常听到的外资投行有所区别。因为无论是求职还是国内的金融实践，内资券商才是国内当之无愧的主角，也是本书读者的主要关注点。

正如本章标题所说，将投资银行比作资本运作弄潮儿是非常生动的，投行的每一项资本市场运作都让人心潮澎湃。天文数字般的交易金额、惊心动魄的交易进程、精益求精的交易方案，都令人心生向往。笔者将结合自身经验，围绕投行业的现状、待遇、业务等方面向读者介绍内资券商投行的情况，以及整个投行业的资本江湖概况。

投行业的江湖与地位

本节着重为读者讲解我国各家内资投行的情况，并对各家的特色业务加以说明。

---

[1] 再融资，指上市公司通过配股、增发和发行可转换债券等方式在证券市场上进行的直接融资。

大型综合券商

2017 年 3 月第十届《新财富》中国本土最佳投行前十名排行榜见表 3–1。

表 3–1 第十届《新财富》中国本土最佳投行前十名排行榜

排 名	券商名称	排 名	券商名称
1	中信证券	6	华泰联合
2	中信建投	7	招商证券
3	国泰君安	8	国信证券
4	海通证券	9	中金公司
5	广发证券	10	光大证券

接下来笔者会就排名前十的大型综合券商进行阐述，内容以笔者自身经历以及业内消息为主要来源，描述可能并不完全客观真实，仅供参考。

1. 中信证券

中信证券股份有限公司（以下简称中信证券或中信），素有“大平台”以及“麦子店高盛”之称，内资投行第一的地位已经多年没人能够撼动。中信证券 2016 年年报显示，2016 年中信共完成 A 股主承销项目 79 单，主承销金额 2 407.66 亿元，市场份额 11.76%，主承销数量以及主承销金额均居市场第一。其中，IPO 主承销项目 19 单，主承销金额 119.02 亿元；再融资主承销项目 60 单，主承销金额 2 288.64 亿元。绝对优秀的公司自然需要绝对优秀的人才，中信证券历年招收的新员工均为来自国内顶尖名校的顶尖人才。

2. 中信建投

中信建投证券股份有限公司（以下简称中信建投）是传说中的“75 分位司”以及“朝阳门巴克莱”，近年来各项业务飞速增长。在 2014 年投行《新财富》评选中，中信建投投行部的刘乃生先生一举摘得“最佳投行家”桂冠。2015 年，中信建投在上海证券交易所主办的“优秀公司债券承销商”评比中荣获第一名。2016 年，中信建投公司债业务继续成长，无论是承销金额、承销费还是主承销家数、联席主承销家数均居第一。中信建投也被称为“朝阳门黄埔军校”，因为公司投行业务线项目多，任务重，导致员工的流动率较高，但也正因为如此，新员工来到中信建投投行部可以得到迅速的成长。其投行业务线的宗旨“为更好的企业服务，让客户成为更好的企业”深深影响了一代又一代的建投人。

3. 国泰君安

虽然国泰君安股份有限公司（以下简称国泰君安）2015 年才登陆主板［主板市场也称一板市场，指传统意义上的证券市场（通常指股票市场），是一个国家或地区证券发行、上市及交易的主要场所］上市，但实为行业龙头，各项业务均处于领先地位，投行业务也在行业中位居前列。国泰君安 2016 年年报显示，2016 年国泰君安投行完成了年度募资规模最大的上海银行 IPO 项目，承做了上海电力海外并购、交通银行优先股等一批有市场影响力的项目，同时完成跨境并购项目 5 个，并在美国获得并购顾问业务资格牌照。2016 年，国泰君安证券主承销金额 4 508.91 亿元、市场份额 6.77%，排名行业第三；承销家数 417 家、市场份额 7.16%，排名行业第二。国泰君安一般通过留用暑期实习生的方式招聘人才，进入暑期实习有较大概率可以留用。有意向的同学要重点关注国泰君安的暑期实习生计划。

4. 海通证券

海通证券股份有限公司（以下简称海通证券）是国内成立最早、综合实力最强大的券商之一。2016 年度海通证券实现营业收入 278.44 亿元，同比降低 26.89%。2016 年全年海通证券共完成主承销项目 284 个，市场份额 3.71%，其中首发承销 4 家，市场份额 1.58%；增发项目 30 个，可转债 7 个；债券发行承销项目 243 家，市场份额 3.67%。2016 年，海通证券积极挖掘新三板及场外市场快速发展的市场机遇，完成新三板[1]挂牌项目 49 个。近几年海通证券正积极拓展国际业务，收购了葡萄牙最大投行圣灵投资银行，开创了本土券商进军欧美投资银行业的先河。随着经济结构的转型升级，中国企业正积极“走出去”，布局全球，海外并购业务的增多为本土投行带来了广阔的、潜在的业务发展空间。

5. 广发证券

广发证券股份有限公司（以下简称广发证券）总部位于广州，最近几年发

---

［1］ 新三板：新三板市场原指非上市股份有限公司进入代办股份系统进行转让，不同于原转让系统内的退市企业及原 STAQ、NET 系统挂牌公司，故形象地称为“新三板”。

展非常快。广发证券投行部团队较为稳定，中小项目资源丰富，投行实力较强。股票承销规模和项目储备方面均居于行业前列。广发证券的崛起与2009年创业板[1]的设立有着密切的联系，创业板的设立给南方投行实现跨越式发展带来了难得的机遇。如今广发证券正在努力突破华南的地域范围，重点向江浙沪地区发展，在已公布的股票承销数和债券承销数中有很大一部分是江浙沪企业。

6. 华泰联合

华泰联合证券有限责任公司（以下简称华泰联合或华泰）是近年来突飞猛进的公司。2015年度，华泰联合完成主承销149家，主承销金额1 873.64亿元，主承销收入5.93亿元，排在券商第六位，其中增发项目承销金额排在券商第三位。华泰加大行业开发转型力度，进一步优化投资银行业务布局，积极布局资本中介等创新业务，加大资本介入力度，创新业务增长明显。从2016年的情况来看，华泰联合投行暑期留用考核标准较高，对学历要求较为严格。

7. 招商证券

招商证券股份有限公司（以下简称招商证券）为综合性大券商，其投行业务处于非常明显的优势地位。2016年招商证券投行主要业务依旧表现亮眼，主承销收入达到3.94亿元，其中首发项目12个，增发项目14个，债券发行项目347个。2016年招商证券共承销资产支持证券1 042.30亿元，排名证券行业第一名。根据往届求职者描述，招商证券部门内部体系分水岭较为明确，所以造成了高级别的员工福利待遇相对而言会更好，工作压力也相对较小，而刚入职的新人相对会需要辛苦更长的时间，不过招商证券的福利以及年终奖总体上很可观。

8. 国信证券

国信证券股份有限公司（以下简称国信证券）的投行业务一直具备领先优势。自2014年上市之来，各项业务蓬勃发展。2016年度，国信证券投资银行完成股票承销48家，其中完成IPO项目11个，市场份额4.38%；完成债券承销项目161个，市场份额2.43%。但是，国信证券投行部采用类似合伙人的制度，国

[1] 创业板：是与主板市场（Main-Board Market）不同的一类证券市场，是专为暂时无法在主板上市的创业型企业、中小企业和高科技产业企业等需要进行融资和发展的企业提供融资途径和成长空间的证券交易市场，是对主板市场的重要补充，在资本市场有着重要的位置。

信的大投行很像由一个个小的投行组成，活力很强。

9. 中金公司

中国国际金融股份有限公司（以下简称中金公司）拥有贵族血统，其组织架构和整体风格是最贴近外资投行的，一度是国内最高大上的投行形象体现。目前很多内资券商认为中金公司在走下坡路，其实多少有些往日的嫉妒在里面。中金公司的高端项目储备、人员素质、专业形象始终没变，同时中金到目前为止始终坚持不承接小型项目，每年招聘的员工也都是学历非常高、英语非常好的精英。虽说中金已然不再是国内证券公司的领头羊，但是其业务能力毋庸置疑，海外业务和投行业务尤为强大。

10. 光大证券

光大证券股份有限公司（以下简称光大证券）成立于 1996 年，系由“世界 500 强”中国光大集团股份公司投资控股的全国性综合类股份制证券公司，是中国证监会批准的首批三家创新试点公司之一。2016 年，光大证券完成主承销项目 209 个，市场份额 2.73%，其中首发项目 2 个，增发项目 6 个，债券发行项目 200 个。作为光大集团的子公司，光大证券为应届生带来了更广阔的机会和平台。

诸多内部信息难以详尽，更多关于各大券商的资讯可关注小金窝（www.xiaojinwo.com）相关板块。

各类投行业务的翘楚代表

介绍完上述大型券商后，本部分旨在探究券商最擅长的业务领域。

1. IPO 业务

IPO 全称是 Initial Public Offerings（即首次公开发行股票并上市，以下简称 IPO），指股份公司首次向社会公众公开招股并完成上市的资本运作。

万得资讯数据库显示，2016 年全年 A 股市场完成股票发行 1 145 家，同比增长 2.23%；承销金额 22 421.74 亿元，同比增长 26.31%。其中 IPO 完成 248 家，募集资金 1 634 亿元，占比分别为 22% 和 7%；上市公司再融资完成 897 家，募集资金 20 787.74 亿元，占比分别为 78% 和 93%。2016 年度 IPO 项目承销前三名分别是中信证券（18 家），广发证券（16 家）以及中信建投（14 家）（见表 3–2）。

表 3-2　2016 年度券商 IPO 项目数量排名

排名	保荐机构	业务量	排名	保荐机构	业务量
1	中信证券	18	7	申万宏源	9
2	广发证券	15	7	国信证券	9
3	中信建投	14	9	东方花旗	7
4	安信证券	12	9	华林证券	7
4	招商证券	12	11	国金证券	6
6	中金公司	10	11	中泰证券	6

2. 并购业务[1]

并购业务，一般是指兼并（merger）和收购（acquisition）方面的业务（以下简称并购）。普华永道发布的《2016 年中国企业并购市场回顾与 2017 年展望》显示，由于经济转型推动国内战略并购交易强劲增长，2016 年，中国企业的并购交易数量上升 21%，交易金额上升 11%，达到 7 700 亿美元，并购交易的数量和金额均创下历史最高纪录。有 114 笔并购交易的单笔金额超过 10 亿美元，创下历史新高。

如果说 2014 年下半年并购政策的松绑是温热并购市场的“第一把火”，那么证监会关于并购融资的进一步解绑则是“第二把火”。2015 年，并购尤其是跨境并购大面积发酵。异常活跃的并购市场借助持续的政策利好，在并购流程和融资方式上都出现了更多新的机会。同时，混合所有制、产业整合、资产证券化[2]、“一带一路”[3]、新三板等新概念为并购市场烧起了“第三把火”。

CV Source 投中数据终端显示，2016 年度共完成并购交易 4 555 起，同比上升 1.48%，是 2010 年以来的新高；其中披露交易金额案例 3 312 起，同比上升 21.81%；交易完成规模 3 160.8 亿美元，同比增长 56.37%，平均单笔交易金额为 9 543.48 万美元。2015 年并购重组市场的财务顾问机构发生了很大的变化。华泰

[1] 张剑．中信证券张剑．并购大时代序幕开启［N/OL］．环球网．(2015-05-11)［2017-06-13］．http://finance.huanqiu.com/roll/2015-05/6406401.html.

[2] 资产证券化：指的是以特定资产组合或特定现金流为支持，发行可交易证券的一种融资形式。

[3] “一带一路”：“丝绸之路经济带”和“21 世纪海上丝绸之路”的简称。

联合以服务 30 个项目和 820 亿元的交易规模排名第一，而 2014 年的冠军西南证券则在 2015 年排名第四。与此同时，中信证券和国泰君安 2015 年在并购市场也取得了不可小视的战绩。

其中值得一提的是，华泰联合并购业务在行业内长期处于领先地位。具体表现为通过中国证监会核准的上市公司并购重组案例数量连续三年排名行业第一，承做了大量并购重组案例，积累了丰富的项目执行经验。华泰联合证券担任顾问的多个并购项目成为中国并购市场的经典案例，如掌趣科技、新希望、华夏幸福、立思辰、蓝色光标、东华软件、安源股份、嘉凯城、恒泰艾普、金马集团和广日股份等。据统计，2012 年至 2014 年中，华泰联合共在 51 起并购案中担任财务顾问，其中 2012 年 11 起、2013 年 13 起、2014 年 27 起，涉及交易总额 1 186.50 亿元；而据同花顺 iFinD 数据的不完全统计，2015 年（只包括进行中以及完成的并购项目），58 家券商为实施并购重组的公司担任财务顾问，华泰联合至少为 30 家公司担任并购重组财务顾问，中信证券持有 23 单，广发证券和中信证券各持有 17 单。尤为经典的案例是掌趣科技和蓝色光标。2016 年度券商担任并购项目财务顾问数量排名见表 3–3。

表 3–3　2016 年度券商担任并购项目财务顾问数量排名

排名	保荐机构	业务量	排名	保荐机构	业务量
1	华泰联合	40	6	招商证券	26
2	中信建投	38	7	国信证券	24
3	广发证券	36	8	海通证券	19
4	国泰君安	29	9	西南证券	19
5	中信证券	27	10	新时代证券	16

3. 新三板业务

截至 2016 年 12 月 31 日，新三板挂牌企业数量已经从 2015 年 4 月 30 日的 2 343 家发展到 10 163 家。

各家券商新三板挂牌数量排名（截至 2017 年 3 月 26 日）见表 3–4。

表 3–4 券商新三板挂牌数量排名（截至 2017 年 3 月 26 日）

排名	券商简称	挂牌数量	排名	券商简称	挂牌数量
1	申万宏源	663	6	东吴证券	341
2	安信证券	586	7	招商证券	334
3	中泰证券	470	8	广发证券	321
4	中信建投	371	9	长江证券	321
5	国信证券	342	10	东北证券	318

4. 债券融资

债券融资与股票融资一样，同属于直接融资，而信贷融资则属于间接融资。在介绍债券融资业务之前需要先介绍一下债券品种。从监管主体来看，我国债券市场监管具有财政部、国家发展改革委、中国证监会、中国人民银行和中国银监会“五龙治水”的特点。从品种来看，财政部主管国债和地方政府债，国家发展改革委财经司主管企业债，中国证监会债券部主管公司债、并购债、可转换公司债券与可交换公司债券，中国人民银行直属设立的银行间交易商协会主管非金融企业债务融资工具，银监会、保监会、证监会和中国人民银行主管金融债。其中银行间交易商协会（以下简称交易商协会）主管的非金融企业债务融资工具主要包括中期票据（MTN）、短期融资券（CP）、超短期融资券（SCP）、非公开定向发行债务融资工具（PPN，简称定向工具）、资产支持票据（ABN）和中小企业集合票据（SMECN）等。

然而，债券融资总体竞争比较激烈。一方面，券商投行需要和银行竞争，因为虽然有 12 家券商投行可以承销交易商协会产品，但是商业银行由于拥有大量客户和资金，因此在交易商协会产品承销方面具有无可比拟的优势；另一方面，券商投行互相之间的竞争也十分激烈，新的公司债发行之后，没有了保荐代表人签字这个环节，因此具有证券承销业务的券商都可以参与企业债、公司债的竞争。

从万得资讯的债券承销总排名可以看出，2016 年整个市场上银行承销债券产品居多数。由于交易商协会产品占债券市场的比重较大，因此在这个方面，银行具有天然的优势。目前只有排名前 12 位的证券公司具有交易商协会产品的承销资格。从表 3–5 可以看出，能够在银行大军中脱颖而出的中信证券、中信建投、国泰君安、招商证券和海通证券都是债券承销领域的“领头羊”。

表 3–5　2016 年债券发行主承销商资金募集量排名

排名	主承销商	承销数量	平均承销额（亿元）	募集资金合计（亿元）	市场份额（%）
1	中国工商银行股份有限公司	1 277	10.31	13 160.36	8.75
2	中国建设银行股份有限公司	1 381	9.33	12 885.74	8.57
3	中国银行股份有限公司	1 176	9.11	10 710.93	7.12
4	中国农业银行股份有限公司	1 081	9.85	10 642.62	7.08
5	交通银行股份有限公司	1 010	8.55	8 632.57	5.74
6	兴业银行股份有限公司	906	7.21	6 535.57	4.35
7	中信建投证券股份有限公司	532	9.36	4 978.18	3.31
8	招商银行股份有限公司	704	4.35	4 751.90	3.16
9	中信银行股份有限公司	545	7.83	4 267.70	2.84
10	上海浦东发展银行股份有限公司	545	6.61	4 034.08	2.68
11	中信证券股份有限公司	320	11.86	3 795.09	2.52
12	国泰君安股份有限公司	383	9.61	3 680.88	2.45
13	中国民生银行股份有限公司	493	6.87	3 386.23	2.25
14	招商证券股份有限公司	349	8.10	2 827.48	1.88
15	国家开发银行股份有限公司	298	9.33	2 781.34	1.85
16	北京银行股份有限公司	287	7.80	2 239.49	1.49
17	海通证券股份有限公司	245	9.02	2 209.93	1.47
18	中国光大银行股份有限公司	273	7.51	2 049.65	1.36
19	广发证券股份有限公司	234	8.16	1 910.43	1.27
20	华夏银行股份有限公司	268	6.56	1 758.24	1.17

从券商内部对比来看，排名前三位的是中信证券、中信建投和国泰君安。中信建投、国泰君安属于城投债做得非常出彩的券商，排名第一的中信证券的优势在于结构化产品和金融债等大额品种。表 3–6 展示了 2016 年证券公司债券承销的竞争情况。

表 3–6　2016 年度证券公司债券承销情况排名

排名	主承销商	承销数量	平均承销额（亿元）	募集资金合计（亿元）	市场份额（%）
1	中信建投证券股份有限公司	532	9.36	4 978.18	3.32
2	中信证券股份有限公司	320	11.86	3 795.09	2.53
3	国泰君安证券股份有限公司	383	9.61	3 680.88	2.45
4	招商证券股份有限公司	349	8.10	2 827.48	1.88
5	海通证券股份有限公司	245	9.02	2 209.93	1.47
6	广发证券有限责任公司	234	8.16	1 910.43	1.27
7	华泰联合证券股份有限公司	268	6.56	1 758.24	1.17
8	中国国际金融股份有限公司	185	9.10	1 683.72	1.12
9	光大证券股份有限公司	200	8.27	1 653.45	1.10
10	平安证券股份有限公司	161	8.74	1 407.65	0.94

创新型精品投行

对中国而言，精品投行是外来品，其发展历程大致与美国相似。2000 年以后，中国涌现出大量的创业企业（尤其是在 TMT 行业），这些企业在快速的发展过程中产生了巨大的融资需求，然而那些活跃在中国的投资机构想要从数量众多的创业企业中挑选出合适的投资对象实属不易。因此，一批既具有财务顾问功能，又不局限于中介服务的本土精品投行应运而生。精品投行通常在某一业务链上做深做细，专注于投融资、上市、重组、并购、公司治理、财务管理等业务链。与传统投行不同，精品投行会根据客户发展阶段主动促成客户的各项投融资等金融业务，例如，大众点评网和美团网的合并就是由华兴资本推动的。精品投行在专业化方面找到了自身的价值空间，获得了较大的发展。[1]

本土精品投行概况见表 3–7。

表 3–7 本土精品投行概况

公司	成立时间	创始人	专注业务领域	经典案例
易凯资本	2000 年	王冉	并购业务、私募融资和 IPO	积木盒子完成 8 400 万美元 C 轮融资，易凯资本继续担任独家财务顾问
汉能投资	2003 年	陈宏	财务顾问服务，以及股权投资金融猎头公司	58 同城战略入股赶集网；万达购买快钱 68.7% 股权
华兴资本	2004 年	包凡	融资财务顾问，并购业务、投资、证券	京东赴纳斯达克上市融资近 20 亿美元，华兴担任主承销商；滴滴、快的合并

投行业的业务范围

介绍了目前中国境内投行的现状以及各家券商的特色后，本节将着重关注投行部门的具体业务及操作。

IPO 业务

1. IPO 基本流程

重组改制→上市辅导→申请文件准备→申报及审核→发行上市→持续督导。

2. IPO 推介流程

A 股 IPO 统一采用基本与国际接轨的市场化发行机制，具体程序为：

准备文件、完善股票主题故事→询价与确定价格范围（小规模发行可直接定价）→路演（含网上路演）、网下累计投标、网上资金申购→定价、网下网上配售。

截至 2017 年 3 月 31 日各上市板块基本情况见表 3–8。

[1] 精品投行行业分析［EB/OL］. 百度文库.（2014–10–07）［2017–06–13］.http：//wenku.baidu.com/link?url=_EOgEdr7Hr8Yrg_h6nr0UHVwdXajla6RWTceoOJ29DgoNqqiL_d3xpgk_iht1fO4dKiX7oPqP5eErgaDuKqg3mfqEMJ5ObduQ–lQjCugGU3.

表 3–8 交易所板块基本情况

交易所板块	上市公司数量	平均市盈率（TTM，整体法）	对上市公司的定位
沪市主板	1 247 家	16.85 倍	在行业中有一定主导地位，业绩处于稳定增长、较为成熟的大中型企业
深市中小板	843 家	50.62 倍	处于成长期，具备区域优势，创新能力较强的中小企业
深市创业板	615 家	69.05 倍	处于快速发展阶段的高新技术和成长型企业，突出“创新、成长”，强调创新能力强、新经营模式、高成长，目前对创业板拟上市公司的行业限制已基本放开

再融资业务

再融资是指上市公司通过配股（配股是上市公司向原股东发行新股、筹集资金的行为）、增发（股票增发配售是已上市的公司通过指定投资者，如大股东或机构投资者，或全部投资者额外发行股份募集资金的融资方式，发行价格一般为发行前某一阶段的平均价的某一比例）、发行可转债等方式在证券市场上进行的直接融资，按照发行方式主要分为公开发行和非公开发行两种。

1. 公开发行

公开发行主要包括配股和公开增发。

公开发行是指上市公司为了融资向不特定对象发行证券，或者向累计超过 200 人的特定对象发行证券的发行行为。公开发行主要包括公开增发和配股。因为公开发行对上市公司的审核要求较高，发行成功率低，公开发行占整个股权再融资的比例较小，2016 年仅占再融资规模的 1.41%。

公开增发是指上市公司向不特定对象即面向社会公众发行股份募集资金的行为。实务中发行对象均超过 200 名。

配股是指上市公司按照股东的持股比例向原有股东分配新股认股权，允许其按配额购买新股的方式。原有股东若在配股时未认购股票，新增股票会稀释原有股东持股比例。上市公司应当向股权登记日登记在册的股东配售，且配售比例应当相同，采用代销方式。

上市公司增发或者发行可转换公司债券，可以全部或者部分向原股东优先配售，优先配售比例应当在发行公告中披露。上市公司增发，主承销商可以对参与网下配售的机构投资者进行分类，对不同类别的机构投资者设定不同的配售比例，对同一类别的机构投资者应当遵循相同的比例进行配售。主承销商应当在发行公告中明确机构投资者的分类标准，主承销商未对机构投资者进行分类的，应当在网下配售和网上发行之间建立回拨机制，保证回拨后两者的获配比例一致。

关于2010—2016年上市公司已实施公开发行家数和规模的统计数据显示，公开增发和配股数量、规模自2010年以来均呈现下降趋势。2010年公开发行数量为31家，其中公开增发10家，配股21家；2016年公开发行数量仅为10家，全部为配股。2014—2016年公开增发仅1家。

2010年以来，公开发行呈萎缩趋势，公开发行的数量和规模占融资总规模的比例越来越小，到2016年仅占融资总规模的0.97%。

2. 非公开发行

非公开发行也叫定向增发（简称定增），是指上市公司向符合条件的少数特定对象非公开发行股票的行为，规定要求发行对象不得超过10人（创业板为5人）。统计的2010—2016年上市公司已实施定向家数和增发规模显示，定增数量和规模自2013年以来呈快速增长。2013年定增数量增长率为80.13%，规模基本与2012年持平。进入2014年，上市公司定增呈爆发增长趋势，数量和规模增长率分别为72.6%和97.9%。2015年，定增继续呈现快速增长，数量和规模增长率分别为76.7%和101.6%。2016年定增数量较上年小幅下降7%，募集资金规模仍增长31.8%。定增规模从2010年的3 136亿元一路飙升到2016年的18 092亿元，募集资金规模扩大了近5倍。

创业板和非创业板上市公司在非公开发行要求方面有很大的差异，如创业板公司非公开发行对象不超过5个，非创业板公司非公开发行对象不超过10个。两者在发行价格、锁定期、盈利要求和财务报表等各方面都有很大的差异。进入2017年以来，在目前监管“脱实入虚”的导向下，IPO项目审核加快，却对再融资监管从严。目前对非公开发行股票实施新政，新发行需要满足“距离前次股权融资不得未满18个月、不能超过发行前股本20%、必须发行期首日定价”等要求。在当前的监管形势下，可转换债券和优先股的发行受到证监会的鼓励。

债券融资业务

债券融资即直接债务融资，是企业融资的重要方式之一。债券融资具有低成本、高流通性、优化资本结构的特点，受到各类企业的青睐。相关产品的涌现，极大地丰富了企业的融资类型，也推动我国企业融资的利率市场化取得了长足的发展。未来，企业的债务融资业务具有非常广阔的发展空间。

1. 主要债券产品一览[1]

根据发行主体信用程度，一般债券分为利率债和信用债。利率债，发行人为国家或信用等级与国家相当的机构，因而债券信用风险极低，收益率中枢变动主要受到利率变动影响（流动性、税收、久期等因素也有影响，但不是划分利率债和信用债的基础），主要包括国债、地方政府债、央票、政策银行债等；信用债，发行人没有国家信用背书，发行人信用情况是影响债券收益率的重要因素，主要包括企业债、公司债、短融、中票等。

图 3–1 展示了中国债券市场的基本框架。

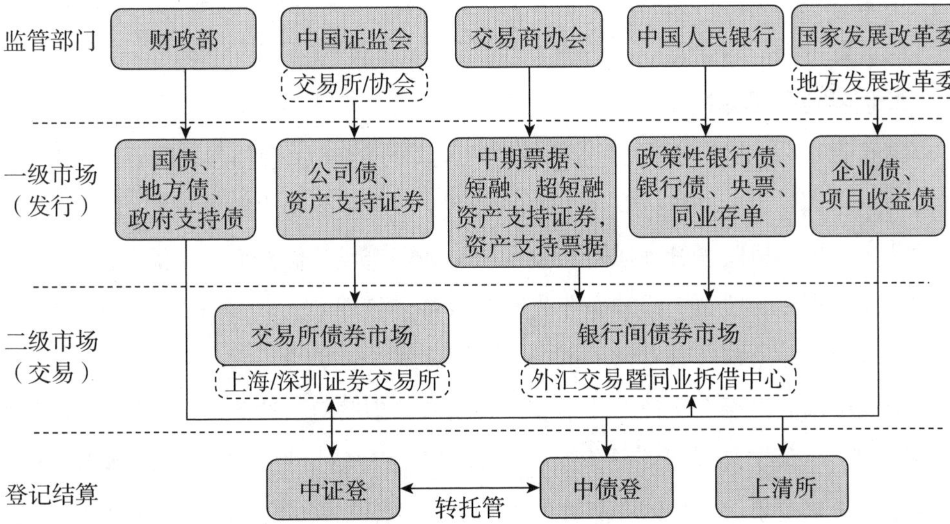

图 3–1　中国债券市场基本框架

---

［1］由于债券品种较多，而且不同的监管主体出台的管理办法较多，这里不一一罗列，仅列举主要债券品种的一些基本信息。

2. 债券市场未来发展

中国债券市场信息网和万得资讯数据显示，我国 2016 年债券发行总量增长迅猛。2016 年，债券市场共发行各类债券 22.34 亿元，同比增长 24.71%。其中，在中央结算公司发行债券 14.14 万亿元，占债券市场发行总量的 63.29%；在上海清算所发行债券 5.35 万亿元，占 23.93%；交易所新发债券 2.86 万亿元，占 12.78%。近年来随着 2015 年 1 月 15 日中国证监会《公司债券发行与交易管理办法》的颁布，即“新公司债”的推出，中国债券市场呈现爆发式的增长，2015 年交易所共发行公司债 10 374.21 亿元，2016 年共发行公司债 27 807.32 亿元。[1]

中央结算公司和上海清算所均发布了 2016 年 12 月的债券托管数据。中央结算公司的债券托管量为 43.73 万亿元，上海清算所为 8.13 万亿元，交易所托管债券 4.45 万亿元，合计 56.30 万亿元，债券托管量环比增加 11.45 万亿元，增幅 25.54%。

从存量市场来看，中国债券市场规模居世界第三位、亚洲第二位，债券市场已成为仅次于信贷市场的全国第二大金融产品市场。

未来直接融资的占比将不断上升，投行债券业务线发展潜力巨大，债券业务发展的前景可期。

3. 债券业务具体操作

债券业务的一般流程与投行业务线中的股票业务类似，具体包括以下五个方面：

前期尽调（由中介机构在企业的配合下，对企业的历史数据和文档、管理人员的背景、市场风险、管理风险、技术风险和资金风险做全面深入的审核，多发生在企业公开发行股票上市和企业收购以及基金管理中，以下简称尽调）→申请文件准备→申报及审核→发行上市→存续期管理。

前期尽调的主要工作包括收集业务底稿和整理底稿，这些将作为撰写申请材料的依据。申请文件准备则是依照不同的债券品种的申报文件清单来制作材料。债券品种纷繁复杂，各种债券品种的监管部门要求披露的信息准则不尽相同。申报之后需要持续与发行人、各中介机构与监管机构进行沟通与反馈，答复审批机

[1] 王明夫 . 投资银行并购业务［EB/OL］.MBA 智库，（2010-07-23）［2017-06-13］.http：//doc.mbalib.com/view/27bddadc98e2cdd0e40ace0ba5d440a5.html.

构的相关反馈问题，这些问题涉及财务、业务和法律等诸多方面。

领取批文后，发行人需与主承销商安排前置化询价和路演工作，并寻找合适的窗口期进行发行。2015 年 8 月以来，债券市场发行利率不断走低，万科和保利发行的公司债利率已低于国开债的票面利率，使得市场对于债券的牛市预期大增。对于众多的投资机构，无论是银行还是资管，在权益市场发展不顺且实体经济转型较慢的情况下，债券投资成为较优的选择。因此，选择一个好的发行窗口期格外重要。

并购业务

在我国，企业并购和资产重组方兴未艾，而与股票市场紧密相连的上市公司并购重组更是扣人心弦，投资银行在并购中扮演着不可或缺的角色。为此，投资银行的并购业务越来越受到人们的关注。各大证券公司纷纷组建自己的并购业务部门，着力拓展并购业务，上市公司越来越懂得通过并购业务来实现产业链的整合，实现高杠杆发展。同时，越来越多的名牌大学高材生将大型券商的并购部作为自己的职业目标。

1. 券商投行并购业务概念及特点

企业合并与收购业务是投资银行业一项十分重要的业务，被视为投行领域“皇冠上的明珠”。并购业务涉及数项法律、法规，主要有《中华人民共和国公司法》《中华人民共和国证券法》《上市公司收购管理办法》《上市公司重大资产重组管理办法》《上市公司并购重组财务顾问业务管理办法》等。并购业务按照不同的分类标准可以分为：横向并购、纵向并购、混合并购；善意并购、敌意并购；要约收购、协议收购。企业并购的动机在于价值的创造，通过并购业务可以提升协同效应、分散风险及开拓新的盈利渠道，进行整个市场新的利益分割，此外，品牌的树立及管理层价值增加也是极大的动力。在整个并购交易方案的设计中，选择合适的并购目标、建立合理估值预期、选择合理支付方式、设计适合的交易结构是关键点。

2. 并购业务在投资银行的业务定位

组建和发展我国证券公司的投行并购业务，首先需要明确投行并购部的职能定位和努力目标。根据我国当前阶段投资银行业的情势，券商并购部的职能定位和努力目标应该包括以下四个方面。

◆ 创造收入

华尔街一流投行的并购业务带来的收入往往占到公司总收入的近三分之一。从长远趋势上看，我国券商的并购业务收入也必然会在总体的收入结构中占有越来越高的比重。作为一个业务部门，创造收入是并购部的首要职能和目标。

◆ 塑造品牌

传统并购业务的着力点仅仅在于设计方案、提供通道及推动审批，未来并购的品牌形象在于掌握资源后的交易撮合、交易定价和提供流动性。在创收职能的指导下，重视项目的价值量；在品牌职能的指导下，重视项目的技术含量并领导潮流，致力于打造行业影响力，重创经典案例。

◆ 带动其他业务——业务协同

并购业务的业务关联性很大，例如并购重组往往涉及证券融资，由此可带动投行的承销发行业务。并购重组往往涉及大宗股票收购，故时常引发交投活跃的行情，由此可带动经纪业务。此外，并购业务在对客户的关系上有高层接触和深度接触的特点，深知企业的症结，能够有针对性地向企业推销资本市场相关业务。

◆ 集聚人才，精炼队伍，网罗客户

并购部集聚人才和锻练队伍的职能极其重要，并购业务可以提升并购团队执行能力。客户网络是一个积累的过程，只有通过打造商誉品牌，通过标杆意义的并购项目整合面广量大的客户网，才会有能力尽快地撮合买卖双方，达成交易意向。

新三板上市业务

新三板全称为“全国中小企业股份转让系统”，是经国务院批准设立的全国性证券交易场所，是继上海证券交易所、深圳证券交易所之后的第三家全国性证券交易场所，也是国务院批准设立的第一家公司制的证券交易场所。2015 年 9 月 1 日起，新三板正式划归“场内证券交易”行列，拥有了与沪、深交易所相当的证券交易所地位。

1. 新三板挂牌业务

新三板挂牌业务即主办券商协助挂牌公司进行规范财务、完善内控和公司治理、股份改制等向全国股份转让系统公司申请公开转让、股票发行的业务。

◆ 主要参考文件

新三板挂牌业务的主要参考文件包括《全国中小企业股份转让系统股份挂牌业务操作指南（试行）》《全国中小企业股份转让系统股票挂牌条件适用基本标准指引（试行）》《全国中小企业股份转让系统公开转让说明书内容与格式指引（试行）》《全国中小企业股份转让系统挂牌申请文件内容与格式指引（试行）》和《全国中小企业股份转让系统主办券商尽职调查工作指引（试行）》等。

◆ 工作内容

新三板挂牌业务主要包括协助企业进行业务、财务、公司治理以及内部控制，协助企业进行股份改制。新三板挂牌业务前中期券商一般要进驻公司，期间收集公司底稿资料，进行访谈，在尽职调查期间主持召开中介会议，不断与公司、会计师、律师以及评级公司等中介机构就公司的业务、财务、法律等问题进行沟通，找出解决方案，并且在此基础上撰写出尽职调查报告以及公开转让说明书等文件。

2. 新三板概况

新三板起源于 2001 年 7 月 16 日成立的“代办股权转让系统”，已有 15 年的历史。在“大众创业、万众创新”的政策引导下，新三板近两年发展迅猛，挂牌企业从 2013 年底的 356 家增加到 2017 年 3 月 31 日的 11 023 家。

投行业的现状、待遇及出路

投行人士确实有着光鲜的一面，比如说在上市酒会前那一刻，可以说是意气风发。但这也非绝对，最终吃住是在五星级酒店还是大排档小旅馆，大多取决于所服务的客户的所在地及慷慨程度。但大多数人所忽视的是，投行人士也有辛苦的一面。业内常戏称“投行人士就是搬砖的民工”，投行工作需要超于常人的付出。夜以继日的工作，堆积成山的材料才是投行工作者的常态。

所以投行并不是一份完美的工作，它有部分人无法忍受的缺陷，如长期的出差及高强度的工作。但也不得不承认，投行对许多有志于资本市场的人员来说，是一个较好的起点。在投行的工作中，你的各项专业技能能够实现快速的提升。

因为你所打交道的客户对象会涉及各种公司高管，你的工作成果可能影响（拟）上市公司的决策。在项目进程中也需协调各种关系，督促律师、会计师、评估师等中介机构人员齐头并进。在这种情况下，如果要顺利完成工作，根本无法让自己慢慢成长，工作的强度和内容会迫使人迅速脱胎换骨。另外，从某种程度上说，要实现个人财富的快速积累，投行也会比其他行业相对容易。因此，对比证券公司的其他岗位及非证券金融机构的各岗位，不管是对于个人成长抑或是薪资待遇，投行部门都有着较为明显的优势。

作为无数向往金融业的应届生十分期许以及渴望的职业，投行业始终牵动着金融人的心。于是，获取名校硕士、获取投行实习经历、考取职业证书［如注册会计师（Certified Public Accountant，CPA）、特许金融分析师（Chartered Financial Analyst，CFA）］，已然成了进入投行的敲门砖与着力点。关于国内的投行业究竟是什么样、进入投行需要什么样的素质、后期发展如何，接下来笔者将为大家一一介绍。

投行业的现状：多元化及上升趋势

根据中国证监会 2016 年官方数据，国内 119 家证券公司中，有 24 家公司按规定与其母公司合并评价，其中 AA 级券商有 8 家，A 级券商有 28 家，BBB 级券商有 40 家，BB 级券商有 7 家，B 级券商有 4 家，CCC 级券商有 6 家。

目前国内投行的收入来源主要集中在证券经纪、保荐承销、财务顾问、自营等传统业务，同时融资融券、资产管理等业务也不断兴起，为券商贡献越来越多的收入。

随着 2015 年以来 IPO 业务的加速，IPO 业务对券商投行的贡献明显上升。2016 年共有 59 家券商参与 IPO 承销保荐，各家投行业务业绩大幅增长。近年来再融资业务也非常火热，2015 年及 2016 年非公开发行股票均超过万亿元。但 2017 年以来，在再融资新政策的影响下，股权再融资明显受到了抑制，规模有所减小。

投行业的待遇：部分信息汇总

在介绍本部分内容之前，我们首先将国内高校毕业生所接触的投行业做个简单的划分，主要分成以下几类。

1. 外资投行

目前中国的外资投行主要以办事处的形式设立，究其原因，是国内监管部门对投行的监管较严，并未开放外资投行获取境内从事投行业务的牌照，所以外资性质的投行在国内的业务相对较少。由于外资投行倾向于采取 Global Pay（全球统一薪资待遇），所以在国内即使打了一定折扣，应届生的收入也普遍比内资券商应届生待遇高出很多。这也引发了很多议论，因为投资银行本就是舶来品。有业内人士戏称，外资投行才是高大上的代名词，内资的只能叫“融资并购材料制作商”。但因外资投行的国内业务规模并不大，每年招收的人员较少，国内应届生想要进入知名外资投行是极其困难的。一般而言，要求门槛有顶级名校本科以上学历，非常优异的成绩，精湛的英语和专业技能，超强的沟通和抗压能力等。而真正能达到外资投行上述要求的在各校也实属人中龙凤。实际上内资、外资最终的发展路径孰优孰劣并无定论，不能进入外资投行并不意味着你就无法接触到资本市场的核心。

2. 合资投行

从薪酬来看，合资券商的薪资水平也比内资投行要高。由于纯外资投行在中国的业务受到牌照的限制，因此各大顶级投行普遍采用合资的方式抢占中国市场，比较有名的有高盛高华、瑞银证券、东方花旗、一创摩根、方正瑞信、摩根士丹利华鑫等。一般情况下，其运作机制和模式与内资投行接近，当然风格可能更多还是取决于内资股东和外资股东的掌控力。

3. 内资投行

在中国投行业，内资投行是绝对的主角。内资投行主要负责股票承销与发行（IPO）、债券发行与承销、并购重组以及再融资等业务。随着大投行概念的出现，场外市场部（负责新三板）、许多创新的融资工具业务也已纳入大投行范围。

目前，大部分内资投行的收入来源还是集中在承销与保荐上，并购重组的收入占比仍不高，但近年来上升趋势明显。比如在 2015 年牛熊切换的一年，根据券商 2015 年的半年报，很多券商投行都在半年内取得了超越 2014 年全年的业绩。但是股债双牛的大好情形在 6 月末就出现了逆转，投行股权类业务受挫，IPO 业务的暂缓（但审批仍在继续）在短期内造成了一定影响。而债券市场迎来史上最好的牛市，公司债和企业债双向放开。虽然从单笔承销费率来看，债券类项目不如股票类项目，但是由于债券融资金额较大，每年融资规模约为股票的数倍，因此整体的承销费收入仍然较为可观。

国内投行奖金分配风格不一，可以简单分为“大锅饭”和“团队制”两种方式。前者顾名思义就是整个公司或者部门全部业务加总进行分红，这容易造成员工做业务相对不积极或者完成部分工作后选择懈怠的情况；后者自然是以团队为单位进行分红，一般团队内的业务指标及压力会更多，也更考验团队长的承揽能力。不过如果在强的团队中，领导相对慷慨的话，激励会相当可观。因此投行向来有“三年不开张，开张吃三年”的说法。

券商的薪酬构成较为复杂，下面仅针对国内券商薪酬展开讨论。投行的整体薪酬可分为以下几大部分。

第一，底薪加项目奖和年终奖。其实不同券商底薪不同，不过动辄税后上万的月薪已经让很多行业眼红，更不用说年底丰厚的奖金了。所以在行情好的时候，有些高职级投行从业者甚至可以在短短数年之内实现“财务自由”。但投行内部有一条很长的食物链，刚入行的小兵承担着繁重琐碎的任务，同时也需要快速研究解决一些项目中的问题，而项目奖金很多情况都是由团队长决定的。有些团队长比较厚道，每年会拿出利润的30%或更多做奖金。也有的团队激励更到位，奖金占收入的40%~90%。若一个IPO项目收费数千万甚至过亿元，按这个比例算，投行项目组单人奖金都极为丰厚。

第二，保代津贴。证券公司作为中介机构，保荐企业IPO或者增发，每一个项目的招股说明书均需2名保荐代表人[1]（以下简称保代）签字。所以每家券商必须确保自己公司里有一定数量的保代。所以此前在投行中，保代几乎站在整个食物链的顶端，待遇相当可观。但随着保代考试参加人数的增加及考试难度的降低，保代数量也开始快速增加，过去一年动辄百万的保代津贴现在已经出现了急剧的下降，部分券商只提供注册保代津贴（考过保代后需要挂两个项目主办才能注册）。以前公司债必须由保代签字才可以发行，如今公司债放开之后，无须保代签字即可发行，因此保代的溢价也在逐渐减少。但由于2016年开始IPO发行

---

[1] 保荐代表人：上市后备企业和证监会之间的中介，相当于这家企业的代表，向证监会做担保推荐企业上市，保荐代表人是保荐机构的从业人员。

加速，保代需求日趋旺盛，金融小伙伴也重磅推出了保代考试培训项目。

第三，其他补贴。券商的各种福利待遇也比较优厚。比如出差补助，最低每天有 50 元，有些券商甚至可以给到 200~300 元，刚入行的小兵动不动就一年出差超 200 天，这也是大部分券商每月底薪收入过万的重要原因之一。

万得资讯数据显示，截至 2017 年 4 月，在已公布 2016 年合并报表的 29 家券商中，2015 年应付职工薪酬共计 688.6 亿元，其中，中信证券以 95.37 亿元排名第一；广发证券以 71.42 亿元排名第二；国泰君安则以 62.69 亿元位列第三。从平均薪酬来看，中信证券以 70.22 万元排名第一；广发证券以 70.21 万元排名第二；兴业证券则以 69.85 万元位列第三。[1]

4. 部分内资投行薪酬披露

此部分为笔者与业内同行交流获得的信息，仅供大家参考[2]，由于具体薪资是各家机构的隐私，故在此只做简单评述，不给出具体数字。

中信证券。中信证券的薪资在业内一直较有竞争力。员工平均基本月薪在内资券商里算靠前的。年终奖要看项目，一般行情不错时，平均下来从业第一年奖金收入与合资券商相仿。

中金公司。近年来中金公司业务虽说不像当年那样一骑绝尘，但贵族的气质依旧。从待遇来看，中金公司绝对属于内资公司里收入最高的之一。不过想加入中金公司，需要极好的学历背景以及专业技能。作为应届生平台来看，非常不错，“3C”[3]的名字也如雷贯耳。

一创摩根、东方花旗、方正瑞信、中德证券、华英证券等券商。几家均为中外合资券商，是独立的承销保荐公司，分别承接原来的中资券商投行业务。上文提到过，合资券商应届生底薪普遍较高，奖金则看团队业务，一般合资券商起薪较高而奖金较低，跟内资券商差别较大，奖金分配机制也不能做太多剖析。

海通证券。作为综合排名始终位列前三的券商，薪酬机制却有待进一步市场化，奖金和团队关联度较大。

国泰君安。上海老牌券商，投行应届生税后底薪不高。分配机制延递饱受诟

[1] 数据来源：万得资讯。

[2] 非官方披露，每年变化非常大，仅供读者参考。

[3] 3C：中国国际金融有限公司，公司英文全称为 China International Capital Corporation Limited。

病，之前坊间戏称“622”，即奖金分三年发放，第一年发放 60%，后两年分别发放 20%。

华泰联合。华泰联合 2015 年和 2016 年度号称“人均百月”的奖金一度刷爆了投行人的朋友圈。得益于总裁刘晓丹的英明指挥，华泰联合最近几年进步飞快，颇有赶超前几大券商的态势。据悉，华泰联合应届生底薪达五位数，奖金也相对固定。华泰联合属于国内最早将投行按照行业划分的公司之一，并购业务为最出彩的业务，始终遥遥领先于其他内资投行。薪水也属于比较有竞争力的，不过受到 2016 年并购重组监管政策等影响，业务影响较大，招人趋向于减少。

中信建投。传说中的“75 分位司”，据说该公司的收入处于国内券商的 75 分位，意思是在前 25%。2016 年奖金出炉后，关于中信建投的奖金传闻刷遍了大家的微信朋友圈，故戏称其为“99 司”。据悉，其应届生底薪确实也排在内资券商的前列。“75 分位司”是大型券商中拥有北京户口名额最多的券商之一，因此每年都有很多人前赴后继地努力加入。中信建投近年来业务发展非常快，股票承销金额和承销家数一直是行业前 3 名，债券业务也一直是前三名，整体债券业务线人均绩效高于股票业务。

国信证券。国信证券各项业务排名均名列国内券商前茅，市值更是位居国内上市券商前三。国信证券投行部采用类似合伙人的事业部制度，活力比较强。底薪目前已经调整，加上出差补助，待遇也非常不错。如果运气好能做成项目，项目奖也是很可观的。所以，能不能遇见给力的团队和部门领导很重要。

申万宏源。合并以后的巨无霸。据说宏源本来属于薪酬很有竞争力的，申万合并之前待遇未知，但是合并前，宏源的待遇及机制都非常市场化，应届生待遇与华泰联合差不多，出差补贴约为底薪的一半（这个很具有吸引力，尤其是级别越高，补贴越多）；合并后底薪略有下降但不明显，其中出差补贴明显减少。申万宏源合并之后，内部一直都在整合，号称要打造业内排名前五的券商。申万宏源依旧是新三板上市做得最多的券商，遥遥领先于排名第二的公司。总体来说，规模大的券商肯定是应届生的首选，毕竟平台大业务种类多，能快速接触并学到不少新业务。

招商证券。招商集团内部的深圳本土大券商，近几年发展较为迅速，多项业务已经晋升至业内前五。招商证券也是内资券商中较早采用外资投行职级制度的，应届生第一年定级为分析师。据笔者了解，招商证券基本工资不高，但是年底奖金分红比较有竞争力。

国金证券。国金证券为涌金系金融板块重要组成部分，近几年的评级一直为AA，发展比较稳定。其中投行业务发展比较迅速，一直稳定在行业前十，2017年的IPO在审项目稳居行业前五，项目储备量比较丰富。在待遇方面，国金还算比较市场化，同时投行的招聘一般是长期实习留用为主，校招比较少，想要进国金投行的话，要抓住国金投行实习的机会好好表现，获得部门的认可。

广发证券。业内口碑一直很好，号称中国保荐代表人的“黄埔军校”，也是近两年发展非常迅速的券商，总部在广州。据悉，广发投行部应届生待遇与国泰君安相仿，可能各个业务线条略微有些差别。广发的待遇在业内是极具竞争力的，属于应届生理想投行中非常优秀的券商，布局全球化券商，没有任何强势大股东背景可依赖，仅仅依靠团队自身实力，稳健地迈向业界前五。同时，广发证券也是非立志去北京、上海学生的很好的去处。

中泰证券。原齐鲁证券，近几年发展迅猛，目前在中泰证券的团队以原中信投行过来的团队为主。2015年改革后应届生待遇不错，可以参与奖金分配。由于在冲刺IPO，业务量很大，2015年和2016年的投行业绩直线上升。投行只通过暑期实习留用，近两年均在暑期实习生中留用数十人，基本在暑期实习结束后即发放offer，可谓非常良心。

西南证券。此前西南并购业务做得非常出色，并购部门的奖金相对更为可观，项目组一般会拿出较大比例的收入作为分红。只是暑期实习招聘战线很长，据说2015年没有进行秋季校招，直接从暑期实习生中选拔。2016年西南证券再次受到处罚暂停业务后，据传人员流动性非常大。

国海证券。国内较早上市的中型券商，AA级综合券商，注册地广西南宁，目前投行总部位于北京，同时在深圳、南宁等地开设了投行分部。据内部人士透露，投行部应届生起薪处于中游水平，奖金根据团队来分配。国海证券投行部债券业务是传统优势，校招人数较多，但近期是否可能会受到国海资管“代持风波”的影响，存在一定疑问。

长江保荐。国内资本市场券商“老大哥”。或许由于地处中部武汉，城市“证化率”较低，最近两年才成立了专门的证券承销保荐公司来专注投行业务，业务得到迅速扩张。长江保荐总部在上海，应届生底薪处于中游水平，团队激励机制较为市场化，因此吸引了不少投行人士。原中泰证券投行的多个团队加盟后，股权投行业务上升迅速。

德邦证券。复星系旗下重要成员公司，同时也是复星集团资本运作的重要牌照，近年债券业务与资产证券化进步飞速。据悉，应届生起薪处于中游水平，团队激励机制还是不错的。同时，据说德邦证券 2016 年校招人数较多，并且经过几轮笔试面试后，可以直接签约再实习（非强制性实习），在国内券商当中可谓“业界标杆”。

天风证券。国内新晋券商，自从外部高薪挖来并购部负责人出任公司行政副总裁后，天风并购业务发展速度非常快，同时最近债券业务也在发力。据悉，天风应届生薪资处于中下游水平，但在奖金分配方面，团队激励机制非常好。如表现得好，应届生从业第一年也能够获得不菲的奖金。

东莞证券。国内综合性券商，这两年发展较快，投行业务逐渐走出东莞，布局全国，业务种类相对齐全。据内部人士透露，投行部应届生起薪处于中上游水平，见习期 8 折，但是公司提供员工宿舍等一些潜在福利，团队激励制度也是非常不错的。得益于东莞为制造业之都，其新三板业务发展非常迅猛。

英大证券。国家电网所控股的券商，投行业务线应届生起薪处于中游水平，奖金分配制度未知。不过有意思的是，因为是央企旗下子公司，其校招笔试题目会考部分电力相关的题目。

新时代证券。明天系旗下券商，背靠大股东自然能拿到不少优质业务，投行业务线待遇较为可观，激励机制在业界也是较为认可的。据称新时代深圳投行部应届生起薪处于中游水平，奖金非常可观。该券商基本没有校招，多数是通过团队招募实习生，而且留用概率较大。

宏信证券。总部位于成都的新晋券商，目前业务发展较快，投行业务线不断扩张，从其他券商高薪挖来了很多成熟的团队负责人。公司大股东决心较强，在公司 Pre-IPO[1] 之前已经为公司高管建立了原始股权激励池，团队激励制度有较大的创新。同时，据悉其应届生待遇目前处于行业靠前位置，底薪处于中上游水

[1] Pre-IPO，指企业上市之前的阶段。

平，奖金也相当可观。债券业务是相对强项。

需要提醒的是，网上流传的较多金融业待遇的文章中关于薪资的信息过时严重，部分与现实极为不符。希望大家能摆正心态，切忌浮躁，努力入行。最终进入投行后，项目奖金会对你的表现给予认可。

投行新员工的工作内容及晋升路径

1. 底稿工作

每一位入行的新人基本上都是从整理底稿开始自己的投行生涯的。尽职调查清单的发出、底稿材料的收集与归集、打印和打孔装册，以及专业的底稿制作，是投行新人的必修课。基本上每一位投行新人，进投行项目组干的第一件事都是收集、整理底稿这样的“Dirty Work”。

国内证券承销发行制度跟国外不同，每一份材料的制作必须以底稿为支撑，这就注定了国内券商必须非常重视工作底稿，由此可见，收集并整理工作底稿很重要。在收集底稿的过程中，最苦逼的莫过于打印相关材料时打印机、扫描仪突然“罢工”。如果请专门维修人员来可能会耽误很长时间，因此必须学会自己动手，解决一些简单问题，如果有人号称做完一个项目也掌握了打印机的工作与维修的基本流程，此话的确不假。

此外，就是经常待在企业档案室寻找银行付款凭证、购销合同以及记账凭证等，这些工作是相当琐碎无聊的，可以看到其实投行工作并不是想象中的手握几个项目、驰骋资本市场，更多的是琐碎的基础工作。但是，只有一步步从这些基础做起，才能逐渐对项目流程有深刻的认识。在所有的项目底稿收集中，IPO 底稿是最复杂、也最能打基础的。所以建议广大有志从事投行的青年，将承做 IPO 项目作为工作起点，这样会使你将来的投行工作走得更顺。

2. 文案工作

前期承揽项目需要项目建议书，之后路演、汇报材料的制作都需要精湛的 PPT 技能，备忘录、会议纪要及项目访谈纪要等需要的是严谨的格式。精美文案的背后是清晰的逻辑思维、快速的学习能力，需要在极短的时间内研究法律法规、市场案例并完成标准化文本材料的制作。

比如，团队领导可能最近需要承揽一单债券业务，为项目公司设计一个融资方案，此时你必须快速学习目前国内几大主流的债券品种，并熟悉相关的法律及规章，同时尝试寻找一些过往的类似案例作为支撑，来编写 PPT 文案；必须深入了解企业债、公司债以及非金融企业债务融资工具的特点、优势以及发行条件，并结合公司目前的财务状况（尤其是净资产、代偿债券余额以及净利润）为客户设计出一套出色的融资方案。

3. 沟通工作

投行的工作过程中涉及非常频繁的沟通工作，整个项目阶段都需要与上市公司的高管、财务、业务与技术等人员持续地沟通反馈，还要与其他中介机构和证监会等监管机构沟通等。在这项工作中，首先要学会如何与客户公司高管沟通，对此可以用“外交手段”来形容。如果沟通能力出色，可以很快融入项目公司高管及员工层，同时也能与其他中介机构相处愉快，这样可以省去不少时间，在收集整理工作底稿的过程中可以提高效率，毕竟有些资料确实是现成的，如果能够从企业、会计师事务所、律师事务所及评级、评估机构直接拿到，自己就无须再次重复无谓的工作。虽然搜集底稿、整理文件枯燥无味，但确实可以在项目中逐渐提升自己的沟通技巧以及注重细节的能力。

在做 IPO 项目的过程中，最能体现优秀沟通能力的便是发行人的客户及供应商走访。如笔者所参与的一家拟上市公司的走访，在两周时间内先后走访了 5 座城市、4 家子公司及 11 家客户和供应商，访谈成功率及询证函[1]回函率高达 100%，整体工作得到了领导的赞赏。在这项工作中，必须处理好发行人子公司管理人员、客户、供应商、会计师事务所、律师事务所等人员关系，确定访谈路线及计划，请求发行人子公司给予较大支持。如果沟通不畅，访谈工作将难以顺利完成。

4. 专业工作

投行的专业化工作主要是围绕法律、会计及业务与技术展开的，通常会要求应届生具有法律或者财务会计基础，如果有复合背景会更受欢迎，这将有助于理解业务与技术层面。此外，随着工作经历的积累，将对项目关键点有更好的把控，

[1] 询证：是审计中一种常用的程序和方法，包括查询和函证。查询是对有关人员进行书面或口头询问以获取审计证据的方法。函证是为印证被审计单位会计记录所载事项而向第三者发函询证的方法。

并可以做好项目交易方案设计及标准流程的推进。其实，作为一个成熟的投行业务部门的承做人员，基本上都需要精通财务和法律，遇到一般性问题能迅速判断出该问题的性质并给出相关解决建议。当然，如果能够积累在本行业的相关经验，也可以承担说明书中业务与技术部分的材料收集及分析工作。

在 IPO 承做过程中，最能发现并提炼某个行业某家公司的价值的，就是业务与技术部分，因此需要承做人员深入了解该行业的商业模式、产业链以及价值链，分析公司在整个产业链及价值链中的地位、核心竞争力以及竞争优势。这不仅需要对行业有深刻的认识，同时也需要及时与公司业务技术人员及外部创业投资人等进行一系列的沟通，才能为客户股票定好价格并顺利承销新股。

5. 晋升路径

一般的职级体系为：分析师（Analyst）→项目经理（Associate）→高级经理（Senior Associate）→副总裁（VP）→高级副总裁（SVP）→总监（D）→执行总经理（ED）→董事总经理（MD）。

一般本科生刚入行的级别都是 A，但国内券商很少招本科生，所以名校硕士是基本的门槛。关于 title[1] 的名称各家也不尽相同，比如有的券商把副总裁及高级副总裁合并，但将副总裁细分成了 5 级。

一般而言，从高级经理晋升到副总裁需要三年，高级经理的主要工作是负责项目现场的某部分工作，通常一个项目会有三至五个人：一个项目主要负责人、一个现场负责人、一个财务负责人、一个法律负责人，一个业务与技术负责人。当然也有不少人身兼多职，笔者甚至见过一个人顶下整个项目的“英雄”。前三年的时间里，新人需要快速地学习，熟悉投行业务，快速上手基础工作，飞速提升专业技能。先用一年的时间，熟悉项目基本的流程及框架，同时对项目中涉及的问题关键点有较为深刻的了解。两年后便可以获得一两个项目的比较完整的经验，三年后一般就可以承担现场负责人的职责，可以较为自由地跟企业的高层沟通，并协调多家中介同时推进项目。

之后升级为副总裁，这么霸气的 title 实际上只是意味着你有了独立承担并带

[1] title：公司内部的职级。

领新人完成大部分现场工作的能力，包括解决项目现场遇到问题的能力，当然一些影响整个项目的关键点依然需要有更丰富项目经验的同事或者领导把控。作为项目现场负责人，需要熟悉整个交易，掌控团队的分工与协助，控制项目进程，并对内外材料的质量负责。

再经过大概 3~5 年后，可能被提升为业务总监。总监同样需要负责部分的现场工作，特别是项目关键点的把控，同时将开始承担部分的承揽工作。

由总监或执行总经理升至董事总经理则要参照业务能力和业绩贡献度等综合指标，这个过程可能需要 5~10 年甚至更长的时间。董事总经理的工作也差不多，不过重心放在最重要的客户上。他们的压力主要来自处理各种复杂的人际关系。能拿到多少利润直接关系到总监和执行总经理的奖金提成。一般来说，董事总经理再往上发展可以做 CEO 之类。当然也会有安于现状的董事总经理，享受着高性价比的高额年薪。

投行业的出路：投行人可以去哪儿

1. 投行从业人员转行的原因

对于很多人来说，投行未必是一辈子的归宿。有些先知先觉的券商投行人员在入行的时候就会有未来退出的筹划。造成这一结果的原因主要有以下几点：

其一，券商投行环境在不断变化，未来券商的投行通道价值将越来越小。随着保代制度的改变、保代数量的增加，保代制度红利已经逐渐消失。保代曾是近乎全部投行人员的奋斗目标，但目前跟基金经理、PE[1] 投资人、固定收益投资经理等行业人员相比，保代的收入并不抢眼，因此保荐代表人资格逐渐失去了吸引力。在注册制到来之时，随着通道制度的实质性取消，投行保代也许会同注册会计师一样，数量多且市场竞争激烈。

其二，已经实现财务自由。有些高职级投行从业者，只要在工作的几年时间里碰到一波大牛市，就很容易在年底分红数百万，只用短短一两年，不少人已经

[1] Private Equity（简称“PE”）：私募股权投资，从投资方式角度看，是指通过私募形式对私有企业，即非上市企业进行的权益性投资，在交易实施过程中附带考虑了将来的退出机制，即通过上市、并购或管理层回购等方式，出售持股获利。

实现“财务自由”，金钱的边际报酬和边际吸引力都在下降，有些人会选择转入内核或风控等中台部门或者直接转做其他的无压力工作。

其三，家庭原因。由于投行的工作性质需要经常加班、出差，通常对家庭和伴侣都会有影响，很多人选择将投行的工作作为刚毕业几年的选择，并将投行作为一个跳板，以此跳到其他圈子。

其四，追求更广阔、灵活、市场化的环境。在国内的投行业，投行人员承做的工作包括跟监管机构打交道，并根据监管要求对企业进行整改，标准非常严格，势必导致工作非常繁重且烦琐。许多投行工作人员，在积累了足够的资源、经验以及专业能力后，会追求更灵活的制度环境，比如到私募股权或者现下比较流行的“精品投行”尝试更纯粹的资本市场运作。

2. 投行人的出路

退出投行这个圈子后，投行人都可以往哪些方向发展呢?

由承做人转向承揽人或内核部门：这其实就是坚持做投行的发展方向，并不能称之为出路。只是当投行职级上升到ED和MD以后，日常工作就由承做工作变成了承揽工作。这个阶段不需要整天待在项目现场，不过仍旧需要跑不同的项目参会及约见客户。不过想做到大券商的ED和MD，除了能力以外还需要一定的机缘。至于内核部门，前文也提到，在前台部门打拼久了，来中台做内核其实是一份性价比蛮高的工作，还可以发挥自身专业能力的余热。

转向私募股权：很多人会选择继续一级市场的工作，准确地说是一级半市场。原先在投行，更多的是在做融资的事情，而通过投行的锻炼，既有精深的财务法律技能，熟悉公司各项管理制度，也对操作过的产业有着一定的认识和了解。最终使得转向非上市公司股权的投资变得得心应手，即由帮助公司上市变成了自己投资拟上市公司，然后等待股权解冻，实现收益。

转向上市公司：加入一家已经有规模的企业或集团做金融相关部门负责人、副总、CFO、董事会秘书，或者去拟IPO企业担任董秘等高管，也是理想的出路之一。基本上CFO或者董秘都是该公司最熟悉资本市场的人，作为专家去辅导企业利用各种资本手段实现公司经营的跳跃也是很多投行人员发挥价值的重要选择。从个人财富来讲，如果能在此过程中获得上市公司股权，则远比单纯做投行要容易实现“财务自由”。

独立创业：选择这条路径有很多方面可以做，像柳青离开高盛出任滴滴打车公司总裁。有些人成立小私募自己做总裁，做管理工作；有些人选择自己熟悉的一个行业从头开始干起；也有些人选择轻松的工作，甚至可以投资几个商铺，获取租金收入。但对于投行这类待遇较高的工作来说，抛弃之前的较为优越的待遇从头开始还是比较难的，更多的是选择关系比较好的客户，直接加盟做高管。

结　语

投行业务作为资本市场最复杂的业务，不仅需要非常专业的会计、法律及行业知识，而且需要综合素质极高的专业团队做支持。每个项目的交易方案、交易结构、税费等设计都涉及巨额的交易成本，甚至关乎整个交易的成败。

所以，投行对于从业人员的综合素质、专业能力等都有着极为严苛的要求。为此，对于每一位员工的选拔，尤其是对于初出茅庐的应届生的要求非常高，名校背景、优异的成绩、投行相关实习经历甚至注册会计师和司法考试等专业证书成了各大券商招聘的门槛。投行带来的迅速成长的机会、丰厚的报酬一直吸引着莘莘学子为之拼搏。

希望本章的内容能给对投行业感兴趣的同学带来一些帮助，帮助大家在了解行业的同时，坚定成为一名投行人的梦想。真心祝愿每一位有志于从事投行业的同学都能够成为“资本市场的弄潮儿”！

04

投资家最佳起点之研究员解读

研究部门在各个金融机构（包括证券公司等卖方机构和基金公司等买方机构）中都是不可或缺的核心部门之一。虽然它并不直接创造利润，却以智囊团和潜在机构客户吸引者的角色存在，可以说占据着金融业的中心。随着近几年证券市场的繁荣，特别是公募基金的迅速发展，证券研究员的价值越发受到重视。

在解析研究员相关内容时，先为大家解释两个初入金融行业容易混淆的概念：买方机构和卖方机构。

卖方机构主要指投资银行、证券公司等机构，如高盛、摩根士丹利、中信证券、中金公司等，它们自己本身不在市场直接投资，而是为其客户提供投资建议，为其客户的投资服务，从中赚取交易佣金。卖方报告就是这些卖方机构的分析师（又称卖方研究员）所撰写的报告，主要内容是跟踪特定行业和公司，给股票评级，给出盈利预测、投资建议等。

买方机构则是指资产管理公司、私募基金等直接将资金投入市场的机构。买方报告主要是指这些机构的研究员所撰写的报告，这些报告一般不对外，仅供内部使用，作为机构自己投资的依据。

在二级市场（即证券交易市场，也称证券流通市场、次级市场，是指对已经发行的证券进行买卖、转让和流通的市场）上，按照服务对象的不同，研究员可以分为买方研究员和卖方研究员。买方研究员主要是指在公募基金、私募基金、保险资管、券商资管等机构直接进行股票或债券投资研究的从业人员，卖方研究员则主要指在券商研究所从事研究工作、为买方提供研究服务的从业人员。

研究员的价值在于在跌宕起伏的行情中寻找到真正的牛股，这也是每一位投资人迫切关心的问题。将研究员作为金融职业生涯的起点，可谓是立志做投资的金融学子的绝佳路径。例如，将卖方研究做到极致的海通证券的李迅雷、中信证券的彭文生、安信证券的高善文；职业生涯转型为投资的中邮基金的任泽松、公募一姐王茹远和富国基金的魏伟等，他们曾经的研究员经历为其后期的投资生涯奠定了坚实的基础，也是每个立志从事研究行业的求职者学习的榜样。

研究从业者总体情况概览

如前所述，研究工作在很多金融机构中承担着智囊团的角色，对从业者的专业素养要求比较高，相对于其他行业而言，研究员的从业群体相对较少。据不完全统计，全国卖方研究员总共也就只有 3 000 位左右。

很多人都好奇：研究所是干什么的？研究员们主要的工作内容和生活状态又是怎样的？研究员会和学校的学术研究者一样每天埋头苦学，潜心修炼，抑或是跟投行的精英一样每日西装革履地穿梭于各大高楼之间吗？在外人看来仿佛有天壤之别的两种生活状态，事实上将在研究所融为一体。本节通过介绍研究员的日常工作生活，为大家掀开行研的神秘面纱。

研究部 / 所概述

资本市场中的研究部主要以“经济”“产业”和“公司”为研究对象，通过研究宏观经济或一个行业内部各公司之间的相互作用关系、产业本身的发展趋势、产业间的互动联系以及空间区域分布特点等，发现有价值、有投资亮点的上市公司，为投资人的投资决策提出建议，俗称“推票”。在介绍研究员的具体工作之前，我们先来简单了解一下资本市场中研究的核心和目的。

1. 研究部的核心

研究部的核心就是研究。与学术研究者的研究一样，研究部的研究员们也需要潜心做研究。不同的是，科研院所的研究以科技 / 发明 / 技术改善为导向，偏重于学术 / 实业，涉及面比较窄，而且随着研究的深入，研究的面不断变窄，对所研究领域问题的理解和看法比较新颖、深刻，可以理解为一个从“0”到“1”的过程，意在发明或创造；而证券研究以投资为导向，属于商业化研究，注重实践，重点揭示经济、行业和公司的发展状况以及投资亮点，一般来说研究面比较广（尤其是宏观、策略的研究），目的是给投资者带来实际投资收益，可以理解为从“1”到“2”的过程，意在发现或挖掘。从研究范围来讲，如果学术研究的研究对象是中子，那么证券研究的研究对象就是分子。

2. 研究内容分类介绍

整个研究部 / 所的研究内容大致可分为两大部分。

（1）总量研究：包括宏观研究、策略研究、债权研究（固定收益研究）以及量化研究。

（2）行业研究：包括但不限于计算机业、电子业、传媒业、银行业、非银行金融业、房地产业、化工业、环保业、农林牧渔业、食品饮料业、医药生物业、商贸零售业等。行业的研究并不是浮于表面的空洞研究，每一个细分行业下都会涵盖相应上市公司的微观层面的研究，以达到“自上而下、由表及里”的研究目的。

其中，总量研究的目的是把握大的经济趋势，为行业研究及具体的公司研究提供研究背景及方向，行业研究则是仔细研判行业趋势，分析行业产业链以及每家上市公司的发展情况、盈利能力及未来的成长能力等，挖掘价值被低估的上市公司，寻找投资机会。

3. 研究的意义

做研究的具体意义主要包括以下几个方面：

（1）把握行业发展动向：通过分析宏观经济和产业政策，结合产业发展现状、竞争格局等，判断行业的发展趋势，把握市场的发展动向。

（2）判断公司投资价值：通过与上市公司相关人士的深入沟通等，结合案头研究，对公司基本面做出分析，判断一家公司是否真正具有投资价值。

（3）为投资决策提供建议：无论是买方研究还是卖方研究，其最终目的都是在二级市场获得投资回报。对卖方研究员来说，为买方客户推荐更多的“牛票”是其工作的核心；对买方研究员而言，为基金经理提供正确的投资建议则是其价值所在。

4. 券商研究所格局

国内大部分证券公司都有自己的研究部门。按其服务对象不同，研究部门可分为两类：服务外部的券商研究部门和服务内部的券商研究部门。服务外部的券商包括大部分大中型券商研究所，如中信、中金、海通、国泰君安、广发、申万宏源等，它们对外发布研究报告，服务买方机构；服务内部的券商主要为中小型券商，如德邦证券主要服务于其母公司复星集团，华融证券主要为华融资产的各类子公司投资提供服务，东海证券的研究所则为东海证券体系的各类投资提供了重要的决策依据。

按是否参加《新财富》评选，研究部门也可以分为两类：参加《新财富》评选的券商研究所，如国泰君安、海通、广发、申万宏源等；不参加《新财富》评选的券商研究所，如中金[1]、中信以及一些中小券商研究所。

就影响力而言，服务外部客户并且参加《新财富》评选的券商研究所影响力相对较大。2016 年度第十四届《新财富》“最具影响力的研究机构和最佳销售服务团队”排名如表 4-1 所示。[2]

表 4-1　2016 年度第十四届《新财富》“最具影响力的研究机构和最佳销售服务团队”排名

第十四届《新财富》最具影响力研究机构		2016《新财富》最佳销售服务团队	
排名	机　构	排名	机　构
1	国泰君安	1	兴业证券
2	广发证券	2	海通证券
3	海通证券	3	国泰君安
4	安信证券	4	华创证券
5	兴业证券	5	申万宏源
6	申万宏源	6	广发证券
7	招商证券	7	中信建投
8	方正证券	8	国金证券
9	长江证券	9	方正证券
10	中信建投	10	长江证券

[1] 中金在公司层面不参与评选，但允许以某个行业研究组的名义自行参评。

[2] 新财富．第十四届新财富最佳分析师榜单［EB/OL］．新财富，［2017-06-12］．http://www.xcf.cn/zhuanti/ztzz/hdzt1/2016/fxs/index.html.

从 2010—2013 年的证券公司投资咨询收入变化情况，可以看到一条十分明显的 U 形曲线。2013 年全年券商投资咨询综合收入达 105 亿元，这是经过近三年的时间终于止跌回升的结果。往前回溯，2012 年证券公司该项收入为 69 亿元，2011 年为 85 亿元。而在此之前的 2010 年，则为历史最高的 140 亿元。

2015 年度证券公司投资咨询业务净收入排名[1]见表 4–2。

表 4–2 2015 年度证券公司投资咨询业务净收入排名

排　名	公司名称	投资咨询业务净收入（万元）
1	平安证券	59 587
2	海通证券	58 059
3	中信证券	31 987
4	招商证券	28 736
5	中原证券	26 992
6	安信证券	23 787
7	国金证券	22 141
8	中金公司	14 136
9	华泰证券	10 898
10	广发证券	10 866
11	国泰君安	9 404
12	中山证券	8 715
13	国信证券	8 557
14	光大证券	8 226
15	川财证券	6 312

说明：以上净收入排名不完全代表卖方研究实力。

研究员概述

研究员的主要职责是通过对行业发展趋势的分析以及上市公司调研，运用公司财务估值模型对公司进行正确的价值评估，并得出公司的价值分析报告。工作

[1] 参见中国证券业协会《2015 年度证券公司经营业绩排名情况》。

的重点是对公司核心要素及核心竞争力进行分析，找出适合投资的标的。

研究员的工作技术性相对比较强，基本的工作方法是基于具体的行业发展趋势和外部环境，通过分析公司的财务报告或各种研究报告、与上市公司进行沟通交流、参加各类相关会议等方式来完成研究。研究工作的主要成果是研究报告。行业研究员所提供的研究报告，涉及所处行业基本情况、公司主营业务、产品详细介绍、公司整体财务状况以及行业内竞争格局等内容。[1]

此外，行业研究员相当于幕后的军师，他们并不参与实际投资，而是在分析的基础上提供投资建议。因此研究员们并不对投资盈亏负责，而是对建议结果负责，这也说明研究员的工作是一项专业、严肃而又重要的工作。

我国有约120家证券公司，其中50家以上设立了研究部（所）从事卖方业务。中国证券业协会网站资料显示，截至2015年11月16日，全国具备证券投资咨询资格的分析师共2 204人，较2014年2月下降了25%，只占据整个证券市场从业人员的0.7%，这其中不包括助理分析师，因此实际人数高于上述公布的数据。[2]至于研究员的待遇，跟整个金融市场一样，无论是从事一级市场业务还是二级市场业务，从业人员的收入都与行业景气度密切相关。研究所的收入主要来源于提供咨询服务得到的收入和基金分仓[3]。2008年金融危机爆发，二级市场交易量的下滑导致研究所收入直线下降。如果遇到市场不景气，一些小型券商的收入无法支撑研究所的发展，研究员们就会面临业务调整。从2014年下半年开始，牛市逐渐爆发，券商研究所的收入又快速上升，研究员的收入也随之扶摇直上。

券商研究员的工作强度相对较大，勤奋是对研究员最基本的要求之一。搜狐新金融曾爆过这样的段子："二级狗，身怀绝技四处走。上市公司忙调研，挑灯夜战写邮件。早起开晨会，朦胧惺忪眼，领导问点评，答曰无尿点。路演一天四五场，出差回来灰头脸。股价飙升没推票，开始下跌才出现。基金经理问何故，

[1] CFA考试中国培训中心.CFA职业方向之二——行业研究员［EB/OL］.CFA考试中国培训中心，(2011-07-18)［2017-06-13］.http：//cfa.oneready.cn/html/CFAzx/CFA-hangyeyanjiuyuan.html.

[2] 潘凌飞，2015中国证券研究行业报告［EB/OL］.CFA考试中国培训中心，(2015-11-29)［2017-06-13］.http：//www.yangqiu.cn/sz-kingdee/577172.html.

[3] 基金分仓：指券商主营业务是经纪业务，而基金公司不能申请席位交易，只能从券商那里租席位。基金公司会定期把其基金的交易量按一定配比分给券商，同时给券商交易手续费。

你说逢低吸纳点。工作多年，经验无限。高抛低吸，波段操作，终于成为万能箴言。”在激烈的竞争下，研究员们需要通过快速积累知识和人脉来实现对资源的掌控。研究员一般的工作状态是：早晨五六点开始了解昨夜市场有无大事发生，七八点到公司开晨会，九点以后参与策略会、调研、路演、研讨会等大小会议，然后与客户共进午餐（表面上是吃饭，其实是午餐路演），下午继续参与策略会、调研、路演、研讨会……五六点之后散会，收拾东西回家，但这并不意味着一天的工作到此结束，只是一天的另一个开始。晚饭后要整理会议纪要、调研笔记，整理要发给基金经理的资料，撰写公司报告、行业报告甚至周报、月报、日报。晚上九点，整理上交所和深交所的上市公司当天公告信息。当然，就目前的金融实践来看，日周月报、公告整理和会议纪要等基础性工作会主要由刚入行的实习生承担。但是，如果市场有大事件发生，研究员就要加班写事件点评，同时继续安排第二天的策略会、调研、路演、研讨会……有时会加班到凌晨两三点。这基本上是一个研究员生活状态的真实写照。

研究员的忙与投行人士的忙可以做一个简单的对比。他们事实上是两种截然不同的状态。投行的忙是忙起来没日没夜几天不睡觉、项目结束后可以蒙头大睡三天三夜，属于作息没有规律的状态。而研究员的忙是忙起来日复一日、行程紧密无缝连接，属于一种有规律的状态。一位基金经理说过，做研究这一行太累了，早上起来发现，美国刮个飓风，巴西踢个足球，任何事情都会影响到资本市场，一觉醒来，所有的信息都铺天盖地向你袭来，而且你还不能逃避，因为所有的事情都可能影响你的投资判断。这也算是对自身工作的一种调侃吧。

总结研究员的生活，高强度的工作已经成为习惯，加班也是常态，每天工作12小时以上，连续工作不休息对研究员来说也不是不可能。研究员们白天要调研，进行各种沟通，晚上还要写报告，充足的睡眠只存在于梦中，特别是在发布季报、半年报、年报的高峰期，忙碌程度又加一等。所以想要从事行研工作，除了要有才华以外，踏实敬业的工作态度、吃苦耐劳的坚韧品格、积极向上的精神状态也是必不可少的。

但是，千万不要被以上描述吓到。与很多研究员交流，你会很敬佩他们那种专注、敬业的精神，尤其是对问题的思考以及逻辑思维能力更是让人羡慕不已。现实中很多研究员也不像一些人想象中的那样只会埋头做研究，他们其实是一个

“能够不断发现生活中的美”的群体，健谈、严谨和激情都是研究员的标签。当然，这一切的优秀都源于他们背后努力认真的付出。正如本章标题“投资家最佳起点之研究员解读”所言，行业研究是一个非常适合刚入金融行业历练学习的地方，能给人带来超乎想象的成长。相比于其他岗位，高强度、专业化的工作状态会让人（尤其是新人）迅速成长，或许可以实现人生的弯道超车。所以，立志做行研的学子们，不要犹豫，坚持一定可以修成正果。

研究员的研究方向分类

卖方研究部的研究分析包括宏观、策略、量化、行业、公司等，中型以上的券商一般都会有服务买方的研究所，各家券商涵盖的行业完整度不一样，大型券商基本涵盖所有行业，不同的行业研究侧重点有所不同。从某种意义上说，研究所是证券公司的门面，是一种品牌，是对经纪、投行等业务的有力支撑。而多数买方（如公募基金）研究员往往一个人涵盖几个行业，所以很难对某个行业或某家公司展开深入的研究，因此需要参考卖方研究所的研究成果。各家券商在行业人员分配上，策略组人员会略多一点；其他组人员一般为 2~5 人，当然也有超过 5 人或少于 2 人的；中型券商研究所人员可达 80 人，大型券商研究所人员超过 100 人。

证券研究行业分类（宏观、固收、金融工程、买方研究除外）见表 4–3。

表 4–3　证券研究行业分类

序　号	名　　称	序　号	名　　称
1	计算机	8	农林牧渔
2	通信	9	电力设备
3	电子	10	机械
4	传媒	11	国防军工
5	餐饮旅游	12	基础化工
6	轻工制造	13	商贸零售
7	纺织服装	14	综合

序　号	名　　称	序　号	名　　称
15	交通运输	23	有色金属
16	汽车	24	石油石化
17	房地产	25	钢铁
18	家电	26	煤炭
19	建材	27	银行
20	电力及公用事业	28	非银行金融
21	建筑	29	医药
22	食品饮料		

宏观研究

宏观经济研究的主要目的是预测宏观经济形势，研判宏观政策走向，揭示行业景气格局。

1. 宏观研究体系介绍

宏观研究以股市发展环境为中心，主要围绕国内经济、金融市场、产业经济和世界经济四大方面来展开分析。

宏观研究中一个中心、四个基本点的架构[1]见图 4–1。

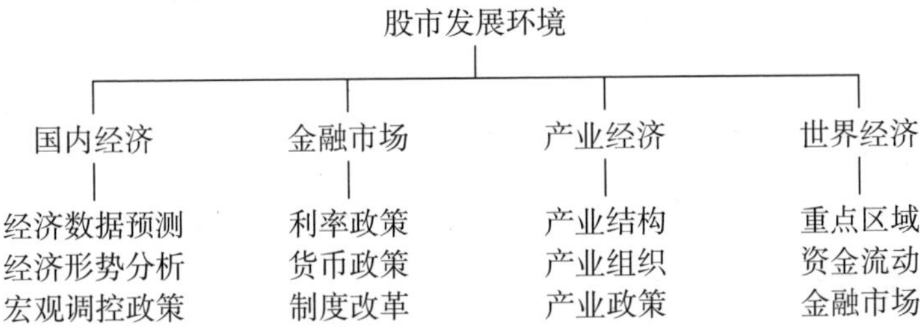

图 4–1　宏观研究中一个中心、四个基本点的架构

---

[1] 李慧勇. 如何分析中国经济大势［EB/OL］. 百度百科，(2015–10–27)［2017–06–13］.http://wenku.baidu.com/link?url=jnzaY9OLcrSBZ2ZUC22FgHVrDzmT_4k2VRF287zoWUVXqypIHyUYLjsnoSJsU4QzbEqlN8DnImXAdcEx4zOZIkP0sffB–nqSJzf7H0x8wCK.

续表

2. 宏观研究报告分类

宏观研究报告主要探讨宏观经济形势，可以分为以下三大类：

（1）信息类，如晨会纪要、信息短评、市场大事记等；

（2）模板类，如每日晨会数据更新、定期数据预测、宏观景气指数模型、中国经济长期预测模型、短期数据预测模型、经济指标单变量预测等；

（3）研究类，如季度报告、年中策略会报告、系列专题报告等。

宏观研究报告的具体分类，参考表 4–4。

表 4–4　宏观研究的报告分类

	研究报告	负责人员	平均页数
日报	晨会纪要（财经新闻） 重要信息点评	当日值班员	1 2
周报	经济金融大事记	—	5
月报	价格态势月评 宏观数据月评 金融市场月评 故事发展环境月评 经济金融大事记	—	10 10 15 10 20
季报	宏观经济季报 金融创新季报（合作） 春季、秋季系列报告 宏观经期模型季报	各领域分析师	30 20 30 20
非定期	热点事件分析 委托专题研究	各领域分析师	10 30

3. 宏观研究方法

宏观研究因着眼于整体经济形势，故有一套独特的研究方法，包括研究思路、范畴、分析核心等内容。

◆ 宏观研究思路

宏观研究以探究经济发展方向为主，从政策周期、市场走势的各方面入手来分析目前的经济形势。宏观研究思路见图 4–2。

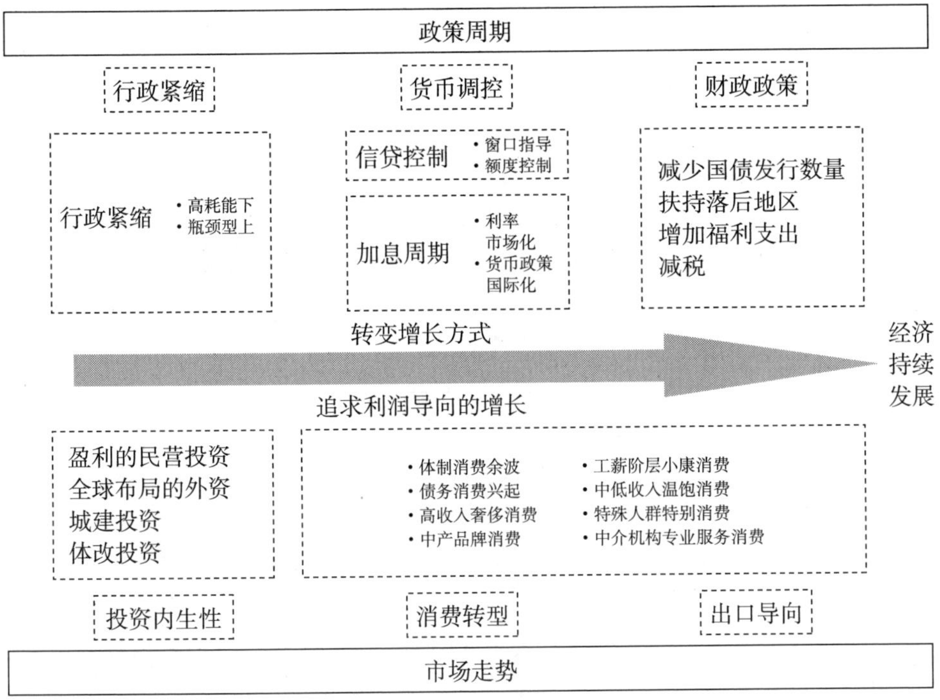

图 4–2　宏观研究思路

◆ 宏观研究范畴

宏观研究主要包括数据、形势、政策三大范畴，不同的范畴又有不同的分析方法和理论要求，见图 4–3。

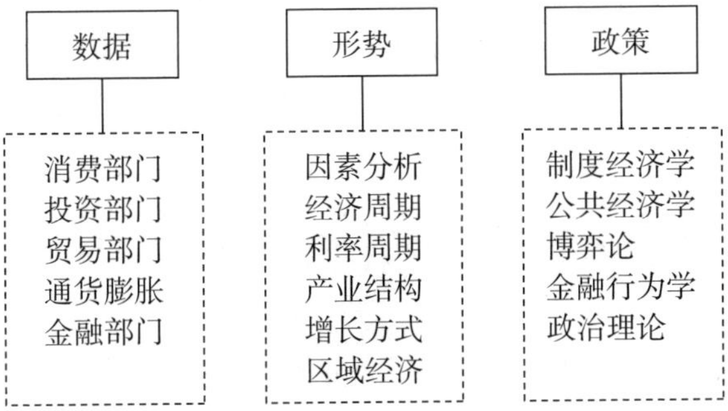

图 4–3　宏观研究三大范畴

◆ 宏观经济分析核心

宏观经济分析的核心就是分析影响总供给和总需求的各个因素及其影响，分析思路见图 4–4。

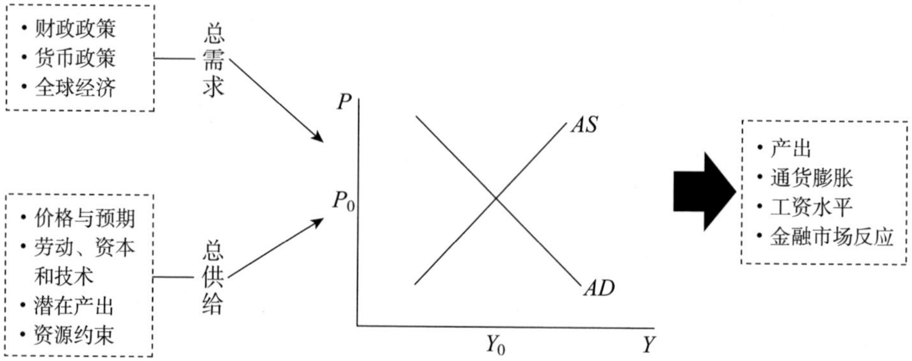

图 4–4　总供给、总需求分析思路图

策略研究

策略研究是在预判资本市场中长期走势的基础上，向投资者给出投资组合建议。因此，投资策略要告诉投资者未来的市场如何发展、投资机会在什么地方、风险在何处等信息。

1. 策略研究的主要内容[1]

策略研究与上文提到的宏观研究密不可分，在大多数情况下，策略分析逻辑也是从宏观分析中得出的。策略在宏观中属于中微观环节，在分析市场后，接下来进行预判，包括但不限于市场上各参与者的情绪变化、未来较长时间行情走势、未来投资风格的变化、行业适合的配置建议以及适合投资的条件等。最后，策略研究会对其中的细节进行相应的分析，比如对大势的研判、行业配置研究以及主题策略投资研究等。

策略研究的主要内容包括指标研究、大势研判和行业配置研究。

◆ 指标研究

指标研究主要指经济周期、政策层面分析，具体指标包括：

新型指标——PMI；

[1] 金融小伙伴 . 你知与不知的行业研究［EB/OL］. 爱微帮，（2015–05–21）［2017–06–13］.http://www.aiweibang.com/yuedu/26967314.html.

信贷指标——包括利率类、新增贷款类、中长期贷款类指标；

流动性指标——M1，M2；

另外，指标研究还包括数量分析、跨国比较分析。

◆ 大势研判

分析整个市场的涨跌和背后支持它的逻辑，以及在宏观的框架下进行预判。

◆ 行业配置研究

分析行业的驱动因素，未来一段时间配置思路，行业流动时间和空间，择时问题；根据美林投资时钟——萧条期、复苏期等市场表现，各行业会分别归属于周期性的、资产价格敏感性的、货币敏感性的（航空、造纸）等类型，不同行业分析思路不同。

2. 主题策略研究的开展

主题策略研究的特点是不按照一般行业划分的方法选择股票，而是把深挖市场上驱动周期的某个因素作为一个主题。主题策略研究就是从庞大的信息中挖出其中一个点来进行扩散性的相关分析研究。根据研究的时间周期，其主要包括三类策略研究：短期策略研究、中期策略研究和长期策略研究。

◆ 短期策略研究

短期策略研究侧重事件驱动，如业绩、分红、高送转等。

◆ 中期策略研究

中期策略研究关注行业景气度、行业轮动、参照行业周期性更迭等。如2009—2010年大宗商品价格处于低迷期，而其后来的走势证明当时就是一个好的切入点。

◆ 长期策略研究

长期策略研究关注经济周期的变化。如宏观经济周期表明近两年的牛市可以概括为改革牛，细分为三点：促增长（包括释放新的增长机会、扩大内需，比如“一带一路”、自贸区或供给端进行优化）、防风险（包括降低整体经济、金融风险，比如反腐、金融改革、依法治国）和再平衡（包括调整经济结构，主要是服务业、智能科技，比如互联网＋）。

3. 策略研究思路

策略研究从信息收集开始，设定分析框架，进行投资判断，最终找出股价上涨的原因是什么，以及买什么、卖什么、何时交易等问题。策略研究思路见图4–5。

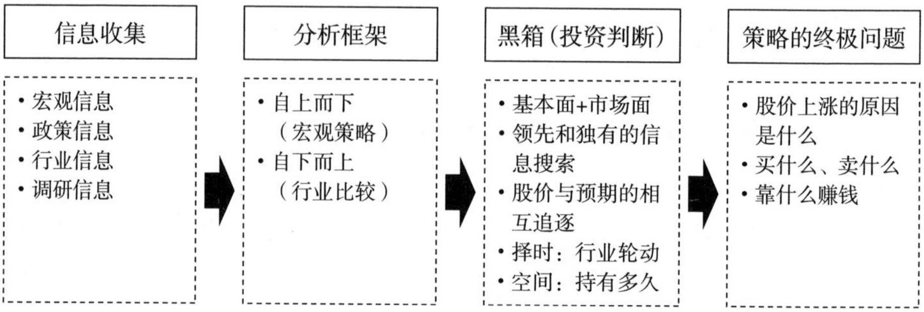

图 4–5　策略研究思路

金融工程 / 量化研究

金融工程主要是指通过数理模型实现投资理念，由计算机生成交易策略的一种投资方法。简单地说，金融工程就是利用数学、统计学、信息技术的量化投资方法来管理投资组合。量化研究注重对宏观数据、市场行为、交易数据进行分析，利用数据挖掘技术、统计技术、计算方法等处理数据，以得到最优的投资组合和投资机会。[1]

量化投资以先进的数学模型代替人为的主观判断，克服人性的弱点，如贪婪、恐惧、侥幸心理，也可以弥补认知偏差，借助系统强大的信息处理能力增强投资的稳定性、连贯性和一致性，最大限度地减少投资者情绪波动的影响，避免在市场极度狂热或悲观的情况下做出非理性的投资决策。当然，量化模型给出的结果在很多情况下只能作为一种参考，做出投资决策还需要投资者的主观判断。

下面就其研究内容和研究方法做详细说明。

1. 研究内容

量化研究主要包括八大核心内容。

◆ 量化选股

量化选股就是采用数量型的方法判断某家公司是否值得买入。根据某种选股计算方法，如果该公司满足了该方法所需的条件，则放入股票池；如果不满足，则从股票池中剔除。

[1] 邹剑．阳光私募基金运行及投资策略研究［D］．成都：西南交通大学，2011.

◆ 量化择时

量化择时就是利用数据模型来判断大盘的高点低点，从而进行波段交易。量化择时是量化投资中难度最大的一个策略，所需要的数学工具也最为复杂。

◆ 股指期货套利

股指期货套利是指利用股指期货市场存在的不合理价格，同时参与股指期货与股票现货市场交易，或者同时进行不同期限、不同（但相近）类别股票指数合约交易，以赚取差价。股指期货套利主要分为期现套利和跨期套利两种。

◆ 商品期货套利

商品期货套利盈利的逻辑原理是基于以下几个方面：①相关商品在不同地点、不同时间都对应有一个合理的差价。②由于价格是波动的，价格差经常呈现不合理状态。③不合理必然要回归合理。④不合理回归合理的这部分价格区间就是盈利区间。

◆ 统计套利

有别于无风险套利，统计套利是利用证券价格的历史统计规律进行套利，是一种风险套利，其风险在于这种历史统计规律在未来一段时间内是否继续存在的不确定性。

◆ 期权套利

期权套利交易是指同时买进卖出品名相同但敲定价格不同或到期月份不同的看涨或看跌期权合约，希望在日后对冲交易部位或履约获利的交易。

◆ 算法交易

算法交易又称自动交易、黑盒交易或者机器交易，是指利用电子平台，输入涉及算法的交易指令，以执行预先设定好的交易策略。算法中包含许多变量，包括时间、价格、交易量，或者在许多情况下，由“机器人”发出指令，无须人工干预。算法交易广泛应用于投资银行、养老基金、共同基金，以及其他买方机构投资者，以便把大额交易分割为许多小额交易来应对市场风险和冲击。

◆ 资产配置

资产配置是指资产类别选择，即投资组合中各类资产的适当配置以及对这些混合资产进行实时管理。量化投资管理模型将投资方法建立在对各种资产类股票公开数据进行统计分析的基础上，通过比较不同资产类的统计特征，建立数学模型，进而确定组合资产的配置目标和分配比例。

2. 研究方法

量化研究主要有六大方法。

◆ 人工智能

人工智能（Artificial Intelligence，AI），是研究使用计算机来模拟人的某些思维过程和智能行为（如学习、推理、思考、规划等）的学科，主要包括探索计算机实现智能的原理，制造类似于人脑智能的计算机，使计算机能实现更高层次的应用。人工智能的很多技术可以用于量化投资分析，包括专家系统、机器学习、神经网络、遗传算法等。

◆ 数据挖掘

数据挖掘（data mining）是从大量的、不完全的、有噪声的、模糊的、随机的数据中提取隐含在其中的、人们事先不知道的、但又是潜在有用的信息和知识的过程。与数据挖掘相近的同义词有数据融合、数据分析和决策支持等。在量化投资中，数据挖掘的主要技术包括关联分析、分类 / 预测、聚类分析等。

◆ 小波分析

小波分析通过伸缩平移运算对信号（函数）逐步进行多尺度细化，最终达到高频处时间细分、低频处频率细分、自动适应时频信号分析的要求。小波分析在量化投资中的主要作用是进行波形处理，包括波形的去噪、重构、诊断、识别等，从而实现对未来走势的判断。

◆ 支持向量机

支持向量机（SVM）方法是通过一个非线性映射 p，把样本空间映射到一个高维乃至无穷维的特征空间中（Hilbert 空间），使得在原来的样本空间中非线性可分的问题转化为在特征空间中的线性可分的问题。SVM 在量化投资中可以用于择时、选股。

◆ 分形理论

被誉为“大自然的几何学”的分形理论，是现代数学的一个新分支。它承认世界的局部可能在一定条件下，在某一方面（形态、结构、信息、功能、时间、能量等）表现出与整体的相似性。这种特征使得分形理论在量化投资中得到了广泛的应用，主要用于金融时序数列的分解与重构，并在此基础上进行数列的预测。

◆ 随机过程

随机过程（stochastic process）是一连串随机事件动态关系的定量描述。随机过程论与其他数学分支（如位势论、微分方程、力学及复变函数论等）有密切的联系，是在自然科学、工程科学及社会科学各领域研究随机现象的重要工具。其中马尔科夫过程很适合金融时序数列的预测，是随机过程在量化投资中的典型应用。

固定收益研究

固定收益研究是在预判市场短期至中长期投资固定收益利率走势的基础上，向投资者提供固定收益类证券及衍生品的投资组合及交易策略的行业研究。

目前我国固定收益市场的两大产品主体是利率债和信用债。利率债主要是指国债、地方性政府债券、政策性金融债；信用债是由政府之外的主体发行的，具体包括企业债、公司债、短期融资券、中期票据、资产支持证券、次级债等品种。与之相对应，固定收益研究的基本内容大致可以分为固收利率债研究与固收信用债研究。

1. 固收利率债研究

利率债研究着眼于各期限利率债的收益率，与宏观研究一脉相承，但有一些较为鲜明的固有特征。引用行业内广为流传的观点之一，宏观更倾向于漂浮云端，固收则更倾向于伫立山巅。相比而言，宏观研究站得更高、视野更广，宏观经济的运行，股票、债券、外汇、黄金、大宗商品等大类资产的轮动，几乎无所不包；而固收研究则更能落地，即落脚于债券利率，对利率类产品的价值发现和价值创造的指引更加直接。

固收利率债研究的核心是经济的基本面与货币政策因素。作为市场无风险利率的标杆，固定收益利率与 GDP 增速等经济增长指标呈正相关，与 CPI 等通胀指标亦呈正相关。从趋势的意义上说，基本面内容（经济增长与通货膨胀）可以解释绝大多数情况下基准利率品的价格变化，而额外的非对应时期可以由货币政策因素来解释。本质上说，货币政策因素与流动性因素是相通的，因此针对基准利率品的驱动因素可以大致归纳为三个：经济增长、通货膨胀和流动性。所对应的基本逻辑框架大致为两类：

（1）基本面主导时期的双轮驱动框架：经济增长 + 通货膨胀；

（2）基本面非对应时期的双轮驱动框架：货币（金融负债）+ 资产。

针对基本面主导时期的分析框架如下：

①经济增长理解框架，见图 4–6。

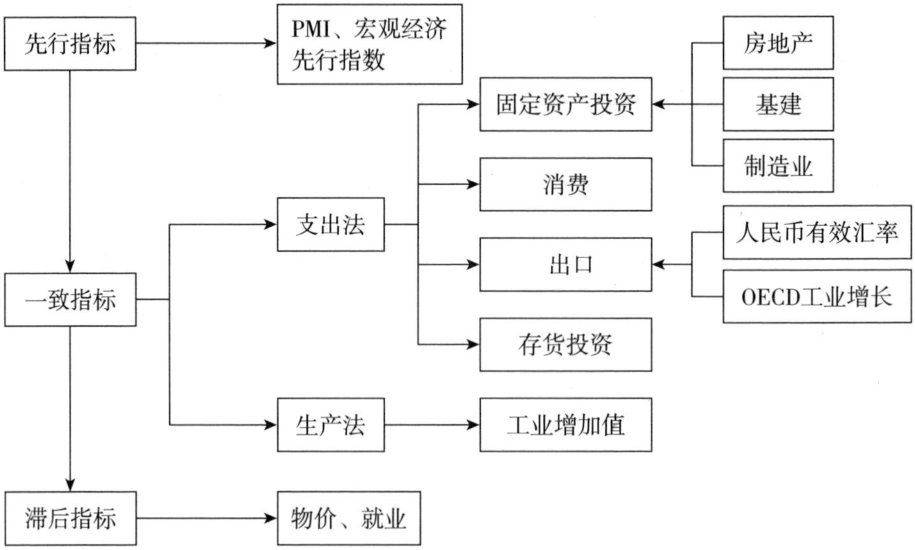

图 4–6　经济增长理解框架

值得指出的是，除 GDP 之外，各项指标中相对重要的指标是固定资产投资。不仅因为其在 GDP 中占比与波动幅度均较大，更为重要的是它直接又灵敏地反映宏观调控政策，某种意义上，可以把它当作中国经济的先行指标，其与信贷增速基本同步。

②通货膨胀理解框架，见图 4–7。

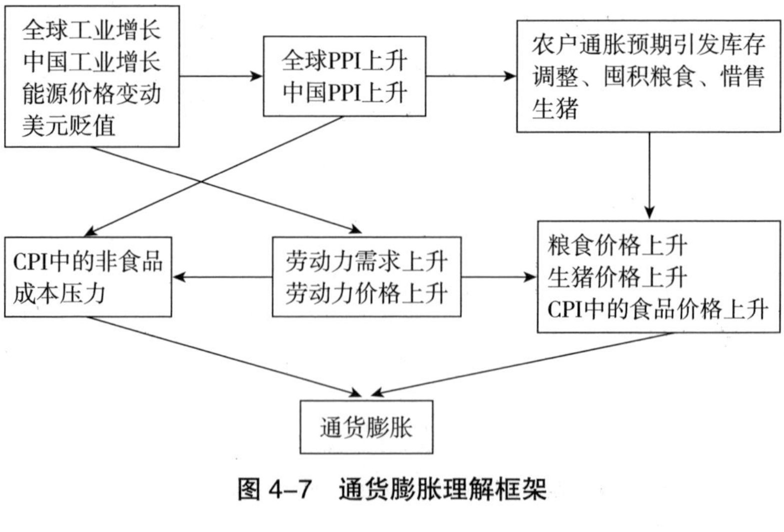

图 4–7　通货膨胀理解框架

值得指出的是，传统意义上劳动力要素的成本上升对通胀没有直接影响，但是会间接作用于 CPI 中的非食品成本压力以及食品端的需求推动。

2. 固收信用债研究

基于信用债刚性兑付的打破与发行主体的违约风险的逐渐全面爆发，固定收益行业的信用研究在最近五年的时间内有了较快的发展。信用债研究以利率债的研究为基石，同时加入了关于发行主体自身未来债务偿还能力的研究。具体研究框架如图 4-8 所示。

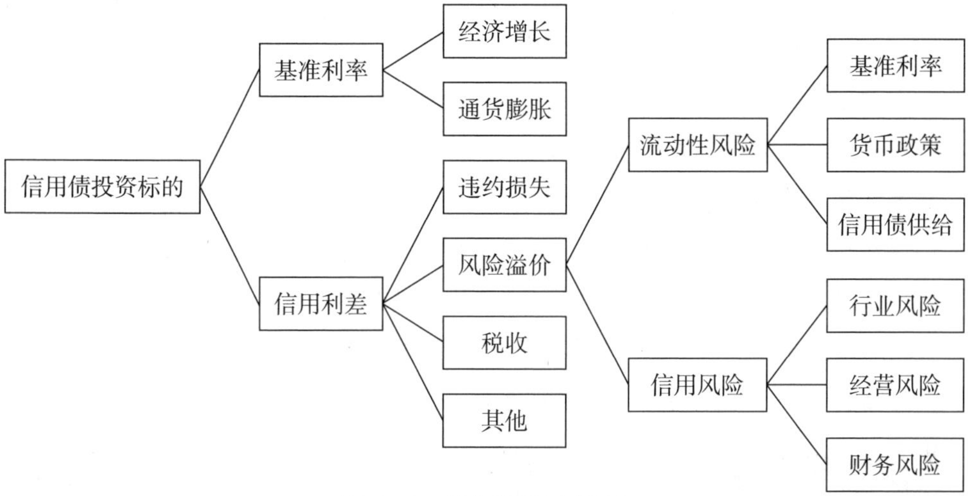

图 4-8　信用债研究框架

其中值得指出的是，公司经营风险及财务风险是信用债价值投资的主要驱动力，能否实现稳定盈利及保持良好的现金流情况是经营风险的关键关注指标。鉴于信用债的发行主体几乎涉及 A 股的所有行业，因此对相关的行业风险及行业特定的经营风险的研究在很大程度上可以借鉴权益类产品的行业研究框架，但关注的核心由盈利增长及市值公允程度本身转移至企业的经营能力及偿债能力。

细分行业研究

1. 行业整体研究

行业整体研究立足于一个行业的整体情况，对行业整体进行逻辑梳理和亮点挖掘。行业整体研究主要解决以下几个问题：

- 这个行业的盈利模式是什么？

● 这个行业的竞争格局是什么（垄断，寡头垄断，垄断竞争抑或完全竞争）？行业集中度如何？

● 这个行业发展的天花板在哪里？还有多久触碰到天花板？

● 这个行业的盈利周期有多久？

● 这个行业是什么类型的（劳动力密集型，资本密集型，抑或技术密集型）？

行业秩序如何？

因此，行业整体研究主要从宏观经济、行业概况、产业链、政策、经济周期等方面进行分析。主要内容包括：

◆ 宏观经济形势和行业概况

宏观经济形势的变化会对一个行业产生直接且深远的影响，是行业分析时必不可少的因素，而行业概况主要是便于不熟悉这个行业的投资者理解行业。

◆ 产业链

搞清楚行业的产业链非常重要，这是理解产业的基础。产业链包含价值链、企业链、供需链和空间链四个维度。[1] 产业链的上游一般是基础产业环节和研发环节，下游则拓展到市场和销售环节。这种关联的实质则是各产业中企业之间的供给与需求的关系。图 4–9 非常详细地描述了中国医药电商产业链。

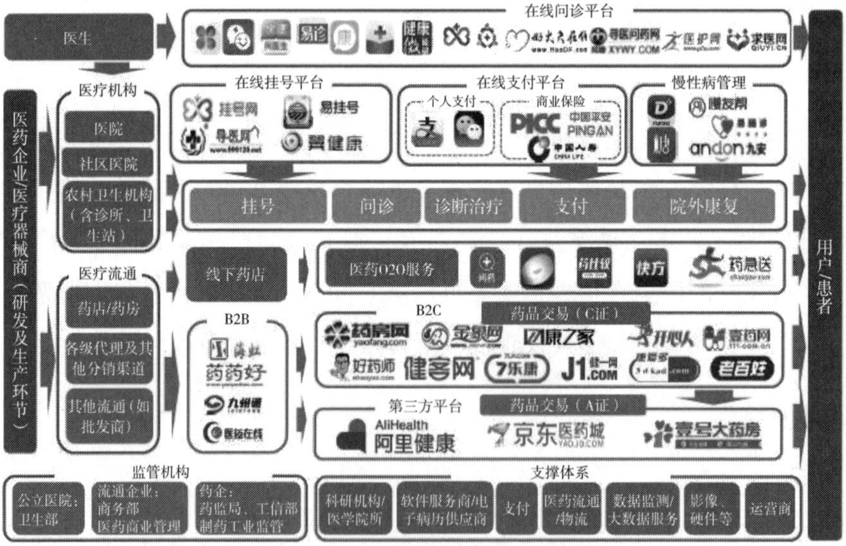

图 4–9 中国医药电商产业链图谱

[1] 吴金明，邵昶. 产业链形成机制研究——“4+4+4”模型［J］. 中国工业经济，2006（4）：36–43.

◆ 政策

政策的调控会对行业发展产生巨大的影响，如医药生物行业的医师多点执业、处方外流、两票制等政策一旦落地，将对医疗服务、药品销售、医药商业等领域产生巨大影响。

◆ 经济周期和生命周期

目前我国典型的周期性行业包括钢铁、有色金属、化工等基础大宗原材料行业，水泥等建筑材料行业，工程机械、机床、重型卡车、装备制造等资本密集型行业。当经济高速增长时，市场对这些行业的产品需求也高涨，与之对应，行业相关的公司业绩改善会非常明显，其股票也会受到投资者的追捧；而当经济低迷时，固定资产投资下降，对其产品的需求减弱，业绩和股价会迅速回落。[1]

此外，还有一些非必需的消费品行业也具有鲜明的周期性特征，如轿车、高档白酒、高档服装、奢侈品、航空、酒店等行业，人们的收入增长速度及对收入的预期都会直接影响对这类非必需商品的消费需求。

经济周期可以分为四个阶段——衰退、复苏、过热和滞胀，周期性行业的周期循环常常沿着产业链按一定的顺序依次发生。通常复苏始于汽车、房地产、基础设施建设、机械、装备制造等下游行业，然后传导至化纤、非金属矿开采、有色金属冶炼压延、黑色金属冶炼压延等中游的加工制造业，最后是上游的有色、石油、煤炭、化工等行业。衰退也是从下游行业开始，依次传导至中游、上游行业。历史背景不同，周期循环并非简单的重复，运行规律也不是一成不变的，不能简单地套用历史经验对周期拐点进行判断，而应具体情况具体分析。

2. 公司个股研究[2]

公司个股研究着眼于具体的上市公司，主要分析公司行业地位、公司运营状况、管理层决策情况、未来发展战略等，研究一家公司主要从天花板、商业模式、核心竞争力、市场壁垒、估值、成长性等几个方面入手。

天花板：指企业或行业的产品（或服务）趋于饱和、达到或接近供大于求的

［1］ 陆真平．我国上市公司公布财报对股价的影响——基于不同行业特征的实证比较［D］．北京：对外经济贸易大学，2010.

［2］ 叶成剑．如何研究一家公司［EB/OL］．淘股吧，(2014-04-30)［2017-06-13］.http://www.taoguba.com.cn/Article/1012444/1.

状态。

商业模式：指企业提供哪些产品或服务，企业用什么途径或手段向谁收费，来赚取商业利润。

核心竞争力：包括股东结构、领军人物、团队、研发、专业性、业务管理模式、信息技术应用、财务策略、发展历史等。

市场壁垒：指企业抵御竞争者的诸多保障措施，包括回报率、产品转化成本、品牌效应等。

估值：通过对公司未来几年的收入和利润进行预测，算出未来每股盈余（earnings per share，EPS），再根据当前价格算出市盈率（price to earning ratio，PE），即二级市场通常所说的“估值”。估值反映了目前股价的高低，具有很强的参考意义。

3. 热门行业研究实例

◆ 医药行业[1]

医药行业是防御性和进攻性兼备的行业。医药行业目前整体增速大约是国内生产总值增速的两倍。医药股数量在人民币普通股票（以下简称 A 股）中排名第三，目前总市值占 A 股总市值的约 5.8%。医药需求有刚性，属于典型的弱周期行业，人口老龄化加速、疾病患病率提升等因素促进了行业的需求扩增，医药行业是少数几个暂未看到天花板的行业之一，这一系列特点使得医药股成了投资和研究的热门标的。此处介绍医药行业的基本状况和行业研究的关注重点。

可以从产业链把握医药行业的基本情况。

产业链。上游：化学原料药、化学制剂、中药、生物药、医疗器械；中游：医药流通；下游：医疗服务、医院、患者等。

药品。我国目前的药品大多数为仿制药，因此拥有创新药、首仿药和独家仿制药的企业具备很强的优势，比如恒瑞医药，研发实力强、管线丰富，产品出口国外（如环磷酰胺已经出口欧美等）。分析一家药品生产企业的药品，主要看品种是否独家，竞争格局如何，药品疗效如何，药品定价权如何，药品使用空间多大，医保是否报销等。

---

［1］ 小伙伴研究院．你知与不知的行业研究［EB/OL］．爱微帮，（2015-05-21）［2017-06-13］．http：//www.aiweibang.com/yuedu/26967314.html.

医药流通。第一要素是资金，上市公司占有优势，可以多渠道融资；第二要素是渠道，覆盖了多少家医院，是分销还是直销等；第三要素是企业和上游厂商的谈判能力，即能否从厂家拿到较低价格的药品或医疗器械。

医疗服务。包括直接运营医院或为医院提供相应服务等。如信邦制药是贵州省医疗服务龙头企业，迪安诊断为全国各地医院承接检测样本等。未来在公立医院改革、医师多点执业等政策推动下，医疗服务将迎来巨大的改变。

说医药不可不说医改。医药行业的关注重点之一即为医药改革，医改对行业的影响非常大。下面选取药品招标和以药养医政策加以举例说明。

例一：集中招标采购。

药品集中招标采购是指多个医疗机构通过药品集中招标采购组织，以招投标的形式购进所需药品的采购方式。药品集中招标采购的目的是保证城镇职工基本医疗保险制度的顺利实施，从源头上治理医药购销中的不正之风，规范医疗机构药品购销工作，减轻医保基金压力和社会医药费用负担。

药品只有通过招标后，方可在医院渠道销售。每种药品在各省份的招标情况和价格均不一样，因此存在某些企业在某些省份有招标的价格优势，而在其他省份竞争力较弱的情形。

我国药品集中采购从2000年开始实施至今已经有17年，从政策实施角度看，可以划分为以下阶段：2000—2004年为第一阶段——建立期；2005—2009年为第二阶段——探索期；2010—2014年为第三阶段——规范期；目前是第四阶段——提高期。

例二：破除以药养医。

以药养医是指以医生的劳动来实现药品的高附加值，以药品的高利润拉动医院的经济效益，维持医院的正常运转。2011年10月，北京启动解决“以药养医”现状的大医院改革，试点进行医院药房“托管”的举措，以此切断“以药养医”。医生是整个医疗体系的核心资源，但此前这个关键群体的价值却被大大低估，破除以药养医意味着给医生重新“定价”。破除以药养医需要各项改革同时进行，如支付制度、薪酬制度、补偿机制等。2015年5月17日，国务院办公厅发布《关于城市公立医院综合改革试点的指导意见》，指出通过外部治理以及内部管理破除公立医院逐利机制将成为工作重点，改革公立医院人事薪酬制度，进一步降低个人卫生支出。2017 年 4 月，北京市医改方案全面落地。

◆ 计算机行业[1]

2014 年计算机板块“风景这边独好”。前三季度，在大盘低迷不振的背景下，计算机板块热点不断，从国产化、信息安全、智慧教育、智慧医疗、O2O 到互联网金融，形成一道靓丽的风景线。

2015 年计算机行业有两条投资主线：一是国家政策主线，如符合国家政策引导方向的国企改革、信息安全和国产化等；二是互联网主线，如与互联网深度融合的行业，智慧医疗、互联网金融、工业互联网和人工智能等。

计算机行业的研究往往较少看公司基本面，不做估值分析，主要关注其成长性、题材与概念是否具有吸引力。下面以互联网金融为例加以分析。

（1）金融服务向互联网端迁移已成必然趋势。目前，国内的互联网金融发展已走过起步阶段，除出现了支付宝、财付通、陆金所等相对成熟的产品外，个人与个人间的小额借贷交易（以下简称 P2P）、众筹、互联网银行、互联网券商、征信、网络微贷等都已走出探索阶段，模式逐渐成熟，更多大金融科技范畴热点不断涌现。考虑到互联网的普适效应和长尾效应，以及强大的创新能力，未来互联网金融的拓展空间仍然非常巨大。

（2）互联网金融涉及支付、融资、投资理财、风险管理等金融领域的方方面面，比较典型的有互联网支付、网贷、众筹融资、网络银行、网络券商等业态。

（3）金融领域卡位精准的互联网技术（以下简称 IT）公司。从互联网金融的切入模式来看，主要分为：第一，传统金融业务的互联网化，如网上银行等；第二，基于互联网平台开展金融业务，如电商平台、互联网金融平台；第三，全新的互联网金融模式，如 P2P、众筹等，这实际上是线下金融需求在互联网端的创新；第四，金融支持的互联网化，包括 IT 技术提供商等。

◆ 银行业[2]

目前我国 A 股上市银行有 25 家，其中国有银行 5 家（规模大、网点覆盖面

---

[1] 安信证券．计算机行业 2015 年投资策略——互联网的春天［EB/OL］．金融界，（2015-05-21）［2017-06-13］.http：//stock.jrj.com.cn/2015/01/05121218646443-8.shtml.

[2] 小伙伴研究院．你知与不知的行业研究［EB/OL］．爱微帮，（2015-05-21）［2017-06-13］．http：//www.aiweibang.com/yuedu/26967314.html.

广）、股份制银行 8 家（体量稍小，业务创新能力强，差异化明显，每家银行都有自己的特色，比如招商——零售，民生——小额贷款，每家均有自己的招牌，转型速度快）以及城商行和农商行 12 家（如北京银行、南京银行、宁波银行、江阴银行等，在当地或周边影响力大，具备地方优势）。

银行股整体价格都比较低，且估值较低，后市发展空间跟国家经济以及宏观政策等紧密联系。

银行业的整体特点表现在以下几个方面：

（1）周期性明显。经济上行期，企业扩张，盈利能力增强，贷款总额相应增加，银行利润表现可观，股价表现相对较好。

（2）逆周期监管。银行业受政策监管多，业务推新时常会受限。经济上行期，企业发展稳定，社会整体发展繁荣向上，银行自身的发展更为顺畅，监管层管理监督相对较少。经济下滑期，企业利润下滑，融资需求依然较大，既要给融资需求大的企业发放贷款，又要面临不良贷款的压力，因此要跟着国家政策和监管措施走，自主性相对减弱。逆周期监管的特性主要在于银行所处的社会地位和角色的特殊性，因为银行目前的主要盈利来源是传统业务的存贷利差，因此银行转型的重要方向是提高中间业务的收入占比，如增加结算、托管等手续费收入，我国银行在这方面显存不足。

（3）利润主要来源于存贷利差。贷款和存款利差在 2%~3% 之间，国有银行存贷利差收入占比相对股份制存贷利差收入占比大，传统特征更为明显。在目前的竞争环境下，银行业利润持续下降，利润率出现明显下滑，特别是国有银行，这样的趋势对银行来说就意味着压力增大，创新的重要性日益凸显。近些年越来越被强调的非息业务便是银行的应对措施。

（4）风险不可小视。银行的风险主要来源于：信用风险（不良率）、流动性风险、利率风险等。银行不良率 2014 年保持在 1% 左右，近两年持续反弹，截至 2015 年第四季度末，我国商业银行不良率已达 1.67%，截至 2016 年底不良率达到 1.81%，部分股份行的部分行业对公不良率甚至达到 10%。在流动性方面，虽然市场上资金缺乏，但银行很少有流动性危机，这是因为银行能够不断调整自身资产配置或发债补血。需要注意的是，由于银行体量巨大，有很强的委外需求，同时对委外资金的收益要求又高，因此受委托的外部机构一般高杠杆运营，这使得大部分外部机构在2016年底钱荒的时候付出了沉重代价，而银行也因此受到影响。发生一般流动性危机时央行总会向市场注入流动性，然而央行可能为了执行某些政策（如去杠杆）而选择不救市。可以说，流动性风险受政策影响颇多。

研究员的岗位划分

上文提到，研究员有卖方研究员和买方研究员之分。虽均为研究，两者却存在一定的差异，卖方研究员服务于买方客户，买方研究员则服务于其基金经理/投资经理。本节将为大家剖析卖方、买方研究员的异同。

卖方研究员

卖方研究员群体来自证券公司，买方研究员来自公募基金、私募基金、保险资管、券商自营和券商资管等机构，虽然他们都以经济、产业、公司等为研究对象，但在行业链条上，他们却成了上下游的关系，前者由于其销售属性更强而成为卖方，后者作为真正投资的一方而成为买方。[1] 证券公司研究员由于在资本市场中推销自己的投资观点，推荐自己研究中认为有价值的股票，所以被称为卖方研究员。

1. 价值

证券公司研究所并不是一个利润部门，其主要价值来源于对外服务，对象包括各类买方投资者，通过提供有价值的研究报告和投资建议，获取买方客户交易佣金和派点，同时博取《新财富》排名。对研究员而言，名气非常重要，这也是每年《新财富》评选季，研究员们都忙得不可开交、努力冲榜的原因所在。

卖方研究这个行业早在20世纪90年代就已经存在，但直到2000年后，随着公募基金的大力发展，卖方研究才开始进入快速发展阶段。卖方研究的营运模式相对简单，券商研究所通过提供研究成果和增值服务，以争取买方客户在自己的交易通道上交易，鼓励买方客户依据卖方的研究和服务进行分仓。卖方研究所的佣金和派点主要来源于大型机构投资者（以公募基金为主），机构投资者与散

[1] 郑联盛．卖方研究员与买方研究员[J]．经济学家茶座，2013（4）：15-18.

户的投资策略的不同之处在于：他们已经摒弃简单的坐庄或拉开股价的方式，转移到注重基本面的价值研究上来了。可以说，公募基金的发展推动A股告别了通过坐庄和恶炒盈利的庄股时代，转向价值投资，研究报告的价值得到了更多的重视，也促进了卖方研究脱离股评和技术面分析的层面，快速发展。

反过来说，买方向卖方支付佣金，卖方通过对行业或个股的深入研究发掘投资亮点，推荐给买方，从而让买方客户获取收益，也促进了买方自身业绩的增长及名声的传播。然而时至今日，卖方研报供过于求，资本市场或行业内事件往往会吸引多位研究员做出点评，因此研究已不能体现卖方研究员工作的全部价值，与上市公司、基金经理保持沟通，服务好客户，成为卖方研究员工作非常重要的一部分。只有这样，才能让买方基金经理在众多研究员中记住你，在评比时投你一票。

2. 工作内容

卖方研究员的工作内容主要包括调研上市公司、撰写研究报告、向客户推荐股票以及根据客户需求提供研究支持等几个方面。想成为一位优秀的卖方研究员，做好调研、写好报告、服务好客户缺一不可。[1]

◆ 公司调研

公司调研是卖方研究员工作中重要的一环，研究员通过实地考察上市公司，与公司董事长、董秘、业务主管等直接交流，或借助参加股东大会、业绩说明会等方式了解公司的生产经营情况、销售利润情况、重大发展战略、股东或管理层意愿等，判断公司发展战略的可实现性，挖掘公司竞争关键点，修改与完善先前自己在研究中给出的假设，完成盈利预测与估值模型，并最终得出预测和估值结论，给出投资建议。

调研首先需要明确调研对象。研究员需要从行业格局、行业趋势、市场热点、公司自身价值出发寻找合适的标的公司。确定标的后，在实际开展调研之前，应做好充分的准备，包括查询公司新闻、近年公告、年报和其他券商研报等，判断公司目前所处行业动态、公司估值水平、公司亮点等，了解公司高管背景、从业经历，列出初始的调研问题清单并初步完成盈利预测与分析。在调研过程中应注

[1] 周励谦.如何做好卖方研究[EB/OL].百度文库，(2011-05-25)[2017-06-13].http://wenku.baidu.com/link?url=9J_93V_IaT5EAeeYzJIJH2Rrf7y25riiVadSCizZg7t_hza2BFvY_2Gsfu1Tb22o1Wv-SFoj_P6ZvSjEy-HuVLHQoF6X_abXRmYpIR0Zvri.

意提问技巧。首先要有明确的提问提纲，切忌问题太长或回答所需的表述太长，并尽可能设计好问题的多种预期回答，诱导对方，观察对方的反应，力求得到所需的全部关键信息。在调研结束后，再根据所获得的详细资料，对标的进行深入的研究，并最终给出投资建议。

同时，调研不是一次性的活动，在调研之后，研究员仍需与所调研的公司保持频繁联系。业内流传着一句话："不勾兑不是好分析师"。勾兑，即沟通和协商的意思，就是指卖方研究员与上市公司保持紧密的联系以获取相关信息。除了基金、资管等买方客户外，上市公司作为研究对象，也是影响卖方研究的重要一面。优秀的分析师不但要能够赢得基金经理的信任，还要能从上市公司处得到更多的资源。想在不违反获取内幕信息相关规定的前提下及时获得信息，需要研究员时刻与上市公司保持紧密的联系和沟通。

◆ 研报撰写

研究报告分为两类，一类是调研结束后撰写的公司调研报告，另一类是常规研究报告。优秀的报告不能流于形式，而是要体现其专业性、及时性、创新性、连续性等。要成为优秀的卖方研究员，报告必须体系化，即定期撰写行业报告、深度报告、跟踪报告等，主题性的研究必须系统化和完整化，同时追求报告的叠加效应。创新也是研究报告中很重要的一点，即对企业某方面商业价值的挖掘或者对于行业事件的独特见解。

优秀的研报核心是为客户提供最有价值的信息，其要求可归纳为16字准则："独立发现、逻辑清晰、论证充分、成效显著"。研究所体现的是综合能力，论证过程中的正向和反向分析都体现了研究员的专业能力与职业素质。在具体的报告撰写上，标题、首页的关键点总结与整体信息的呈现方式都非常重要。

具体来说，最常见的研报是定期报告或事件点评报告，一般是对公司季报、半年报、年报和重点公告的点评，由事件、观点和盈利预测组成，篇幅较短。而公司深度报告一般在15页以上，涉及内容包括但不限于公司所属行业分析（如宏观经济、行业概况、行业特征、行业政策、产业链分析、产业供需分析等）、公司分析（如股权结构、业务分析、财务分析、同业比较等）和盈利预测。主要的资料来源为公司实地调研、相关官方渠道的新闻报告、行业协会资料、咨询报告、行业重要网站信息、企业招股说明书、企业公告和企业财报等。

◆ 路演服务[1]

券商研究员到公募基金等买方展示研究成果的活动称为路演。十年前，路演听起来以及实际上都是很厉害的，据说当时的中金公司堪比华尔街的高盛，如果要去金融业不够发达的城市路演一场，当地很多基金经理都会争着去现场站着听讲。然而时过境迁，随着信息传播效率的提高和获取方式的便捷化，现在的路演相对频繁，有些买方研究员和基金经理已经出现信息获取疲劳，有时甚至避之不及，而过多的路演对卖方也是一种负担，卖方研究员经常一天要奔波几个地方，只能在路上准备着下一场演讲。

卖方分析师为了获取佣金和提升排名，必须获得买方和市场的认可，而路演是与买方建立关系、深化感情的一种极佳途径，券商分析师大多趋之若鹜，从一个季度路演一次，演变成每月一次，甚至还有所谓电话路演，被戏称为“每周一歌”。因此，对于卖方分析师而言，除了充分扎实的研究分析能力外，处理好跟买方的关系也是一项必备技能。

经典的路演场景是：买卖双方循例礼貌问候一番后，卖方分析师开始热情洋溢地分享自己的研究成果，有时候还会播放精美的幻灯片（PPT）。对卖方研究员而言，没有独特见解和亮点的路演无疑是白费口舌，准备不充分或经验不丰富的路演则是绝佳的安眠药，一两个无关痛痒的提问可能就是这场路演的结束语。

◆ 其他服务

业内有言“票不够，服务凑”，如今，分析师的工作整体走向同质化，出挑的研究员和研究报告越来越少。因此，研报已不能体现出分析师的全部价值，针对买方具体需求的个性化服务也成了研究员工作的一大部分。有些《新财富》上榜的研究员，可能对于投资决策的建议能力并非最强，不过他们非常勤奋，邮件、短信、点评实时到位，并且经常组织调研，以保证信息的及时性，从而向买方展现自己的价值。可以说，现在卖方比拼的很重要的一块内容就是服务，服务做得好，具备投票资格的买方对你的认可度提高，在《新财富》评选中就能多得一票，分仓也会相应增加。实际上，卖方研究员的工作不仅仅是书面的研究报告这么简

[1] 黑马外汇．卖方研究员和买方研究员，差别究竟在哪里？［EB/OL］．新浪博客，（2014-08-11）［2017-06-13］.http：//blog.sina.com.cn/s/blog_494d60230102uyvz.html.

单，还包括搜集数据、组织调研、联络上市高管、组织相关会议等。

买方基金经理等对卖方研究员的满意及信任程度决定了卖方研究员的名声及收入，因此，卖方研究员常常要配合买方的调研意向。比如买方看上了一家上市公司，作为卖方研究员会根据买方要求，到上市公司实地调研、搜集数据等，尽可能满足其需要，整个过程从接机、酒店接送，到安排一对一与董事长或董秘沟通都可能是卖方研究员的分内之事。当然，现在一些财力雄厚的大中型券商会将部分琐事交给公关公司安排，但中小型的券商还是会由研究员来打理。

总之，卖方研究员的服务可以概括为以下几点：一是及时跟踪覆盖的公司，一旦发生重大事件，卖方会主动给基金研究员打电话，通报情况，分析影响等。二是提供研究思路与观点，卖方研究员的研报大多比较深入，大量研究报告是买方研究员写报告的重要参考。三是与上市公司保持紧密联系，如果买方要到上市公司调研，很多时候会通过卖方约见。

买方研究员

买方，与卖方相对，指的是在金融市场作为出资方购买金融产品的一方，包括公募基金、私募基金、券商自营、私募股权投资（Private Equity，PE）/ 风险投资（Venture Capital，VC）等，其利润主要来自购买金融资产所产生的资本增值。买方研究员指的就是这些机构中的研究员，本书中主要指二级市场的研究员。

1. 与卖方研究员的区别

就工作内容而言，买方与卖方研究员的工作内容并没有实质区别，都是研究宏观、行业和上市公司。然而，买方与卖方的研究目的存在较大的差别。

卖方的研究是对外服务于买方，以获得佣金和排名，而买方的研究是为了服务投资经理，服务基金的投资操作，目的是获得投资经理的认可、基金净值增长以及提升基金在市场中的相对排名。因此卖方研究员的报告可以更加多元化，虽也提供投资建议，但并不直接对投资结果负责，而买方研究员则有更单纯明确的目的，因此他们的研究报告一般更直接有效，必须直接提出明确的投资建议，对报告的投资建议负责。卖方研究员更多地是向市场提供差异化的信息，为此可能有人做得很学术，有人很历史，有人很文艺，有人很豪放，有人很婉约；买方研究员的研究需要向投资经理提供明确的投资建议，并对报告的投资建议负责，为此报告大多时是直抒观点和结论。卖方的目标变量是价值，他们只需给出合理的估值区间和盈利预测，因此重点是公司的潜在价值；买方的目标变量是价格，必须综合考虑基本面、流动性等各方面因素，由此决定交易策略，因此会更多地关注公司当前股价。

从研究覆盖面分析，卖方研究员一般只关注一个行业，甚至是几家公司，而买方研究员一般会同时研究几十家公司，甚至是几个行业，覆盖面更广。买方与卖方在研究方式上也存在差别。卖方研究更多的是公司基本面、产业基本面等研究，研究结论聚焦于产业发展和公司基本面，从而为买方提供差异化的信息价值。买方研究则更多是在卖方研究的基础之上，结合自己观点和判断，进行更进一步的独立研究，同时必须得出明确的是否投资的结论，作为基金经理投资操作的建议。

从工作的目的看，卖方分析师有点像“通晓各个菜系的厨师”，无论是川菜、粤菜、淮扬菜，厨师的任务是做好菜，但是有人喜欢有人不喜欢，如果喜欢你的人多了，那你就可以拿更多的佣金，获得更高的排名。即使只会做一个菜的厨师（比如就重点研究一只股票），如果他做得特别好，也可以成为“厨王”。而买方分析师像小保姆，任务是给一家人做饭且要让大家基本都满意，需要照顾不同的口味，如果投资经理不喜欢或者投资经理吃了拉肚子，那这个保姆就难当了。

2. 工作内容

买方研究员的主要职责是为基金经理提供投资建议和服务，具体工作内容包括上市公司调研、研究报告撰写、与卖方研究员交流和内部服务等。其工作业绩考核既要看股票的绝对收益，也要看基金经理的打分和工作量。

◆ 提供投资建议

作为投资经理的高参，买方研究员肩负重任。每天他们要在第一时间搜集相关行业的各种信息和数据，去芜存菁之后，对这些信息和数据进行定性、定量的分析，做横向和纵向的比对，然后提出投资参考意见。这个过程好比是沙里淘金，既需要体力也需要脑力，更需要强大的神经，因为一旦费力研究后给出的投资建议出了问题，哪怕是一点纰漏，都会给研究员带来巨大的压力。

买方研究员每天的工作其实从前一天晚上就已经开始。在晚上九点以后上市公司陆续发布公告时，研究员们就要马不停蹄地根据公告内容开始进行分析，并写成报告，作为投资经理第二天的决策依据。研究员虽不直接操盘，但对盘中的任何风吹草动都要能够及时地捕捉到，分析原因并及时反馈给投资经理。某保险资管公司总裁在谈及公司的研究报告时说道："买方研究报告不是以哗众取宠的华丽辞藻或者旁征博引的鸿篇巨制来衡量，而是要以真金白银作投注，下笔自然得无比沉重艰涩、朴实无华。也因为此，国内外少有买方研究员出名成家的，但他们的价值远非虚名可比。"

对买方研究员来说，沟通是必备技能。对内要与投资经理沟通，提出买、卖建议，除了报告以外，还要交流思路、谈细节、分析股票波动的原因及应对策略等。对外要和券商、上市公司、同行等业务关联方进行沟通，对卖方观点和数据的辨析考证，对上市公司的问题及进行假设和调研，以及同行间的消息传递都非常重要，并且要在沟通中准确把握重要信息，分析后转化为有价值的投资建议。

◆ 参加路演

对于买方研究员而言，参加路演是获取信息、深化认识、强化沟通的有效途径，因为深入的卖方研究可以让买方在最短的时间内了解一个行业或一家公司的状况，买方研究员相当于将卖方研究员几个月甚至几年的心血在短短的路演期间据为己有，从而迅速掌握相关信息，为基金经理提供更加明确的投资建议。但是，近几年来，券商研究同质化较为严重，研究报告的逻辑和观点大同小异，很多路演是其他人观点的重复，缺乏新鲜信息和新观点，这样的路演大多成为买方研究员的鸡肋。对于买方研究员而言，一天听几次大同小异的观点展示是一件很令人崩溃的事。而且，很多时候卖方分析师的观点太多变，缺乏连续性，年初时说经济强劲复苏，年中又说经济大衰退，上个月建议买入长期持有，这个月让坚决卖出一股不留，这对于需要对投资决策负责的买方研究员而言无疑也是痛苦的。

◆ 实地调研

买方研究员的工作内容也包含实地调研，实地调研有时会起到关键性作用。千万不要以为调研只是到公司与公司高层进行交流和沟通、参观公司，或者说与公司进行"勾兑"。实际上，有时候调研也是一个十分艰辛和复杂的过程。

有些时候，研究员需要深入生产业务第一线进行调研，甚至不乏下矿井、下工地等有一定危险性的活动。通过第一线调研可以对企业资源状况、生产水平、业务能力等情况有一个直观了解，也能从企业员工处得到更全面、更细致的反馈。

并不是所有公司都欢迎研究员随时来调研，研究员的调研也常常会受阻甚至遭遇闭门羹。另外，有些行业或公司方便调研的时间比较特殊，这可能需要研究员在夜晚或者凌晨蹲守以取得最真实的信息。

在调研中，两种能力很重要。一是要会“拍点马屁”，得让标的公司的人保持心情愉悦，才能更好地沟通，获得更多的信息，并得到实地观看的机会。二是要学会“察言观色”，上市公司所说的情况未必完全客观，这时就需要研究员自己判断哪些可信哪些有夸大，以去伪存真，并且尽量在调研过程中通过其他问题来验证自己的想法。

研究所的江湖与排名

既然各大券商基金都有研究部/所，那么必然会有强弱之分。作为一个求职者，好平台的重要性无须赘述，因此对排名的了解是必不可少的。在卖方研究所中，《新财富》推出的“新财富最佳分析师排名”和《证券市场周刊》推出的“水晶球奖卖方分析师评选”是最权威的，买方研究所则以《中国证券报》推出的“中国基金业金牛奖”为尊。本节就详细介绍这三大排名，让你的职业发展有方向可循。

卖方研究所排名媒介——《新财富》

《新财富》是由广东省新闻出版局信息中心和全景网络有限公司主办的大型财经月刊，其读者定位于掌握资本的人，主要目标是资本拥有者和资本经营者，影响着上市公司、拟上市公司、券商、银行、基金、会计师及律师事务所等。因为其巨大的影响力和权威性，每届“新财富最佳分析师排名”都牵动着每位分析师的心。登上《新财富》榜单前五（有些行业只评出前三）是每个研究员的梦想，因为这可以让他的影响力、收入、公司职位得到全面的提升。

从2003年至今，“新财富最佳分析师”评选已成功举办了14年，受到广大证券研究所及机构投资者的认可，成为业内公认的最具权威性的证券分析师评选。对于大多数行业研究员而言，《新财富》排名前七算入围，排名前五算上榜，凡是上榜者，“名利双收”可期，《新财富》排名第一的分析师年薪可达数百万。也就是说，如果现在的东家给不了这个价格，可以跳到其他券商，总会有人愿意买单。资本市场是一个定价公平、公开的市场，你所创造的价值与你的薪酬永远是相匹配的。

在 14 年中，新财富评选不断完善，影响力也是一年高过一年，参评分析师由 400 多人增长到将近 1 600 人，投票者也由 77 位增长到 3 500 多位，并增加了“最佳销售服务经理”及机构相关奖项的评选。同时，《新财富》积极开拓评奖新渠道，目前所有评奖都在酷鱼应用上进行，并依然保持着 100% 的选票回收率。

2016 年的“第十四届新财富最佳分析师”评选共吸引了 50 家券商的近 1 600 位分析师 / 销售服务经理报名参加，1 100 余家 3 500 多位主流机构投资者参与投票，参与投票的机构投资者管理的资产总规模合计超 10 万亿元，无论是参评券商还是参与投票的机构数量均创历届新高。[1]

下面列出 2016 年《新财富》评选获奖团队名单，见表 4–5。

表 4–5　2016 年《新财富》评选获奖团队及与 2015 年比较排名变动情况汇总

获奖团队		排名变动情况	获奖团队		排名变动情况	获奖团队		排名变动情况
宏观经济			策略研究			房地产领域		
1	海通证券	↓	1	海通证券	↑	1	国泰君安	→
2	兴业证券	↑	2	安信证券	↑	2	广发证券	↑
3	国泰君安	↓	3	申万宏源	→	3	海通证券	↑
4	申万宏源	→	4	广发证券	↑	4	兴业证券	↑
5	招商证券	↑	5	中信建投	↑	5	中信建投	↓
固定收益研究			建筑和工程			金融工程		
1	中信建投	↑	1	安信证券	→	1	国泰君安	→
2	中金公司	→	2	兴业证券	↑	2	广发证券	↑
3	海通证券	↓	3	国泰君安	↑	3	申万宏源	↓
4	国信证券	↑	4			4	海通证券	→
5	兴业证券	↑	5			5	兴业证券	→
银行			非银金融			纺织和服装		
1	国泰君安	→	1	安信证券	↑	1	银河证券	↑

［1］新财富杂志．第十四届新财富最佳分析师评选［EB/OL］．新浪财经，［2017–06–12］．http://finance.sina.com.cn/focus/14xcfpp/.

续表

获奖团队		排名变动情况	获奖团队		排名变动情况	获奖团队		排名变动情况
2	招商证券	↑	2	东吴证券	↑	2	申万宏源	↑
3	华泰证券	↑	3	国泰君安	↑	3	光大证券	↑
农林牧渔			**医药生物**			**食品饮料**		
1	安信证券	→	1	兴业证券	↑	1	招商证券	→
2	中泰证券	→	2	海通证券	↑	2	国信证券	→
3	长江证券	↑	3	方正证券	↑	3	广发证券	↑
4			4	国泰君安	↓	4	方正证券	↓
5			5	西南证券	↑	5	东吴证券	↑
军工			**机械**			**社会服务业（酒店、餐饮和休闲）**		
1	中信建投	→	1	安信证券	→	1	兴业证券	→
2	方正证券	↑	2	广发证券	↑	2	国泰君安	→
3	广发证券	↑	3	国泰君安	↓	3	国信证券	↑
4	国泰君安证券	↓	4	东吴证券	↑	4		
5	招商证券	↑	5	华创证券	↑	5		
电力设备与新能源			**钢铁行业**			**基础化工**		
1	长江证券	↑	1	长江证券	→	1	广发证券	↑
2	中泰证券	→	2	中泰证券	→	2	安信证券	↓
3	兴业证券	↑	3	兴业证券	→	3	兴业证券	↓
4	海通证券	↓	4			4	华创证券	↑
5	招商证券	→	5			5	海通证券	→
非金属类建材			**有色金属**			**通信（通信设备/通信服务）**		
1	广发证券	↑	1	广发证券	↑	1	中信建投	→
2	国泰君安	↓	2	方正证券	↑	2	国泰君安	↑
3	长江证券	↑	3	海通证券	↓	3	招商证券	↑
4			4	长江证券	→	4		
5			5	安信证券	→	5		
传播与文化			**计算机行业**			**轻工造纸**		
1	安信证券	↑	1	安信证券	→	1	申万宏源	→

续表

获奖团队		排名变动情况	获奖团队		排名变动情况	获奖团队		排名变动情况
2	方正证券	↓	2	兴业证券	↑	2	国泰君安	→
3	海通证券	↑	3	申万宏源	↓	3	招商证券	→
4	招商证券	↓	4	广发证券	↑	4	中信建投	↑
5	国泰君安	→	5	海通证券	↑	5	安信证券	↑
电力、煤气及水等公用事业			**交通运输仓储**			**批发和零售贸易**		
1	长江证券	↑	1	兴业证券	→	1	国泰君安	↑
2	中泰证券	↑	2	国泰君安	→	2	安信证券	↑
3	兴业证券	↑	3	长江证券	↑	3	海通证券	↑
煤炭开采			**家电行业**			**石油化工**		
1	广发证券	→	1	长江证券	→	1	海通证券	→
2	中信建投	→	2	国泰君安	→	2	银河证券	→
3	海通证券	↑	3	招商证券	→	3	申万宏源	↑
电子行业			**环保**			**汽车和汽车零部件**		
1	安信证券	→	1	广发证券	→	1	广发证券	↑
2	广发证券	↑	2	招商证券	↑	2	海通证券	↓
3	海通证券	↑	3	安信证券	↑	3	方正证券	↑
4	招商证券	↓	4	国信证券	↑	4	国泰君安	↓
5	中投证券	↑	5	兴业证券	↓	5	招商证券	↓
中小市值研究								
1	国泰君安	↑						
2	方正证券	↓						
3	海通证券	↑						

数据来源：新浪财经 .2016 新财富最佳分析师完整榜单 &2015 新财富最佳分析师完整榜单［EB/OL］. 新浪财经，［2017-06-12］. http://finance.sina.com.cn/focus/14xcfpp.

卖方研究所评选——水晶球奖

“水晶球奖卖方分析师评选”是由《证券市场周刊》推出，旨在准确反映卖方分析师研究能力和券商销售服务水平的顶级评选活动，“中国证券业奥斯卡”的美名显示了其权威性。该评选于2007年正式发起，应用国际标准化的评选方法，由普华永道会计师事务所担任独立审计机构，邀请证券分析的买方参与投票，并综合考虑买方所管理资产的业绩和规模来设置权重，对分析师和研究机构销售团队的能力做出全方位的评价。

“水晶球奖”举办10年来，共有来自全国80家证券研究机构的3 000名候选人参评，累计投票达8 000万人次。评选主体包括投资于内地资本市场的公募基金公司的基金经理、投资总监、研究部，社保基金的基金经理，保险资产管理公司权益投资部、固定收益部和研究部，合格的境外机构投资者（qualified foreign institutional investors，QFII）等。“水晶球奖”设置个人和团体两大奖项，目前获个人奖的分析师已超过170人，涵盖30多个行业，而团体奖共设9项。2014年第八届“水晶球奖”吸引了40家主流券商、近2 000位卖方分析师及销售服务经理参评，1 500余位机构投资人士做出专业评判。

买方研究所评选——金牛奖

与卖方“奥斯卡”相对应，买方也有自己的顶级权威奖项——中国基金业金牛奖。“金牛奖”由《中国证券报》主办，银河证券、招商证券、海通证券等五家公司协办，共设19类奖项，覆盖基金与基金公司评价，以求为投资者评选出好基金和优秀的基金公司。对于单只基金，金牛奖设置了年度金牛基金和三年期、五年期金牛基金奖；同时，对于基金公司，除了展示综合投资管理能力的“金牛基金管理公司”奖外，还设有“金牛进取奖”“债券投资金牛基金公司”“海外投资金牛基金公司”“被动投资金牛基金公司”等专项奖，从多角度评价基金公司资产管理水平。

“金牛奖”从2004年正式开始，每年3月份举办，为了更符合市场形势的变化，“金牛奖”颁奖典礼每年都会有一个新主题，并且其评奖规则在保证以管理人的投资能力为出发点的基础上每年都会做出适当调整，也因此历届评选出来的优秀基金无论绝对收益还是超额收益均处于同业领先水平。

2017 年 4 月 8 日，第十四届中国基金业金牛奖颁奖典礼暨金牛基金论坛于北京举行，在评判当前市场形势和投资机遇的基础上公布了获奖的基金公司和基金名单，评选出 92 只“金牛基金”及 5 个基金公司专项奖，并有 10 家公司荣获“金牛基金管理公司”的称号。

近三年获“金牛基金管理公司”称号的公司名单见表 4–6（排名不分先后）。

表 4–6　金牛基金管理公司名单

2016 年度	2015 年度	2014 年度
兴业全球基金	南方基金	景顺长城基金
南方基金	华商基金	农银汇理基金
华安基金	宝盈基金	中银基金
中欧基金	华泰柏瑞基金	华商基金
建信基金	工银瑞信基金	上投摩根基金
天弘基金	中银基金	银河基金
民生加银基金	兴业全球基金	华夏基金
长信基金	长盛基金	泰达宏利基金
摩根士丹利华鑫基金	银河基金	嘉实基金
诺安基金	中欧基金	交银施罗德基金

研究员的职业规划与出路

研究员累不累？研究员的生活有没有规律？研究员与“投行狗”谁更辛苦些？研究员的职业发展是康庄大道还是独木窄桥？作为一名准职场人士 / 行外人士，你一定有千百个与研究员有关的问题。好了，本节马上就带你走进研究员的生活，手把手教你从学生党 / 门外汉蜕变到研究员的必备技能。

进入的门槛

作为二级市场的分析师与行业前瞻者，研究员职业对于学历背景的要求较高，综合来看硕士学历是入行的门槛，有些岗位甚至要求拥有博士学历。具体来看，总量组与行业组的要求各不相同，两类行研对于研究员的背景要求相差较大。

总量组在大型券商的研究所中以博士为主，其中宏观、策略主要是以正统经济学、金融学背景为主，而金融工程更加偏爱数学、计算机等数理基础较好且有扎实的金融学基础的应聘者，海通研究所姜超、国泰君安研究所徐寒飞等人都是名校经济学或金融学博士。

相比之下，行业组的研究员对于学历的要求更偏爱硕士，但对专业的要求更为严格，专业背景中更加偏爱相关行业专业出身的人才，如计算机行业会要求有计算机的专业背景、汽车行业则偏爱汽车专业背景的工科人才。若本科为相关行业背景专业，硕士为会计、金融、经济背景，如此的复合专业背景则更加受研究所青睐。

从技能方面来说，研究员所看重的技能主要分为以下三类，缺一不可。

1. 金融财会知识

◆ 金融知识

作为一名合格的研究员，对基本的金融知识必须有所涉猎，比如微观经济学、宏观经济学、金融计量和定价、固定收益分析、投资学、股票市场运作机制等。金融知识掌握的深浅、理论与实践相结合的能力决定了报告的思想深度。

◆ 财会知识

研究员的日常工作中需要和大量的财务报表打交道，所以掌握报表的制定规则、钩稽关系是最基本的技能。此外，研究员也必须要具备财务比率计算和理解、财务数据的趋势分析、公司估值、财务数据造假的甄别等相关技能。掌握好财务会计知识会让你的研究如虎添翼。

总之，金融财会知识是分析的基础，若不能很好地掌握，一切研究只能是空中楼阁。

2. 行业知识

熟练认知所负责行业的基本特征。行业研究员必须掌握行业整体供需状况、行业主要的技术经济特征以及市场在当前阶段对供需水平的一致预期。比如，该行业生命周期阶段、是否具有规模效应、竞争的主要手段（技术、品牌、渠道、管理）、波特五力模型要素等。

熟知行业估值的历史区间。行业研究员要熟知纵向的历史区间，并且要能使之与当时的经营或盈利状况相对应，把握行业生命周期。

熟知行业内主要公司及其经营状况，对当前估值情况进行横向对比。一般来讲，行业研究员的基础积累阶段将持续一年左右，期间应该详细梳理行业基础数据及竞争特点，并对行业及主要公司的纵向、横向比较情况了然于胸，推荐的标的往往就是基于基本面和估值（尤其是横向）比较给出的。

3. 沟通技能

只会写研报的研究员不是好的研究员。研究员的价值来自市场影响力，因此，不仅要洞察行业规律，发现股票价值，同时也要懂得向基金经理以及市场传达自身的投资思路。另外，与上市公司之间的良好交流也是发现公司价值的重要前提。具体包括：

（1）与上市公司（董秘或证代，甚至是总经理或董事长）及同行（买方与卖方研究员）保持较密切的联系。

（2）通过交流，及时获取上市公司及行业整体的最新信息，如对业绩大幅增长或下滑的判断、资产重组、送配股信息、产品 / 技术突破、再融资、股权激励和增减持等资讯。

（3）能判断信息的价值并给出合理推荐，同时对其中长周期信息及时跟进。

（4）掌握判断信息价值的技巧。

在此列举两个可用于鉴别信息质量及价值的原则：

第一，信息与行业、公司基本面不存在逻辑背离。以下几种情况都存在逻辑背离：有大额投资但公司实际上资金紧张（当年大龙地产巨资拍地被证明是“地托”），号称技术突破但缺少足够技术积累，号称业绩大增（大比例送配）但大股东或高管在减持，号称业绩大幅增长但同行业经营不佳且公司缺少足够的个性化特点。

第二，重视信息兑现的时间，综合考虑兑现前与市场整体的互动。比如，有时候信息属实，但兑现时间拖得太久，期间大盘表现疲软，可能需要提前止损。因此，不仅要广泛了解信息，还要及时、密切地跟进信息，提出或调整相应的投资建议。

研究员的待遇

根据中国证券业协会未经审计的数据，2013—2015 年，券商业绩增幅较高119%，可谓赚得盆满钵满。作为券商的核心岗位，行研的薪酬也是水涨船高。《2013—2014 年证券行业薪酬调研报告》的数据显示，行研人员薪酬在券商总部岗位中位列第一，而投行的薪酬指数为其 98%（见图 4–10）。

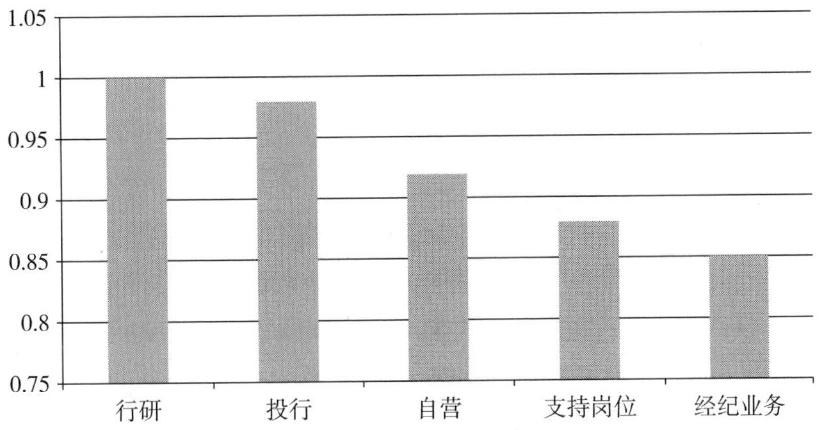

图 4–10　券商总部薪酬水平分析

大部分被调研企业研究员的年薪为 15 万 ~25 万元，一些大型券商平均年薪甚至在 30 万元以上。同时因为就职年限、资历经验、教育背景、券商规模等因素的影响，行业研究员的薪资浮动范围仍然较大，《新财富》排名前 5 的明星研究员年薪可能会高达数百万元，而小规模券商可能只有研究所所长才能拿到百万元，刚入行的研究员税前月薪可能不足万元。

一般研究员的工资有基本工资、绩效和年终奖，除了分仓派点，年终奖的多少与《新财富》最佳分析师榜单排名息息相关，因此，《新财富》排行榜往往成为研究员薪水差异的分水岭。一旦进了《新财富》排行榜，身价则倍增。而能进入新财富排行榜的研究员有几类，有些人靠高屋建瓴，年薪千万，成为行业的标杆；有些人以服务见长，每天都给几位投资总监 / 基金经理提供服务；还有些人则是拼水平。但是没人能永远说得准。典型的研究员薪资待遇水平可参考表 4–7。

表 4–7 部分卖方、买方研究员职位的应届生薪资水平和评价

基金 / 券商	年薪	备注（业界传闻）
交银施罗德基金	上游	上海地区基金公司里面给的薪水算较高的
华安基金	一般	上海大型老牌基金公司，老十家
鹏华基金	中等	很喜欢招新人，培训体系较好，老十家，应届生进入难度大
易方达基金	上游	新人待遇很不错，“基金行业跳槽的终点”，少数在广州的大基金
博时基金	上游	待遇在基金公司里属于比较高的，老十家
南方基金	上游	老十家，待遇特别优厚，是一家有情怀的公司，培训体系也比较完善，当然门槛也高
汇添富基金	一般	近几年势头很猛
上投摩根基金	中等	很少招新人，待遇平均偏上
国泰基金	一般	坊间传闻的活少米多适合养老的基金公司，老十家
华夏基金	上游	淘汰率高，留下来那就是暴涨了，老十家
嘉实基金	中等	对新人比较慷慨，老十家
万家基金	一般	—
国泰君安	一般	入门时待遇一般，过两年之后涨幅大
海通证券	中等	在券商研究所中属于大方
广发证券	一般	强度比较大，待遇提升较快
申万宏源	上游	2015 年涨薪迅猛
中信证券	中等	研究这块属国内 No.1，干几年待遇绝对不比中金公司差
招商证券	中等	据说现在差额留用，需要大家多考虑
中信建投	一般	建投研究所发展速度非常快
兴业证券	中等	其中某些小组实力强劲，比如医药
泰康资产	上游	在保险资管行业算是较高的
国信证券	一般	
国投瑞银基金	一般	第一年无奖金
光大资管	中等	—

说明：数据来源于网络及周边搜集，仅供参考，具体以实际为准。

卖方研究员的职业通道[1]

卖方研究员的出路很广，可以选择在卖方混成大佬，也可以选择跳槽去买方或者私募等机构做直接投资工作等。

1. 成为卖方领军人物

卖方研究员一条最传统的出路，即一直做卖方，成为行业领军人物。作为一名卖方研究员新人，在工作几年以后，有了一定的行业研究经验和人脉，发展方向比较多，可以选择一直做到老，从研究助理到分析师（大概两年），再到资深分析师，最后成为行业权威明星分析师。

在这个路径中，《新财富》评选或水晶球奖这类的卖方分析师排名就相当重要，上榜几乎意味着一切——加薪、升职、跳槽到更好的地方，以及最关键的市场影响力。一般来说，行业排名持续靠前的分析师，就可以成为明星分析师。

2. 跳槽买方

另外一个比较普遍的出路是去买方，做买方研究员，走投资路线。成为买方研究员后其晋升空间与买方出路一样，或者跳到私募基金等，这是业内比较常见的一个出路。买方研究员的工作强度相比卖方而言较小，而卖方的高强度训练也得到了买方单位的认可。有些卖方研究员服务某基金经理服务到位，推票准，也大有可能被买方单位主动挖角。

3. 转型一级市场

研究员和投行看似没有直接的联系，但是真正对行业研究到位、在行业内有影响力的人，在该领域承揽投行业务或者做其他一级市场投资，会具备得天独厚的优势，尤其是在该行业研究领域混到一定资历之后。

国内行业研究员转型投行的就目前来说，仍然不算多。一个原因是国内投行对行研不够重视。但随着注册制的推行，国内投行将逐渐向国外投行靠近，越来越重视细分行业的挖掘能力，因此，将会有从行业研究员转型投行的职业发展路径。相比以前国内大投行全产业链的一把抓（股票、债券、各行业等），现在已经开始出

[1] 张康康.What is Equity Research：一篇关于行研的好文章［EB/OL］.人人网，［2017-06-13］. http：//blog.renren.com/share/100482356/11784021931.

现一种新的趋势，如中信、招商、华泰，广发等，均开始细分小组（如TMT、医药行业小组等），券商会聘请专业人员对其进行该行业的深度培训，对行业有全方位的把握，对市场进行全盘跟踪，因此，这一块与行研的区别将会越来越小。

4. 单飞创业

只要有客户资源，开一个私募自己管理会比继续在卖方打拼轻松很多，尤其是在市场行情较好的情况下，卖方业界大佬联合投资人开办私募，追求财务自由的，不在少数。然而，这条职业通道不利的地方在于，单飞后基本不可能再回来了，如果最终没有实现财务自由，只能另谋他就。

5. 其他路径

凭借着对行业和对资本市场两个方面的深入理解，卖方研究员也可以转型实业界，尤其擅长做董秘，负责资本市场业务开拓，擅长与各大金融机构合作与沟通，进行市值管理等。如福建新大陆（000997.SZ）公司董秘王栋，便是在申银万国证券研究所担任两年证券分析师后跳槽至实业公司，实现华丽转身。

买方研究员的职业通道

卖方研究员常常跳到买方，但买方研究员却基本不会往下游跳，一般是在买方内部往基金经理努力或跳槽至私募等。

1. 买方内部升迁

买方内部的升迁道路一般是：研究员助理→研究员→中级研究员→高级研究员→基金经理助理→基金经理等。

这也是买方研究员比较传统的出路。一般来说，选择做买方分析师，都是为了将来能做投资，成为基金经理或者投资经理等。

2. 跳槽私募或创业

其实行研人员转行或跳槽归根结底无非是想谋求一份性价比更高的工作抑或是较为正常的生活。跳到私募，则是更赚钱的买方。更快通向“人生赢家”的路径就是积累一定资源之后自己开一家私募，资产规模无须多大，如果收益看好，几个亿规模足矣。

3. 跳到卖方

买方分析师一般都只在买方的圈子里跳来跳去。虽然也的确存在买方分析师去卖方的，但是极少。一方面是因为买方分析师平均来说比卖方更有资历，另一个原因就是当你习惯了被人服务以后，是不大习惯再去服务别人的。所以，卖方分析师是个更安全的起点，未来选择更多。而买方分析师招的人更少，门槛往往更高，如果你的理想是做投资，那么直接去买方当然是更快捷的路径。

结　语

总而言之，如果你有一个埋藏已久的投资梦，那么研究员（分析师）一定是你投资梦开始的地方；如果你想活跃在资本市场中，乘风破浪，指点江山，那么研究员也一定是助你扬帆起航的东风。只要你不怕辛苦，只要你眼光敏锐，只要你心怀市场，只要你逻辑清晰，那么研究员的经历定会为你打开一扇通往金融中心的大门！

最后附上一首《行研的意义》，做过行研再回来看，相信你也会很有感触（曲调参考陈绮贞的《旅行的意义》）：

你做过了许多模型
你讲过了许多 PPT
你迷失在股价上每一次短暂的背离
你研究了谁的盈利
你剖析了谁的管理
你熟记报表里每一个你最爱的数据
却说不出你看空的时机
说不出你欣赏它哪一种表情
说不出什么场合它曾让你动心
说不出卖出的时机
你累积了许多飞行
你拿过了许多纪念品
你寻觅着行业里每一次的雨过天晴
你拥抱虚伪的董秘
你埋葬踏空的悲剧
你幻想牛市里美丽的不真实的场景
却说不出在什么场合它曾让你伤心
说不出行研的意义
勉强说出你爱它的原因
勉强收起你为它写下的每一篇笔记
都是你离开的原因
你离开了，就是行研的意义
la……la……la……
你勉强面对经理的质疑
却找不回本应属于你的青春与活力
找不回什么时候为股票痴迷
找不回行研的意义
勉强描绘你未来拥有的物质和压力
都是你离开的原因
你离开了，就是行研的意义

05

异军突起之资产管理解读

近年以来，随着国内资本市场的不断开放和制度改革在资管行业的“放水”，资管行业迎来了一波又一波的“改革红利”，资产管理在国内蓬勃兴起，大资管时代呼啸而来。资管公司，已由泛指早期为了剥离不良资产而形成的四大资产管理公司，发展到如今成为横跨各市场的投融资利器，资产管理的领头羊信托公司、资本市场及财富管理全能的券商资产管理公司、专注于证券投资市场的公募基金公司、号称万能牌照的专户资产管理子公司和以稳定增值且兼顾社会效益为目的的保险资管公司等都是其中重要的组成部分。近年来大资管行业发展迅猛，是很有发展和值得为之奋斗的一个行业。本章将对资管行业做一个全面的解读。

大资管业的概况

2012 年下半年以来，证监会、银监会、保监会接连颁布各项新政，在不同程度上放开了资管业务的牌照，此举几乎将金融业各个领域从事资产管理的围墙全部打通。除在前期已狂飙的信托公司之外，基金子公司与券商资管迅速跟进，保险资管与银行资管等更是步步为营，资管行业堪称正式进入了群雄逐鹿的时代。

不过自 2016 年 7 月以来，监管层接连出台各种新政，对于基金子公司、券商资管和保险资管的相关业务进行规范，尤其是通道类业务受到了严格限制。2017 年 3 月以来，银监会密集发布监管文件，剑指银行委外等投资业务，引发了市场的强烈关注。在监管不断完善的背景下，资管行业将不断成熟和成长。

大资管业概述

从概念上讲，资产管理泛指专业机构接受客户（含机构和个人）委托，通过专业化投资运作，对客户的委托资产进行经营管理，以实现资产保值增值的过程。[1]

但广义的资产管理远不止如此。笔者认为，只要参与了资金与项目端的管理运作，无论是投资还是融资，均可算作资产管理。例如私募基金，无论是 PE 还是 VC，只要募集资金并进行投资管理，连接了高净值客户与高风险高收益项目，就可以说是大资管中典型的一员。本质上讲，这与投行的概念如出一辙，投行的精髓乃至金融业的根基就是进行资源的配置，将资金配置到最有效率的地方，所以我们常说，资管公司本质上也是在做投行业务或者说类投行业务。

目前来说，除了证券公司、基金公司、信托公司、私募基金、保险资管、期货公司等以外，还有诸如第三方理财公司等类型的公司能够从事资产管理业务。从某种意义上说，第三方理财公司在资产管理市场上的拓展定位于锁定下游渠道，将专家理财和灵活的合作条款捆绑嫁接作为打开资产管理市场的突破口，并呈现逐渐向上游蔓延的趋势。

从全球范围看，资产管理是金融领域中规模最大、发展最快的行业之一，预计到 2020 年，全球资产管理资金规模将高达 102 万亿美元，其中来自共同基金、养老基金和保险公司等领域的资金占比近 90%。近五年来，除对冲基金规模小幅下降外，其他领域的资产管理业务均发展迅速，规模均已达到或超过 2008 年国际金融危机爆发前的水平。

我国资产管理行业的现状与发展趋势

我国资产管理行业发展迅猛，根据官方统计报告，截至 2016 年第四季度，全国资产管理规模约 117 万亿元，其中，银行理财达 30 万亿元，信托 20.22 万

[1] 李刚．国内外资产管理行业的现状及发展形势分析［J］．投资与合作，2014（10）：84-87.

亿元，保险 13.39 万亿元，公募基金 9.16 万亿元，私募基金 10.24 万亿元，基金管理公司及其子公司专户业务规模 16.89 万亿元，证券公司资管业务 17.58 万亿元，期货公司资管业务 0.28 万亿元。从发展速度看，银行理财和信托快速增长，过去 5 年的复合增长率分别超过 60% 和 40%；基金子公司和券商资管也进入了狂飙的阶段。下面简单按规模占比来阐述其现状。

1. 基金资产管理现状

目前国内基金公司主要从事管理公募基金、社保基金、企业年金，为单一客户办理特定资产管理业务、为特定的多个客户办理特定资产管理业务等资产管理业务。基金公司产品投资的领域根据产品性质不同，涵盖了包括期货衍生品在内的所有金融市场产品，其中资管属性最强的要属基金专户和基金子公司。

基金专户理财又称基金公司独立账户资产管理业务，也称基金公司专门账户资产管理业务，或者基金专门账户资产管理，是指基金公司为拥有大量闲置资金的机构客户和高端个人客户开设独立的资产管理账户，为他们提供个性化财产管理服务，满足其特定的风险、收益和流动性偏好。专户理财的最大优势在于能够根据投资者的特点量身定制投资方案。不管是个人投资者还是机构投资者，专户理财都可根据投资者独特的需求和目标设定投资计划。

2012 年 10 月 31 日，证监会发布修订后的《证券投资基金管理公司子公司管理暂行规定》，标志着基金公司可以正式通过子公司获得投资于“未在证券交易所转让的股权、债权及其他财产权利”等专项资产管理计划的通道。简而言之，子公司宽广的投资范围为公募基金提供了进一步接轨投融资市场及更大程度分割财富管理蛋糕的可能性。

不过，2016 年 12 月，证监会发布《基金管理公司子公司管理规定》及《基金管理公司特定客户资产管理子公司风险控制指标管理暂行规定》。未来监管新规实施后，资本金将成为基金子公司管理规模扩张的最大约束，基金子公司的业务成本也将随着风险资本的计提而水涨船高。这将在一定程度上削弱基金子公司和其他资管行业公司的竞争力。

基金业协会对各类基金规模做过统计，详见表 5–1 和表 5–2。

表 5-1 基金管理公司管理的公募基金规模（截至 2016 年 12 月 31 日）

基金类型	基金数量（只）	基金份额（亿份）	基金净值（亿元）
封闭式基金	303	6 179.14	6 340.11
开放式基金	3 564	82 249.17	85 252.94
其中：股票基金	661	6 450.19	7 059.02
混合基金	1 707	18 667.35	20 090.29
货币基金	286	42 730.63	42 840.57
债券基金	789	13 310.59	14 239.10
QDII 基金	121	1 090.41	1 023.96
合　计	3 867	88 428.31	91 593.05

表 5-2 基金管理公司及其子公司专户业务规模（截至 2016 年 12 月 31 日）

产品类型	产品数量（只）	资产规模（亿元）
基金公司	7 147	63 830.70
其中：一对一产品	4 035	41 773.66
一对多产品	3 111	9 269.58
社保基金及企业年金	—	12 787.46
基金子公司	114 494	105 030.91
其中：一对一产品	8 420	82 099.61
一对多产品	6 074	22 931.30
合　计	21 641	168 861.61

2. 券商资产管理现状

券商的资产管理业务近年来迎来了飞速的发展。此前发展缓慢的主要原因是受困于投向及委托法律关系的问题，券商资管以投资二级市场居多。随着大资管新政的放开，券商资管运用定向资产管理计划，使得各种通道业务规模狂飙。同时，券商也开始利用其他途径参与各种非标的主动管理，管理规模已突破 17 万亿元大关。二级市场上，券商资管也迎来了较大的发展，从原先的小集合投资各种标准化产品，到后期某些券商开始申请开展公募业务。

券商做资管业务的包括证券公司和旗下的证券资产管理公司等。其业务外延除了早期明确规定的三类资产管理业务，即面向单一客户的定向资产管理、面向多个客户的集合资产管理以及专项资产管理外，在新政实施后还包含公募基金业务、基金托管业务和受托管理保险资产业务。其中，集合资产管理业务（又称集合理财业务）可以根据投资范围的规定进一步划分为限定性和非限定性两种，俗称“小集合”和“大集合”。限定性资产管理起点不低于 5 万元，非限定性资产管理起点不低于 10 万元。限定性集合资产管理计划投资范围对股票等风险类资产的投资比例有明确限定，即不允许超过资产净值的 20%，而非限定性产品对风险类资产的投资比例可以突破此限定。

整体而言，券商资管主要有三大类业务，分别为集合资产管理业务、定向资产管理业务和专项资产管理业务（见图 5-1），除此以外还有全国社保基金业务、信托投资顾问业务、财务顾问业务、创新业务。[1] 截至 2016 年 12 月，券商资产管理业务资产规模约 17.58 万亿元，其中，集合资产管理业务资产规模为 2.19 万亿元，占总规模的 12.45%；定向资产管理业务资产规模约为 14.69 万亿元，占总规模比重为 83.56%；专项资产管理业务资产规模为 4 315.31 亿元，占比 2.45%。笔者对券商资管主要业务的现状进行了梳理，详见表 5-3。

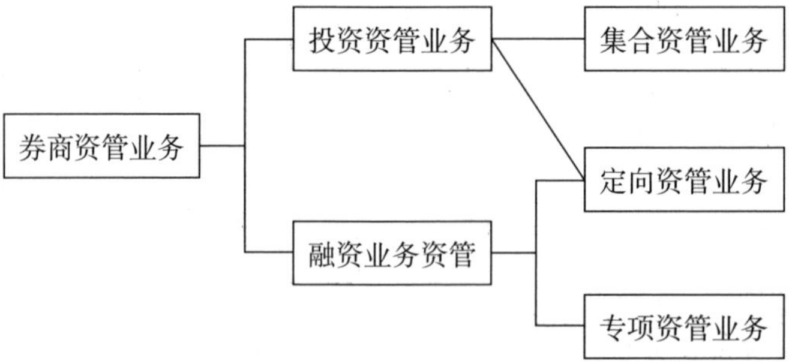

图 5-1　券商资管业务

[1] 智信资产管理研究院《证券市场导报》。

表 5–3 券商资管主要业务的现状

定向资产管理业务	备案制，拥有资管牌照，即可开展定向业务。比照基金专户，一对“一”。“一”指账户，不一定指“人”
集合资产管理业务	即将实现备案制，首支集合计划仍需要走行政许可程序，类同资格审批，私募基金性质。一对“多”，分为大集合、小集合、企业年金集合等
专项资产管理业务	备案制，载体为资产支持专项计划，资产证券化，一对“多”（后文详述）
全国社保基金业务	审批制，资格需要审批，且较严
信托投资顾问业务	备案制，包括单一信托、集合信托等（与经纪业务有交叉）
财务顾问业务	备案制，主要体现在市值管理业务中（与投行业务有交叉）
创新业务	集合计划，审批制；定向计划，备案制，窗口指导

3. 信托资产管理现状

经历了 2010—2012 年的高速发展，信托公司管理资产总额一路狂飙，从金融四大业排名的最末跃居第二，目前规模已达 16.3 万亿元。但由于发展势头迅猛，信托业被银监会列为重点监管对象，正在经历痛苦的转型与蜕变。然而在信托业的五次整顿后，信托一直没有找准自己在市场中的定位。后期逐渐摸索出来一个套路，即专注于满足银行无法满足的融资需求。例如银行无法为拿地提供贷款，信托可先行进入，待后期银行开发贷到位后退出。

根据中国信托业协会的数据，截至 2016 年末，我国信托资产规模为 20.22 万亿元，同比增长 24.05%，环比增长 11.28%，展现了行业发展稳中向好的态势，信托业自此跨入“20 万亿元时代”。截至 2016 年末，信托业实现营业收入 1 116.24 亿元，利润总额 771.82 亿元，与上年基本持平。信托业为受益人实现的年化综合实际收益率为 7.60%，受托管理成效明显。

4. 保险资产管理现状

保险资产管理公司是专门管理保险资金的金融机构，主要业务是接受保险公司委托管理保险基金，目标是保险资金的保值和增值。保监会发布的《中国保监会关于保险资产管理公司开展资产管理产品业务试点有关问题的通知》，标志着保险资产管理公司发行私募产品的开闸。按照其规定，保险资管的产品包括向单一投资人发行的定向产品和向多个投资人发行的集合产品。

从产品投资范围来看，保险资管可供投资的面也较为广泛。根据法律规定，产品投资范围限于银行存款、股票、债券、证券投资基金、央行票据、非金融企业债务融资工具、信贷资产支持证券、基础设施投资计划、不动产投资计划、项目资产支持计划及中国保监会认可的其他资产。

根据保监会公布的数据，截至2016年末，保险资金运用余额达133 910.67亿元，较年初增长19.78%。其中，银行存款24 844.21亿元，占比18.55%；债券43 050.33亿元，占比32.15%；股票和证券投资基金17 788.05亿元，占比13.28%；其他投资48 228.08亿元，占比36.02%。其他投资主要指金融产品（如债权投资计划、集合信托计划、银行理财等），该项投资占比首次在2016年超过债券投资占比，增长十分迅速。2016年保险资金运用平均收益率为5.66%，比2015年下降了1.9个百分点。

5. 银行资产管理现状

在整个资产管理领域，无论是从体量还是从资源获取能力的角度考虑，银行都是当之无愧的领头羊。银行资金充足且融资成本相对低廉，因此往往是各大企业项目融资的首选，其在资金端和项目端的把控能力都是其他金融机构望尘莫及的。随着银行的投行部、金融市场部不断推出各种创新资产管理模式，银行传统的信贷业务逐步转为以投资非标资产的方式为地产、工商企业等注入资金，提供新型融资服务。然而，也正是因为银行体量大，牵涉广，使得监管当局对其的监管也最为严格，由此导致银行的资产管理效率很低，很多高风险高收益的业务无法开展。《关于规范金融机构同业业务的通知》（银发〔2014〕127号）及后续一系列监管文件的出台，使银行的同业、金融市场业务受到了巨大的冲击。基于监管的要求，更多的银行设立了资管部，具有独立理财功能，有的甚至探索设立了专门的资管子公司，还有的股份制银行则在事业部改革上做了许多尝试。

从长远和整体来看，在混业经营的大趋势下，银行作为金融市场中的航母，必然会在监管高压下变通方案、找准定位，参与到市场的前沿业务中来。总体而言，银行资产管理业的未来发展具有明显的优势。

6. 总结

在我国实体经济连续多年高速增长和居民收入不断累积的背景下，以专家理财为特征的资产管理行业不断壮大，并在近年来受到社会各界的广泛关注。从股票市场、债券市场、货币市场，再到房地产市场，处处都有资产管理机构的身影，资产管理行业的崛起已成为必然的趋势。

资产管理行业的快速发展，特别是融资类业务（类固定收益产品）的大力发展，虽然饱受争议，但从实质上改善了我国实体经济过度依赖商业银行的融资结构，也体现出自下而上市场化创新的生命力。分析过去十年的社会融资规模可以发现，我国正在从以商业银行间接融资为主的经济结构，向由股票市场、债券市场、类固定收益市场三方共同组成的直接融资渠道转变。总而言之，资产管理行业未来前景十分广阔，可以预测，各种机构将纷纷崛起，逐鹿大资管，竞争变得越来越激烈。

大资管业的江湖与排名

资产管理业务是一项包容性非常强的金融服务，因此经营资产管理业务的金融机构较多，几乎囊括了市场上绝大多数的金融机构。具体包括商业银行、证券机构、基金管理公司、保险公司、信托投资公司、私募机构、期货公司、第三方理财机构，以及各种资产管理公司和投资公司等。[1]

随着我国进入大资管时代，银行、保险、基金、信托、证券等各类金融机构纷纷开展资管业务。各类金融机构未来将在资管业务中占据什么样的地位，也是从业者关心的问题。下面逐一为大家介绍国内主要资产管理机构。

基金子公司及其规模排名[2]

截至2016年末，共有79家基金子公司开展资管业务，总规模10.50万亿元，较2015年底新增1.93万亿元。截至2016年第三季度，专户管理规模排名居前20位的基金子公司管理资产规模合计7.23万亿元，占基金子公司专户规模的64.84%；专户规模排名居前10位的基金子公司管理资产规模合计5万亿元，

[1] 吴琴伟，冯玉明．中外资产管理业务的比较与启示［J］．证券市场导报，2004（8）：56-61.

[2] 数据来源于中国证券投资基金协会网站。

占基金子公司专户规模的44.84%，集中度小幅下降。基金子公司作为资管行业的新生力量，各自的核心竞争力尚未形成，银行股东资源带来的禀赋差异对其发展影响显著。银行系基金子公司共14家，专户规模合计超过3.5万亿元，占子公司专户总规模的4成左右。其中，有6家银行系基金子公司进入了行业规模前10名的行列。截至2016年9月底专户规模居前10位的基金子公司及其规模排名见表5–4。

表5–4 2016年9月底专户规模居前10位的基金子公司及其规模排名

排名	基金子公司	资产管理规模（亿元）	占行业规模比例（%）
1	深圳平安大华汇通财富管理有限公司	7 902	7.09
2	招商财富资产管理有限公司	6 859	6.15
3	民生加银资产管理有限公司	6 811	6.11
4	建信资本管理有限责任公司	6 290	5.64
5	博时资本管理有限公司	5 174	4.64
6	上海浦银安盛资产管理有限公司	4 442	3.98
7	鑫沅资产管理有限公司	3 697	3.32
8	兴业财富资产管理有限公司	3 026	2.71
9	南方资本管理有限公司	2 925	2.62
10	交银施罗德资产管理有限公司	2 892	2.59

证券公司及其规模排名[1]

截至2016年第三季度末，证券公司资管业务集中度小幅下降，排名居前10位的证券公司资管业务规模（见表5–5）合计占资管业务总规模的45.35%，排名居前20位的证券公司占比为65.72%。

[1] 数据来源于中国证券投资基金协会网站。

表 5-5　2016 年前三季度资管业务规模居前 10 位的证券公司及其规模排名

排名	证券公司	资产管理规模（亿元）	占行业总规模比例（%）
1	中信证券股份有限公司	16 429	10.42
2	上海海通证券资产管理有限公司	8 273	5.25
3	华泰证券（上海）资产管理有限公司	8 220	5.21
4	中信建投证券股份有限公司	7 692	4.88
5	广发证券资产管理（广东）有限公司	7 011	4.45
6	上海国泰君安证券资产管理有限公司	6 755	4.28
7	申万宏源证券有限公司	6 539	4.15
8	中银国际证券有限责任公司	5 347	3.39
9	招商证券资产管理有限公司	5 238	3.32
10	华福证券有限责任公司	4 504	2.86

保险资产管理公司及其规模实力

2003 年，国内第一家保险资产管理公司中国人保资产管理公司成立。2006 年，随着太平资产管理公司（中国太平保险集团公司，隶属国务院）的获批筹建，由中国人寿［中国人寿保险（集团）公司，与中华人民共和国同龄，中国保险业的中流砥柱］，中国平安［中国平安保险（集团）股份有限公司，世界 500 强企业］，太平洋保险［中国太平洋财产保险（集团）股份有限公司，世界 500 强企业，总部设在上海］，中国人保［中国人民保险（集团）股份有限公司，有深远影响力的保险集团］，友邦保险［美国友邦保险有限公司，外资独资保险公司，亚太地区领先的人寿保险公司］，新华保险（新华人寿保险股份有限公司，具有较高知名度的国际化股份制专业寿险公司），泰康保险（泰康人寿保险股份有限公司，中国著名的大型保险金融服务集团，总部设于北京），阳光保险（阳光保险集团股份有限公司，国内七大保险集团之一，较具实力的保险公司），大地保险（中国大地财产保险股份有限公司，良好的业绩和社会口碑，隶属中再集团公司）和太平资产管理公司构成的 9 家中资 +1 家外资的保险资产管理格局正式形成。

2010 年 12 月，生命人寿获中国保监会批准筹建保险资产管理公司，此后，安邦资产管理公司和光大永明资产管理公司筹建申请也相继获批，保监会开始对中小保险公司设立资产管理公司放闸。截至2015年底，已经获批的保险资产管理公司（不包括香港）有21家，可以开展保险资金委托的有18家。目前已经获批在香港设立资产管理公司的有11家，其中，中国人寿、中国平安、中国太保、中国太平、泰康保险、新华保险、生命人寿、华泰保险、安邦保险、中国人保等均已在香港设立资产管理公司。在目前资本项目下人民币尚未实现完全自由兑换的情况下，在香港设立子公司，为险资投资配置的全球化和实现安全性前提下的最大盈利打下了基础。[1]

此外，从2013年开始，保险资管公司的组建方式出现了变化，不再以母公司为单一股东，而是出现了多元化股东模式。其中，中意资产管理是首家真正意义上的中外合资资产管理公司；中英益利资产管理公司的股东结构更加多样化，包括两家寿险公司、一家信托公司，以及一家阳光私募基金公司；2014年获批设立的三家公司——华夏久盈资产管理、英大保险资产管理和长城财富资产管理，均由多家股东发起设立。多元化的股东模式不仅有利于资管业务的开拓，而且各方在投资能力、人才储备等方面可以优势互补，互通有无。

根据我们对几家大型保险资产管理公司业务种类的整理可以看到，目前保险资产管理公司主要有两大业务板块：投行板块和资产管理业务板块。投行板块涉及的业务主要有八大方面，分别是投连险管理服务、保险资产管理计划、企业年金服务、公募业务、私募股权基金、基础设施不动产债权计划、增值平台服务以及第三方保险资产管理服务。资产管理业务板块涉及各类资产的投资及管理，包括债券、股票、基金、金融产品及各类流动性资产等。目前资产管理规模超过8 000亿元的保险资管公司包括国寿资管、平安资管、人保资管、泰康资管，上述公司各类业务牌照齐全，引领着整个保险资管市场的发展。

信托公司及其规模排名[2]

2016年，信托行业资产规模与总体经营业绩回归平稳增长，资本利润率小

[1] 卢晓平.人保香港资产管理公司获批，在港险资资产管理公司达十家[N/OL].凤凰财经，(2014-04-17)[2017-06-13].http：//finance.ifeng.com/a/20140411/12093630_0.shtml.

[2] 数据来源：《中国证券报》。

幅回落。其中信托公司中营业收入排名前 10 位的公司如表 5–6 所示。

表 5–6　2016 年底营业收入排名前 10 位的中国信托公司

排　名	简　　称	信托资产总额（亿元）
1	中融信托	67.95
2	平安信托	67.53
3	中信信托	58.22
4	安信信托	52.46
5	重庆信托	41.91
6	中铁信托	32.87
7	华润信托	30.49
8	华能贵诚信托	28.13
9	四川信托	27.95
10	中江信托	27.25

商业银行及其规模排名

2014 年 12 月，银监会向商业银行印发《商业银行理财业务监督管理办法（征求意见稿）》，该办法中将商业银行的理财业务定义为：商业银行本着为客户利益服务的原则，以客户需求为导向，以客户资产保值增值为目标，为客户提供的资产管理等专业化服务活动。从数据来看，我国银行业理财资金余额占总资产的比重较低，国内平均水平为 6.75%，而同期国外商业银行的占比都在 30% 以上。在我国，招商银行理财资金余额占比最高，约为 19.8%，可以看出，我国商业银行理财业务发展仍有很大空间。[1] 2016 年第四季度银行理财规模排名情况见表 5–7。

［1］ 杨荣．银行资管深度报告：理财转为大资管［EB/OL］．格上理财，（2015–02–28）［2017–06–13］．http：//www.licai.com/yuedu/201502–65324.html.

表 5-7　2016 年第四季度银行理财规模排名

综合排名	银行全称	发行能力得分	收益能力得分	风险控制得分	理财产品丰富性得分	信息披露规范性得分	评估问卷得分	综合得分
1	招商银行	27.26	21.46	17.70	10.13	12.10	95.25	89.97
2	兴业银行	27.26	21.46	17.70	10.13	12.10	95.25	89.97
3	中国民生银行	26.00	20.32	16.59	10.25	13.85	92.94	88.19
4	中信银行	25.61	19.65	17.46	10.36	12.33	96.27	87.58
5	华夏银行	23.65	20.35	17.33	10.91	12.99	95.85	87.35
6	中国工商银行	28.09	18.66	16.72	10.08	12.04	88.62	86.19
7	光大银行	25.43	19.39	17.56	10.30	12.40	87.20	85.51
8	浦发银行	26.36	18.21	16.40	9.27	11.10	94.18	83.92
9	中国邮政储蓄银行	24.13	18.91	17.33	7.37	11.63	90.50	81.59
10	广发银行	23.75	20.50	11.85	10.07	11.79	95.00	81.37
11	渤海银行	21.82	19.84	16.03	9.61	12.50	86.34	81.11
12	建设银行	25.53	19.21	15.10	9.41	11.74	80.65	80.92
13	交通银行	26.18	20.34	13.74	10.32	12.03	63.85	78.85
14	农业银行	26.21	18.96	8.98	9.25	10.67	94.80	78.21
15	浙商银行	22.60	17.06	15.69	8.24	10.58	91.15	77.57
16	中国银行	25.76	18.14	11.61	10.35	11.58	63.85	74.72
17	平安银行	25.25	19.18	5.46	8.63	9.68	63.85	67.33
18	恒丰银行	20.35	17.14	12.42	6.46	9.91	63.85	65.79

数据来源：普益标准．银行理财能力排名报告（2016 年 4 季度）[EB/OL]．普益财富，（2017-01-23）[2017-05-23]．http://www.pystandard.com/News_Show.php?theId=2545.

资管业务分类

实际中的资产管理业务，就是获得监管机构批准拥有资管牌照的机构，如公募基金子公司、证券公司、保险公司、银行等，向特定客户募集资金或者接受特定客户财产委托担任资产管理人，为资产委托人的利益，运用委托财产进行投资的一种行为。

资产管理业务是一项包容性非常强的金融服务，资管业务更多地是根据资产管理计划的投向来分类的：按照资产管理计划投资标的种类不同，可以将资产管理分为投资股权、债权以及收益权等类型；按照投资标的是否可以在场内流通，可分为非标投资和标准化投资；按具体在资产管理业务中是否承担主动的管理责任和风险，又分为通道型业务和主动管理类业务。

非标资管业务

1. 通道业务

资管和信托牌照等机构的通道业务分为两种，一是对接银行资产负债表内（以下简称表内）资产的通道业务，包括信贷资产出表、租赁资产出表、金融同业和理财产品出表等；二是作为阳光私募发行产品的通道。通道业务的兴起与扩容，与银行的信贷业务有着千丝万缕的联系。作为国内金融业绝对的“大佬”，银行在资产管理规模、客户数量、销售渠道和风控能力等各方面均具有绝对优势。虽然银行拥有资金和客户这两大利器，但是由于其对资金的安全性要求颇高，加上存贷比限制，使得其信贷额度远远不能满足所有客户的融资需求。在此背景下，通道业务的早期形式——银信合作应运而生。彼时，这类业务虽然从实质上看是商业银行对用款单位放贷，但由于信托贷款与信托理财资金不在商业银行表内核算，可以规避《资本充足率管理办法》，因此银信合作很快流行开来。在这种模式下，信托和基金子公司、券商定向资管等利用自身牌照优势，作为资金的通道，把社会资金归集后以产品的形式或单一或打包地发放给有资金需求的融资方，而自身并不负责项目的投后管理，只是收取一定比例的通道费用。

资管机构从事通道业务的优势在于效率高且费率低，比主动管理类项目时间短，因此通道业务扩容迅速。事实上，由于“技术门槛低”“来钱快”，信托、券商、基金子公司纷纷参与通道业务，激烈的竞争也使得通道费率从千分之几的水平降至万分之几。其中，银行系信托、基金子公司因背靠强大股东而最占优势，银基合作票据业务、资产负债表外（以下简称表外）完成的增量业务融资需求以及创新复杂的结构化产品都涵盖在基金子公司业务中，迅速扩大资产管理总规模。

以券商作为通道的协议存款业务为例。银证保存款业务的本质是在利率市场化进程缓慢的背景下，借道券商资管和保险公司，突破利率管制，扩大存款规模。中国人民银行规定，保险资产管理公司的存款不属于金融机构的同业存款，而是一般性存款，在计算存贷比的时候，可计入银行存款规模。银行通过此业务可以优化业务指标，扩大一般存款规模。

以券商作为通道的协议存款业务结构为：由资金委托银行（A 银行）以理财资金委托 B 证券成立定向资产管理计划；B 证券作为定向资产管理计划的管理人将委托资产投资于保险资产管理公司的资产管理计划；保险资产管理公司资产管理计划以保险公司名义存入 C 银行的协议存款，实现通道收入；该笔存款到期后资金通过保险资产管理计划和券商定向计划回到 A 银行账户（见图 5–2）。

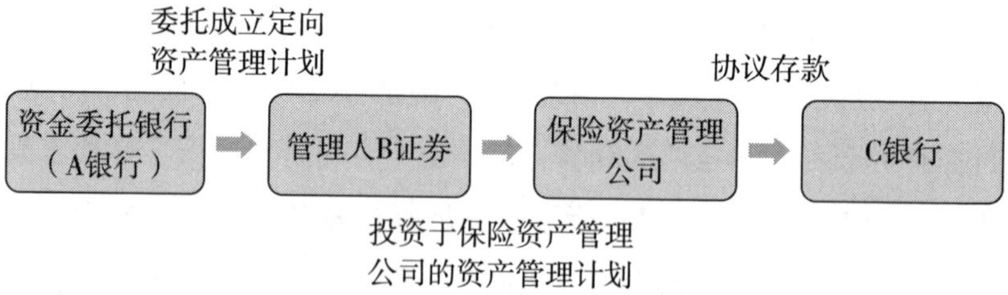

图 5–2　券商通道的协议存款业务结构

通道业务的核心在于资金和项目均不由机构自己掌控，根据委托人的投资指令被动投资，不承担尽职调查责任，如果到期无法变现，可以向委托人进行原装返还。

2016 年以来，监管层发布众多监管文件，对通道业务进行了规范，意图整治资管行业的乱象，有利于监管穿透底层资产，以达成资产和资金的风险匹配。2016 年 5 月，证监会下发了《证券投资基金管理公司子公司管理规定》和《基金管理公司特定客户资产管理子公司风险控制指标指引》两份文件的征求意见稿，对成立基金子公司设立门槛，并进行净资本约束。2016 年 5 月，最新版《证券期货经营机构落实资产管理业务“八条底线”禁止行为细则（修订版征求意见稿)》要求，结构化资产管理计划不得嵌套投资其他结构化金融产品。防止通过多层嵌套的方式形式上规避结构化资产管理计划的各项限制。2016年6月，保监会发布《关于清理规范保险资产管理公司通道类业务有关事项的通知》，要求各保险资管公司清理规范银行存款通道等业务，清理规范期间保险资产管理公司暂停新增办理通道类业务。2016年6月，保监会发布《关于加强组合类保险资产管理产品业务监管的通知》，禁止发行具有“嵌套”交易结构的产品，包括产品主要投资于单只非公开市场投资品种，或产品定向投资于另类资产管理产品，或产品定向投资于同一管理人设立的产品等情形。在新的监管政策下，预计通道业务规模将不断萎缩，转型主动管理成为资管机构面临的难题。

2. 传统项目融资

项目融资类的资产管理计划职能一般由信托或基金子公司设立，证券公司的小集合无法直接从事该类的非标业务，一般需要借用其他的通道。传统的融资项目主要为房地产项目、政府融资平台、基础设施建设项目、大型工商企业贷款等。

房地产信托指信托投资公司发挥专业理财优势，通过实施信托计划筹集资金，用于房地产开发项目，为委托人获取一定的收益。政府融资项目、基础设施投资信托是信托公司根据信托合同将信托资金投资于政府融资平台的项目，或交通、市政建设以及其他具有政府背景的项目，如园区建设、污水处理、绿化工程等基础设施领域，从而实现受益人的利益或者特定目的。

该类产品一般通过信托或资管发行。融资方通过信托公司、基金子公司向投资者募集资金，并通过将资产（股权）进行抵押（质押)，以及第三方担保等措施，保证到期归还本金及收益。类信托产品一般投资于房地产、工商企业、基础设施等领域，方式也多种多样，股权、债权、权益、贷款等比较常见。该类产品门槛比较高，一般在100万元以上，期限大部分在1~3年。[1]房地产信托分类如图5-3所示。

[1] 王晶．众禄：四大固定收益类产品盘点．[EB/OL]．新浪财经，(2014-09-27)[2017-06-13]．http://finance.sina.com.cn/money/fund/20140927/101220430561.shtml.

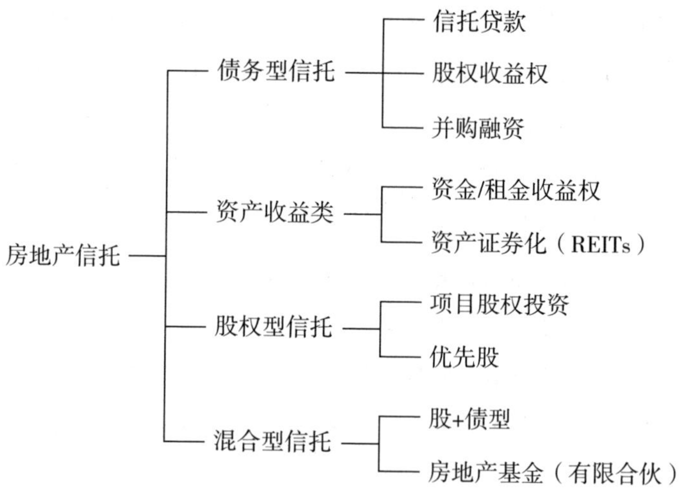

图 5-3　房地产信托分类

资本市场业务

在如今大投行、大资管的趋势之下，资管除了涉及以上非标准化市场外，还涉足标准化的资本市场。在 IPO 常态化、资本市场震荡前行、Pre-IPO 热度持续上升的背景下，资本市场成为资管表演的舞台。

1. 股权投资

在股权投资的领域，资管机构属于后来者，遇到的问题很多。存在的问题一方面是对股权投资的投资者风险承受能力要求更高，期限要求也更高，与传统资管偏重固定收益的客户难以匹配；另一方面是股权投资对于从业人员的技术和背景要求更偏重于一级市场或者说产业背景。

现实中在股权投资领域有所实践的资管机构不少，包括中信信托、平安信托、中融信托一系列吸引眼球的股权投资信托计划以及各类基金子公司、券商资管都在尝试，但大多数还是明股实债，或者带着固定收益的思路去操作，偏重于实质性的担保和回购，而非更多地看中企业的内在价值。而且由于资管公司本身的业务特点，无法担任角色，更多还是通过设立子公司形式，资管机构所管理的产品作为 LP 角色参与其中。

然而，新三板的火热，提供了一个介于一级市场和二级市场之间的中间区域。一方面新三板的流动性尚未充分调动，另一方面又提供了一个价值发现的场所，在0分和100分之间，提供了60分的可能。于是乎，2015年初新三板市场大幅上涨，吸引各类资管机构推出各种新三板资管产品，参与者包括传统的PE机构和各类由二级市场转往一级市场的机构。2016年IPO审核加速以来，各资管机构又纷纷打起了投资新三板市场“Pre-IPO”的主意，希望在这一波风口中分一杯羹。

资管机构做股权投资并非简单等于做新三板，但是新三板确实为资管机构的股权投资提供了一个实践的平台，今后，随着资管机构从业人员的能力和架构调整，以及行业的不断尝试，一定能够在股权投资上走得更远。

2. 并购业务

并购业务也一直被称为是资管机构的新业务“蓝海”，银监会给信托提出的六大转型方向之一就是“鼓励开展并购业务，积极参与企业并购重组，推动产业转型”。在此类业务中，一般是管理人通过发行资产管理计划投向标的公司，为实质的并购方的并购业务筹措资金。

目前所说的很多这种合作模式，可以被称为是并购业务的产品化，资金方认购资管计划有不同的分级，如银行认购优先级资金，实际上可以等同于给项目放了并购贷款，却不受并购贷款业务的各种规定限制。目前从收购企业、取得控制权的角度出发，大量的项目依旧是明股实债，大部分只是一个募集资金的通道。但极少部分项目已经做到了真正的主动管理，会在实质的运作中真正地改善经营，谋求价值的提升。

总体来说，并购业务确实是资管机构的“蓝海”，尤其是2015年火热的“上市公司+PE”这种业务，其实资管机构是其中一个很好的桥梁，在很多定增+并购的业务中，发挥着自己的光和热。

3. 定增业务、新三板业务、股东增持以及员工持股计划

定增业务，又称一级半市场，是指发行人通过发行资产管理计划，募集社会资金投资于上市公司定增计划，通过获取股票的资本利得实现投资收益。一年期定向增发计划一般会做成结构化的产品，银行资金作为优先级，资管自有资金作为劣后级。其中募集资金对象可以是上市公司大股东、社会公众投资者等。在2014年IPO未重启之前，上市公司募集资金一般通过定向增发业务完成，IPO的暂停更加体现了上市公司的稀缺性。2013年至2015年上半年，定增业务使得资管公司收益颇丰。与投资二级市场的阳光私募不同，投资定向增发股票这个一级半市场，因锁定期内无法抛售，大幅亏损而招致投诉的情况时有发生。尤其是在2015年下半年遇到市场极端情况时，许多定增项目面临爆仓风险。

关于新三板，如前所述，新三板是资管机构想在股权市场上有所作为的一个试炼场。在2014年下半年，新三板市场开始兴盛起来，大家期待的是各种政策的出台，享受制度红利。所以虽然新三板股票的流通性并不好，但新三板的定向增发和融资非常火热。因此，主板市场以及新三板市场行情的火爆让定向增发成为资管的重要业务构成。

大股东（董事、监事、高管）增持计划以及员工持股计划都可以受上市公司大股东或者上市公司委托，募集资金去参加上市公司的定向增发认购股票，或者直接去二级市场买股票。资产管理计划的计划管理人通过管理资产每年收取管理费。在最近的股灾中，鼓励大股东或董事、监事、高管增持，并且六个月内不能减持，推动了这块业务的发展。

证监会2016年7月发布的《证券期货经营机构私募资产管理业务运作管理暂行规定》，俗称“新八条”，对券商、基金、基金子公司以及期货公司的结构化产品产生了重大影响，让高杠杆产品成为历史。新规中，对于结构化产品有着诸多的规定，如投股权的杠杆比例不得超过“1：2”，份额清偿顺序不得有差异，即劣后级资金无法为优先级提供担保。过往参与定增或者二级市场，往往会有能够承担风险的客户，通过资管通道的结构化安排放杠杆，优先级参与资金往往来源于银行。“新八条”下，不符合杠杆要求的结构化产品不能通过基金、券商等通道，且同时束缚了资金提供方，进而影响定增等业务的规模扩张。

4. 阳光私募通道与配资

阳光私募基金最早是借助信托公司发行的，经过监管机构备案，资金实现第三方银行托管，有定期业绩报告的投资于股票市场的基金。阳光私募基金应当由投资顾问公司作为发起人、投资者作为委托人、信托公司作为受托人、银行作为资金托管人、证券公司作为证券托管人。也即，阳光私募基金是与公募基金相对应的，运作透明化、规范化的私募基金。但信托在运作经营上也存在风险，所以后来监管机构允许各种资管机构都可以和信托公司一样，作为私募公司阳光化的一个管理人或者通道。2014年《私募投资基金监督管理暂行办法》出台后，私募基金可以自行发契约型基金，理论上不再需要信托或资管的通道。但私募与资管依旧有很多合作，如可以借助资管的名气发行产品，资管机构也可以给私募提供很多后台服务，包括估值、清算、划款等。

资产证券化业务

从实践中来看，我国真正意义上的资产证券化（Asset Backed Securitization，ABS）主要分为两种：信贷资产证券化和企业资产证券化。信贷资产证券化，主要是中国人民银行和银监会所监管的商业银行和金融租赁公司发行的。这里最主要的SPV是信托公司，基础资产是各类信贷资产。这一类资产证券化产品一直都在发行，市场占比很大。第二类资产证券化产品是由证监会监管，在上交所和深交所发行的企业资产证券化，其发行人主要是各家券商和基金子公司，基础资产主要是企业的应收款、应收租赁款以及信托收益权等财产权利，包括基础设施、不动产等其他资产。

目前，在信贷资产证券化中，虽然合格SPV的载体主要是信托公司，但是在传统的信贷资产证券化中，一直是掌握着基础资产的银行拥有绝对的话语权，信托公司大多沦为纯通道。而自2014年底企业资产证券化放开备案以来，券商和基金子公司都可通过资产支持专项计划作为载体参与场内ABS，二者不断掘进和创新，取得了一定的阶段性成果。信托公司同样借其把握基础资产的优势，与基金子公司合作，尝试了很多信托受益权的企业资产证券化，这也是其参与企业资产证券化的一个新的模式。

在去通道、主动管理转型的路上，资产证券化可谓证券公司、基金子公司的良药。在净资本管理下，证券公司的资产证券化无须计提风险资本，而基金子公司只需按照0.1%～0.2%计提风险资本，相比其他业务，对基金子公司资本占用较少。作为监管鼓励的方向，ABS业务已成为券商、基金子公司的重点战略方向。

资产证券化是发起人将缺乏流动性，但具有可预测现金流的资产或资产组合（基础资产）出售给特定的机构或载体（SPV），以该基础资产产生的现金流为支持发行证券（资产支持证券），以获得融资并最大化提高资产流动性的一种结构性融资手段。

ABS业务的核心是优质资产的获取和风险管理的能力。首先，在资产荒的大背景下，要找到符合条件、拥有稳定现金流且能证券化的项目本身体现了管理者的主动管理能力；其次，资产证券化的基础资产涉及的范围较为广泛，企业ABS包括不动产、小贷、租赁、应收账款等多种类型，在市场足够大的情况下，一些小型券商和基金子公司深耕这一业务，聚焦于自己擅长的领域，可以尽快建立品牌特色。

目前，我国金融体系的分业监管体制形成了三个资产证券化市场，银监会和央行监管的银行间市场的 ABS 市场，证监会监管的交易所、报价系统的 ABS 市场，保监会监管的保交所 ABS 市场。这对于我国构建多层次的资本市场，提供多层次的投资资产具有积极的促进作用。三大监管体系下，银行间市场信贷 ABS 及交易所企业 ABS 市场发行量较大，占据主导地位，银行间市场资产支持票据（ABN）及保监会主管的资产支持计划市场正在兴起。

2016 年，全市场共发行资产证券化产品 491 单，总规模 8 894.66 亿元，同比增长 44.97%，再创历史新高。具体来看，企业 ABS 市场全面赶超信贷 ABS 市场，发行数量为 376 单，发行规模 4 830.56 亿元，同比增长 136.31%，规模占比 54.31%；信贷 ABS 全年共发行 108 单，发行规模稍有下降，为 3 909.53 亿元，同比减少 3.62%，规模占比 43.95%；交易商协会全年发行 ABN 共 7 单，发行规模 154.57 亿元，同比增长 341.63%，规模占比 2.05%（详见图 5–4）。2016 年，保监会体系下资产支持计划发展仍不迅速。根据中国保险监督管理委员会网站信息披露，共有 4 单资产支持计划获得设立批复，并另有一单产品在保交所挂牌交易。而 2015 年，保监会共发行 5 单、总规模 194 亿元的项目资产支持计划。

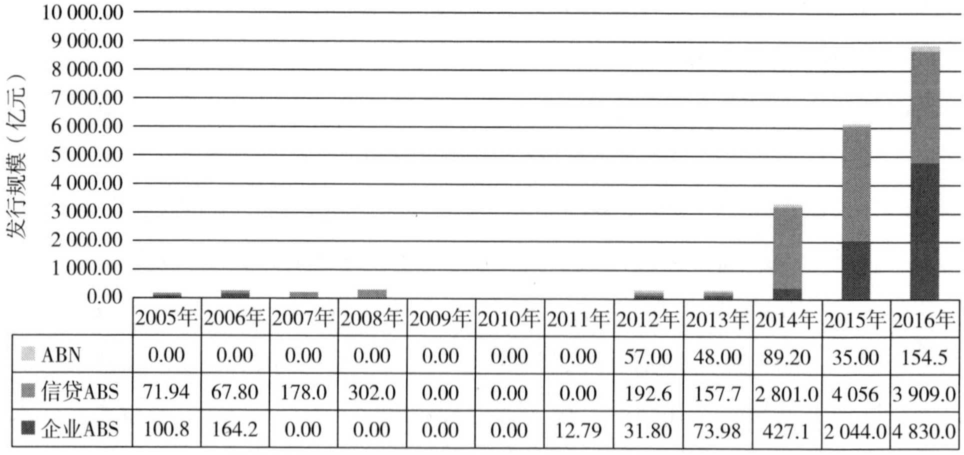

	2005年	2006年	2007年	2008年	2009年	2010年	2011年	2012年	2013年	2014年	2015年	2016年
ABN	0.00	0.00	0.00	0.00	0.00	0.00	0.00	57.00	48.00	89.20	35.00	154.5
信贷ABS	71.94	67.80	178.0	302.0	0.00	0.00	0.00	192.6	157.7	2 801.0	4 056	3 909.0
企业ABS	100.8	164.2	0.00	0.00	0.00	0.00	12.79	31.80	73.98	427.1	2 044.0	4 830.0

图 5–4　历年资产证券化产品发行规模

数据来源：Wind 资讯、中国资产证券化分析网数据整理。

2016年资产证券化产品基础资产类型更加丰富，以下主要介绍银行间市场信贷ABS和交易所市场企业ABS的基础资产情况。信贷ABS产品中，基础资产仍然以企业贷款、住房抵押贷款、汽车抵押贷款等为主，企业贷款类产品发行规模虽位居首位，但一枝独大的局面不再，发行规模占比由2015年的76.75%下降为36.79%；住房抵押贷款类产品发行提速，发行规模由2015年的259.8亿元增长到1 049.43亿元，增长近3倍；受益于不良资产证券化业务试点，不良资产类ABS全年发行14单，规模156.1亿元（详见图5–5）。

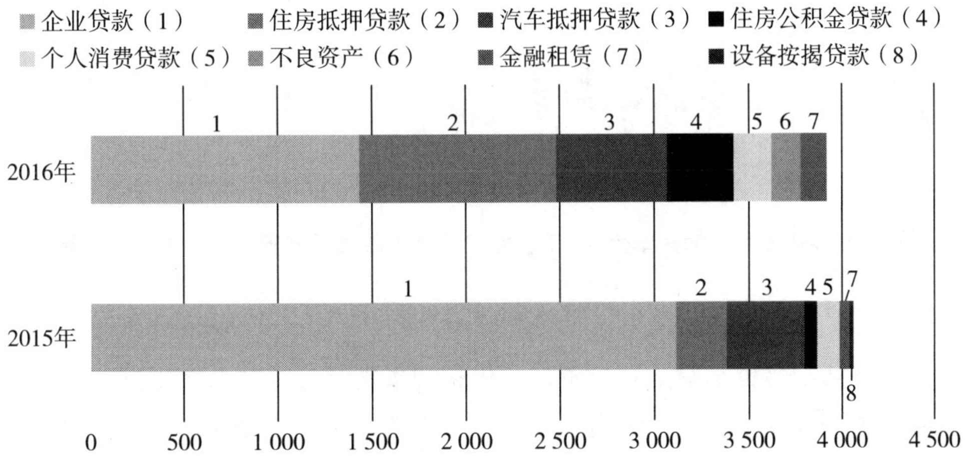

图5–5　2015及2016年信贷ABS发行统计（按基础资产类型，单位：亿元）

数据来源：Wind资讯、中国资产证券化分析网数据整理。

企业ABS中，以租赁债权、信托收益权、个人消费贷款、应收账款、收费收益权为基础资产的产品发行规模较大。其中，租赁债权类产品发行规模居首位，为1 025.12亿元，占比20.89%；其次为以信托受益权为基础资产的产品，全年发行933.46亿元，占比19.32%；2016年，个人消费贷款类产品发行实现爆发式增长，全年发行43单，规模762.24亿元，占比15.78%，而2015年个人消费贷款产品仅发行2单，总规模20亿元。另外，基础资产类型不断创新，新增委托贷款、商业房地产抵押贷款（CMBS）、票据收益权及保单质押贷款等类型基础资产（详见图5–6）。

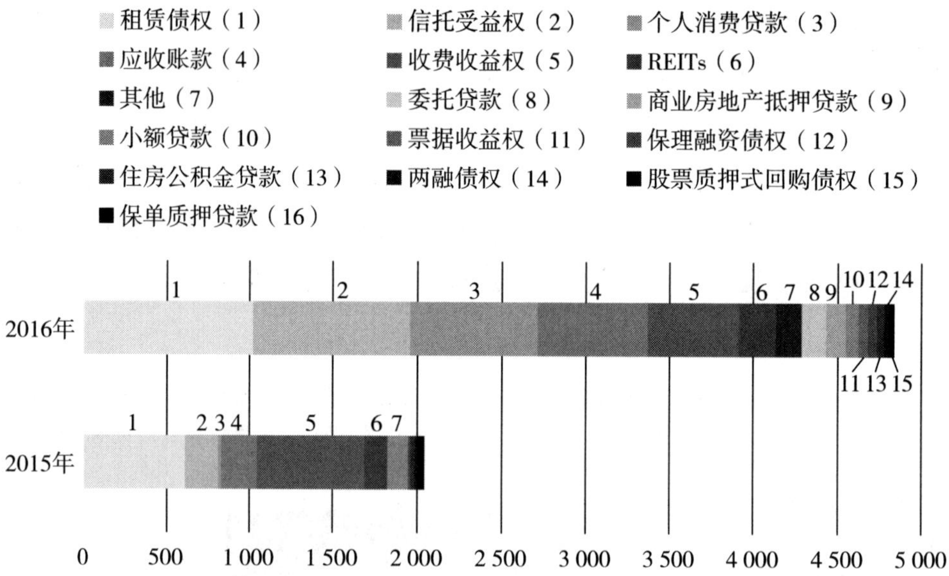

图 5-6　2015 及 2016 年企业 ABS 发行统计（按基础资产类型，单位：亿元）

数据来源：Wind 资讯、中国资产证券化分析网数据整理。

资产证券化也是盘活存量资产、优化增量资产的有效金融工具。无论是银行还是非金融企业，抑或是政府，要让有限的资金发挥最大的使用效率，不仅需要流动性资金发挥最大效率，在一定时间段也需要活化运用固化的资金以提高整体资金的运用效率。从我国目前的情况来看，存量资产规模和存量资产证券化规模极不相称，与欧美市场相比，我国资产证券化业务的前景和潜力都非常巨大。

二级市场投资

1. 权益类投资主动管理

权益类资产以股票、股票型基金为主，与固定收益类资产相比，权益类投资具有“高风险、高收益、高流动性”的特征，其中“高风险、高收益”的特征在 A 股市场表现得尤为突出。主流权益类投资产品种类见表 5-8。

表 5–8 主流权益类投资产品

细分种类	投资标的
股票	上市公司
股票基金	投资股票，最低仓位 80%
指数基金	大盘指数、行业指数等
FOF	投资于基金的基金
阳光私募	二级市场证券品种

数据来源：金融小伙伴。

首先，从券商资管端来看，自 2012 年 10 月的“一法两则”（即《证券公司客户资产管理业务管理办法》及两个实施细则）实施以来，券商资管规模获得了爆发式的增长。在券商资管的投资方向中，权益投资无疑是资产管理的核心业务，然而遗憾的是，尽管券商资管规模超 17 万亿元，但主动管理的比例尚不足 30%。

随着 2016 年初股票二级市场遭遇罕见的股灾，A 股成交逐渐缩量，市场整体风险偏好降低，投资者仓位和杠杆大幅下降，非标资产、房地产等资产受到追捧，大类资产配置腾挪正在进行（见表 5–9）。券商资管业务投资类型中权益类占比虽仍不足 10%，较往年有所下降。

表 5–9 2016 年证券公司存续集合计划净值收益率情况

产品类型	平均净值收益率（%）
权益型	6.47
混合型	0.36
债券型	–0.09
货币市场型	0.44
FOF	1.57
其他	1.26

数据来源：Wind 资讯，金融小伙伴。

由表 5–9 可知，从 2016 年全年收益看，由于下半年股票市场震荡上行，权益类产品和混合类产品在各类集合计划中表现较好，平均净值收益率分别为 6.47% 和 0.36%；由于债市在年底遭受重创，债券型产品整体收益为负。

其次，由于权益市场和债券市场整体表现不佳，2016 年基金公司开放式基金平均收益率为负，表现不尽如人意。其中，指数型基金表现最为惨淡，净值收益率为 –19.71%；其次是混合型基金，净值收益率为 –14.97%；股票型基金与上年相距甚远，为 –9.92%；债券型基金和保本型基金表现尚可，分别为 –0.38% 和 –0.24%。详见表 5–10。

表 5–10　2016 年基金公司开放式基金收益率情况

产品类型	平均净值收益率（%）
股票型	–9.92
混合型	–14.97
债券型	–0.38
保本型	–0.24
指数型	–19.71

数据来源：Wind 资讯。

最后，从保险资管端来看，作为市场上较大的资金提供者，它们一直是资金需求者“朝拜”的对象。保险资产管理公司是专门管理保险资金的金融机构，一般由保险公司或保险公司的控股股东发起成立，主要业务是接受保险公司委托管理保险基金，目标是使保险基金实现保值和增值。2003 年，第一家资产管理公司中国人保资产管理公司设立，至今保险资管公司已达 21 家。保险公司更注重多元化的投资分散风险，而险资可投资的品种越来越多，新的投资方式会加强探索和布局，以分散传统投资渠道的投资风险和提高投资收益。

权益类投资作为一种“高收益、高风险”的投资类型，成为资管业越来越重要的类型之一，不同的资管公司会根据自身风险偏好来适当配置权益类投资比例，二级市场的走向也会对权益类投资比例和收益产生重大影响。

2. 固定收益类主动管理

固定收益是投资者按事先规定好的利息率获得的收益，如债券和存单在到期时，投资者即可领取约定利息。固定收益类投资指投资于银行定期存款、协议存款、国债、金融债、企业债、可转换债券、债券型基金、非标产品（如信托计划、ABS、保险资管发行的金融产品）等固定收益类资产。我们可以按照银行定期存款、国库券等金融产品的特性来理解“固定收益”的含义，一般来说，这类产品的收益不高但比较稳定，风险也比较低。固定收益投资类型见表 5-11。

表 5-11　固定收益投资类型

种　类	描　述
国债、央行票据、金融债和有担保的企业债	收益来自债券持有期利息收入、市场利率下行导致的价格上升和较强变现能力蕴含的盈利
担保企业债，包括短期融资券和普通无担保企业债	收益来自企业债持有期利息收入、市场利率的下行和信用利差的缩减导致的价格上升
混合融资证券	包括可转换债券和分离型可转换债券，收益来自标的证券价格变动导致的价格上升和派息标的证券价格波动
非标产品	信托计划、ABS、银行理财、保险债权投资计划、股权投资计划等，大部分非标产品（ABS 除外）由于没有交易场所，所以流动性较差，所以有一定的流动性溢价

◆ 债券投资

作为一种有价证券，国内的债券按照发行主体可以分为国债、地方债、金融债、企业债（城投债）、公司债（有限责任公司和股份有限公司等）和协会产品（中票、短融、定向工具等）。

近两年债券市场创新品种主要为并购重组私募债券、永续债 / 永续票据、收益凭证、可交换债券、项目收益债 / 票据、定向可转票据等，部分新债券品种主要对特定领域融资者开放，意在扶持该领域发展，或者加强地方债务管理，诸如并购重组私募债券、项目收益债券等；部分创新债券品种则内嵌了选择权，或者兼具债权和股权的特性，增强了投资属性。

债券一般具有以下特征：

收益性。债券投资是一种直接投资，投资者本人直接承担了投资风险，同时也减少了投资过程的中间环节，所以债券投资的收益一般要高于银行存款。

安全性。债券的安全性主要表现在以下两个方面：一是债券利息事先确定，即使是浮动利率债券，一般也有一个预定的最低利率，以保证投资者在市场利率波动时免受损失；二是投资的本金在债券到期后可以收回。

流动性。债券的流动性是指债券在偿还期限到来之前，可以在证券市场上自由流通和转让。债券的这一性质，保证了投资者持有债券与持有现款或将钱存入银行几乎没有什么区别。

需要指出的是，债券的上述三个特性在一般情况下很难兼顾。例如，安全性高的债券收益率可能较低，而收益率高的债券投资风险又可能较大。作为固定收益投资的重要组成部分，债券在资管投资的配置中也是相当重要的一环。

截至2016年底，基金公司存续专户产品中，债券类产品规模为4 967亿元，占比40.6%；券商资管集合计划债券型产品投资规模达12.3万亿，占比达31%；券商资管主动管理定向业务债券市场投资占比为40%左右，规模超过5 000亿元；保险资金运用中，债券类投资占比为32.15%。

◆ 量化投资

量化投资计划就是利用数学、统计学、信息技术的量化投资方法管理投资组合，以先进的数学模型代替人为的主观判断，克服人性的弱点。量化投资区别于定性投资的鲜明特征就是有模型。打个比方，我们先看一看医生治病，中医与西医的诊疗方法不同，中医是望、闻、问、切，最后判断出结果，很大程度上基于中医的经验，定性的成分多一些；西医就不同了，先要病人去拍片子、化验等，这些都要依托于医学仪器，最后得出结论，对症下药。

医生治疗病人的疾病，投资者治疗市场的疾病。市场的疾病是什么？就是错误定价和估值，若没病或病得比较轻，市场是有效或弱有效的；病得越严重，市场越无效。投资者用资金投资于低估的证券，直到把它的价格抬升到合理的价格水平上。

定性投资和定量投资的具体做法有些差异。定性投资更像中医，更多地依靠经验和感觉判断病在哪里；定量投资更像西医，依靠模型判断，模型对于定量投资基金经理的作用就像CT机对于医生的作用。在每一天的投资运作之前，投资经理会先用模型对整个市场进行一次全面的检查和扫描，然后根据检查和扫描结果做出投资决策。

随着包括现券及其衍生品在内的固定收益市场的发展，国内的固定收益类策略与相关的产品将会得到极大丰富。与境外成熟市场相比，其发展空间巨大，面临的挑战也很大，其中最重要的是人才，这些复杂的投资策略从设计到执行都需要投入大量的"知识资本"（intellectual capital）。国外的研究表明，投入越多知识资本的策略，其所能产生的超额收益也越显著。这也证明了，在金融工程领域，知识能够产生额外的收益，在这方面的投入是非常有价值的。[1]

◆ 现金管理类投资[2]

基金系：现金理财 1 元起。货币市场基金是指投资于货币市场短期有价证券的一种基金，可以在交易日申购和赎回。投资范围以货币市场工具为主，包括 1 年以内的银行定期存款、大额存单、央行票据、剩余期限在 397 天之内的债券以及期限在 1 年以内的债券回购。不可投资于股票和可转换债券等权益类资产。对信用债的评级要求较高，不可投资于 AAA 级以下的券种。

所谓场内 T+0 货币基金，是指可以在交易所挂牌交易、申购赎回、实现了 T+0 交易的货币基金，是 2015 年比较重要的创新产品之一。

短期理财债券型基金，简称短债型基金，是 2012 年 5 月出现的一种创新型基金，是具有一定封闭期的定期开放式纯债基金。运作模式类似于滚动型银行理财产品，在一个运作周期内产品是封闭的，到期后，投资者可选择赎回或继续投资，让资金进入下一个运作周期。运作周期包括 7 天、14 天、30 天、60 天、90 天等。货币 ETF 即交易型货币市场基金，这种基金实现了股票与货币基金间的即时无缝对接，因此能够盘活上千亿元规模的券商保证金。

银行系：现金理财 1 000 元起。开放式无固定期限产品是指没有明确的理财期限，采用开放式交易模式，投资者可在理财计划存续期内任一交易日提出申购或赎回申请，申购和赎回即时生效。开放式周期性产品又称滚动型产品，即若投资者未在产品到期前提出申购或赎回请求，则自动进入下一个运作周期，通常一个运作周期的时间不是太长（7、14、21、28 天等）。

封闭式超短期理财产品，理财期限不大于 30 天，产品的整个运作期都是封闭的。投资者在运作期内不能提出申购和赎回申请，一旦购买了产品，就必须等到产品到期后，才能得到理财资金。

---

［1］ 汪歆子渔．几种常见的固定收益套利策略［EB/OL］．资讯，［2017-06-13］.http：//kt.liangtou.com/article/10010898102.

［2］ 张曦元．现金管理类理财产品，你知道多少呢？［J］．复印报刊资料：投资与理财，2014（1）：64-64.

券商系：现金理财 1 万元起。所谓的债券质押式报价回购（以下简称报价回购），是指证券公司提供债券作为质押物，并根据标准券折算率计算出的标准券总额为融资额度，向在该证券公司指定交易的客户，以证券公司报价、客户接受报价的方式融入资金，客户于回购到期时，收回融出资金并获得相应收益。券商保证金管理模式，是指券商将客户保证金划转至债券类资产管理产品账户，并将客户资金投资于货币或债券基金、银行通知存款等工具，再按照约定期限，将本息划转给客户。券商通过收取管理费或者收益分成，获取利润。

信托系：现金理财 100 万元起。又可分为开放式无固定期限型和开放式定期型。

开放式无固定期限型，是指没有明确的投资期限，采用开放式交易模式，投资者可在计划存续期内每个开放日（开放日为指定的工作日，如周二或每个工作日）提出申购或赎回申请。

开放式定期型，是指有确定的投资期限，一般不会太长，如 2 周或 1、2、3、6、9、12 个月，认购资金只能在期满后分配本金和信托收益，这是与开放式无固定期限型的主要区别。其认购时间、门槛、投向等情况与开放式无固定期限型基本相同。

现金管理类基金因其门槛低、收益稳定的特征而受到普通大众的欢迎，主要指货币基金和短期理财型债券基金。货币基金是一种将全部资产投资包括但不限于短期存款或流动性良好的固定收益类证券的基金，收益比较基准一般为七天通知存款收益（税后）或一年期及一年期以下的定期存款收益（税后）。

现金管理类基金的投资标的大致可分三类：

第一类是存款与备付金，主要包括现金、通知存款、1 年以内（含 1 年）的银行定期存款、大额存单等；

第二类是买入返售证券，类似于债券回购，是一种约定付息还本的投资方式；

第三类是债券，指剩余期限在 397 天以内（含 397 天）的债券，主要包括国债、政策性金融债、央票、AAA 企业债、中票、短融、超短融、资产支持类债券等。

需要特别强调的是，现金管理类基金不可投资于具有权益类属性的投资标的，如股票、可转换债券等。

标准化固收产品投资

自 2013 年底至 2016 年上半年，国内的债券市场走过了一个轰轰烈烈的大牛市。与之相关的一级市场、二级市场在市场规模、参与机构数量、产品创新等方面取得了极大的发展，同时也收获了求职者越来越多的目光。考虑到本书前文已具体介绍了资管业务中的固定收益产品类型，因此该部分将不再涉及概念性的解释，进而将重点放在介绍标准化固收产品（债券、存单及货基）二级市场投资这个细分市场的参与主体、运行机制、发展现状以及未来求职前景等内容，以满足部分读者需求。

1. 主要参与主体

目前国内金融市场很重要的一个特点就是银行业一家独大，这也使得银行成为这个市场最大的参与方。银行参与固收市场投资的资金来源主要是表内资产和表外资产。各家银行表内资产投资的固收产品规模庞大，可能超过几十万亿元，不过各家机构这类资产投资占比不一，上市银行的投资占比在 1/4 左右；而银行表外资产（即各种银行理财）规模在近几年疯狂扩张，截至 2016 年底，银行理财规模接近 30 万亿元。银行理财大部分具有固定收益特征，因此其资产绝大部分投向了债券、存单、非标等固收类产品。如果说央行是掌管整个金融市场资金流的水龙头，那么银行就是掌管整个债券市场资金流的水龙头。

公募基金是固收产品的传统参与者。根据证券投资基金业协会公布的数据，截至 2016 年底，公募基金资产合计 8.36 万亿元，其中混合基金规模 2.0 万亿元，货币基金规模接近 4.3 万亿元，债券基金规模达 1.42 万亿元。根据上述数据，公募基金投向固收产品的规模保守估计超过 6.5 万亿元。另外，根据证券投资基金业协会公布的数据，截至 2016 年底，基金管理公司及其子公司专户业务规模达 16.89 亿元。从基金专户的投资配置来看，债券配置比例较高，估计超过五成。因此，目前公募基金是仅次于银行的债券机构投资者。

固收市场另外一个重要的参与方便是保险。得益于保险业过去几十年的迅速发展，保险公司的总资产以指数形态增长。截至 2016 年底，保险业总资产达到 15.11 万亿元，保险资金运用余额接近 13.4 万亿元，其中债券类资产规模达到 4.31 万亿元，占比为 32.15%。和银行一样，保险资金是债券配置型投资者。随着中国保险业的不断发展，保险资金将在固收市场扮演越来越重要的角色。

券商已成为固收市场一股强大的新势力。和公募基金一样，券商是债券交易型投资者。券商参与该市场的资金来源包括自有资金及第三方资金。根据证券业协会发布的统计数据，截至 2016 年 12 月 31 日，129 家证券公司总资产为 5.79 万亿元，净资产为 1.64 万亿元。券商自营资金投资的标准金融产品主要为股票、债券和基金，其中各家券商债券投资占比不一。根据券商行业龙头中信证券发布的 2016 年资产负债表，债券投资的规模超过 1 100 亿元，接近总资产的 20%、净资产的 80%。此外，券商所管理的第三方资产投向固收产品的规模远远超过自营资金。根据证券投资基金业协会公布的数据，截至 2016 年底，券商资产管理业务受托资金总额 17.82 万亿元，其中集合计划 2.19 万亿元，定向资管计划 14.7 万亿元。上述两类资管计划是券商资管产品投资固收产品的主力，不过具体投资比例笔者暂未从公开数据中获得。

固收市场的其他重要参与者还包括信托公司、私募证券投资基金、社会保障基金、社会保险基金、企业年金、企业财务公司等。根据信托业协会公布的统计数据，截至 2016 年底，信托管理规模达 20.2 万亿元，其中投向债券的规模达 1.92 万亿元，占比超过 11%。根据证券投资基金业协会公布的数据，截至 2016 年底，私募证券投资基金产品只数超过 2.5 万只，实缴规模超过 2.6 万亿元。截至 2015 年底，社会保障基金资产总额超 1.91 万亿元，债券投资规模估计在 8 000 亿元左右。基本养老保险基金是社会保险基金中最重要的组成部分，根据人力资源和社会保障部发布的统计数据，截至 2016 年底，基本养老保险基金结余 3.67 万亿元。扣除预留支付资金外，全国可以纳入投资运营范围的资金总计约两万亿。目前，人力资源和社会保障部已经评出 21 家基本养老保险基金证券投资管理机构（由公募基金、保险资管公司组成）。人力资源和社会保障部公布的数据显示，截至 2016 年第三季度，全国企业年金积累基金 1.07 万亿元，其中固定收益类资产占比约 17%。

2. 运行机制及发展现状

上文介绍的主要参与主体可以分为两类，一类是资金供给方，一类是资金管理方。当然，有些主体同时扮演上述两种角色。银行、保险、券商、信托、社会保障基金、社会保险基金以及企业年金是主要的资金供给方，其中银行、保险、券商、信托、社会保障基金同时也是资金管理方。私募证券投资基金、公募基金则是典型的资金管理方。资金管理方主要通过发行各类金融产品来满足委托人即资金供给方的需求，如银行理财、债券基金、资管产品、信托产品等。资金管理方募集到资金后，便根据相关合同约定进行固收产品投资。根据上文的统计数据，固收产品市场的规模估计超过 70 万亿元，可以说是一个非常巨大的金融投资市场。

在固收投资市场，不同资金来源和不同的资金管理方对应着不同的投资策略。由于银行资金体量巨大，在债券市场供应一定的情况下，会通过自身业务部门或者委外机构配置大量的利率债和信用债。当然，银行间资金体量的分化也较为严重。不少规模较小的城商行通过发行存单等方式迅速扩张了资产负债表，从而将资金投向收益率较高的固收产品来获得超额收益，不过这一获利方式能否持久仍需观察。

公募基金发行的债券基金有着不同的投资策略。有的债券基金着重进行一级市场投标，有的侧重从高收益债券中“淘金”，有的则倾向于选择流动性较好的债券进行波段交易，策略可谓五花八门。此外，近几年为大众所耳熟能详的货币基金则最注重流动性和收益性，该类基金监管较为严苛，基本上都是投向久期很短且有一定收益的固收类产品，如短融中票、定制存款、存单等。对于基金公司及其子公司的专户，它们的固收投资策略往往与委托方制定的投资指引相关。

不同险种和不同成本的保险资金固收投资策略各不相同。一般情况下，对于寿险，其资金久期较长，可配置久期较长的债券品种；对于财险，其资金久期较短，可配置中短期债券品种；对于万能险，其资金久期很短，成本也较高，可配置高收益品种的债券。此外，保险公司通常有“开门红”，即年初几个月有大量保费入账，因此会有较大配置需求。

对于其余资金管理方的投资特点本书不再一一赘述。另外，笔者简单介绍一下目前一些资金管理方的固收投资特点。首先是杠杆。杠杆是一把双刃剑，当行情好时，它可以成倍扩大收益，但当行情变差时，则可能成倍增加亏损。得益于近几年央行较为宽松的货币环境和较松的监管政策，很多资金管理方利用银行间和交易所较低成本的回购、优先劣后结构以及代持等方法成倍增加了投资杠杆，博得了较高的投资收益。这些机构的做法也使得很多银行和其他资金管理方不断做大其管理规模，以更好地获取收益。不过，随着监管层在 2017 年不断出台各类去杠杆的政策，债券市场的资金面不再像前几年那么宽松，利用高杠杆博取高收益的方法可能要承担较大的投资风险。

3. 未来求职前景

随着近几年固收市场的快速扩张，这个市场吸纳了越来越多的固收投研人员、交易员及其他为交易投资而服务的金融从业者。与固收投资相关的金融机构部门一般有银行的金融市场部（资产管理部、私人银行部）、基金和保险（资管）的固收部（年金部）、券商自营部和资产管理部、私募固收部、货币中介机构（国际货币、国利货币、平安利顺等）业务部门、各大评级机构等。求职者可以关注上述部门的招聘信息。

过去三四年，一级市场和二级市场的债券从业者都处于牛市的环境中，整体收入方面有较大幅度的提高，这似乎让许多求职者认定这是一个黄金细分行业，削尖脑袋想进入这个行业。不过笔者对此还是持谨慎的态度，求职者应该在进入前了解这个行业是否符合自身的职业发展规划。过去三四年固收市场恰逢天时、地利、人和。天时指的是央行的货币政策和资金管理方所处的监管环境较为宽松；地利指的是银行的委外规模爆发式增长且资金管理方有做大蛋糕的想法；人和则指的是固收从业人员敢于加杠杆、敢于配置高收益债券。不过 2016 年下半年以来，监管层连续出台政策，意在降低金融杠杆，减少资金空转及从央行处“套利”，因此，固收市场规模扩张速度可能大幅降低。一旦进入熊市阶段，市场很多岗位都会出现人员过剩，下岗、转行的情况不可避免。

不过固收市场的体量巨大且长期来看仍有发展空间，对于从业者而言有许多施展才华的机会。相比于权益等资产投资，固收产品的波动性要小很多，意味着收入的稳定性要好很多，这也是固收投资吸引人的地方之一。与其他金融细分市场一样，这个市场能人辈出，想要在行业里站稳脚跟，打铁还需自身硬。

资管业的发展前景与出路

资管业的薪酬待遇

资管业薪酬待遇在一级与二级市场有较大的不同，基本上遵循所从事方向的发展路径。

在一级市场，如信托、基金子公司、券商资管、保险资管，从业人员的薪酬结构与券商投行相似，基本上是“底薪 + 提成”的模式，根据业务定指标。应届生待遇底薪基本上是 6 000~10 000 元，奖金激励机制不错。在市场行情好的情况下，提成（奖金）可能远远高于底薪。由于资管业由众多类型的金融机构组成，所以薪酬待遇也截然不同。一般来说，信托、基金子公司、券商资管的激励机制较为充分，只要你资源足够多、业务足够大、创收足够高，那么奖金也会足够丰厚。前几年信托业如火如荼，整个行业创造了巨额的利润，员工年底奖金百万的例子数不胜数。这也从侧面反映了这些行业的激励机制特征。而保险资管行业的激励机制可能较前面几个行业弱，业绩指标压力较小，员工薪酬待遇较为稳定，增长幅度相对一般，福利较多，性价比较高。银行资管的激励机制在资管业里面可能是最弱的，承袭了银行“大锅饭”的风格，这也意味着员工薪酬待遇稳定，增长幅度较小，薪酬待遇容易遇到天花板，但业绩压力小，总体性价比也高。不过，一些股份制和地方性银行的资管部门激励机制已经相当市场化，吸引了不少应届生的目光。

在二级市场，如券商资管研究员、保险资管研究员的薪酬待遇结构与基金等买方研究员相似。具体可参见本书第 4 章。而在资管业二级市场的投资经理，其薪酬主要取决于投资经理的管理规模和投资业绩。股票投资经理的奖金波动较大，在牛市期间获得超额激励是大概率事件，在熊市阶段则有可能颗粒无收。固收投资经理的奖金稳定性较高，在债券牛市时期奖金亦可与股票投资经理相提并论，而在债券熊市往往能保住一定收益。在资管行业二级市场，投资经理薪酬待遇差距同样很大，明星投资经理不仅能够获得较高的奖金激励，还能拿到基数很高的底薪。

资管业的晋升空间及出路

资管从业人员的晋升空间和出路与其具体的工作内容密切相关，从事的是一级市场还是二级市场业务，决定了对个人的素质要求以及之后的晋升路径的巨大差异。

一级市场可以说是业务为王。如果历史业绩优秀，并且积累了较为丰富的资源，那么你既可以留在像基金子公司和信托这样激励机制足够强的行业继续发光发热，成为一个部门的负责人，甚至是更高级别的管理人员，也可以去工作环境较为安稳的保险资管、银行资管等行业，成为部门一把手。总之，只要业务能力强，晋升空间就会很大。另外，大资管内各行业的业务多多少少有相似之处，因此跳槽的选择也相当多。

二级市场可以说是研究为王。在资管行业二级市场做研究，只要研究能力足够强，能够较为准确地判断宏观经济、固定收益市场走势或者上市公司股价，你就可以逐步从一个研究员成长为投资经理、部门经理甚至是投资总监。由于资管研究员属于买方研究员系列，所以不仅可以在本行业寻求发展，也可以跳往基金、私募等买方发展自己的事业，出路也是相当广的。

资管业偏好什么样的人才

偏好的教育背景

与金融其他行业类似，资管业的基本学历要求是硕士（985 及 211 院校），双 985 或者双 211 求职时会更有优势，专业背景要求是金融、法律或会计，最好对金融知识和法律知识都比较熟悉。对专业的要求根据业务不同也略有不同，如果是非标业务，偏爱法律 + 财务背景；如果是标准化业务，偏爱理工 + 金融背景。

关于资管行业需要怎样的教育背景，在资管业务的实习或者全职招聘信息中就会发现，资产管理部门应该算是一家公司的核心部门，对人才的要求相对较高，无论是在基金子公司、信托，还是券商、银行的资管部门，基本的要求是：国内重点院校（211、985）硕士，金融、法律、经济等教育背景的人才，当然对于特别优秀的可能会有所放宽。其实对于学历背景的要求也要看进入资管部门后具体是做哪一块的工作，比如说做量化方面的，就需要有数学、统计、计算机方面理工科背景的人才，学历也最好是硕士以上。

必备的知识和技能

资管业的范围如此之广，以至于基本上无所不包。不同的资管业务需要不同的专业知识和技能，具体做的是一级市场股权债权项目，还是二级市场投资研究，所需要的技能截然不同。

资产管理相关一级市场业务需要的主要技能有：

法律 / 财务会计。由于资管业务就是处理各种投融资业务，所以需要对相关领域的法律、监管层出台的法规和政策有深入的了解。因此，具备足够的法律知识是开展业务的必要前提。在开展各种业务的过程中，你经常要面对这样的问题：以什么形态的产品包装这笔融资才算合规？怎样设计信托产品才能连接银行和保险资金？这种增信方式是法律所允许的吗？该款信托产品是否在保监会允许投资的范围内？如何将定增项目打包成合规的资管产品？要回答这些问题，你需要熟悉相关法律知识。此外，监管层会根据市场情况出台一些新的监管条例和政策，这也需要你马上进行深入的学习。开展一级市场业务还需要有足够的财务会计知识。因为经常要阅读企业的各种财务报表，并对其进行一定的财务分析。因此，考取 CPA 证书能在很大程度上提高你的财务会计水平。

业务整合开拓能力。开展资管一级市场业务的前提就是拥有项目资源，为此你需要有业务整合开拓能力。一方面，你要与过去、现在的项目方保持较为紧密的联系，保持高度敏感，时刻准备为他们提供投融资服务；另一方面，你需要和外界保持密切接触，不断开拓新的客户资源，了解他们的投融资需求，为其提供合适合规的投融资服务，从而扩大自身业务规模。业务整合开拓能力不仅仅是对智商的考验，更是对情商和勤奋度的考验。

至于资管二级市场方面需要哪些知识和技能，则更多和传统行业研究相关，总体上资管机构也与在买方从事研究员的工作内容更加类似，故可参考本书第 4 章的相关内容。而作为资管二级市场的投资经理，不仅需要过硬的理论研究和财务估值理论，也需要对监管规定、仓位管理和买卖止损操作烂熟于心。以固收投资经理为例，理论知识方面需要掌握宏观经济、中观行业、微观企业层面的各方面知识，实际操作层面需要掌握各类监管规定（如质押率、流动性操作等）、仓位管理、头寸管理、杠杆管理、下单买入和卖出、止损、信用债追踪、企业调研、报告撰写等。投资经理不仅要背负较大的考核压力，也需要掌握非常多的技能。管理一个小小的账户的背后往往有投资经理付出的巨大努力。

结　语

随着监管环境的变化，在扩大投资范围、降低投资门槛，以及减少相关限制等方面，证券公司、期货公司、证投基金管理公司、银行、保险公司、信托公司之间的竞争壁垒均被打破，使资产管理行业进入进一步的竞争、创新、混业经营的大资管时代。

当前，资管行业正在去通道、去杠杆和穿透监管，各大资管公司都在回归主动管理，这也使得资管行业之间的竞争更加白热化。大资管的火热，带来了很多新的就业机会，获得了广大学生的关注。随着国内金融业务环境的变化，私人财富迅速积累，市场一定会有更丰富、更多元化的资产管理需求，吸引金融业高素质人才的持续加入。

06

包罗万象之其他金融子行业解读

本书前面的几章较为综合地介绍了我国金融业内五大核心行业的基本情况。然而，随着金融政策逐渐放开和金融业的不断发展，金融业务越来越多元化，各式金融机构在创新浪潮中纷纷崛起，逐渐在整个大金融环境中占据举足轻重的地位。

本章将重点介绍金融五大业之外的机构，包括私募股权投资基金（PE）、金融监管事业单位、租赁公司和互联网金融企业等，这些子行业近年来均蓬勃发展，前景广阔。虽不能对各行业详尽论述，但力求让广大学子多了解一些职业的相关内容。

崛起中的私募大军

私募自出现以来，因其灵活的制度、高额的奖金、神秘的大鳄等，一直吸引着各界的关注。但事实上，私募是否真的如此光鲜亮丽？作为一名初入职场的金融学子是否真的适合私募行业？答案有待商榷。下面对我国私募行业的发展概况和前景做一些阐述。

私募的行业概况

1. 私募基金的含义与分类

通俗而言，私募，与公募相对，是一种向一定数量的合格投资者非公开募集资金的方式。私募通常以基金作为载体，利用募集来的资金进行相关的投资。

私募基金的出现可以追溯至19世纪末20世纪初，当时的美国有不少富裕的家族和个人将资金投资于风险较大的石油、钢铁、铁路等新兴产业。起初，这类投资是由投资者独立决策的，没有设立专门的机构，后来这些家族开始聘用外部优秀人士代为选择、管理这些投资，私募的雏形应运而生。公认具有现代意义的私募股权基金于二战后以风险投资公司的形式在美国出现：1946年，由美国波士顿联邦储备银行行长弗兰德斯和哈佛商学院教授多里奥特及一些企业家发起成立了美国研究发展公司（简称ARD），开创了现代私募股权投资业的先河。[1]

上面提到，私募实际上是指资金的募集方式，并未言明具体的资金投向，金融业内投资标的包罗万象，因此也产生了各种不同的私募基金形式。[2]按照我国的监管体系，我国的私募业以投资标的分类，可以分为私募证券基金和私募股权投资基金，前者投资标的偏向于二级市场，如股票、债券和金融衍生工具；后者投资标的偏向于一级市场未上市公司的股权，俗称PE（Private Equity）。由于私募证券投资基金除了募集方式、监管政策和投资层面的具体策略（目标为获取绝对收益）以外，和公募基金非常相似，此处不展开论述。我们将着重对私募股权投资基金进行详细介绍。

私募股权投资基金按投资标的企业的成熟性划分，可以大致分为PE（Private Equity）和VC（Venture Capital，创业投资基金）两类。VC与PE的投资方式基本一致，但主要以初创企业作为投资对象，因此相对而言风险较高，也被称为风险投资。金融业内一级市场可投资的标的浩如烟海，因此除上述两类外，还有其他各种各样的私募基金，例如专门为投资者挑选优质基金进行投资的母基金（简称FOF）、专门投资于不动产市场的不动产基金等。

私募股权投资基金按组织方式分有公司制基金、合伙制基金以及契约制基金。[3]公司制私募基金（如“某某投资公司”）依据公司法成立并运营，拥有完

[1] 徐畅．私募股权投资基金组织形式分析［J］．商品与质量：学术观察，2011（4）：195-196.

[2] 证监会发布的《私募投资基金监督管理暂行办法》中规定私募基金的投资范围，包括买卖股票、股权、债券、期货、期权、基金份额及投资合同约定的其他投资标的。上述范围已经涵盖了所有的金融产品。

[3] 2014年8月21日，证监会发布《私募投资基金监督管理暂行办法》，从而确立了这三种组织方式。

整的公司架构和成熟的公司治理模式。

合伙制基金［如“某某投资中心（有限合伙）”］依据合伙企业法设立并运营，一般采用有限合伙制。合伙制基金出资人一般包括两类：普通合伙人和有限合伙人，前者为有限合伙企业的债务承担无限责任，后者以出资额为限承担有限责任。私募基金管理人由普通合伙人担任，认缴合伙企业较少份额，并负责有限合伙企业的设立和管理运营；有限合伙人则认缴基金出资的绝大部分，不能对外代表合伙企业或干涉其正常运营。

契约制私募基金无具体的法律实体，其设立和运营主要由各投资人签署的《投资合伙协议》进行规范。契约式基金免去了注册专门的有限合伙企业或投资公司的流程，不必占用独占性不动产、动产和人员，设立成本较低、决策效率高且可以规避部分针对投资实体的税收，属于新兴的投资结构。

值得说明的是，按照上文“私募”的定义——非公开募集方式，我国特有的信托计划、专项资产管理计划等也属于广义的私募范畴，因此也可以属于广义私募的组织结构。但信托公司和基金子公司传统业务和非标债权等模式，与西方私募基金侧重股权投资追求高收益差异较大，不可简单地归为一类。[1]当然，随着传统业务的逐渐收缩，竞争逐渐加剧，目前信托公司和基金子公司也在向股权投资和另类投资方向深入转型。

2. 私募基金发展与规模

截至 2016 年 12 月 31 日，基金业协会已登记备案私募基金管理人 17 433 家（包括股权、证券、创投、其他基金管理人），相比 2015 年底减少 30.28%。已备案私募基金共 46 505 只，认缴规模合计 10.24 万亿元，实缴规模 7.89 万亿元，相比 2015 年底增长 93.34%、101.97% 和 94.81%。其中，已备案的私募证券基金管理人数量 7 781 家，相比 2015 年底减少 29.04%。私募证券基金管理人共备案产品 27 015 只，合计规模 27 661 亿元，相比 2015 年底分别增长 85.63%、54.60%。

2016 年中国 VC/PE 市场整体募资氛围表现良好，无论是开始募集还是募集完成的基金，开始募集基金的数量和目标规模更是创下了历史最高纪录。根

［1］ 杨娇．我国私募基金的法律规制问题研究［D］．上海：上海师范大学，2013.

据 CV Source 投中数据终端的统计，2016 全年共披露 1 065 支基金开始募集和成立，总目标规模为 3 307.41 亿美元，同比 2015 年（披露 974 支基金开始募集和成立，总目标规模为 2 711.55 亿美元）新募集的基金数量和规模均有很大幅度的提升。

2016 年共有 1 351 支基金宣布募集完成，披露的募集完成规模为 1 746.95 亿美元。从开始募集和募集完成的基金数量和规模来看，成长型基金依旧占主流。从开始募集和募集完成的基金币种来看，仍然呈现出以人民币基金为主导的格局。

私募的机构

私募机构近两年的曝光率不断提升，一些机构也逐渐为人们所熟知。当然，国内私募机构数量成千上万，质量良莠不齐。本书按投资标的类别列举规模较大的部分私募机构以供求职者学习参考。[1]

1. 私募证券基金

私募证券基金，一般由已经在市场中拥有良好历史业绩的基金经理创立，例如淡水泉（北京）投资管理有限公司的创始人赵军，就是来自著名的嘉实基金管理有限公司。2014 年到 2015 年年中的行情，促使大量公募基金的基金经理离开公募，转而创立自己的私募基金，在业内称之为“奔私潮”。例如被称为“基金一哥”的王亚伟离开华夏基金管理有限公司后，成立深圳千合资本管理有限公司；“基金一姐”王茹远离开宝盈基金管理有限公司另起炉灶，成立宏流投资管理有限公司。

但是，随着 2015 年牛市的终结，私募证券基金的发展受到了较为沉重的打击。从基金 2016 年业绩表现看，已经备案的私募证券基金中，收益率处于 -10%~0 区间内的基金数量最多，占总数的 38%。其次是 0~10% 的，占比 23%。

除公募派之外，市场上也有由卖方研究员，甚至所谓的“民间高手”创办的私募基金。后者最为著名的例子就是徐翔及其创办的上海泽熙投资管理有限公司，虽然 2015 年徐翔涉嫌内幕交易、操纵股票交易价格被抓，但是其此前在资

[1] 本部分的表格来源于中国证券投资基金业协会私募基金管理人分类公示，取决于私募基金管理人登记情况，大体上可反映私募基金管理人的管理规模，但仍可能与市场真实竞争力情况有所不同。

本市场取得的业绩着实颇为可观。总体而言，大型机构较少参与创立私募证券基金，市场中的私募证券基金规模也大多偏小。表 6–1 展示了部分私募证券基金的情况。表 6–2 是几家知名私募证券投资机构的概况。

表 6–1 私募证券基金（规模 50 亿元以上，不完全列举）

私募基金管理人名称	成立时间	注册地
自主发行类		
上海景林资产管理有限公司	2012/6/6	上海市 浦东新区
北京和聚投资管理有限公司	2009/3/27	北京市 西城区
淡水泉（北京）投资管理有限公司	2007/6/26	北京市 西城区
深圳展博投资管理有限公司	2008/5/19	广东省 深圳市
深圳清水源投资管理有限公司	2011/10/12	广东省 深圳市
歌斐诺宝（上海）资产管理有限公司	2013/4/10	上海市 虹口区
歌斐资产管理有限公司	2012/2/9	江苏省 苏州市
上海朱雀股权投资管理股份有限公司	2009/9/28	上海市 浦东新区
上海混沌道然资产管理有限公司	2007/4/13	上海市 浦东新区
上海新方程股权投资管理有限公司	2010/2/8	上海市 浦东新区
顾问管理类		
平安道远投资管理（上海）有限公司	2011/3/15	上海市 浦东新区
上海重阳投资管理股份有限公司	2009/6/26	上海市 浦东新区
上海景林资产管理有限公司	2012/6/6	上海市 浦东新区
富舜投资管理咨询（上海）有限公司	2012/2/10	上海市 浦东新区
北京乐瑞资产管理有限公司	2011/4/11	北京市 石景山区
北京鹏扬投资管理有限公司	2011/10/28	北京市 顺义区
北京市星石投资管理有限公司	2007/6/28	北京市 顺义区
北京佑瑞持投资管理有限公司	2010/12/28	北京市 平谷区
江苏瑞华投资控股集团有限公司	2003/7/2	江苏省 南京市
天津民晟资产管理有限公司	2010/11/1	天津市 滨海新区

数据来源：中国证券投资基金业协会。

表 6–2　几家知名的私募证券投资机构

（1）上海重阳投资管理有限公司	
Logo	重阳投资 CHONGYANG
简介	2009 年 6 月，专注于资产管理业务的上海重阳投资管理有限公司（以下简称重阳投资）成立。重阳投资已拥有一支既富理论造诣又经市场锤炼的投研队伍，投研员工超过 30 人。2009—2014 年，重阳投资连续六年被评为“金牛私募基金管理公司”。截至 2014 年底，重阳投资管理客户资产规模超过 200 亿元人民币
核心人员	裘国根、王庆、陈心
投资策略	基本面 / 价值投资
代表性基金	重阳 1 期（成立以来收益率为 266.65%）
应届生招聘	每年秋季举行校招
（2）淡水泉（北京）投资管理有限公司	
Logo	springs capital 淡水泉投资
简介	淡水泉（北京）投资管理有限公司（以下简称淡水泉）成立于 2007 年，是中国领先的私募证券基金管理公司之一。淡水泉致力于成为全球一流的中国投资专家，同时开展私募证券基金、海外对冲基金、机构专户等业务，客户群体包括全球高净值个人客户，以及养老金、主权财富基金、银行资产管理等大型机构客户。公司在北京、香港、深圳三地设有办公机构
核心人员	赵军
投资策略	基本面、多 / 空策略
代表性基金	淡水泉成长（成立以来收益率为 325.47%）
应届生招聘	无单独校招，通过公司网站投递简历，通过即获得面试资格

数据来源：各公司网站、好买基金网。

2. 私募股权基金

私募股权基金的特点是群雄逐鹿，各式各样，既有央企发起的，也有大型企业 / 金融机构设立的，同样不乏民营资本背景。如鼎晖投资基金管理公司和九鼎投资完全由创始人白手起家；弘毅投资则依托于大型企业联想控股。又如，工银国际资本经营合伙企业源自工商银行体系，中信产业投资基金管理有限公司属于中信集团，国投创新投资管理（北京）有限公司则隶属于国投集团。因此，在股权投资的舞台上，各类资本目前处于百花齐放、相互竞争的状态。在大型机构之外，还有不少规模相对较小的机构。部分私募股权基金如表 6–3 所示。几家知名私募股权投资机构概况如表 6–4 所示。

表 6–3　私募股权基金（规模 100 亿元以上）

私募股权基金管理人名称	成立时间	注册地
弘毅投资管理（天津）（有限合伙）	2008/4/14	天津市　滨海新区
鼎晖股权投资管理（天津）有限公司	2008/5/22	天津市　滨海新区
中科招商投资管理集团股份有限公司	2000/12/4	广东省　深圳市
昆吾九鼎投资管理有限公司	2007/7/27	北京市　海淀区
明石投资管理有限公司	2009/4/22	北京市　海淀区
海峡汇富产业投资基金管理有限公司	2010/7/28	福建省　福州市
首泰金信（北京）股权投资基金管理有限公司	2011/9/26	北京市　朝阳区
北京盛世宏明投资基金管理有限公司	2010/8/19	北京市　朝阳区
信达资本管理有限公司	2008/12/16	天津市　滨海新区
红杉资本股权投资管理（天津）有限公司	2008/9/10	天津市　滨海新区
广州越秀产业投资基金管理有限公司	2011/8/1	广东省　广州市
中信产业投资基金管理有限公司	2008/6/6	四川省　绵阳市
国投创新投资管理有限公司	2009/7/13	北京市　西城区
天津工银国际资本经营合伙企业（有限合伙）	2011/4/27	天津市　滨海新区
上海歌斐资产管理有限公司	2012/12/14	上海市　杨浦区

表 6–4　几家知名的私募股权投资机构

（1）鼎晖投资	
Logo	鼎晖投资 CDH
简介	鼎晖投资成立于 2002 年，是中国最大的另类资产管理机构之一，截至 2013 年 12 月 31 日，鼎晖投资管理的资金规模超过 870 亿元人民币。鼎晖投资前身是中国国际金融有限公司的直接投资部，由吴尚志、焦震等六位创始人，联合新加坡政府直接投资有限公司、中国投资担保有限公司和苏黎世保险资本集团创立。目前，鼎晖投资已拥有私募股权投资、创业投资、地产投资、夹层投资、证券投资、财富管理六大业务板

续表

核心人员	吴尚志、焦震、胡晓玲、王霖、王振宇
投资领域	零售及消费、工业制造、金融机构、医疗等
应届生招聘	每年秋季招聘非应届暑期实习生，通过暑期实习留用
（2）弘毅投资	
Logo	弘毅投资 HONY CAPITAL
简介	弘毅投资成立于2003年，为联想控股有限公司（以下简称“联想控股”）成员企业中专事股权投资及管理业务的公司。弘毅投资目前共管理七期股权投资基金（五期美元基金、两期人民币基金）和一期人民币夹层基金，管理资金总规模超过460亿元人民币，出资人包括联想控股、全国社保基金、中国人寿及高盛、淡马锡、加拿大养老金投资管理局等全球著名投资机构。弘毅投资被誉为“国企改制专家”，在国企改制和混合所有制探索方面颇有建树
核心人员	赵令欢、鲍筱斌、曹永刚、陈帅
投资领域	机械装备、医药健康、消费渠道、文化传媒、金融服务等
应届生招聘	每年秋季招聘非应届暑期实习生，通过暑期实习留用
（3）九鼎投资	
Logo	九鼎投资 JD CAPITAL
简介	九鼎投资总部位于北京，在全国50个地区设有分支机构或派驻专业人员，管理了多只人民币基金和两只美元基金。九鼎投资在消费、服务、医药医疗、农业、装备、材料、矿业、节能环保等领域均有专业的投资团队覆盖。目前，九鼎投资累计投资企业超过260家。九鼎投资在2011、2012年连续两年获得“中国最佳PE机构”，2009—2014年连续6年获评“中国私募股权投资机构十强”
核心人员	吴刚、黄晓捷、吴强、蔡蕾、覃正宇
投资领域	消费、服务、医药医疗、农业、装备、材料等
应届生招聘	暂无校招，长期实习生择优留用

数据来源：各公司网站。

3. 创业投资基金

部分创业投资基金和几家知名创投机构概况见表6–5和表6–6。目前大型创投基金的数量仍较少，多数成立时间不长，且规模较小。与PE类似，创业投资基金的背景各异，相对而言，外资背景的机构存在感更强一些，譬如著名创业基金中的 IDG 资本和红杉资本中国基金均为外资背景。另外，创业投资基金的设立门槛和对投资专业性的要求相对较低，因此各个机构之间的差异较大，良莠不齐。

表 6–5　创业投资基金（规模 10 亿元以上）

创业投资基金管理人名称	成立时间	注册地
深圳市创新投资集团有限公司	1999/8/25	广东省 深圳市
江苏高科技投资集团有限公司	1992/7/30	江苏省 南京市
中国科技产业投资管理有限公司	1987/10/17	北京市 海淀区
上海衡盈易盛资产管理有限公司	2010/9/25	上海市 浦东新区
成都银科创业投资有限公司	2009/3/18	四川省 成都市
和谐爱奇投资管理（北京）有限公司	2009/1/7	北京市 海淀区
西藏昆吾九鼎投资管理有限公司	2012/11/8	西藏 拉萨市
浙商创投股份有限公司	2007/11/16	浙江省 杭州市
中发君盛（北京）投资管理有限公司	2009/10/28	北京市 海淀区
鼎晖华泰投资管理（北京）有限公司	2010/3/11	北京市 海淀区

表 6–6　几家知名的创投机构

（1）IDG 资本（中国）	
Logo	IDG资本
简介	IDG 资本（中国）是专注于中国市场的专业投资基金，1992 年进入中国市场，目前管理的基金总规模为 25 亿美元，在香港、北京、上海、广州、深圳、硅谷、波士顿等地均设有办事处。 IDG 资本（中国）投资覆盖初创期、成长期、成熟期、Pre–IPO 各个阶段，投资规模从上百万美元到上千万美元不等
核心人员	熊晓鸽、周全、林栋梁、章苏阳等
投资领域	互联网 / 移动 / 高科技、新兴服务 / 品牌、医疗健康、工业技术 / 资源、媒体内容 / 旅游地产
应届生招聘	长期实习生留用，偶尔也推出招聘计划
（2）红杉资本中国基金	
Logo	SEQUOIA CAPITAL

续表

简介	2005年9月，携程网和如家酒店的共同创始人、携程网原总裁兼CFO沈南鹏与德丰杰全球基金原董事张帆，以及Sequoia Capital（红杉资本）一起创建了红杉资本中国基金。红杉资本中国基金目前在中国已投资了近150家拥有鲜明技术和创新商业模式、具有高成长性和高回报潜力的公司，其中有约30家成为上市公司
核心人员	沈南鹏、计越、刘星、周逵等
投资领域	科技/传媒、医疗健康、消费品/服务、新能源/清洁技术/先进制造
应届生招聘	实习生留用及校园招聘
（3）深圳市创新投资集团有限公司	
Logo	CAPITAL 創新投資
简介	公司1999年开始进行风险投资，是中国历史最悠久、规模最大的风险投资机构。目前公司注册资本35亿元，管理的资产超过200亿元，管理56家政府引导基金。16年间接洽项目数万个，已投资项目654个，累计投资金额约215亿元人民币。目前已有87个项目分别在中国内地、中国香港、美国、加拿大等全球17个资本市场上市，基金平均年投资回报率（IRR）为36%
核心人员	倪泽望、孙东升、汤大杰等
投资领域	IT、通讯、新材料、生物医药、能源环保、化工、消费品、连锁、高端服务等
应届生招聘	一般不招聘应届生

数据来源：各公司网站。

除上述三大类私募基金外，市场上也存在大量其他私募基金，有些就资金量而言丝毫不逊于私募证券基金或私募股权基金。以房地产基金为例，排名靠前的信保（天津）股权投资基金管理有限公司、光大安石投资及中信金石基金管理有限公司等机构资产管理规模均达数百亿元。如果将讨论的范围扩大到广义的私募范畴，资金量庞大的机构就更多了，大型信托公司的资产管理规模可达万亿元，大型基金子公司资产管理规模也超过5 000亿元。

私募的业务种类和岗位

按照上文的分类，私募基金投资范围不同，从事的业务也不同。但作为买方，其核心部门均为投资 / 投研部门，核心岗位是投资经理 / 基金经理，这被称之为“前台”；除投资部门外，募资部门（通常称之为财富管理部门 / 投资者关系部门等）也较为重要，通常也被归为前台范畴。在这个维度中，合规部门和风控部门一般被称为“中台”部门，人力、行政、财务、清算等则被归为“后台”部门。为避免岐义，在本书中，我们将私募行业的求职目标限定为投资 / 投研部门，相信这也是大部分向往私募的读者的真正兴趣所在。

私募证券投资业务较容易理解，其与公募基金并无大的不同，主要是在研究、调研的基础上筛选出二级市场中的合适标的，此处不再展开。

其与公募基金的不同主要在于：

（1）由于人员相对较少，每个基金经理覆盖的范围相对更广；

（2）管理考试更为扁平化，更多直接向投资总监汇报；

（3）对于规模较小的基金，其能够获得的卖方服务有限；

（4）投资策略上，追求绝对收益而非相对收益。

私募股权投资的业务核心在于寻找投资标的，并判断该标的是否有投资潜力。在大型 PE 机构中，寻找标的（sourcing）的任务主要由高级管理人员 / 资深投资经理完成，其工作职责中的很大部分是在市场中寻找未被挖掘的潜力公司，并在与其他机构的竞争中胜出。具体的投资分析工作则是初级投资经理 / 分析师的职责。在进行投资分析时，首先需要进行大量的行业分析；由于数据的不可获得性，除使用常规的数据库外，上述分析常常以访谈的形式进行，直接从行业人士口中获取第一手的信息和数据。在行业分析的基础上，投资经理需对标的企业进行完全的尽职调查，范围包括财务、法律等多个方面，并结合市场和公司特质对公司财务情况进行财务建模，从而对标的公司的未来发展进行尽可能科学的预测。当然，PE 的高层也将通过与标的公司实际控制人及高管会谈的形式，从经验角度判断企业家和高管是否具有潜力，同时完成价格和条款的谈判。完成分析之后，投资团队一般会将投资报告提交投资委员会进行表决，并回答风控等部门提出的问题（这其中可能经历多轮会议）；如果得以通过，该项投资即可完成，并进入投后管理阶段。投后管理也是PE的重要环节之一，一般由具有丰富行业经验的资深人士担纲；由于篇幅原因，此处不再予以展开。

创业投资基金的本质与PE并无不同，其上会流程大多也颇为类似。然而，由于其主要投资初创企业，因此其投资部门的业务模式与PE有几点显著的不同。首先，投资节奏更快、单笔投资金额较小。创业投资高风险的特点，决定了其投资集中度较低，需要将鸡蛋放在更多的篮子中；同时初创企业的前期融资规模一般较小，因此单笔投资相对而言不大。其次，投资分析更为灵活。初创企业的业务模式、财务数据情况都难以满足详尽的投资分析要求，整个市场中也可能没有可比的对标企业，在这种情况下，投资分析可能更多地偏重于业务模式是否可行、创始人是否能够胜任等方面。最后，VC的投资经理更需要保持在行业前沿，因为初创企业往往集中在商业模式或现有技术的最前沿；相对而言，PE则可能更多的是投资于传统行业。

对于其他私募基金，其核心业务的本质也是研究和投资。只是对于特定行业的私募基金而言，需要对这一行业有更为深入的理解，并且其投资方式会形成一定的行业惯例。

私募从业的职业规划与出路

由于私募机构小而精、激励机制好、专业能力强，因此大型私募基金（无论何种类型）的门槛要求均较高，有的基金甚至只通过社会招聘补充新鲜血液。另一方面，私募基金的培训体系、容错态度不如市场上的大型企业或机构，因此私募基金对某些初入行业的同学来说也许并不算是一个很好的学习和成长平台。

当然，一些大型私募机构目前的发展趋势也在向传统金融机构靠拢，也通过校园招聘录用应届生，并配备专门的资源对新人进行培训。在薪酬方面，私募基金的薪酬通常高于金融业平均水平，激励机制也更好。总体而言，应届生有机会进入私募基金，但相对其他金融子行业而言概率更低，难度更大。

分行业看，私募证券基金对应届生的要求与公募基金基本一致，如果能够满足公募基金的招聘要求，应该同样也能进入一家不错的私募基金，因此对于基本招聘要求这里不再展开。大型 PE 注重在实习中对应聘者进行考察，几乎所有的 PE 都通过实习计划（暑期实习或平时的长期实习）择优选拔，且有一定的淘汰比例。这些 PE 的实习生计划，要求不错的教育背景，且已有较为丰富的实习经历、扎实的财务分析基本功（譬如通过 CPA 或 CFA 考试）以及对相关行业拥有一定的认识和理解。创业投资基金同样倾向于从实习生中招聘员工，拥有创业经历、对技术潮流较为敏感以及较强的交流能力，这些都是非常重要的加分项。

如果一开始没有进入私募基金，也可以在其他领域工作一段时间，积累足够经验之后再转行。目前，最受顶级私募基金欢迎的职业背景是投行、行研，同时咨询公司（特别是经常做尽职调查的咨询公司）、会计师事务所等服务机构的工作经验也同样受到私募基金的认可。拥有上述相关职业背景的人进入私募基金也较为容易。

进入私募基金之后，从业人员的发展路径很多，类似投行的职级，如分析师（Analyst）→投资经理（Associate）→副总裁（Vice President）→执行董事（Executive Director）→董事总经理（Management Director）[1]，具体根据不同公司的职位设置而不同。在初级职位上（分析师或投资经理），晋升基本取决于从业年限和投资分析能力；在中层职位上，执行能力和分析判断能力越来越重要；到了董事总经理的级别，对行业的直觉、获取优质项目的能力及历史业绩则成了最重要的因素。在这个序列中，私募从业人员需要在一项一项的交易中，不断更新自己的能力库。

最后再来说说私募机构的发展路径和未来出路。一般来说，私募基金已经处于金融行业的末端，再往后的工作机会则是到主权基金（例如淡马锡、中国投资有限责任公司等）、大型养老基金（例如全国社保基金）的层面。更多的工作机会来自不同机构之间的流动，比如从一家私募跳槽到另一家私募。另外一个出路是，当在某个基金中功成名就之后，可以另起炉灶，创办属于自己的基金，并不断发展壮大。这也是众多私募基金从业人员的最终目标。

[1] 不包括私募证券基金，其晋升序列与公募基金较为类似，此处不再展开。

金融体制内：金融监管机构及事业单位

金融体制内的行业概况

金融监管机构指的是根据法律法规对金融体系进行监督和管理的机构，我国目前的金融监管机构主要包括“一行三会”，即中国人民银行、中国银行业监督管理委员会（以下简称银监会）、中国证券监督管理委员会（以下简称证监会）和中国保险监督管理委员会（以下简称保监会）。根据《中华人民共和国中国人民银行法》，中国人民银行的性质为“国务院组成部门，是中华人民共和国的中央银行，是在国务院领导下制定和执行货币政策、维护金融稳定、提供金融服务的宏观调控部门”。因此，中国人民银行属于中央国家行政机关，总行正式员工均为公务员编制。银监会、证监会和保监会的性质为参照公务员管理的事业单位，正式员工编制与公务员编制没有本质差别。从体系来看，“一行三会”其实是非常庞大的系统，按其性质，主要可以分为以下几类。

一是内设部门，即通常所说的总行、总会。中国人民银行设有条法司、货币政策司、货币政策二司、金融市场司、金融稳定局等 26 个部门，银监会设有普惠金融部、政策银行部、大型银行部、股份制银行部、信托部、非银部等 28 个部门，证监会内设发行监管部、市场监管部、期货监管部、证券基金机构监管部、非上市公众公司监管部等 22 个部门，保监会设有发展改革部、再保险监管部、人身保险监管部、保险中介监管部、保险资金运用监管部等 16 个部门。

二是地方分支行、地方派出机构。其中，中国人民银行除上海总部外，下辖两个营业管理部，9 个大区分行，20 个省会城市中心支行，5 个副省级城市中心支行；“三会”则各拥有 31 个省（自治区、直辖市）级派出机构，5 个副省级城市派出机构。

三是直属机构。中国人民银行的主要直属机构有反洗钱监测分析中心、征信中心、外汇交易中心、金融出版社、金融时报社、清算总中心、印钞造币总公司、金币总公司、金融信息中心等 16 个直属机构；证监会下辖稽查总队、研究中心、信息中心、行政中心 4 个直属事业单位；保监会的直属事业单位有培训中心和机关服务中心；银监会下设信息中心、培训中心和机关服务中心三个直属事业单位。

四是由“一行三会”指导、监督的市场中介机构。如银行间市场交易商协会（以下简称交易商协会）、上海证券交易所（以下简称上交所）、深圳证券交易所（以下简称深交所）、全国中小企业股份转让系统（以下简称新三板）、中证资本市场监测中心、机构间私募产品报价与服务系统等。

金融监管对于金融市场的发展具有重要的意义。一方面，金融监管是政府宏观调控的重要体现，大量金融宏观调控政策通过监管机构制定的规章、管理办法等加以落实，直接作用于市场主体，对于金融市场的发展起着非常重要的导向作用。另一方面，金融监管有利于推动金融市场的规范化发展，完善金融市场基础设施建设。由于我国金融市场发展起步晚，金融市场运作的专业化、规范化水平都有待提升，通过完善的金融监管和行为指引，降低信息不对称的程度，有利于金融市场参与者理性投资、防控风险，维护金融市场的稳定。实际的例子就是 2015 年 5 月开始的股票市场的屡次大幅波动，既证明了我国股票市场还有待完善，也证明了我国金融监管机构对于维持市场稳定、投资者信心的重要性，而居于金融监管核心地位的“一行三会”，更是吸引了大量的金融人才。

除了上述监管机构外，还有大量的金融交易结算机构作为中介在金融市场运作中发挥重要作用，例如中国金融期货交易所（以下简称中金所）、上海期货交易所（以下简称上期所）、郑州商品期货交易所（以下简称郑商所）、大连商品期货交易所（以下简称大商所）、中国证券登记结算有限责任公司（以下简称中证登）、中央国债登记结算有限责任公司（以下简称中债登）、上海清算所（以下简称上清所）等。上述机构为各种证券和商品交易提供了交易场所，是金融市场的重要组成部分。这些机构大多为行业自律性组织、非营利机构，其目的主要是保障市场交易的顺利完成。由于登记、结算、清算等业务是所有金融交易不可或缺的，因而结算机构具有一定程度的垄断性，加之上述业务具有较强的程序性、规则性，工作内容、工作强度和收入都相对稳定，被广大应聘者戏称为“钱多事少离家近”的理想工作单位。

由于篇幅有限，各个金融监管机构的详情可以登录相应的官方网站查询，金融监管机构官网的信息最权威、最新，是初入职场者学习的平台，也是职场人士把握最新监管政策动态的窗口。

金融体制内的机构

金融监管机构的简要介绍如表 6–7 所示。

表 6–7 金融监管机构简要介绍

机构名称	成立时间	功 能	上级单位或股东
中国人民银行	1948/12/1	拟定金融业改革和发展战略规划；依法制定和执行货币政策；制定和实施宏观信贷指导政策；完善有关金融机构运行规则等	国务院
证监会	1992/10	统一监督管理全国证券、期货市场，维护证券、期货市场秩序，保障其合法运行	国务院
银监会	2003/4/25	统一监督管理银行、金融资产管理公司、信托投资公司及其他存款类金融机构，维护银行业的合法、稳健运行	国务院
保监会	1998/11/18	鼓励保险业改革创新，推进保险业对外开放，依法加强监管，努力保护被保险人利益，促进保险业持续快速协调健康发展	国务院

数据来源：各机构网站。

金融交易结算机构的简要介绍如表 6–8 所示。

表 6–8 金融交易结算机构简要介绍

机构名称	成立时间	功 能	上级单位或股东
上交所	1990/11/26	提供证券交易的场所和设施；制定证券交易所的业务规则；接受上市申请，安排证券上市；组织、监督证券交易；对会员、上市公司进行监管；管理和公布市场信息	证监会
深交所	1990/12/1	同上交所	证监会

续表

机构名称	成立时间	功　　能	上级单位或股东
新三板	2012/9/20	组织安排非上市股份公司股份的公开转让；为非上市股份公司融资、并购等相关业务提供服务；为市场参与人提供信息、技术和培训服务	上交所、深交所、中证登、上期所、郑商所、大商所、中金所
中金所	2006/9/8	组织安排金融期货等金融衍生品上市交易、结算和交割，制定业务管理规则，实施自律管理，发布市场交易信息，提供技术、场所、设施服务，以及中国证监会许可的其他职能	上期所、郑商所、大商所、上交所、深交所
上期所	1990/10/26	提供期货交易的场所、设施及相关服务；制定并实施期货交易所的业务规则；设计期货合约、安排期货合约上市；组织、监督期货交易、结算和交割等	证监会
郑商所	1990/10/12	为期货合约集中竞价交易提供场所、设施及相关服务，对期货交易进行市场一线监管，防范市场风险，安全组织交易	证监会
大商所	1993/2/28	同郑商所	证监会
中证登	2001/3/30	承担上交所和深交所的全部证券登记结算业务	上交所、深交所
中债登	1996	国债总托管人；银行间市场债券登记托管结算机构和商业银行柜台记账式国债交易一级托管人；承担信托登记系统、理财产品信息登记系统和信贷资产登记流转系统等的开发或运作	中国人民银行、财政部及九家金融机构
上清所	2009/11/28	为银行间市场提供以中央对手净额清算为主的直接和间接的本外币清算服务，包括清算、结算、交割、保证金管理、抵押品管理；信息服务、咨询业务；以及相关管理部门规定的其他业务	中国外汇交易中心、中债登、中国印钞造币总公司、中国金币总公司
交易商协会	2007/9/3	由市场参与者自愿组成的，包括银行间债券市场、同业拆借市场、外汇市场、票据市场和黄金市场在内的银行间市场的自律组织	中国人民银行

数据来源：各机构网站。

金融体制内的业务和岗位

金融监管机构的“一行三会”就像是金融大家族的“家长”，负责促进金融经济稳健发展以及对各个子行业的全方位监管。由于不直接对接普通的个人投资者和消费者，大家对“一行三会”接触较少，因而觉得它们高高在上且富有神秘感，下面将一一剖析这些机构的业务和部门岗位设置情况（见表 6–9 和表 6–10）。

表 6–9　金融监管机构业务及岗位介绍

机构名称	业　　务	部门设置
中国人民银行	法律法规起草、金融业发展、货币政策制定、外汇相关事务、最后贷款人、金融数据统计与发布、经理国库、发行货币、反洗钱、管理征信等	内设：货币政策司、金融市场司、金融稳定局、调查统计司、支付结算司、货币金银局、国库局、研究局、征信管理局等；上海总部（行员制，非公务员）；直属机构：反洗钱监测分析中心、外汇交易中心、中国金融出版社、印钞造币总公司等
证监会	证券期货法律法规制定、管理证券公司、监管证券期货市场、监管证券发行、上市、交易、托管和结算、批准企业债上市、监管上市国债和企业债、监管上市公司、管理证券交易所等	发行部、市场部、上市部、稽查局、期货部、法律部、债券部、创新部、私募部、研究中心、行政处罚委、机构部等
银监会	银行业规章和规则制定、审批银行业设立、管理银行业高管任职、业务监管、突发事件处置、数据统计等	政策研究局、审慎规制局、普惠金融部、信科部、创新部、政策银行部、大型银行部、股份制银行部、城市银行部、农村金融部、外资银行部、信托部、非银部等
保监会	保险业法律法规规章起草、审批保险相关机构的设立、合并、破产清算、审查认定高管任职资格、审批保险险种、监管偿付能力、业务监管、保险资金运用监管等	发展改革部、政策研究室、偿付能力监管部、财产保险监管部、人身保险监管部、保险中介监管部、保险资金运用监管部、法规部、统计信息部、稽查局等

表 6-10　金融交易结算机构业务及岗位介绍

机构名称	业　务	部门设置
上交所	上市公司信息披露、交易管理、会员管理、基金与衍生品业务、市场监管、沪港通、股票质押回购、大宗交易、固收平台、两融业务、资产支持证券、ETF 等	交易管理部、发行上市部、上市公司监管部、债券业务部、基金业务部、衍生品业务部、市场监察部、系统运行部、上海证通等
深交所	上市公司信息披露、交易管理、会员管理、基金业务、系统维护与开发、投资者教育等	上市公司管理部、市场监察部、会员管理部、基金管理部、上市推广部、电脑工程部、综合研究所、深圳证通等
新三板	非上市股份公司股票公开转让和发行融资、股票交易、并购重组、信息提供、技术和培训服务	市场发展部、挂牌业务部、公司业务部、机构业务部、信息研究部、技术服务部等
中金所	股票指数期货、国债期货的上市交易、结算和交割	交易部、结算部、监查部、信息技术部、市场部、研发部、投资者教育中心、国际发展部、股指事业部、债券事业部、外汇事业部
上期所	黄金、白银、铜、铝、锌、铅、螺纹钢、线材、燃料油、天然橡胶、石油沥青、热轧卷板、镍、锡等 14 种期货合约的交易	交易部、结算部、技术中心、有色金属产品委员会、能源化工产品委员会、黄金钢材产品委员会等
郑商所	小麦、优质强筋小麦、早籼稻、晚籼稻、粳稻、棉花、油菜籽、菜籽油、菜籽粕、白糖、动力煤、甲醇、精对苯二甲酸（PTA）、玻璃、硅铁和锰硅期货品种交易	农产品部、非农产品部、期货衍生品部、交割部、结算部、市场监察部、法律及审计部、系统运行部、技术服务
大商所	玉米、玉米淀粉、黄大豆 1 号、黄大豆 2 号、豆粕、豆油、棕榈油、鸡蛋、纤维板、胶合板、线型低密度聚乙烯、聚氯乙烯、聚丙烯、焦炭、焦煤和铁矿石期货品种交易	交易部、农业品事业部、工业品事业部、清算部、技术运维中心、新闻信息部、产业拓展部等
中证登	证券账户服务、证券存管服务、证券结算服务、资产管理服务、证券登记服务等	风险监控部、结算管理部、登记存管部、规划发展部、账户管理部、信息管理部、技术开发部等

续表

机构名称	业　　务	部门设置
中债登	国债、金融债券、企业债券和其他固定收益证券的登记、托管、结算、代理还本付息；为央行公开市场业务系统和债券发行系统提供技术支持；担任债券基金与货币市场基金资产的托管人并办理基金单位的登记、托管、结算等	研发部、法律合规部、客户服务部、托管部、资金结算部、柜台市场部、信托工作组、企业债发行部、技术规划部等
上清所	登记托管结算、中央对手清算、多层次集中清算	产品开发部、发行托管部、创新业务部、风险管理部、清算部、研究统计部、业务开发部、技术管理部、系统运维部等
交易商协会	非金融企业债务融资工具（超短融、短绒、中期票据、中小企业集合票据、定向工具、资产支持票据）的审核和后续督导；制定行业自律规则、业务规范和职业道德规范，并负责监督实施等	市场创新部、注册办公室、培训认证部、信息研究部、债券评估服务部、审计部、技术部、国际部、交易规范部、后督中心等

金融体制内机构的求职准备和规划

金融体制内的机构及岗位对大部分应届生来说都比较神秘，在此归纳其求职要求、薪资待遇及入行后的职业路线（见表 6–11），以期能帮助到有志于往体制内发展的同学们（仅供参考）。

表 6–11　金融监管机构和金融交易结算机构求职要求及职业规划

机构名称	教育背景	必备技能	待遇	未来出路
中国人民银行	一般为硕士及以上	公务员考试技能：行政职业能力测验（以下简称“行测”）、申论、结构化面试、金融专业知识	公务员工资	沿着行内序列升迁，成为专业型官员；跳槽前往商业银行、证券机构等市场化部门

续表

机构名称	教育背景	必备技能	待遇	未来出路
证监会	本科及以上	公务员考试技能：行测、申论、结构化面试、金融专业知识	公务员工资	沿着行内序列升迁，成为专业型官员；跳槽前往证券机构等市场化部门
银监会	本科及以上	公务员考试技能：行测、申论、经济金融专业知识、结构化面试、英语四六级	公务员工资	沿着行内序列升迁，成为专业型官员；跳槽前往商业银行等市场化部门
保监会	本科及以上	公务员考试技能：行测、申论	不详	沿着行内序列升迁，成为专业型官员；跳槽前往保险公司等市场化部门
上交所	本科及以上	专业知识、CPA、CFA、司法考试证书等	应届生税后年薪超过10万元	沿所内序列升迁；调往证监会成为专业型官员；跳槽至券商、基金、私募等市场化机构
深交所	本科及以上	良好的语言表述、公文写作、逻辑分析、沟通协作和执行能力；各类专业证书；国外工作经历；英语	税前年薪约20万元	沿所内序列升迁；调往证监会成为专业型官员；跳槽至券商、基金、私募等市场化机构
股转中心	本科及以上	专业知识、各类专业证书	不详	不详
中金所	原则上硕士及以上	专业知识、各类专业证书、优先条件：相关金融实习、奖学金、学生干部、党员	应届生税后年薪约15万元	沿着所内序列升迁；跳槽前往证券公司的自营、衍生品等部门
中证登	原则上硕士及以上	32岁以下、专业知识、学习成绩优异等	应届生底薪1万元/月，加奖金税后年薪17万~18万元	沿公司序列升迁；调往交易所等；调往证监会成为专业型官员；跳槽至券商、基金、私募等市场化机构

续表

机构名称	教育背景	必备技能	待遇	未来出路
中债登	本科及以上	专业知识、身体健康、26岁以下等	与中证登持平或略高	沿公司序列升迁；调往证监会成为专业型官员；跳槽至券商、基金、私募等市场化机构
上清所	硕士及以上	专业知识、身体健康、英文等	应届生：7 500元/月，两年工作经验税后年薪约15万元	沿公司序列升迁；跳槽至券商、基金、私募等市场化机构或者其他结算机构
交易商协会	硕士及以上（本科及研究生均就读于国内外著名大学）	35周岁以下，身体健康，愿意致力于银行间市场并对其有一定的了解	应届生税后年薪可达20万元	沿协会序列升迁；跳槽至券商等市场化机构从事银行间市场融资工具的发行和承销工作

金融体制内工作的优劣势

1. 金融监管工作的优势

首先，"一行三会"可以提供非常好的发展平台。与一般的金融机构不同，"一行三会"是站在整个金融体系的角度来开展工作的，能够把握金融市场的全局，在其中工作，对于金融市场的宏观走势、发展动态都会有更全面的理解。对于就业者，尤其是应届生而言，在刚走出校门时，借助"一行三会"的平台，能够更好地将专业知识与现实经济金融相结合，为自己以后深入开展工作或研究打好基础。

其次，"一行三会"有利于培养专业型人才。与一般的政府机构不同，由于工作内容的关系，"一行三会"与金融市场联系非常密切，经济金融形势的快速发展也要求监管机构的工作人员不断学习，以适应新形势的要求。因此，在"一行三会"内部，学习氛围非常浓厚，专业知识极其重要，这也可以从近些年"一行三会”在职博士数量的增长上看出来。

再次，公务员工作具有较高的社会地位。公务员由于供职于行政部门，且工作具有很高的稳定性，一直属于社会地位较高的职业。“一行三会”由于监管范围更广，工作内容相对核心，因而社会地位和心理满足感也更强，这也是公务员岗位热度不减的重要原因。

最后，对于北京的求职者而言，公务员考试能够提供解决户口的机会，无论是应届生还是有工作经验的考生，只要通过全部考核进入公务员系统，都可以解决户口，这也成为北京等户口资源稀缺地区公务员考试热的原因之一。

2. 金融监管工作的劣势

首先，“一行三会”的工作人员属于公务员或者参照公务员管理的性质，工资水平也属于公务员序列，因而收入水平相对较低。通常来说，“一行三会”的工资水平只有数千元，且没有其他福利或“灰色收入”。在北京、上海等高房价、高消费城市会面临较大的经济压力。因此，准备进入公务员队伍的小伙伴们，必须做好心理准备。当然，“一行三会”下属机构虽不具备公务员编制，但薪酬会更为市场化。

其次，与人们对于公务员工作就是喝喝茶、看看报的刻板印象完全不同，“一行三会”核心部门的工作强度远超一般公务员岗位，加班也是家常便饭，不过个人的成长进步也是超乎想象的。

最后，由于“一行三会”属于监管部门，这一工作性质可能需要工作人员在被监管领域“避嫌”，例如证监会员工不得开立账户炒股等。

综上，金融体制内的工作优势、劣势都比较明显，如何选择主要看自己想要追求的是什么样的目标，想要的是什么样的生活。认准目标，不盲目，理性选择，全力准备，才能找到自己真正心仪的工作。

蓬勃发展的融资租赁业

融资租赁业的行业概况

在西方发达国家，融资租赁是仅次于银行信贷的融资手段，约占固定资产投资总额的 15%~30%。融资租赁作为设备投资和销售的重要渠道，结合了融资、融物、贸易、技术更新、促销、资产管理等功能，在发达国家已被广泛接受，成为一种较为成熟的融资模式。

以美国为例，2015 年融资租赁额超过 5 000 亿美元，在 2.29 万亿美元固定投资中的渗透率为 21.8%，而我国仅为 5.23%；如果以租赁额 /GDP 来比较各国租赁渗透率的话，美国、德国、日本的租赁渗透率接近 2%，我国则还不到 1%。我国的租赁渗透率与美国等租赁发达国家还存在显著的差距，这既反映出这一新兴业务有待被进一步接受和认同，也预示着我国金融租赁业广阔的发展前景。当前，我国金融租赁业尚处于初步发展阶段，租赁形式较为简单，主要包括直接租赁、售后回租、转租赁和杠杆租赁。[1]

国内的融资租赁业可以分为金融租赁和融资租赁，其中金融租赁公司是非银行金融机构，融资租赁公司是非金融机构企业。金融租赁公司由银监会进行前置审批和监管，融资租赁公司由商务部进行前置审批和监管。金融租赁公司所做的业务纳入信贷规模管理，可以吸收股东存款，经营正常后可进入同业拆借市场。融资租赁公司被监管部门作为商业企业监管，按照不允许开办金融业务的方式对租赁公司的经营行为进行监管，要求租赁公司“不得从事吸收存款、发放贷款、受托发放贷款等金融业务”。[2]

相关数据显示（见图 6–1），融资租赁行业的业务规模从 2007 年的 240 亿元增长至 2016 年的 5.3 万亿元，年复合增长率达 82%，各类型租赁公司数量从 2007 年的 55 家增长至 2016 年底的 7136 家。相对而言，目前我国金融租赁机构数量仍较少，截至 2015 年底，仅有 49 家金融租赁公司。[3]

在经济进入“新常态”的情况下，中小企业和实体企业的转型升级与发展显得至关重要。从融资租赁的属性和优势来看，该行业的快速发展可以有效盘活存量资产，帮助中小企业解决融资难题。与此同时，还能为企业的设备升级提供融

[1] 程东跃. 我国金融租赁风险管理研究［D］. 杭州：浙江大学，2005.

[2] 中国淘税网. 金融租赁与融资租赁 12 个差别［N/OL］. 纳税服务网，（2014–08–04）［2017–06–13］.http：//www.cnnsr.com.cn/jtym/swk/20140804/2014080405514399372.shtml.

[3] 中商产业研究院.2016 年中国融资租赁行业研究分析［EB/OL］. 中商情报网，（2016–04–13）［2017–06–13］.http：//www.askci.com/news/finance/20160413/942348752.shtml.

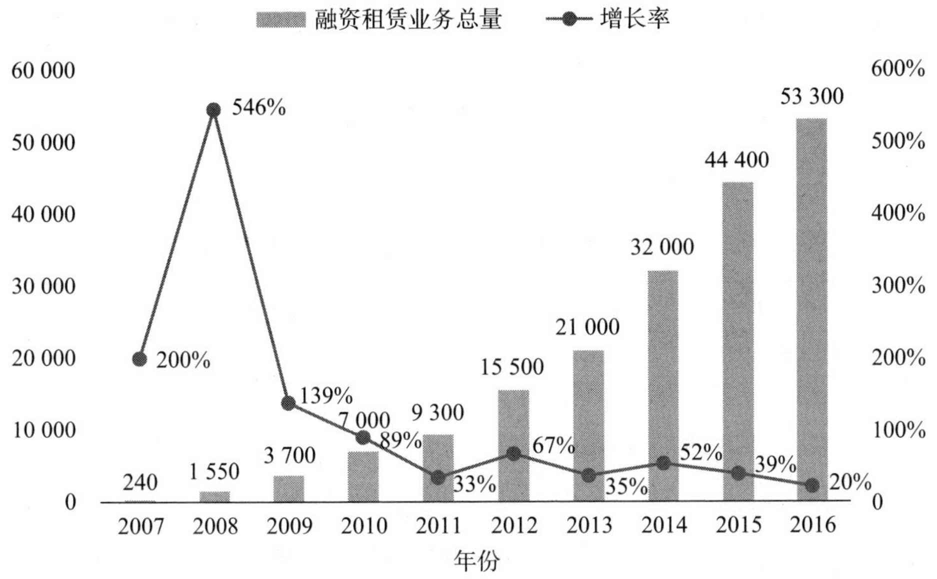

图 6-1　2007—2016 年我国融资租赁行业业务总量及增长

数据来源：万得资讯，截至 2016 年 12 月 31 日。

资便利，从而促进企业的转型升级，符合我国现阶段经济发展的需要。尤其在经济下行周期中，融资租赁行业极有可能成为支撑我国经济保持平稳增长的新引擎。中国租赁联盟此前发布的《2014 年融资租赁业发展报告》指出，融资租赁在中国属于朝阳产业，具有广阔的市场前景。据业内专家预测，我国租赁市场规模有望超越美国，成为世界第一大租赁市场，预计 2020 年市场规模可达到 12 万亿元。[1]

融资租赁业的机构

国内的融资租赁行业方兴未艾，机构数量已经具备一定规模。截至 2016 年底，金融租赁机构 59 家，内资租赁机构 204 家，外资租赁机构 6 857 家，总计 7 120 家，较 2015 年增长 57.9%，行业蓬勃发展。除了数量快速增长外，融资租赁公司注册资本速度增长更为迅速，2016 年末注册资本总额已经超过 2.5 万亿元，

[1] 中国经济网．融资租赁频收政策红包，普资所如何找到风口持久飞？［N/OL］．中国经济网，(2015-09-29)［2017-06-10］.http：//tech.ce.cn/zjdf/dfxw/201509/29/t20150929_6609931.shtml.

较 2015 年增长 68.6%。[1] 其中，注册资本最大的融资租赁企业由 2015 年末的工银金融租赁有限公司（注册资本 110 亿元人民币）变更为天津渤海租赁有限公司（注册资本 221 亿元人民币），注册资本破百亿元的融资租赁公司也由 1 家增长至 5 家。表 6–12 对规模最大的 10 家融资租赁机构基本信息进行了简要介绍。[2]

表 6–12　融资租赁公司规模前十强（截至 2016 年 12 月 31 日）

排名	机构名称（类型）	成立时间	注册资本	控股股东
1	天津渤海租赁有限公司（内资租赁）	2007 年 12 月	221.01 亿元	渤海金控
2	中金国际融资租赁（天津）有限公司	2016 年 3 月	20.00 亿欧元	中国金博泰投资控股有限公司
3	国银金融租赁股份有限公司（金融租赁）	2008 年 5 月	126.42 亿元	国家开发银行
4	远东国际租赁有限公司（外资背景租赁）	1991 年 9 月	18.17 亿美元	中化集团
5	工银金融租赁有限公司（金融租赁）	2007 年 11 月	110 亿元	中国工商银行
6	郎丰国际融资租赁（中国）有限公司（外资背景租赁）	2016 年 5 月	15 亿美元	
7	平安国际融资租赁有限公司（外资背景租赁）	2012 年 9 月	93 亿元	中国平安保险（集团）股份有限公司
8	建信金融租赁有限公司（金融租赁）	2008 年 3 月	80 亿元	建设银行
9	山东晨鸣融资租赁有限公司（外资背景租赁）	2014 年 2 月	77 亿元	山东晨鸣纸业集团股份有限公司
10	浦航租赁有限公司（内资租赁）	2009 年 10 月	76.60 亿元	海航资本

数据来源：各公司网站。

［1］ 外资租赁企业注册资金美元按 1∶6.9 的平均汇率折算为人民币。数据来源：中国租赁联盟、天津滨海融资租赁研究院。

［2］ 全国融资租赁企业十强排行榜［EB/OL］. 中国租赁联盟，(2017–02–014)［2017–05–15］. http://www.zgzllm.com/index.php?m=content&c=index&a=show&catid=15&id=16241.

融资租赁业的业务和岗位

目前我国融资租赁企业的模式以售后回租为主，直租为辅，而联合租赁、委托租赁、转租赁、杠杆租赁、项目租赁、风险租赁、结构式参与租赁、混合性租赁等已在国际上普遍采用的业务模式在我国使用得并不多。金融租赁公司的盈利模式主要是依靠融资租赁的利差和手续费收入。目前，金融租赁公司定价机制基本参照贷款利率，业务集中在电力、钢铁、基础设施等传统行业，客户以大中型企业为主。金融租赁公司的租赁标的物限定在“固定资产”，在实际监管中还有窗口指导，调整固定资产的经营范围。融资租赁公司的标的物则限定在“权属清晰、真实存在且能够产生收益权的租赁物”。

两种类型公司的主要业务和岗位设置见表 6–13。

表 6–13　融资租赁业务和岗位介绍

公司类型	业　　务	部门设置
金融租赁公司	交通运输融资租赁（飞机、船舶、机车等）、大型设备融资租赁（工程机械、电力电信设备等）、中小企业融资租赁（高科技企业生产设备）、供应商租赁等	业务板块：业务部、资金管理部、事业部等；风险管理板块：风控、法务、合规、评审、稽查等；后台支持板块
其他融资租赁公司	生产设施、通信设施、医疗设备、科研设备、检验检测设备、工程机械、交通运输工具（包括飞机、汽车、船舶）本外币融资性租赁业务；自有公共设施、房屋、桥梁、隧道等不动产及基础设施租赁；投资管理，咨询业务等	业务部、市场技术部、风险管理部、综合管理部、资金计划部等

融资租赁业的职业规划

与融资租赁高速增长的态势形成反差的是，该行业的专业技术人才和管理人才存在较大的缺口。根据中国租赁联盟、天津滨海融资租赁研究院组织编写的《2016 年中国融资租赁业发展报告》指出，预计 2017 年行业人才紧缺的现象仍会持续。融资租赁行业涉及面宽、覆盖域广、交叉性强，从业人员需要兼具金融、财务、法律、理工等多方面的知识储备，因此对人才的要求相当高。就人才培养而言，我国少有高等院校开设融资租赁专业，行业内也极少有人经过系统的学习，因此普遍缺乏全面的专业知识。2014年，各级融资租赁行业协会相继成立，行业人才培养机构进入了积极筹建的时期，但该行业的人才培养体系总体仍然较为薄弱，人才问题难以在短期内得到解决。

排名靠前的融资租赁公司的校园招聘一般只招硕士研究生学历的应届毕业生，而且比较青睐具有理工科背景的人才，这些公司的社会招聘则非常青睐那些有工程领域、四大会计师事务所等行业经历的人才。进入融资租赁行业以后的出路相对于其他金融子行业来说要稍微窄一些，但融资租赁行业增速较快，待遇往往与业绩直接挂钩，激励机制较好，人才又相对紧缺，因此目前其待遇和发展是相当不错的。

总而言之，租赁行业前景广阔，想在这个领域发展的你，准备好了吗？

行业新贵：互联网金融

互联网金融这个概念近年一直非常火热，不管是传统金融机构的互联网化，还是著名的互联网企业金融化，各类机构都想通过互联网金融进行突围，希望借火热的互联网金融来为自身打造新的盈利增长点，在大资管和大财富管理时代中抢占先机。

互联网金融的行业概况

金融的本质是提供中介服务，而中介服务的本质是交易的撮合，其核心是解决信息不对称问题。随着互联网的发展，信息的获取、传输、储存和分析的成本越来越低，信息越来越透明，必然对传统金融形成巨大的冲击，再加上我国当前的金融垄断和金融服务供给远远不足，互联网金融面临巨大的机遇。

互联网金融，狭义来说就是通过互联网技术来开展某些具有金融性质的业务的一种新兴模式。融资有直接融资与间接融资之分，而互联网金融，其实是将资金底层结构进行升级，它可以说是直接融资与间接融资的中间者。互联网金融可以降低融资双方的交易成本，因此可以更好地服务实体经济。在我国，企业，特别是中小微企业融资难、融资贵一直是阻碍经济发展的重要原因之一，互联网金融则有可能利用其透明、全面、大数据等特点帮助解决这个问题，这也是当前互联网金融快速发展的原因之一。

当前的互联网金融格局，包含传统金融机构互联网化和新兴互联网金融机构两类。传统金融机构互联网化主要包括传统金融业务的互联网创新以及电商化创新、APP 软件上线等；新兴互联网金融机构则主要是指利用互联网技术进行金融运作的电商企业、P2P[1]模式的网络借贷平台、众筹模式的网络投资平台、理财类的手机 APP，以及第三方支付平台等。[2]

自互联网金融兴起以来，各机构如雨后春笋般出现，部分机构的成功更是吸引了全社会的目光。自支付宝在 2014 年推出余额宝以来，与其合作的天弘基金管理有限公司（以下简称天弘基金）得以迅速增长。根据天弘基金 2016 年第四季度报告，即使收益不断下降，截至 2016 年底，余额宝规模为 8 082.94 亿元，较 2015 年仍增长超过 30%，也毫无悬念地再次蝉联中国公募界的领头羊。庞大的用户群、友好的产品设计、先进的管理理念，使得站在互联网金融风口的天弘基金创造了一个又一个奇迹。此外，像上海陆家嘴国际金融资产交易市场股份有限公司（以下简称陆金所）、人人贷、蚂蚁微贷、京东金融、微信钱包等也取得了令人瞩目的成就。

陆金所董事长计葵生认为，“互联网金融一是能够帮助中国众多小微企业和个体工商户便捷地获得低成本资金，服务实体经济；二是能够释放居民投资热情，增加居民收入；三是有助于平衡中国地区经济发展，优化不同地区间的资源配置；四是借助互联网金融多种融资方式，有助于构建多层次资本市场。互联网金融已经是中国新常态下的新引擎”[3]。这也说明了近年来互联网金融的飞速发展及其重要性。

互联网金融机构的分类

互联网金融已成为一种时髦的概念，众多企业追求利用此概念来提高自己的身价。各种互联网金融机构虽数不胜数，但良莠不齐，有些是货真价实的互联网金融机构，有些则是空有皮囊甚至是挂羊头卖狗肉的机构。笔者将不同的互联网

[1] P2P：person-to-person 的缩写，即个人对个人，此处指点对点网络借款的方式，是互联网金融产品的一种。

[2] 姜逸．互联网金融的发展现状及对传统金融行业的影响［J］．管理学家，2014.

[3] 王存福．计葵生：互联网金融已是中国新常态下的新引擎［N/OL］．新华网，（2015-03-27）［2017-06-13］．http：//news.xinhuanet.com/newmedia/2015-03/27/c_134102536.htm.

金融机构按照业务类型进行了分类，详见表 6–14。

表 6–14 互联网金融机构的分类

机构类型	业务概述	典型机构、平台或产品
第三方支付平台	作为中介机构，为收款人和付款人提供网络支付、银行卡收单等支付服务	支付宝、财付通、微信钱包、快钱支付清算信息有限公司、京东支付、易宝支付等
P2P 网络小额信贷平台	通过 P2P 网络融资平台为借款双方牵线搭桥，在客户相互了解后提供小额贷款，同时在网络平台上了解借款方本息支付信息	人人贷、红岭创投电子商务股份有限公司、陆金所等
众筹融资平台	创意人通过融资平台向公众募集小额资金或其他支持，再将创意实施结果反馈给投资人，平台通过利益分成获利	众筹网、苏宁众筹、京东众筹、淘宝众筹、娱乐宝平台等
基于大数据的金融服务平台	把有融资需求的个人跟有放款需要的中小银行和小贷机构在一个平台上进行对接，通过收取交易佣金等方式获得收入	蚂蚁花呗、京东白条、阿里小额贷款等
P2B 信贷平台	个人通过平台向中小微企业提供资金，机构的专业团队对这些融资的中小微企业或者相关金融产品进行评级，评级直接对应其在平台上的借款利率	陆金所、深圳市鹏鼎创盈金融信息服务股份有限公司（简称鹏金所）、上海招财宝金融信息服务有限公司、深圳票金所金融服务有限公司（简称票金所）等
互联网银行	借助互联网通信、大数据等方式为客户提供存款、贷款、支付、结算、汇转、电子票证、电子信用、账户管理等全方位的互联网金融服务	微众银行、浙江网商银行等
互联网保险	深度嵌入互联网背后的物流、支付、消费者保障等环节，改变了现有保险产品的结构、运营和服务模式，用互联网的模式去重构消费者、互联网平台等相关各方的价值体系	众安在线财产保险股份有限公司、京东保险等
互联网金融门户	投资者能通过门户查询、了解、购买各种理财和保险产品	淘宝理财、理财通、陆金所等

互联网金融机构的业务和岗位

互联网金融机构的业务种类繁多，对照传统金融机构，互联网金融机构的岗位也可以分为前台、中台、后台。前台主要是产品设计和运营，也包括商务拓展等；中台包括数据分析、模型设计、风控、运营（部分运营是偏中后台的）；后台主要是偏技术类的岗位，如电脑和移动端产品开发等。

下文将以业务较为综合的京东金融为例对互联网金融企业业务进行介绍。

京东金融 2013 年 10 月开始独立运营，互联网金融业务是京东集团六大战略业务之一，现已成为京东集团增长最快的业务。京东金融经营多元化的互联网金融业务，初期依托京东电商平台十年来积累的交易数据记录和信用体系，向企业和消费者提供融资贷款、理财、支付、众筹、保险等互联网金融服务。京东金融现已建立六大业务板块，分别是供应链金融、消费金融、众筹、财富管理、支付、保险。陆续推出了京保贝、白条、京东钱包、小金库、权益类众筹、京小贷、股权众筹、众筹保险等创新产品。

京东供应链金融将实体经济和金融融合创新，推出的两款产品“京保贝”和“京小贷”解决了中小企业融资难问题，助力实体企业的持续发展。京保贝是具有互联网特点的供应链融资业务，包括应收账款池融资、订单池融资、单笔融资、销售融资等多个产品。目前京保贝服务于京东供应商及其他电商平台客户。京小贷是为电商平台卖家提供的小额信贷服务。它基于高质量且真实的交易数据实现授信与风控。目前京小贷主要服务于京东开放平台商家。

京东消费金融基于互联网数据，构建了大数据风控和消费者信用评估体系，帮助互联网用户、年轻消费者发掘和变现其信用价值。其产品“京东白条”是互联网信用支付产品，用户可以享受到“先消费、后付款，实时审批、随心分期”等产品体验。

京东金融财富管理面向个人和企业用户提供全方位理财管理规划，通过向客户提供互联网理财，包含基金、票据理财、保险理财等一系列的金融产品服务，将客户的资产、收益、流动性进行管理，以满足客户不同阶段的理财需求。明星产品有小金库、妈妈理财等。

京东众筹不仅是一个筹资平台，更是一个孵化平台，一方面扶持有创意的个人或小微企业，另一方面丰富京东用户的体验，满足用户的消费升级需求。权益类众筹于 2014 年 7 月上线，截至 2017 年 4 月 15 日，京东权益类众筹总筹资额已达 40 亿元，最高单项众筹的金额已经超过 1 亿元，参与人数超过 37.4 万人。股权众筹于 2015 年 3 月 20 日启动内测，3 月 31 日正式上线，是京东金融集团的又一重要业务板块。京东股权众筹致力于解决企业融资难、个人投资难的社会难题，向创业者提供融资、理财、支付、供应链金融等互联网金融类服务，以及品牌营销、合伙人推荐、创业培训等多种增值服务。目前、京东众筹已经发展出轻众筹、CPS 营销、京东众创、东家等多个板块，应对不同场景和客户的需求。

京东支付是京东金融 2014 年 7 月推出的快捷支付产品。目前京东支付的合作商户已突破 5 万家，覆盖旅游、地产、餐饮、通信、游戏、电商、金融等各大行业。京东钱包是京东旗下个人资产管理工具。京东钱包企业版主要为企业客户提供支付结算、收付款、资金分账归集等资金管理服务，并为企业客户提供灵活的贷款、理财服务，目前已有大量的商家在使用。

京东保险凭借生根于京东生态圈的天然优势，设计并上线了国内多个互联网保险创新产品，如众筹跳票取消险、海淘交易保障险、投资信用保障险、家居无忧服务保障险、30 天无理由退换货险等。

互联网金融行业的职业规划

我国互联网金融仍然处于发展的起始阶段，这个行业给求职者预留了广阔的发展空间。如果你热爱互联网与金融，或者对计算机、金融学、产品设计有一定的积累，那么互联网金融机构也许会非常契合你的职业规划。

对于后台业务而言，在互联网金融机构和在一般的互联网公司工作的区别不大。对于前台和中台业务，互联网金融机构和传统金融机构则会出现较大的差异。以京东金融的供应链金融这条业务线为例。京东可以说是所有互联网公司、甚至所有全球公司中最懂新型供应链的公司之一，对比国内银行、保理等从事供应链的公司和国外的传统银行、新型的 Kabbage（在线借贷平台），京东供应链金融从传统的做法出发，逐渐开发出了新供应链金融模式，包括新型动产融资、保理 2.0 等，所有这些新的模式都是以前从来没人做过的，并且毫无疑问也是世界上最先进的供应链金融模式和系统，这其中包括新产品的设计开发、风控模型的设计和更新、数据分析、企业征信等很多相关的工作。

要进入互联网金融行业，除了基础的金融知识之外，最核心的还是需要对中国和全球的最新互联网金融动态保持关注，对互联网业态有一定了解。不同于传统金融的是，传统金融机构注重教育与引导，而互联网金融更注重创新。各大互联网金融机构提供的岗位包括管理培训生、技术类岗位、金融业务类岗位以及综合岗。管理培训生一般是针对优秀应届毕业生制定的旨在培养储备管理人员的人才发展项目。该职位的竞争较为激烈，对应聘者的综合素质要求高。技术类岗位机会众多，如 Java 工程师、数据开发工程师、爬虫工程师、数据挖掘工程师、数据产品经理、测试工程师、技术支持工程师、运营维持工程师等。技术类岗位一般要求很好地掌握某项计算机技术，且青睐有相关经历的应聘者。金融业务岗包括产品经理、运营支持岗、数据分析岗、业务拓展岗等，这些岗位需要应聘者对互联网金融有足够的认识，且对金融学、营销学、计算机等领域有一定了解。综合岗一般有战略分析岗、产品策略岗、广告宣传岗、法律合规岗、风控岗以及人力资源岗等，根据其工作的性质不同，具体岗位对应聘者的要求也各异。

放眼各行业的薪酬待遇，金融行业和计算机行业的排名都很靠前，而互联网金融在某种程度上是两个行业的融合，因此这个行业为员工提供的待遇非常具有竞争力，并且顶尖人才较为稀缺，具有很广阔的发展空间。此外，目前规模较大的互联网金融机构对新入职的员工的培训非常系统和全面，能够使新员工迅速融入公司文化和掌握必备的技能。当然，需要注意的是，互联网金融毕竟是新兴行业，在快速发展中也会出现基础不牢、企业个体风险较大等问题。比如之前被认为互联网金融标杆企业的 Lending Club，在 2016 年却爆出违规放贷的丑闻，目前的股价已经下滑至最高点的约 1/5。

可以预想到的是，互联网金融仍然是未来发展的大方向。未来人们的经济生活肯定离不开互联网金融，如果你热爱创新、想改变世界，互联网金融无疑是很好的职业选择。

结　语

以上是对金融各个行业的概括性介绍，在金融业的求职中，对于行业的选择，在各个子行业之间，笔者觉得其实并没有优劣之分。选择什么样的行业，从事什么样的职业，走什么样的人生，每个人的看法都不尽相同，很普通很平凡的岗位一样有人做得非常优秀，关键取决于你是否由衷地热爱自己选择的职业并且为之努力奋斗。

不管是金融五大业——银行、证券、信托、保险、基金，抑或是私募、租赁、互联网金融等，只要用心去做，都会做得很好。评判一份工作的好坏，需要结合自身兴趣与专长。不忘初心，方得始终，希望读者能在了解金融各种岗位职能的同时，尽早确定适合自己的职业选择！

JOB HUNTING GUIDE

How to Get a Great Job in Finance

求职篇

07

入门：金融职业的 N 项修炼

金融业核心岗位虽令人向往，但竞争也异常激烈。究竟如何应对整个招聘环节才能觅得心仪岗位？一般而言，求职者普遍存在两大方面的问题：一是不清楚自己到底想要或适合从事哪一方面的工作，二是不清楚各类金融机构的业务范畴及人才需求特点。众所周知，以金融业的典型代表投行和研究所为例，两类岗位在筛选人才时一般有明显的偏好，如投行更青睐具备财务、法律背景者，研究所则更心仪理工与金融复合背景人才。但在实践中，绝大多数求职者常常采取广撒网策略，无心做事前功课，既不了解所应聘岗位的特质，又不清楚各金融机构的偏好，结果自然很难尽如人意。

金融业的必备素质

金融业人才云集，高智慧与高情商兼备者方有可能脱颖而出获得成功。在这里，既有光环笼罩，又有残酷现实，优胜劣汰是天然的法则。在这里，即使有着同等背景和机遇，有人能平步青云，有人却只能黯淡无光。在这里，诸多事实证明，仅靠努力未必能大获成功，选择可能更为重要。所以，求职者在决定选择金融行业的时候，应仔细思考哪个子行业更加适合自己的性格和能力，具体哪个岗位又更匹配自己的人生目标。那么，金融行业到底需要什么样的人才？求职者自身又更适合金融领域内的哪一个子行业呢？下面将以各个子行业为主线，力图让读者能够明晰优秀金融人才必备的共同素质。

金融从业人员的通用素质模型

通过对金融从业人员的观察和总结，结合金融全行业的工作内容和特点，形成如图 7–1 所示的“金融行业从业人员通用素质模型”，该模型基本涵盖了金融精英必备的职业素质。从通用素质模型上来看，金融从业人员的核心竞争力包括硬技能[1]和软技能[2]两方面。

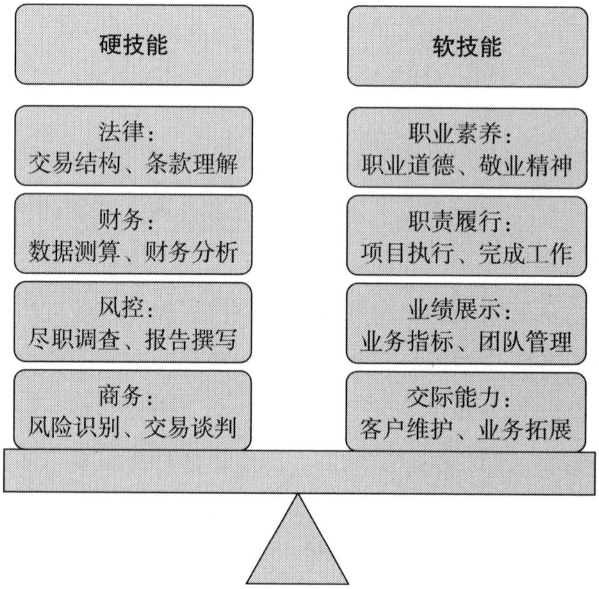

图 7–1　金融行业从业人员通用素质模型

1. 硬技能

硬技能是金融精英所必须具备的专业技能。通常硬技能的储备是入职前就需要培养的基本功，如财务、法律等知识和写作、分析等能力，因此在筛选简历或者面试的过程中，招聘官会重点关注这些技能。虽然这些技能也可以在从业过程中得到显著的提升，但求职者应根据自身所投递的岗位需求，提早储备和培养相应的专业技能，这样更容易脱颖而出。

[1] 硬技能：指外在的，大家都看得见的，或者容易感受到的一类技能，就好比计算机的硬件。

[2] 软技能：指内在的，与硬技能相对，主要是注重职业意识和精神方面，也可称为个人的综合素质。

2. 软技能

想成为一名优秀的金融从业人员，软技能同样必不可少。但一般而言软技能培养周期较长、差异化大，也很难用具体的标准进行量化。软技能主要包括职业修养、服务理念、职责履行、业绩展示和交际能力等。在金融领域内越往高处走，情商越重要，这里更多比拼的是软技能。

金融核心岗位从业人员素质要求

金融核心子行业包括投行（股、债、三板）、研究（买方、卖方）、固收（一级、二级）、销售（渠道、机构）等。由于各子行业工作内容和方式差异较大，不同岗位对从业人员的要求也不尽相同。一般而言，传统的认识是金融业对学历和专业的要求极高。但从我们的调查来看，金融各子行业对学历背景确实普遍要求比想象中的高，而对专业则没有那么严苛。

如图 7–2，根据金融小伙伴的原创报告《2016 年度金融应届生求职调查报告》（以下简称《求职调查报告》）调查样本数据，文、理、工、商、法、医六大学科门类中，商科背景占比最高，达 68.3%，可谓独占鳌头。紧接着是文科，占比 10.3%；理科，占比 8.7%；法学类，占比 5.9%；工科，占比 5.1%；最少的是医学类，占比 0.4%。与 2015 年的调查数据相比，商科专业占比由 62.6% 增长到 68.3%，增加了 5.7 个百分点。文科专业占比由 16.53% 降至 10.3%，而其他专业变动不大。

分析数据可知，商科背景仍旧是金融圈求职第一大户，主要原因是商科为名副其实的“对口”专业，其求职者对金融业接触更早、认识更深，具备更为扎实全面的金融理论基础和实践意识。而且，直接聘请商科学生将减少用人单位的培训成本。而理工科学生在金融业受青睐早已不是什么新鲜事，无论是在行业研究还是创投，理工科学生都有着独特的优势，尤其是理工财经复合背景，更受业内追捧。本次调查结果也显示，理工科学子占比约 14%，排名第三，其竞争力不可小觑。

令人意外的是，连续两年，文科学子占比也相对较高，或许是因为他们关注细节、善于沟通，且文案能力较强。文科生若能注意积累金融专业知识，加强实习实践，同样能够跻身金融圈内。另外，法科学子也在金融求职中占有了一席之地。法律人的严谨性、合规性思维和对规范性文件的解读能力都使得他们能在各个金融机构中施展拳脚，越来越多的金融机构将法律专业纳入核心的招聘列表，也有越来越多的法律学子对金融业心生向往。关于非金融专业学子的金融求职问题，金融小伙伴曾经举办过多期“法科学子的金融之路”和“理攻金融”系列主题讲座，受到了广泛关注，并拥有良好口碑。

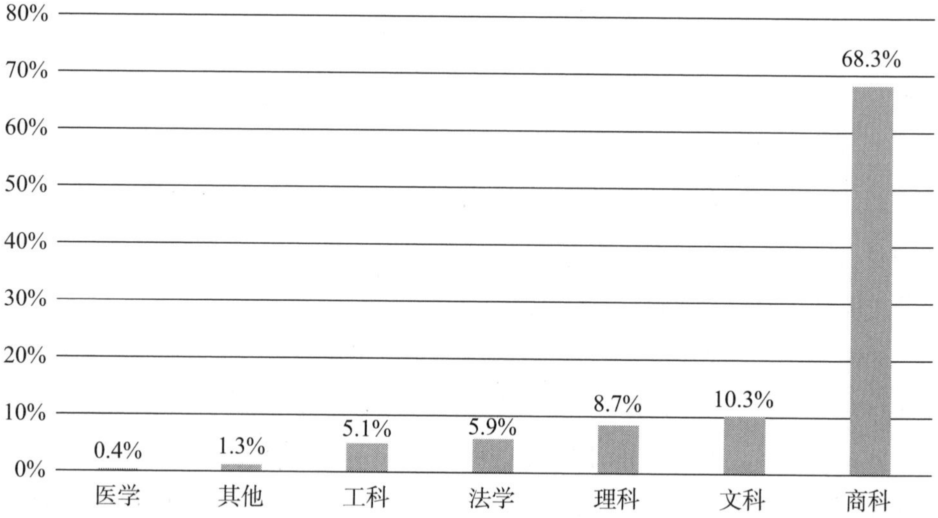

图 7–2　金融职业调查毕业生专业背景统计图

数据来源：金融小伙伴《2016 年度金融应届生求职调查报告》。

另外，从《职业调查报告》可以看出，金融机构的投行、行研、资管等岗位对学历背景呈现出与专业背景截然不同的态度。如图 7–3 所示，调查样本中毕业生学历背景以硕士为主，占总样本人数的 85.0%，而本科生仅占比 13.7%，博士也只占 0.7%。相比于 2015 年的调查结果，硕士占比较 2015 年的 77% 上升 8 个百分点，而本科学历占比由 21.41% 下降近 8 个百分点，学历门槛还在不断走高。因此，此次调查的学历构成分析结果为：博士及本科以下学历占比较小，本科生也仅占比 1/7，而硕士占比一枝独秀，维持在 8 成以上。这一结果充分说明了金融业对于学历的高标准，硕士已成门槛，博士学历反倒适用面缩窄。

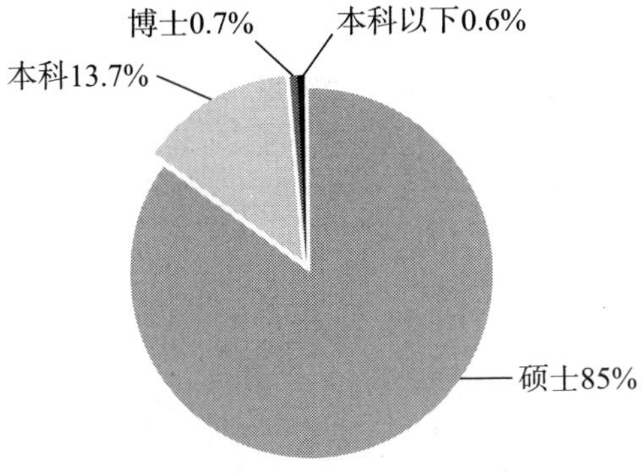

图 7–3　金融职业调查毕业生学历统计图

数据来源：金融小伙伴《2016 年度金融应届生求职调查报告》。

笔者试着去分析结论背后的原因。一方面，相对本科生而言，硕士生具有更完备的知识储备、实习经历和心理素质等，因此在金融业更有竞争力；另一方面，硕士生数量激增，供应充足，已不再稀缺。因此，各大金融机构也逐渐把硕士学历作为基本门槛。

分析金融小伙伴旗下的"金嘉求职汇"微信公众号（jjxzh2015）在近一年发布的一万多条的金融行业求职信息可知，内资金融机构的前台业务部门、利润中心等对学历的要求基本达到硕士标准。愿意招收本科生的往往是中后台部门，或者对专业要求相对较低的销售岗。除此之外，四大会计师事务所、外资咨询、外资投行等外资机构，更注重个人能力，对学历的考量相对较少，因此愿意招收少数目标院校（一般而言全国也仅有 5 ～ 6 所）最优秀的本科毕业生。而要求博士学历的岗位更少，以宏观经济研究、量化研究等为主。

接下来笔者将从一级市场和二级市场的角度分类进行详细阐述，求职者可以根据不同求职意向比照参考，以便更有针对性地进行学习和提高。

1. 一级市场相关从业人员素质要求

图 7–4 展示了一级市场从业人员应具备的主要技能。

金融业中一级市场相关机构包括券商（投行部门）、PE/VC、信托、保险等。其中投资银行堪称一级市场中最典型的机构，由于薪资高、前景好而受到金融学子的广泛追捧。金融业的一级市场是一个高层次、智力驱动型的领域，对于从业者的学历背景、技能和综合素质等有较高的要求。

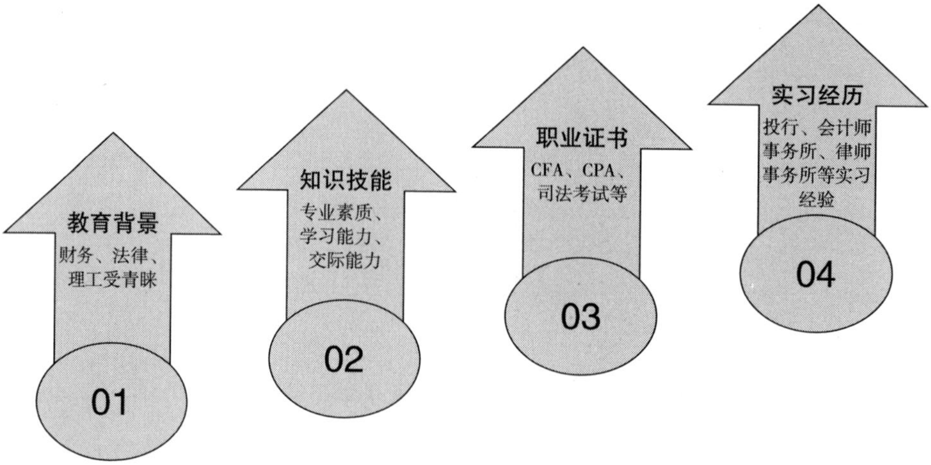

图 7-4　一级市场从业人员应具备的主要技能

投行的从业者大多数为重点高校的经济、金融、法律等专业的硕士，这很大程度上是由投行的工作内容决定的。投行部门的工作内容包括资本运作的交易结构的设计，与证券监管机构的沟通以及合法合规性材料的撰写等。所以在投行的社会招聘中，拥有两三年财务及法律方面工作经验的专业人才，在具备机遇的情况下，可以比较顺理成章地转入投行业务部门。除了上述的偏好外，在实践中，一级市场对专业并没有绝对限制。尤其是近年来，很多投行及 PE 都朝精细化方向发展。具有理工、金融背景的复合型人才备受青睐。因为在未来，或许判定企业能否上市不再是最大的难题，真正的难题变成如何筛选出确实有行业发展潜力的企业，除了一般的财务、法律能力，更需要从业人员有犀利的产业眼光。

一级市场从业人员需要哪些专业素质和能力？如果立志在一级市场长远发展，那么在拓展知识广度的同时，须同时注意加深知识深度。广度侧重的是对整个行业的理解，对市场发展动态保持足够的关注。深度是指能理解并灵活运用行业所涉及的知识，包括行业政策、行业动态和业务知识等。下面的举例主要以投行作为切入点。

良好的素养和专业知识。如上所述，投行除了财务、法律的偏好之外，并无严格的专业限制。很多投行员工也并非金融科班出身，而是工程、计算机、医药等专业背景，在行业内工作得同样出色。但前提是应聘者能够掌握与工作内容相匹配的金融知识，财务及法律的相关能力自不用说，这些知识和技能在尽职调查、股份改制以及之后的督导过程中必不可少。另外，良好的逻辑思维能力、熟练的数据分析能力和扎实的语言文字功底也是必要的。同时，投行从业人员应对市场动态有足够的关注，特别是对相关部门下发的政策文件保持高度的关注，因为随时可能出现新的政策指导影响实务操作。

快速的学习能力和逻辑分析能力。投行对快速学习的能力要求非常高。投行的实习生一般会从信息收集、整理和分析等基础工作做起，这个过程虽然枯燥，但是确能给未来的从业打下很好的基础。在海量数据的基础上，如果投行人不具备缜密的思维和快速采集分析信息的能力，很难保证在高强度和高压力的工作状态下不出差错，顺利做出专业的分析报告。

强大的自我调节能力。投行业是一个高强度、高风险、高回报的领域。高强度的工作、庞大的数据处理工作量、繁杂的交易进程、严苛的工作习惯要求都需要强大的内心来应对，需要能够在极度疲劳时抵抗疲惫感，在交易遇到困境时克服挫败感，在获得工作成绩时戒骄戒躁，这样才能稳扎稳打，步步为营，获得成功。

其他软技能。良好的人际沟通能力对于投行来说十分重要。因为很多投行项目的完成需要投行人与发行人密切合作，同时协调各家中介机构推进业务合作。此外，如果希望能够在积累人脉后转型到承揽承销，则必须具备良好的人际沟通能力。

证书准备。在投行求职中，通过 CPA、CFA 以及司法考试是极好的加分项。CPA 可证明考生的财务与法律专业技能，其考察的知识体系无论对于投行、资管还是股权投资等都非常重要。求职者通过备考 CPA，可以巩固一级市场相关的专业知识体系。CFA 考试大部分是证券投资分析的内容，更适用于二级市场，但其财务及金融知识对一级市场从业也有非常大的帮助。司法考试可满足投行对法律知识的高要求；准备司法考试的过程可提高个人的法律素养，培养严谨的法律思维。

匹配的实践经历。对金融机构来说，培养一个优秀的从业人员需要极高的成本。所以企业在招聘人才的时候，往往希望求职者对投行相关业务、组织架构已经有一定认识，以便入职后能够尽快上手相关工作。因此在投行招聘中，往往会要求求职者有项目经验或实习经历，校园招聘中往往会设置一定期限的实习考核，以便筛选最为匹配的投行人才。所以求职者如果有投行相关的实习经历，具备从业所需的基本素养，在求职中就更容易脱颖而出。因此，建议求职者如果未来有意向往一级市场方向发展，那么前期需要有意识地丰富自己的实习经历。如图 7–5 所示，金融小伙伴的《中国金融业实习年度报告 2016》（以下简称《实习报告》）关于投行的调查结果显示，没有投行相关实习经历的简历通过率只有 3.72%。如有匹配实习经历，通过率就会大幅提高，有两份实习经历的简历通过率达到 27.18%。

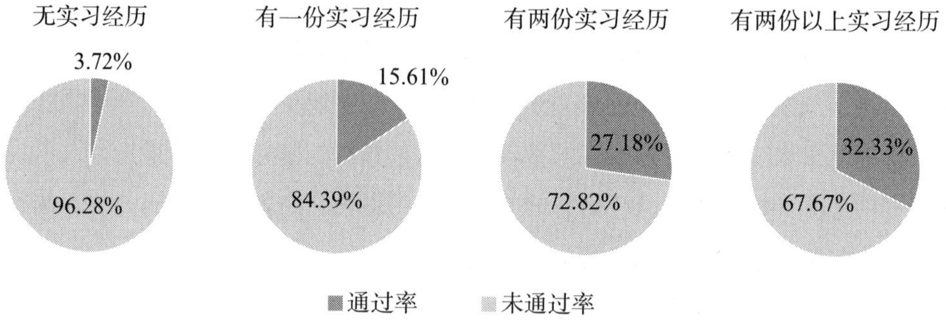

图 7–5　投行类简历通过率与实习经历的关系

数据来源：金融小伙伴《中国金融业实习年度报告 2016》。

从《实习报告》统计数据来看，在过去一年的投行实习信息中，新三板承做岗的实习信息占所有投行类实习信息的 39.9%，远远超出 IPO 与再融资岗实习信息（26.6%）、债券承销岗实习信息（20.1%）以及并购重组岗实习信息（13.4%），如图 7–6 所示。火爆的新三板市场为同学们提供了较多大投行领域的实习机会。对于二线、三线城市的同学来说，也可以从相对易于获取的券商分公司承做的新三板项目实习机会入手，逐步学习尽职调查方法，积累财务、法律知识，学会熟练制作各种项目材料，为后面的投行求职做好铺垫。

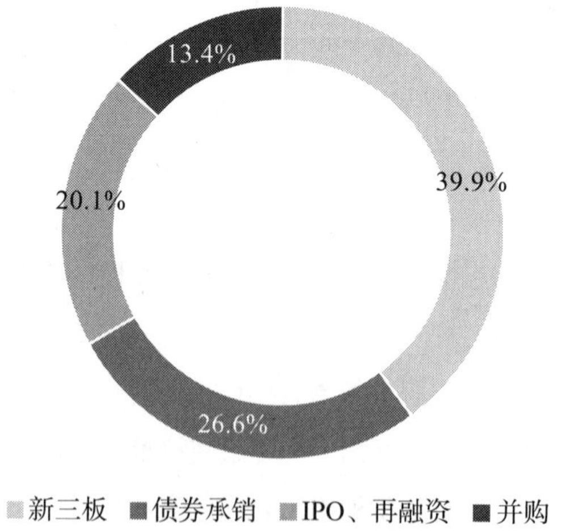

图 7–6　投行类具体各岗位实习信息统计图

2. 二级市场相关从业人员素质要求

图 7–7 展示了二级市场从业人员应具备的主要技能。

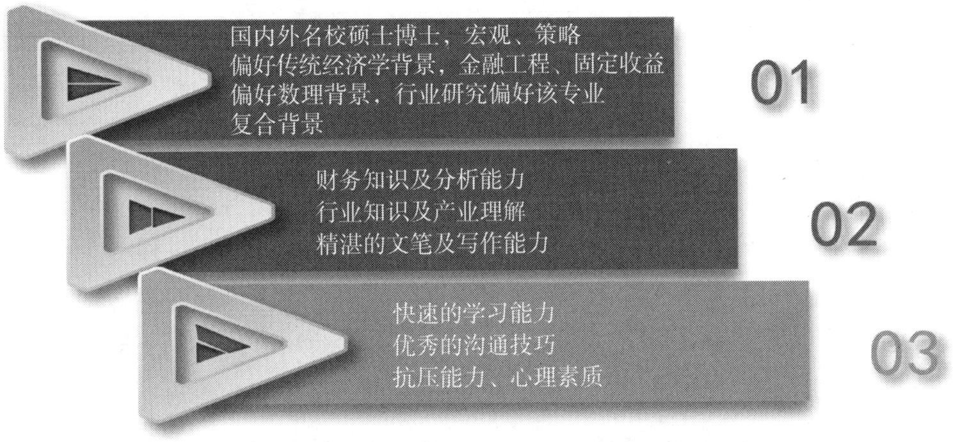

图 7–7　二级市场从业人员应具备的主要技能

从事二级市场的工作，最常见的就是以研究员作为职业发展的起点。从《职业调查报告》的统计结果来看，由于需要有深厚扎实的专业知识，通常学历门槛较高，基本要求硕士及以上的学历，目前各券商研究所和基金研究部招聘的基本条件是国内外名校硕士背景。

研究员具体分为宏观、策略、固定收益、金融工程和细分行业研究员，其学历背景要求略有差异，但国内院校以 985 学校和部分财经类 211 学校为主，大型券商研究所的宏观、策略、固定收益、金融工程研究员更偏好博士学历。其中宏观和策略研究以经济学、金融学专业为主，而固定收益、金融工程研究偏好数学、计算机等专业。

此外，因为在分析具体的某家公司的过程中需要大量运用到某个行业的专业知识，各个细分行业的研究员具备与行业相关的复合背景会有很大的优势。比如医药行业的研究员偏好医学或生物学专业背景，新能源行业偏好能源专业背景，TMT 行业偏好传媒、计算机背景等，本科是行业相关的专业，硕士是金融、经济类专业的复合背景最受研究所青睐。针对研究领域的求职者应做好的知识储备见表 7–1。

表 7-1 针对研究领域的求职者应做好的知识储备

财务知识	经济学知识	基本面分析
对于研究员来说相当重要，因为在分析企业的过程中，部分重要工作就是分析企业财务报表	要求对宏观市场有一个整体的认识和把握，日常工作包括结合对证券市场、上市公司、投资时机的分析，给买方推荐投资标的	很多研究员以基本面研究为最主要的投资操作依据。技能获得除来自借鉴并运用各类方法之外，大量的实践非常重要

财务知识及分析能力。对于卖方研究员来说，在行业研究过程中要关注和判断行业和公司的基本状况和变化趋势。关注其财务状况，就需要与大量的财务报表打交道，这要求研究员具备过硬的财务分析能力。看懂三大报表、掌握财务比率的计算方法、熟悉财务数据的趋势分析、构建估值模型等，是做研究的基本功。对于买方研究员来说，投资研究是帮助其分析决策的有效途径。以基金经理为例，“研究创造价值”被奉为圭臬。买方的研究从业者需要将理性分析贯彻到底，需要在研究上花费大量的时间，探究市场背后的逻辑。虽然在业绩上这种关联常常无法得到验证，但这是最合理、最科学的投资方式。在求职中，CPA、CFA 是体现金融、财务知识最常见也最有用的两个证书，不少研究员都是上述两证的持证人员。尤其是跨专业的行研求职者，这两个证书可以充分体现你的财务和分析能力。

对行业背景的熟悉。研究员需要对行业的整体情况做出判断，这就需要其深入了解行业发展状况。关于行业发展状况，通常要求把握以下几个方面：一是知晓行业的基本特征。研究员需要把握相关行业的整体供需状况、技术发展状况、未来发展趋势等，比如预测行业未来的市场空间，从市场占有率对公司业绩进行估值；又如判断行业所处的发展周期阶段等。二是熟悉行业的历史估值区间。纵向比较行业的历史区间，以及国内外行业相同发展阶段的历史区间，与当时的经营、盈利状况做对比，可以更好地判断行业的发展趋势与估值区间。三是了解行业内龙头企业的经营状况，横向对比其估值情况。对行业内主要公司的基本面了然于心，通过横向对比各公司的估值，得出推荐标的的合理估值。

清晰的逻辑与妙趣的文笔。研究员通过观察行业和公司，挖掘关键投资要点并识别风险因素，最终目的是吸引客户关注自己的观点。研究员经常以书面报告的形式将其研究成果推送给买方，这就要求书面报告既有严谨的逻辑脉络，又具备深入浅出的可读性。所以，研究员需拥有较强的文字功底。例如，业内某分析师的报告《光通信：走得比 3G 更远》，以其清晰的逻辑思路和极好的文笔获得了某顶级基金投研总监的赏识。行业研究工作之一便是撰写各类报告，通常包括以下几类：首先是策略研究报告，对下一时期（一年、半年、一季度等）进行高屋建瓴的策略部署，列出看好的行业、个股等；其次是行业专题报告，对子行业进行专题深度研究，提出子行业投资的逻辑要点；再次是公司深度报告，对重点覆盖的公司进行深度剖析，分析其投资逻辑，并对个股估值定价；还有点评报告，包括业绩点评、事件点评等，业绩点评是对公司经营情况的总结，并强调或者微调其投资逻辑，事件点评是分析突发事件（政策等）对行业、公司的影响，对未来做出点评判断；最后是新股分析报告，对即将上市的公司进行首次覆盖研究，出具报告为买方提供询价建议。实习生和新入职的员工一般会将较多精力花在撰写研究报告上，通常实习生的第一项任务就是花 1~2 个月时间撰写一篇深度报告。撰写合格的报告是基本功，行文必须逻辑清晰、重点突出、语言简练、不落俗套。这些要求看似简单，但要做得出色，需要长时间的积累沉淀。

强大的信息管理能力和快速的学习能力。进行市场分析的前提是掌握足够的信息，并对这些信息进行区别、归类和分析。主要信息来源包括：新闻资讯、官方网站、行业网站、研究报告以及咨询公司数据等。研究报告分为卖方报告和买方报告，卖方研究会提供固定类别的研究报告，比如宏观经济报告、金融行业报告等；买方研究则更为实际，也更符合基金本身对于投资的要求。故买方研究在研究目的和研究方法上比卖方研究更有针对性，但在对特定公司的了解和跟踪深度上，一般来说很难达到卖方研究的深度。

快速学习的能力可以说是金融业所有子行业都必备的要求。研究员在面临一个子行业或新公司时，经常需要迅速了解其行业背景知识、发展历史等，尤其在涉及技术的领域，更需要较强的学习能力。行业发展日新月异，在研究行业、公司时也要不断学习最新的知识。此外，在做研究时需要查找大量的背景材料和相关数据，熟练掌握 Wind、Bloomberg 等数据库是基础，此外还要查找专业的数据库、咨询公司、行业协会、海内外官方相关统计等。所以，强大的数据搜索和整理能力也是必不可少的。

优秀的沟通能力。常言道，“好的研究员也是半个销售”，只会写研报的研究员不是合格的研究员。所以，作为一名优秀的研究员，不仅要洞悉行业规律、发现股票价值，还要与上市公司董秘等核心人员保持良好的沟通以获取最新动态，向买方投研人员、基金经理等人员及时、清楚地传达其投资思路。卖方研究员需要与以下四类人打好交道：上市公司高管（如董事长、总经理、董秘），通过与上市公司保持联系，及时合法获悉其公司和行业的最新动态；买方投研人员、基金经理，卖方研究员要通过电话、路演等形式将其研究成果推介给买方投研人员以获得认可；行业专家，为准确判断行业趋势，研究员要结识一些行业专家并及时沟通，了解其对行业的看法，比如新政策、新技术等对行业的影响等；同行分析师，与同行保持沟通交流，是相互学习、取长补短、自我提升的良好机会。对买方研究员来说，与上市公司高管、卖方研究员、行业专家以及同行分析师保持良好互动也极其重要。

抗压能力。对研究员来说，加班是工作常态。忙碌的时候每天只能睡四五个小时，基本没有正常的假期。下班之后精神仍需处于紧张状态，需要随时关注市场动向和公司公告。通常情况下，只要卖方研究员所跟踪的公司发生重大事件就要撰写点评报告，联系调研、路演，出差更是家常便饭。所以研究员需要有强健的体魄以及良好的心理素质。而且，和传统的理解不同，在买方从事研究工作也需要较好的抗压能力，因为他们不但面临着来自同行和投资人的压力，还要担心业绩排名问题。以基金经理为例，由于基金行业普遍采用的是相对排名考核机制，因此他们需要时刻关注排名变动。通常来说，提高排名的方法就是重新考虑自己的投资策略，所以在季度末和年末之际，基金经理的压力相对会大很多。

想顺利进入二级市场从事研究员工作，实习同样重要。如图 7–8 所示，《实习报告》关于研究所的实习统计中，结果和投行类结果有较大的不同。有无相关实习经历的简历通过率差异化并没有那么明显，有两份实习经历的通过率为 28.81%，仅仅比有一份实习经历高 9 个百分点左右。其中部分原因可能是行研更看重独立思考能力、逻辑分析能力以及个人专业背景。如果自身没有相关实习经历，但具备理工科背景或者做过相关科研活动，也是会受到认可的。如果之前撰写过较为优秀的深度报告会有加分。如果具备复合专业背景，则会更受青睐。

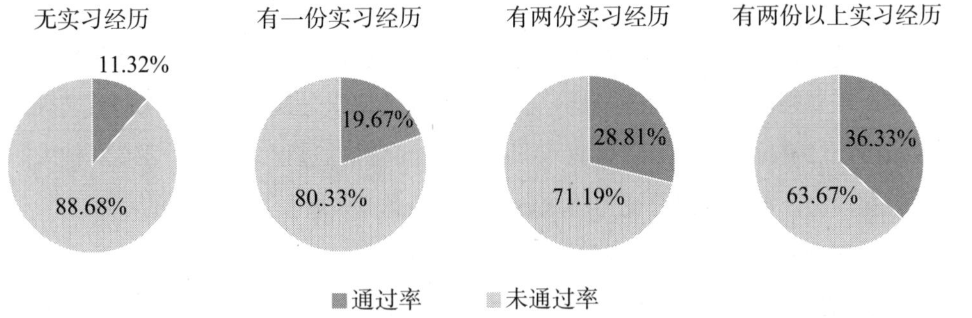

图 7–8　研究类简历通过率与实习经历的关系

如图 7–9 所示，《实习报告》的统计结果显示，2015 年研究所实习信息以 31.23% 的占比位居所有实习信息中第一。研究所实习机会多与其正式员工少、任务繁重、需要大量实习生协助研究的现状相吻合。具体来看，券商卖方研究的实习信息量要远远高于基金买方研究的实习信息量。建议同学们以券商卖方研究实习作为主要突破口，逐步深入学习研究方法，养成良好的逻辑思维习惯，为求职打下坚实的基础。

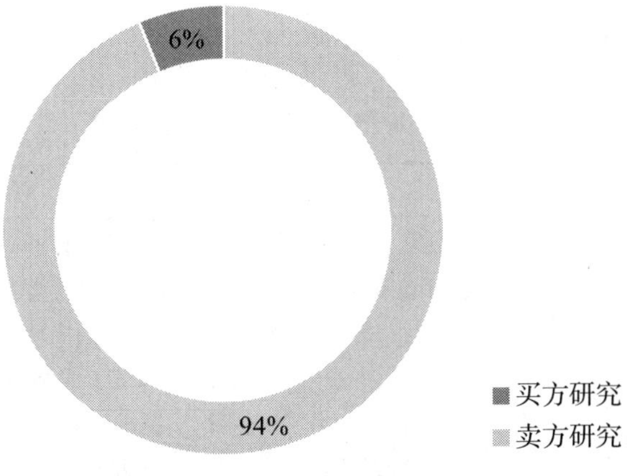

图 7–9　卖方研究与买方研究实习岗位统计图

素质要求：从岗位切入

前文是从金融从业者身上观察总结出的金融业从业素质要求。本节则从企业角度观察、分析招聘过程中机构对人才的要求。以下数据均来源于各大金融机构的招聘信息，需要强调的是，企业招聘信息中对人才的要求是最低标准。求职者实际并不能只参照已有标准去准备，因为求职不是一个达标的过程，而是需要在其他求职者中脱颖而出。努力让自己变得越来越优秀，超越竞争者，才是求职的根本。

来看某银行总行职能部门第一轮筛选的岗位任职要求："1. 全日制普通高等院校硕士研究生（含）以上学历、学位；2. 通过国家大学英语六级（CET6）考试（成绩在 425 分及以上），或托业（TOEIC）听读公开考试 715 分及以上，或新托福（TOEFL–IBT）考试 85 分及以上，或雅思（IELTS）考试 6.5 分及以上"。除了将学历限定为硕士研究生，把本科生群体排除在外，似乎每一个硕士都满足要求，试想一下，这样的任职要求对我们还具有参考意义吗？

其实很多从业人员日常也会关注各种岗位工作的要求，因为，一方面这是了解其他岗位最好的窗口，另一方面也能对自己进行及时的审视，看自己是否具备了所需的能力。接下来我们一起来看看各大岗位常规的招聘要求，这些 JD（Job Description，岗位描述）表面看似乎较为简单，实质都是企业长期积累的经验，值得细细研读，如表 7–2 所示。

表 7–2　金融业不同岗位招聘要求

机构	工作岗位	工作内容	任职要求
商业银行	总行职能部门类 / 总行运作中心类 / 总行利润中心类	管培生项目，轮岗培训后安排至总行各职能管理部门 / 管培生项目，轮岗培训后安排至总行运作中心 / 定向生，直接安排至总行利润中心部分，如金融市场部、资产管理部等	1. 全日制普通高等院校硕士研究生（含）以上学历、学位； 2. 通过国家大学英语六级（CET6）考试（成绩在 425 分及以上），或托业（TOEIC）听读公开考试 715 分及以上，或新托福（TOEFL–IBT）考试 85 分及以上，或雅思（IELTS）考试 6.5 分及以上

续表

机构	工作岗位	工作内容	任职要求
商业银行	通用岗位	培养目标为销售类岗位、专业类岗位的储备人才。新员工入职后统一安排至基层营业网点柜员岗位或赴总行电子银行中心进行为期不少于一年的培养锻炼，之后根据所在单位工作需要、个人工作表现及业务特长等，聘入上述相应岗位工作	1. 全日制普通高等院校大学本科（含）以上学历、学位； 2. 通过国家大学英语四级（CET4）考试（成绩在425分及以上），或托业（TOEIC）听读公开考试630分及以上，或新托福（TOEFL-IBT）考试75分及以上，或雅思（IELTS）考试5.5分及以上
	柜员岗位	定向柜面服务人员，在北京市城区或郊区营业网点从事柜面服务工作。部分新员工入职后先安排至总行电子银行中心进行为期不少于一年的培养锻炼，之后返回营业网点工作	同上
基金公司	销售助理	1. 负责子公司各类销售方面工作的支持，包括客户拜访和沟通、客户资料和流程的管理、销售数据的采集和整理等； 2. 为子公司销售业务运作提供其他必要的支持和服务	1. 本科及以上学历，市场营销、金融学、经济学、管理等相关专业者优先； 2. 有私人银行、信托、PE等行业实习经验者优先，有银行、券商金融领域渠道市场开发维护等实习经验者优先； 3. 良好的职业道德、专业素质和较强的敬业精神，有较好的抗压能力； 4. 具备良好的沟通、人际交往和维护客户关系的能力； 5. 有敏锐的市场洞察力和分析能力，有优质的大客户及渠道开拓维护能力

续表

机构	工作岗位	工作内容	任职要求
基金公司	国际业务部助理	1. 关于 QFII/RQFII/QDII 等跨境相关市场信息搜集及研究工作； 2. 对国际业务现行发展和市场情况的分析； 3. 产品研发； 4. 尽职调查文案撰写； 5. 标书、营销材料制作等； 6. 数据支持及处理； 7. 协助公司官方网页英文部分的设计制作，文案撰写及修订工作	1. 硕士及以上学历，金融或相关专业，对金融市场有一定的了解； 2. 责任心强，能够胜任各项工作且能承受一定的工作压力，同时具有出色的团队合作能力； 3. 沟通交流能力强，文笔流畅，逻辑严谨，分析能力强； 4. 英语流利，且能熟练使用 Office 办公软件
	渠道理财经理	1. 协助进行银行渠道维护与服务； 2. 配合公司总体销售计划完成公募基金销售任务； 3. 配合公司专户理财部完成专户基金销售任务	1. 经济、金融等相关专业毕业，硕士及以上学历； 2. 具有优秀的组织能力和良好的服务意识以及承压能力； 3. 勤奋好学，扎实肯干，具有良好的表达能力和团队合作精神； 4. 吃苦耐劳，能适应长期出差
	股票交易员	1. 负责股票基金的交易操作； 2. 使用自动化交易软件，在市场上捕捉套利机会； 3. 观察市场行情，改善交易策略，反馈交易效果，灵活掌握市场机会； 4. 协助风险控制研究员控制交易风险	1. 本科及以上学历，经济、金融等相关专业或理工金融复合背景； 2. 思路清晰，反应敏捷，学习能力强； 3. 风险意识强，对国内外证券市场和市场交易规则有一定了解； 4. 具备良好的团队合作能力、沟通能力
	债券交易员	1. 负责债券基金的交易操作； 2. 负责债券市场询价，反馈交易效果，灵活掌握市场机会； 3. 协助风险控制研究员控制交易风险	1. 金融、数学、数量经济学等相关专业； 2. 性格开朗、为人谨慎、善于沟通； 3. 有较强的计算能力和较快的反应能力； 4. 对于债券市场有基本的认识，风险控制意识强

续表

机构	工作岗位	工作内容	任职要求
基金公司	研究员	1. 对所负责的行业进行深入研究和分析，跟踪行业发展动态及行业政策，撰写行业信息点评和行业政策市场效应分析等报告； 2. 结合行业分析，对上市公司进行深入及前瞻性的研究，挖掘上市公司的投资机会，提供分析研究及投资价值报告，为投资经理的决策提供建议； 3. 外部联络与沟通，包括但不限于通过行业主管部门了解行业动向、发展趋势、行业平均情况，与证券研究所及其他基金研究员交流行业研究成果，探讨热点问题	1. 知名大学硕士以上学历，本科为相关行业教育背景、硕士为金融相关专业者优先考虑； 2. 具有2年以上相关行业研究经验，对行业分析工作有热情； 3. 具备优秀的学习能力，良好的逻辑及分析能力； 4. 具备良好的沟通协调能力，高度的责任心及团队意识
	产品经理	1. 执行市场发展战略； 2. 产品设计、发行及日常运营支持； 3. 产品发行渠道的开拓与维护； 4. 市场部主管交办的其他工作	1. 硕士研究生及以上学历； 2. 具备扎实的金融学、经济学基础； 3. 具备较强的沟通能力，具有团队合作精神； 4. 具备较强的英语综合使用能力； 5. 具备较强的办公软件如Excel、Word、Powerpoint使用技能； 6. 拥有CFA、CPA等相关资格证书者优先考虑
	合规经理	1. 协助处理公司各项法律事务，向法律监察部负责人负责； 2. 协助拟订法律事务工作规范和业务流程，经批准后组织实施；	1. 法律专业硕士或经济学硕士以上学位； 2. 熟悉基金、证券的相关法律法规； 3. 通过司法考试者优先；

续表

机构	工作岗位	工作内容	任职要求
基金公司	合规经理	3. 协助完成公司的合规监察和信息披露工作； 4. 协助对公司签订的合同进行法律审核； 5. 协助处理各项法律争议； 6. 开展与公司经营和业务发展相关的法律研究	4. 良好的中英文写作能力和表达能力，熟练使用各种办公软件，良好的业务协调能力
证券公司	投资银行部	1. 参加项目组，协助完成项目尽职调查、公司改制、辅导、工作底稿建立、申报材料制作、内核、报批、过会等项工作，目前项目包括再融资、IPO、并购重组、资产证券化等； 2. 协助建立保荐项目工作档案，保留各类工作记录并存档； 3. 其他临时性工作	1. 法律、金融、会计、财务管理等专业研究生，具有投资银行实习经历，取得注册会计师、律师资格、证券从业资格证书者优先； 2. 具备团队协作精神和良好的人际沟通能力，性格开朗，能吃苦，能承受较大工作压力； 3. 具有较强的工作责任心、团队协作精神以及良好的职业道德，能够接受出差
	机构销售岗	1. 开发上市公司、机构及高净值个人客户，提供专业持续的金融服务，开展机构类业务开发及拓展； 2. 为高端客户进行业务需求分析，落实资本中介功能，提供综合的金融解决方案； 3. 大力开发阳光私募机构，协助私募备案、产品设计及发行，提供主经纪商综合金融服务； 4. 协调各方资源，对接各营业部机构金融业务需求并提供综合服务	1. 具有创新思维力、逻辑判断力，性格活泼外向，善于沟通协调； 2. 积极进取，具有良好的敬业精神和团队合作精神，能承受高强度的工作压力； 3. 熟悉资本中介、机构类业务，了解相关法律、法规、政策等； 4. 取得证券从业资格、有相关工作经历或大客户资源的优先考虑； 5. 硕士及以上学历，金融、经济、会计、法律等相关专业优先； 6. 条件优秀的应届毕业生也作为本次应聘对象

续表

机构	工作岗位	工作内容	任职要求
证券公司	债务融资部	1. 完成债券承销过程中的部分投资银行业务； 2. 进行债券发行相关文件和研究报告及信息的搜集、整理、撰写和归档； 3. 与公司内部和外部的日常业务进行联络、沟通和协调等工作	1. 经济、财务、法律相关专业优先，通过CPA、司法考试者优先，理工科专业具备财经相关专业知识背景者亦可； 2. 较强的沟通能力和人际技巧，较好的文字功底，能熟练运用Excel、PowerPoint等软件
	行业研究员	1. 收集所研究领域资料及最新变化情况，建立该领域研究信息资料库； 2. 在分析调研的基础上，独立撰写研究报告，及时较好地完成基本的行业研究报告、公司调研报告、各类跟踪研究报告以及投资组合建议报告等； 3. 通过现场推介、电话沟通、研讨会等方式，把行业研究成果推介到公司和客户，支持公司和客户产生经济效益； 4. 通过向媒体宣传、推广个人研究成果，树立研发中心的本行业研究品牌	1. 金融学、经济学、工商管理或研究领域相关专业硕士研究生或以上学历； 2. 具有证券从业资格； 3. 具有N年以上行业研究经历或在所研究行业具有N年以上相关工作经历，具有所研究行业相关工作经验者优先； 4. 熟练使用常用办公软件，具有优秀的分析、写作能力
	量化研究员	1. 根据海量证券交易数据，利用数据挖掘工具，寻找有效的量化投资策略； 2. 投资策略设计、开发、评估和优化；	1. 计算机、金融工程、数学、物理、通信等理工科专业，本科以上学历； 2. 具有研究人员的思维方式：能够深度思考、具有创造性、工作勤奋、主观能动性强等；

续表

机构	工作岗位	工作内容	任职要求
证券公司	量化研究员	3. 利用统计学和数学工具，进行量化策略指标、数量化和程序化对冲交易或组合投资、基于衍生工具的套利及套期保值策略、风险管理、投资组合管理、风险绩效评估和业绩绩效归因分析等研发、测试，并在实际交易中不断完善； 4. 协助投资经理管理产品工作	3. 熟练掌握研发使用的编程语言（C++/python/matlab/R 之一）； 4. 良好的职业道德素养，对工作充满激情，并有良好的沟通能力和团队协作精神； 5. 有量化投资相关工作经验，有 alpha 策略和程序化交易经验者优化；有公募基金、券商资产管理、券商自营、阳光私募研究或投资工作经验优先
信托公司	信托经理助理	1. 协助信托经理进行项目开发管理； 2. 项目前期资料收集整理； 3. 报告撰写，文档管理，会议记录等； 4. 财务分析报告及现金流测算等结构设计； 5. 协助业务部经理布置的其他工作	1. 财会、法律、经济、金融等专业硕士研究生； 2. 具备良好的人际关系沟通协调能力和书面表达能力； 3. 工作细致认真、谨慎，责任心强； 4. 熟悉常用办公软件操作

08

八面玲珑：金融业求职渠道建设

我国金融行业发展日新月异，但就业岗位数量相对于庞大的毕业生人群而言依然紧缺，造成金融业求职竞争异常激烈，因此拥有信息优势的求职者往往能抢得先机。在前期调查中我们发现，不同的求职者在获取金融求职信息方面存在显著差异，那些对信息更为敏感，拥有更多信息渠道的求职者在求职中往往较为顺利。在问及具体求职细节的时候，他们不仅对每个求职渠道的优缺点一清二楚，而且对求职目标企业的具体招聘途径、流程、形式、内容等了如指掌。相比之下，有些同学却直到招聘季后期才发现自己居然连招聘信息发布来源都不熟悉，白白错过了很多求职机会。

毫无疑问，通过各种渠道千方百计获取有针对性的招聘信息，是入行的第一关。而本书所列举的均为当前金融行业中使用最多、实用性最强的求职渠道。从求职信息载体角度来看，金融业求职渠道，基本可以分为网络渠道和社交渠道两大类。

具体而言，网络渠道作为近年来的主流渠道，具备信息量大、获取成本低、传播广泛便捷等优点，同时网络信息传递弱化了地域隔离造成的差异。而社交渠道主要存在于现实工作生活中，是求职者在其能动范围内自主获取求职信息的一种渠道。与爆炸式的网络渠道相比，社交渠道基于一定的信任基础，针对性、准确性较高，竞争对手较少，但传播的信息数量相对也较少，获取难度较大。在实际求职过程中，求职者应注意将二者灵活配合使用，可能会有意想不到的效果。

网络渠道的丰富资源

金融求职的社交渠道更多依赖求职者日常人脉资源的积累，具有显著的特殊性、个体性，在求职过程中主要起着锦上添花的作用。相比之下，网络渠道则很“公平”，每一个求职者可以非排他地获取，如果长期持续关注，可以在很大程度上避免信息不对称带来的劣势。如图 8-1 所示，当前主要的网络渠道包括各种专业求职网站、社区论坛、新媒体平台以及以金融小伙伴为代表的全平台。下面将为大家详细解析每一种网络渠道的优缺点及具体应用要点。

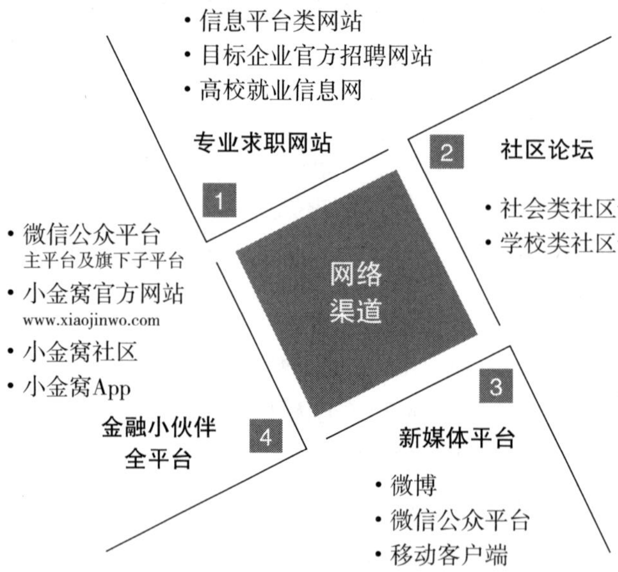

图 8-1　网络渠道资源

专业求职网站

1. 信息平台类网站

信息平台类网站主要以各种专业型网站为代表，如表 8-1 所示，其特点如下：

第一，招聘信息更新及时，岗位职能描述清晰。网站通常会实时更新各大名企招聘起止时间以及最新招聘进度，并附有每一个招聘职位的申请链接。

第二，招聘职位分类精确，通过设置关键字为求职者精确搜索相关目标职位信息提供便利。另外，招聘信息还会按不同的地域、专业领域准确划分归类，有利于提高搜索效率。

表 8-1 当前主流的信息整合收集网站

代表性网站	网　址	适用群体
小金窝	http://www.xiaojinwo.com	金融校招 / 实习
应届生求职网	http://www.yingjiesheng.com	应届毕业生
大街网	http://www.dajie.com	应届毕业生
前程无忧	http://www.51job.com	应届毕业生 / 社招
智联招聘	http://www.zhaopin.com	应届毕业生 / 社招
中华英才网	http://www.chinaHR.com	应届毕业生 / 社招

2. 企业官方网站

各大金融机构官方网站的招聘板块（如“人才招聘”“诚聘英才”或者“加入我们”条目）都会不定期更新招聘信息。相较于将信息发布在第三方专业招聘平台（前程无忧等）上，这种方式更为直接，且目标性更强。通常，行业内领先企业很少在第三方招聘类网站上发布信息，因此求职者应定期对求职目标范围内的企业官网予以关注。

除此之外，定期浏览目标企业网站可以了解到更多企业信息，这将为后续的面试打下基础。如一位同学在面试国内一家顶级的股权投资机构时，事先通过 A 公司网站了解到其投资的 B 公司刚刚上市。于是在面试前查阅该公司的招股说明书等公开资料，对整个交易过程和结构进行深入研究，并在面试时主动提及，令面试官印象深刻，最终获得了这个工作机会。

3. 各大高校就业信息网

各大高校就业信息网是高校受企业委托代发招聘、宣讲会、专场招聘会信息的主要平台。部分高校就业信息网如表 8-2 所示，其中不乏各种校友企业回校招聘的信息，大家在求职过程中应当给予足够的关注。就业信息网发布的求职信息通常已经过严格的审核，求职信息内容更加真实可靠。

具体而言，这种招聘地域性强、历时短、竞争者相对较少，应聘成功的可能性更大。从当前行业内的情况来看，知名企业大多会通过联系各大高校，将其招聘信息发布在高校就业信息网（尤其是部分名校就业信息网）上。现实中，有些高校就业信息网对所有公众开放，但是也有部分高校的就业信息网只允许本校学生通过学号和密码登录，因此建议求职者充分挖掘异校同学朋友资源以掌握更多信息。

表 8–2　部分高校就业信息网

名　　称	网　　址
清华大学学生职业发展指导中心	http://www.tsinghua.edu.cn/publish/career
北京大学学生就业指导服务中心	http://career.pku.edu.cn
中国人民大学就业指导中心	http://career.ruc.edu.cn
南开大学就业指导中心	http://career.nankai.edu.cn
复旦大学学生职业发展教育服务中心	http://www.career.fudan.edu.cn
上海交通大学学生就业服务和职业发展中心	http://scc.sjtu.edu.cn
南京大学就业创业信息网	http://job.nju.edu.cn:9081
中山大学就业指导中心	http://career.sysu.edu.cn
武汉大学学生就业信息网	http://xsjy.whu.edu.cn/default.html
对外经济贸易大学就业指导中心	http://career.uibe.edu.cn
中央财经大学就业网	http://scc.cufe.edu.cn/jyw_zc/index.jsp

相关社区论坛

社区论坛主要包括社会社区论坛和高校社区论坛两大类，部分常见的学校 BBS 如表 8–3 所示。其中，社会社区论坛通常指一些大型服务型论坛下属人才招聘板块。此板块通常会有部分招聘信息发布，但是相对零散且专业性差，及时性、可信度都无法保证，此处不做详细说明。

高校社区论坛主要包括各大高校 BBS，其依托强大的校友圈，往往可以汇集大量优质资源帖。同时，BBS 通常也开设专门的求职讨论专区，方便求职者交流最新招聘资讯、笔试面试经验以及签约薪金待遇、感受等信息，对于职位的认知有重要的参考意义。部分高校 BBS 存在仅限校内网用户登录使用的限制条件，非本校求职者只能望洋兴叹。但是随着新媒体的兴起，在 BBS 平台发布招聘信息的，通常也会在一些知名的相关新媒体渠道同时发布。

表 8-3 部分常见学校 BBS

名　称	网　站
水木社区	www.newsmth.net
北京大学未名 BBS	bbs.pku.edu.cn
北京大学汇丰商学院	bbs.phbs.pku.edu.cn/forum.php
南京大学小百合	bbs.nju.edu.cn
上海交大饮水思源站	bbs.sjtu.edu.cn
复旦大学日月光华	bbs.fudan.edu.cn
武汉大学珞珈山水	bbs.whu.edu.cn
南开大学我爱南开站	bbs.nankai.edu.cn

新媒体平台

新媒体平台是近年来依托网站、社区衍生出的一种媒体传播形式，主要传播主体包括微博、微信公众平台及移动 APP（客户端，以下简称 APP）等。微信公众号平台通常为信息整合网站、企业，或个人所运营，平台发布的有些内容会与网站同步更新，其成本较网站更低，且有简单快捷、传播范围广等优势。

移动 APP 是移动互联网时代的热门产物，是网站、BBS 以及新媒体外的另一种信息传播模式。与前者相比，其内容更系统、操作更方便。新媒体平台形式日新月异，内容不断创新，逐渐得到了传统金融机构的认可。

金融小伙伴资讯全平台

虽有王婆卖瓜之嫌，但举贤不避亲，还是郑重向求职者介绍一下金融小伙伴资讯全平台的特色。“金融小伙伴”采用多平台全线运营体系，集官方网站、公众平台、微信群、APP 及其他平台于一体。尤其值得一提的是，“金融小伙伴”旗下大型网站小金窝（www.xiaojinwo.com）及同名 APP，完全涵盖金融技能、金融问答及金融求职等板块内容，力求打造金融业最强大的一站式职业发展信息平台。

小金窝网站及 APP：专注为金融在职人士、名校金融学子提供求职实习、前沿热点资讯、干货知识、考研考证辅导等一站式服务，同时也为求职者和 HR 建立了一个沟通交流的渠道。功能同样涵盖金融热点解析、金融讲堂、金融校招、金融实习、金融问答、金融测评等板块内容。

微信公众平台：金融小伙伴主平台和专业下属子平台“金嘉求职汇”每天推送的“实习日报”“校招汇总”“社招汇总”，是金融求职者最受欢迎的信息来源之一，此外还会根据不同时段的求职特点，重点推出“暑期实习汇总”“春招汇总”“宣讲会安排汇总”等，为求职者提供了无盲点的海量信息。金融小伙伴发布的求职信息均已经过金融小伙伴平台工作人员初步审核，消息相对可靠。

金融小伙伴资讯全平台已与超过百家金融机构开展合作，助力企业招聘，目前已经成为校园内金融招聘求职的第一品牌。在未来，金融小伙伴资讯全平台必将成为金融圈内求职最重要的渠道之一。

社交渠道的合理利用

小布什与骷髅会的故事可谓家喻户晓，小布什最终顺利当选总统，与骷髅会成员的鼎力相助密不可分。圆中而空，谓之圈子，善于构建社交圈子的同学，在求职的过程中往往有额外的优势。以美国职场为例，求职最主流的模式就是通过各种各样的“Networking”去获取求职机会。

由于每个人的生活环境、性格特点和教育背景不尽相同，社交渠道也存在明显差异，但有一点是肯定的，社交只能靠平常日积月累。平常人际交往过程中始终坚持以真诚的态度对待身边的每一个朋友，愿意把自己的信息资源分享给周围的人，也许最后你收获的不仅仅是别人回馈你的其他信息，还有同甘共苦的奋斗友谊。言归正传，做好求职社交渠道建设主要从以下三个方面入手。

合理利用已有人脉资源

自己的导师、师兄师姐、家人、同学和朋友，都是最可以合理利用的资源。所以平日在跟他们交流过程中应注意沟通方式，找机会多向其请教，但在咨询问题过程中应当突出自己的独立思考，这样才更容易获取他们的认可。许多高校研究生导师会在各种金融机构做兼职顾问，也有相当数量的门生任职于各大金融机构，这些机构在招聘时也经常会请导师帮忙推荐。因此课堂上要积极表现，课堂下在职业发展选择方面可以多多征求导师意见，在交流中真诚展现自身长处。如此一来，若得到导师青睐，获得实习乃至工作机会也就顺理成章了。

而同专业尤其是同门师兄师姐，由于年龄差别小，相对较易沟通且就业方向也较接近，更应该多多沟通请教。在求职过程中若能得到他们的帮助甚至引荐，将大大提高求职效率和成功把握。在寻找实习机会的过程中，机构内部人士的直接推荐往往能帮助求职者省去初试、HR 面试、复试等环节，甚至直接终面；在应届生求职或应聘全职工作时若有内部人士推荐，虽仍需按企业招聘流程进行，但 HR、领导的提前关注，同样会提高被优先录取的概率。

关于合理利用人脉资源，笔者在此提两点建议：第一，在日常交往过程中，态度要真诚、谦逊，要学会维护融洽的人际关系。同时需要牢记获得的同时也应懂得付出，他人有需要帮忙的地方应该尽己所能予以帮助。第二，日常的学习工作中要注重提高自己的专业水平、综合素质，如获推荐机会就应不负他人厚望，切不可推荐成功后又失信拒绝或者实习几天觉得不够好就找理由辞职，这样不仅会影响自己的声誉，还会影响推荐者的信誉。因为对推荐者来说，相当于以自己的信誉作为背书，当然希望自己推荐的是靠谱、优秀的人。在此建议求职者在希望获得内部推荐前练好内功，至少从制作一份有内涵、有深度的简历开始。

充分利用学校资源

求职者在校期间应当多利用学生就业中心（一般会有相应的部门，国外通常叫 Career Office），以获取职业建议、信息提供等方面的帮助。

校园内的招聘会主要包括校园招聘会、企业宣讲会及双选会三种形式。其中校园招聘会和双选会通常由学校联合各大招聘企业于每年就业季定期举办，基本形式是学校提供场地，有招聘需求的企业主动联系学校，然后在某一固定场地举办招聘会。此种招聘会的优点是招聘企业数量众多，提供的岗位种类多样。然而，一般参加此种招聘会的企业大多为中小型企业，特别好的企业和岗位相对较少，而且参与人数众多，招聘企业很难与求职者有深入的沟通交流。

相比之下，大多数知名企业都会选择举办专场宣讲会，其最直接的优势是通过企业的宣讲，求职者能够较全面、准确地了解招聘信息，包括具体招聘岗位、福利待遇、校招进程、公司基本情况等。同时，参加宣讲会能够与企业内部人员面对面沟通交流，必要时还可以自我推荐。此外，有些企业招聘时只接受现场简历，直接发放网上测评账号，还有些甚至会进行现场面试。毫无疑问，在困难的求职季，勤跑各种宣讲会往往会有意想不到的收获。同时在此过程中也需要对企业提供的信息进行筛选，时刻保持理性的思考。

巧妙搭建社交网络

作为典型的服务行业，金融机构往往要求从业者具备良好的人际交往能力。求职亦如此，搭建并充分利用社交网络是一种高效快捷的渠道，其关键在于求职者个人要懂得主动寻求机会展示自己、实现自我营销。在此，提供几个比较简单的 tips 供大家参考。

1. 积极参加各种社交活动，充分利用社交平台

首先建议积极参加各种社交平台线上交流，如金融小伙伴在线举办的超过 600 场公益专业讲座以及下属金融求职社交平台管理的专业、实习交流分享群（分享群将近 500 个，用户量超过 30 万人）。其次建议适当参加各种线下聚会活动，不管是学校组织的交流分享活动，还是其他活动（比如金融小伙伴邀请资深从业人员举办的现场经验分享会），都可以为求职者建立有效社交网络提供绝佳机会。

2. 开门见山：我想认识您

其实一种常见的“搭讪”做法是在微信群或者 Linkedin 找到你想认识的人之后开门见山，简明扼要注明个人信息和认识意愿，并快速找到共同点或能引起对方注意的开场白。通常来说，金融从业人员工作节奏较快，面对不明人士的好友请求一般会采取忽略态度，但很多时候备注明确信息（如校友或有其他渊源的同学），对方往往愿意耐心地给予回复。总而言之，如果想结识陌生人，要么提供价值，要么以情动人。

3. 侧面展示自身优点

很多时候，在各种类型的场合（如校友微信群或日常社交场合）可以参与一些专业问题讨论，即使当时不懂，也可以通过网络搜索相关资料，学习并表达一些自己的观点。如果能积极清晰地表达出较为客观的专业观点，周围的人会记住你的名字，后续的人际关系搭建也会水到渠成。

4. 托朋友引荐

与上述方式相比，这是一种比较折中的方式。当需要认识某方面的前辈时，大可去问相熟的学长、同学或朋友以寻求可能的引荐机会。该方式是自身社会关系的一种拓展和延伸，按照“人际关系的六度分隔原理”，基本上每个人都可以间接认识足够多对自己有所帮助的人。

在本章最后，笔者想强调一点，虽然每年的求职季都是一个历练的过程，但是求职绝不是从你需要找实习或工作的那一刻才开始的。在日常学习生活中，必须时刻留意相关信息，尊敬前辈，广交朋友，努力丰富自身的知识储备，提高学习能力。厚积才能薄发，知识、人脉、职业莫不如是。

09

求职初级装备：简历和求职信

工欲善其事，必先利其器。求职就像一场战役，既需要谨慎周密的谋略，也需要一身好的装备。冲锋陷阵的第一武器就是简历和求职信，这二者是求职者与企业的第一次亲密接触，它们给面试官或 HR 留下的印象将直接影响你能否进入下一轮。

毫不夸张地说，在金融求职环境中，70% 以上的简历不合格，而求职信的不合格率更是高达 90% 以上，大量求职者甚至没有准备求职信。所投简历总是石沉大海，原因恐怕首先在于此。一份优秀的简历和一份普通的简历，即使非专业人员，也可以轻易看到二者之间的差距。有些求职者的简历在被看完后，就会使 HR 产生深入了解的想法，而有些求职者的简历却始终无法抓住 HR 的眼球。

千里之行，始于足下。在了解目标公司职位需求的前提下，同学们需要根据自身特点，结合有效技巧，为自己打造出能让 HR 眼前一亮的简历和求职信，从而获得笔试或面试的机会。本章将详细讲述简历和求职信的各个要素，并总结撰写经验，请各位求职者务必认真研读本章，进而根据自身情况仔细修改自己的简历和求职信。

简历：一页纸上的人生

“简历”这个词究竟是什么意思？简历里面究竟要写些什么内容？为什么简历在求职中会起到关键作用？

简历的英文为“resume”或“curriculum vitae”，是个人综合经历和特点简明化、规范化、逻辑化的书面介绍。一份简历中应当包含教育背景、职业经历、专业技能等，一份好简历必须做到吸引力强、有效传达信息、展现求职者特色。

“把这些看起来很棒的东西写上去，一定能征服 HR！”这是很多求职者非常天真的想法。先来观察几组数字：在李开复的眼里，真正合格的简历大概只有 1 成；美国一个职位平均会有 200 人应聘，其中只有不到 100 份简历是合格的；而在北京，一个好的职位平均会收到 1 000 份简历，其中只有 200 份是合格的。

据金融小伙伴为金融机构服务的经验，大型的券商在校招或者暑期实习的招聘中，在一周之内会收到 2 000~3 000 份简历，其中 80% 的简历在 HR 浏览不到 30 秒后就会被淘汰。想在半分钟之内让别人通过一份简历对自己产生兴趣，比通过面谈来留下好印象更难。因此，求职者必须深刻认识到简历至关重要的意义。

简历撰写的基本原则

一份精美的简历总是在不断更新、修正和完善中得到的，简历撰写的基本原则包括以下几点。

1. 真实是根本

简历中的信息务必求真。有些招聘公司会对求职者提供的信息进行调查核实，尤其是大型央企和国企类的金融机构，一旦发现有造假的地方，轻则不予录用，重则会在一定程度上影响求职者在“圈内”的声誉。所以简历的真实性是首要准则。而求职者使用恰当的表述方式，合理突出强项，弱化自身短板，也是常用技巧。例如，应届毕业生虽然工作经历不足，但是可以着重突出社团活动、社会实践、实习经历等，从而表现出自己的能力，如此至少 HR 不会以“没有任何工作经验”为由而拒你于千里之外。

2. 切忌一份简历打天下

相关研究表明，不管求职者的简历花费了多少心血，大多数 HR 都只会看数十秒钟，因为他们每天都要处理堆积如山的简历，所以会下意识地寻找简历中的不足，以淘汰法来减轻工作量。所以，简历必须能够清晰地展示 HR 想看的东西，而不是把自己认为的亮点全盘托出，让无关信息占去大量空间，给 HR 淘汰的理由。简历写作的正确方法是凸显求职者经历与所应聘职位的契合度，围绕所投递岗位来展开描述。针对不同岗位，尤其是求职方向与自身专长差异比较大时，更需要提高简历中信息的针对性。

因此，求职者应该结合自身经历与特长，制作出具有针对性的多种版本的简历，增加简历与求职岗位的契合度。如针对投行的简历，应当突出自己一级市场相关的从业经验以及财务、法律相关技能及经历。千篇一律的海投简历只会使 HR 感到索然无味，针对性强的简历则会带给 HR 一种专为他而来的感觉，这样往往更易得到认可。

3. 简历，“简”字当头

简历中务必放上最具价值且与应聘岗位最相关的信息，语言讲究客观、平实和精练，不宜出现太过感性的用词和描述，少用形容词，对自己的闪光点点到为止即可，无须过于详细，具体可待面试中再做详尽阐述。

标准简历为一页，所以，精简！精简！再精简！冗长的话语会让人难以抓住有用信息，而且会给本来就已经身心俱疲的 HR 再添负担。只有简短有力的表达才会吸引 HR 的眼球，让他们有动力继续看下去。

4. 突出客观经历和成果

一份优秀的简历应该充分表现出求职者的决心和职业追求，详细地展现出求职者的能力，而不是简单地强调之前的工作经历。简历应该用细节来证明你能迅速成为新公司的必要组成部分。

个人经历中重要的是做了什么，而非头衔名号。所以求职者需突出自己在岗位上具体做了什么工作，学到了哪些有价值的技能，描述时多用动词，用数据（简历中可适当加粗）量化描述，同时适时地加入专业术语。在项目成果方面，如有能够提高职业含金量的成功经历也可列入其中，比如曾攻下大客户，在某项目中独当一面等。工作、实践经历部分为简历闪光点，求职者应力求凭借这部分内容抓住 HR 的眼球，获得进入下一轮的机会。

简历要素解析

简历应有姓名、学历、联系方式等基本资料以及个人的学习工作经历、所获荣誉、个人技能、求职意愿等。其整体架构可分为五部分：基本信息、教育背景、实习实践经历、证书和技能以及特长爱好，下文将对这五部分的制作要点进行详细解读。

1. 基本信息

简历包含的重要基本信息有姓名、政治面貌（国企看重）、学历、联系方式

（手机、邮箱、地址）、求职意向等。

首先，这部分是简历的头脸，需放在简历的最上面，构成整页简历的第一部分。该部分建议用粗体表示，字号比其他内容稍大些，尤其是求职者自己的姓名必须突出，一般放在第一行。

其次，简历中求职意向必不可少，可让 HR 清晰地了解你这份简历的目标所在。在简历后面的内容中可以加上自己胜任该求职意向的能力条件，越具体越好，最好能让 HR 一看就知道求职者是懂行的，以最大限度地发挥简历的作用。

最后，重点说说令很多求职者纠结的“简历上是否放照片”的问题。金融业属于服务行业，简历上有照片能够为招聘单位提供更多的信息，同时是表现求职者的自信和态度的渠道。专业机构在拍摄求职照时会对求职者适当化妆、加工，建议求职前拍摄一张专门用于求职的求职照，以备简历所用。

2. 教育背景

按照惯例，如果你还没有开始工作，教育背景往往出现在简历靠前的位置。如果已工作一年以上，则工作经历比受教育经历更重要，教育经历会放在工作经历之后。如果学习成绩在班里名列前茅，可在简历里提及名次；反之，则可适当略去。求职者应尽可能多地提及一些自己所获过的有含金量的奖项以及奖学金等。如果受过的教育或学习的某些课程与求职目标有直接关系，可以注明，但只需罗列数条即可，无须占用过多的篇幅。

3. 实习实践经历

这一块是应届生简历中最重要的部分。描述实习实践经历时，对工作内容只需简单描述即可，重点是列明自己在其中的职责、所收获的技能、所取得的成果等。不管负责什么工作，只有凸显自己的能力才有意义，因此，对成果的描述尤为重要。例如，这项工作需要求职者做的是什么？你是怎么做的？做得怎么样？一般建议按照时间顺序写出与所应聘岗位最相关的三四段经历。

在其他方面不足时，多加入一些实践活动的内容可以增加简历的充实度，把当选为社团领导、参加体育比赛、在校刊发表文章等经历写进简历也是不错的亮点。它们能让 HR 更多地了解求职者，也可能会成为简历入选的强有力因素。

随着时间的推移，求职者的阅历和经验不断积累，可根据需要略去部分实习实践内容。

4. 证书和技能

不建议求职者简单地把自己所得的证书和执照全都列上，只选取与应聘岗位相关的即可，说明自己具备这些证书所要求的能力。求职者应把精力放在对技能的描述上，即使没有参加过具体的项目，也可以在这部分多加入一些关于职业技能的表述。比如说求职者没有做过投行，但可以说自己熟悉投行的工作流程，财务和法律的技能过关；没做过研究员，也可以说自己擅长分析研究、写报告等。

5. 特长爱好

在简历中可提及良好的习惯和健康的爱好，另外特长也可以注明，因为金融机构很多时候也会组织一些文娱体育活动，这时候求职者的某些特长可能会让其具备意外优势。

简历撰写细则及示例

本部分将细致剖析简历的五大部分，并辅以实例，以求让各位求职者扎实掌握简历的撰写技巧。

1. 信息要素

- 请不要把简历名称改为“人名 + 个人简历”；
- 切记不要使用表格型的简历，太过呆板，会让 HR 觉得索然无味；
- 如果已有照片，性别则无须再说明；
- 民族、籍贯、身高、年龄等信息一般没有必要放进简历中，这些大多数情况下并不影响工作。

表 9–1 所示的这种简历请避免使用。

表 9–1　简历错误示例

金少个人简历				
姓名	金少	性别	男	
民族	汉	籍贯	×× 省	
年龄	23	身高	180cm	
专业	金融学	学历	研究生在读	
毕业院校	金嘉大学金融学院			

说明：“金嘉大学”纯属虚构，请勿对号入座。

■ 部分求职者将学校的校徽加在页眉处，标注211、985重点大学等类似信息，其实没有太大的必要，HR对这些高校都很熟悉，该类信息在“教育背景”部分体现即可。虽然学校有时会成为金融求职过程中的一道门槛，但是企业更关注个人综合素质。当求职者通过简历关进入面试环节之后，学校将不会再成为加分项，剩下的就全看个人表现了。表9-2为简历基本信息的错误示例。

表9-2　简易基本信息错误示例

	金融小伙伴大学	教育部直属、211、985重点大学

<table>
<tr><td rowspan="2"></td><td>金少</td><td>身高：180cm</td><td>年龄：21岁</td><td>籍贯：××省</td></tr>
<tr><td colspan="2">邮箱地址：career@xiaojinwo.com</td><td colspan="2">手机号：1××-××××-××××</td></tr>
</table>

说明：“金融小伙伴大学”纯属虚构，请勿对号入座。

2. 教育背景

对于应届生，在基本信息之后，第二部分一般会陈列教育背景，内容依次为学校、专业、学历、主修课程、所参加的专业培训及游学经历等。教育经历一般从高到低写，若无特殊要求，写到大学本科即可。

此处有两点注意事项：

■ 如果求职者的绩点（GPA）很高、班级排名靠前，那么可将成绩、排名、奖学金等在简历中突出，这将会成为简历的加分项，如绩点3.7/4.0，排名1/200，前5%等。

■ 主修课程不能简单罗列几年的课程表，而应该有针对性地挑选与应聘岗位相关的课程。比如应聘投行岗位，需要突出求职者的财务和法律知识，可列示会计学、公司金融、经济法、税法、财务报表分析等方面的课程；如果应聘的是二级市场岗位，可列示计量经济学、数理金融、宏观经济学等方面的课程。

下面结合正、反面案例对该部分可能出现的问题进行列示。正面案例如表9-3和表9-4所示，反面案例如表9-5和表9-6所示。

表 9–3　本科生用简历塑造硕士学历的错觉

教育背景			
金嘉大学	经济学院 金融系金融学专业 本科		2011.09—2015.07
• 相关课程：计量经济学、金融工程、投资银行学、统计学、财务报表分析、风险管理等 • 绩点成绩：3.7/4.0，国家奖学金（2%）、优秀学生干部（2%）、×× 国际奖学金（3%）			
金嘉大学	商学院 暑期金融精英培训		2013.07
• 接受商学院金融分析相关培训，包括资产管理等课程，运用 Bloomberg 通过小组合作完成股票投资组合设计，并代表小组进行展示			

点评： 很多本科求职者都有这样的困惑，如果教育背景只有一个 ×× 大学本科的话，内容会略显薄弱。而案例引用的简历也来自一位本科生，只是按照同样的格式补充了一个名校的暑期培训课程。这样就会带来比较充实的视觉效果，至少会让 HR 觉得该求职者比一般的本科生经历更为丰富。所以，如果本科生求职者希望充实自己的学历，平时可以多争取一些含金量高的培训机会。

表 9–4　深造学校若已确定，简历中可写上“拟录取”

教育背景		
金嘉大学 商学院		
• 已录取，理学硕士，拟于 2017 年毕业，专业：投资管理		2015.08—2017.06
金嘉大学 经济学院		2011.09—2015.06
• 经济学学士，拟于 2015 年毕业，专业：金融工程		综合 GPA：3.03/4.0
荣誉：一等奖学金（10%），学术创新奖学金（10%），三好学生（8%），专业 GPA：3.80/4.0		
项目：基于 Black–Scholes 模型，对多种奇异期权进行定价		
基于 Nelson–Siegel 等模型，构建中国无风险利率期限结构，并进行多因子分析		

点评： 这个正面案例本科生也可以借鉴来丰富简历，类似这种情况一般可用于大四毕业生的实习申请。一个阶段的学习暂时告一段落且有深造打算的实习生是相对受欢迎的，备注说明已经申请上的学校，可以帮助求职者提前以准研究生的身份突破券商等金融机构的招收门槛，同时也体现了求职者将拥有比较完整充足的实习时间。

表 9-5 简历中未正确利用好实习交流的经历

海外学习经历
• 2014 年 8 月　赴 ×× 大学短期交流学习　接受 ×× 大学教授课程培训，包括金融、会计、市场营销等课程
对现代国际金融、国际金融市场有了更深层次的了解，走访香港各个名企。期间带领团队参加未来星商业计划书比赛，获得最佳展示奖

点评：这也是一位本科生的简历，另开一栏单独写其交流学习的经历，估计本意是为了突出这一块，但内容太过朴实，写的是赴 ×× 大学交流学习并且很老实地注明了“短期”。虽然是一个很好的经历，但明显没有利用好。如果教育背景和海外学习经历都只有一段话，不如合为一栏，在简历中可呈现出更充实的整体效果。

表 9-6 简历中教育背景占据篇幅太大

教育背景			
2013.09—2016.06	金嘉大学	经济学院金融学硕士	A 国
• 专业排名：5/50；曾获得校级三好学生 • 主修课程：高级公司金融（英语）、资产管理、高级计量经济学、高级微观经济学、会计学、高级宏观经济学、金融工程			
2014.09—2015.02	×× 大学	交换学习	B 国
2009.09—2013.06	×× 大学	高级金融实验班	C 国
• 成绩：4.1/5.0；专业排名：2/104；获得国家奖学金一次、校级甲等奖学金一次、校级乙等奖学金一次、社会实践奖学金一次、国家助学金一次 • 主修课程：公司金融、会计学、金融工程、金融市场与金融机构、投资学、高级微观经济学、高级宏观经济学、高级计量经济学			

点评：显而易见，该同学非常优秀，教育背景尤为充实。但是把所有的学习经历都一一列举，会挤占简历很大的篇幅，影响其他板块的内容展开。所以建议当主修的学历背景已足够优秀时，可在有限的篇幅内选择时间最长及表现最出色的经历。

3. 实习实践经历

实习实践经历是整个简历中最核心、最重要的部分，可以体现出求职者的职业规划、工作职责及学习程度等内容，所以这也是 HR 最为关注的部分。一般而言，该板块会占去简历很大的篇幅，实习工作经验越丰富则占比越大。尤其对于在职人士来说，其他内容都可以淡化，唯独该板块的内容需多加重视。

在制作这部分内容时，应把握一个原则：相关性。比如应聘研究型的工作，应重点突出个人科研经历，简历中需重点呈现个人研究成果等内容；如果应聘投行类工作，则应重点突出个人财务和法律类工作经历，而且经历选取 2~4 段为宜，着重体现自己丰富的成果。

制作本部分内容时，还应注意以下三点。

■ 采用倒叙方式列出实习实践经历，具体包括实习起止时间、公司名称、职务、具体工作内容（职责、收获、成果等）。

■ 具体工作内容建议详细展开，切记避免过于空洞的内容，尽量用短句表达，分点陈述，可将重点内容加粗强调。

■ 如果实习经历不够，可使用学生工作补充，应通过学生工作来突出自己的领导力、团队协作能力等，而无须过多描述琐碎任务。该部分的核心是向 HR 展示自己丰富的经历与能力。

下面结合正、反面案例（见表 9–7 至表 9–16）对该部分可能出现的问题加以说明。

表 9–7　实习经验不够，用学生工作补充同样可以在简历中表现出亮点

在校工作经历			
2013.09—2014.01	金嘉大学创业俱乐部	主席	××
	• 带领 6 人团队举办 2 次宣讲会，每次逾 80 名观众，最终 106 名学生报名参加项目，在全国 56 所高校中排名第一 • 获得再调研 ×× 项目领队资格		
2012.09—2013.06	金嘉大学金融学院学报编辑部	编辑部主任	××
	共设计 6 期杂志封面、封底以及内容的排版，获得一致好评 开展杂志的线上宣传以及推广工作，人人主页访问量增加 3 万		
2011.09—2012.06	金嘉大学学生会	组织部部长	××
	带领 4 人团队组织 2 期文化沙龙中外学生交流活动，取得良好反响 与留学生合作举办 1 次万圣节活动、1 次化装舞会		

点评：案例中对学生工作的展开运用了很多量化的描述，以客观数字加强说服力，突出了领导力。

表 9-8 简历中“金融小伙伴”的经历也很精彩

项目实践		
2015.01—2015.08	“金融小伙伴”金嘉全资讯	线上推广负责人
• 每日原创及推送金融行业专业热点剖析、求职技巧、实习日报等资讯 5 篇；负责选取素材，持续关注流行热点话题并策划相关内容，同时分析新媒体发展，及时优化工作流程和方式；负责编辑和美工，负责“万人系列讲座”等活动的宣传和推广；与团队成员共同努力使微信公众号关注量从 10 万增加到 16 万； • 负责线下活动的推广和组织，已成功举办“北京百人酒会”等活动 5 次，邀请到近 20 位金融业内前辈参与分享，参加人数达到 300 人以上。		

点评：实习单位不一定要多么高大上，只要是自己亲身经历，确实从中学到了知识，掌握了实用技能，一样可以成为简历中的亮点部分。

表 9-9 只写明岗位名称，未细述工作内容

2015 年 7 月—2015 年 11 月	银行 ×× 支行	大堂经理

点评：每一段经历都有值得挖掘的地方，大堂经理的岗位也可以用量化数据和事实来描述，比如每天服务多少客户、解决多少问题、获得怎样的评价、参与哪些工作协助等，一定要懂得挖掘每一份实习的价值。

表 9-10 有经历，但简历中缺少好的表述（一）

实习经历	
• 2014.07—2014.08	A 商业银行分行个人金融部，利用 Excel 等数据分析统计软件完成 ×× 商业银行第二季度考核，评估第二季度银行考核工作
• 2014.02—2014.06	B 基金管理有限责任公司，接受公司金融知识培训，期间学会基金净值计算、宏观市场分析等知识，协助公司在村里开展业务，并去银行和券商进行基金开户工作，熟悉基金开户流程

点评：作为一名本科生，该求职者实习的单位及部门相对来说已经非常好了。但可能因为资历尚浅，并没有深入参与公司的具体项目或业务，对基金公司的经历描写的更多是学到了什么，而不是做了什么，其实更应该突出在实际工作中承担了哪些职责，比如，引进了多少业务、开了多少户。

表 9–11　有经历，但简历中缺少好的表述（二）

工作经历		
2015.03 至今	A 证券公司的资产管理分公司	实习生
• 协助进行资管类项目尽职调查报告的撰写 • 负责资管类项目的对接与执行落实		
2014.10—2014.12	B 证券资本市场部	实习生
• 协助制作债券申报发行及销售的相关材料 • 债券市场的数据收集、分析及整理		
2013.08—2014.05	C 证券营业部	理财规划师
• 负责客户市场的开发维护以及公司产品的销售和推广 • 为客户制定资产配置方案，提供投资建议，满足客户的理财需求		

点评：这位求职者所实习的单位是券商资产管理及资本市场部，都属于券商较为核心的部门。但其所描述的工作内容太过平淡，并未体现出核心岗位的含金量以及自身的能力。

综上，对于优质单位的实习经验描述，求职者可利用对这些公司部门的认识，描述一些或许未必真正参与进去但是了解较多的事情，对简历内容适当升华。建议在网上搜寻相关岗位的全职或实习招聘要求，这些多由在职人员编写，语言比较精炼专业，求职者可以将其整合进自己的工作描述中。

这里，以另一个资管部门实习生的简历作为正面案例，供大家对比参考，取长补短。

表 9–12　简历中突出资管部门实习经历

2013.11 至今	A 资产管理有限公司（B 基金子公司）：类信托与投行业务	项目助理
• 协助与银、证、信、保、资管等金融同业资金及项目合作开发通道及主动管理业务； • 协助融资项目跟进、尽调以及项目谈判等，拟投项目的分析和评估，交易结构设计，投后管理；拟制及修改各种业务相关合同； • 为客户研究及设计结构化融资方案，包括地产、政府平台、股票质押、定增、资产证券化、不良资产等； • 协助运用专项资管计划设立并购基金形式开展股权投资、并购等各类资本市场业务。		

再给出四个反面案例（见表 9–13 至表 9–16）。

表 9-13　简历中的描述令人看不懂

2015.01.19—2015.03.13	安永华明会计师事务所	审计员
• 参与 M 项目的审计工作：进行 C、M、S 底稿的编制；利用 SAP 系统查询 M 项目的记账明细，并对其中的差异做出调整；整理重分类供应商合同，并统计其中的折扣和返利信息；控制银行询证函、对账单、对账函和授信协议；运用 ×× Analysis 进行 JE testing；帮助修改 SRM 以及复核报告中的数值计算是否正确等。		

点评：专业术语是一柄双刃剑，适当体现能够增加经历的可信度，体现自身专业素养；但过多则有卖弄和堆砌之嫌，容易引发反感。此案例中很多英文缩写并不一定所有人都能看懂，没有事务所工作经历的 HR 可能对 C、M、S 底稿等说法不知所云。注意要用深入浅出的语言，不仅要让专业人士认可，也要让 HR 看懂，否则简历的印象分会大减。

表 9-14　日常无彩琐碎难登大雅的简历（一）

C 国 ×× 分部	公司金融部
• 独立对 2 家授信客户进行初步的财务分析，查找客户的信用资料，研究客户需求； • 整理贷款审批表和相关信用报告，并将客户信息、信贷额度、信用等级等信息输入系统； • 协助经理外出到各个相关合作企业传递资料，与企业保持联系或者与潜在客户建立长久的亲密关系。	

点评：输入系统这种杂事没有太大价值，不必体现在简历中，应多挖掘亮点，无关的琐碎事项写得多会使 HR 认为求职者的这份经历意义不大。

表 9-15　日常无彩琐碎难登大雅的简历（二）

刷过 3 次全体宿舍，贴过无数海报

点评：发传单贴海报等没有技术含量的杂事不用写在简历中，写琐碎之事会遮盖实践经历的真正意义，也无法体现出求职者的个人价值，切忌在简历中出现此类内容。

表 9-16　日常无彩琐碎难登大雅的简历（三）

金嘉大学第三医院	岗位：实习生	2013.06—2014.05
职责： 1. 帮助护士长及护理部收集、整理并分析临床数据和资料，开展个案调查和临床研究，期间协助护士长完成 2 篇个案论文，分别关于横纹肌溶解和肾癌合并腹膜后副神经节瘤，同时参与中华护理学会 2013 年第三届护理学术年会的筹办； 2. 做病房护理人员的基本操作，如抢救、配药、打针、抽血、化验、做心电图等； 3. 整理病人及护理人员资料，录入系统，分析数据，并作相关报告，如甲状腺肿瘤的护理、消化道出血的护理、护理人员尽职调查报告、护患沟通报告。		

点评：如果投递的是金融类的岗位，可以通过这个实习展现对医学行业的了解程度，指出其对研究分析医药行业有所帮助，而非描述那些与求职岗位无关的具体工作细节。

这些反面案例告诫求职者应该多挖掘实习工作中的亮点，并体现出与目标岗位的契合点，让实习经历变得锦上添花而非画蛇添足。

4. 技能和证书

突出的技能和证书也是简历的一大亮点部分，如果没有优秀的学历背景和亮眼的实习经历，那么更要重视技能和证书部分的撰写，这是弥补求职者实习经历缺陷的部分，也是值得好好发挥和拓展的地方。

撰写时请注意以下三点。

■ 技能、证书部分最好分类列示，建议可分为计算机能力、英语能力、职业证书等内容。

■ 将重点、突出的技能、证书写在前面，可使用加粗来重点强调。若英语四、六级成绩很高可标注具体分数，低分飘过者突出已获证书即可。

■ 请至少写一点和目标岗位相关的内容，突出专业水准，并且最好为相关的专业问题做好准备。下面结合正、反面案例（见表 9-17 至表 9-20）对该部分可能出现的问题加以说明。

表 9-17 简历中根据具体岗位列示契合技能

常用软件	熟练掌握 Microsoft Office、Matlab、Stata、Python 等
数据库	熟练使用 Bloomberg、Wind、CSMAR、RESSET、CEIC
职业认证	CFA（特许金融分析师）三级候选人，证券从业资格
英语水平	流利，六级（560 分）

点评：案例求职者的目标单位为券商研究所，其所列软件、数据库及职业认证都是一个研究员所需的重要技能。从该栏内容招聘方也可清楚看出求职者的求职意向及职业规划，能知晓求职者是否真的适合该岗位。所以尽量让自己的技能投其所好至关重要。

表 9-18 简历中纳入其他信息，全面综合展示

	其他信息
	• 已通过注册会计师考试（CPA）财务管理科目；已通过证券从业资格考试
	• 巴黎银行 ACEManager 挑战赛，全球排名：42/3453
	• 英语：CET-6:574,TOEFL:99/120；全国大学生英语竞赛三等奖；硕士就读期间接受全英文教育

续表

	• 计算机：熟练使用 Wind,Bloomberg,Microsoft 办公软件；通过国家计算机二级考试
	• 擅长声乐、舞蹈、主持、羽毛球等，××大学十佳歌手，金嘉大学舞蹈团、礼仪队成员

技能与兴趣	
英语能力	全国大学英语六级考试 629/710，全国大学英语四级考试 614/710，托福考试 91/120
计算机能力	熟练掌握 Excel,Powerpoint,Photoshop,Flash 等软件，可简单操作 Matlab,SPSS 等
资格证书	获得证券从业资格，已通过基础和交易两门考试
其他特长	擅长中英文写作，乒乓球，台球等

点评：将资格证书与爱好特长放在一起，全方位体现一个人的整体素质也是可取的。不会让爱好特长的内容显得过于单一，也可以让 HR 一览除了学习、实习之外的所有其他能力，容易产生好感。

表 9-19　浪费篇幅

专业技能	2015 年 6 月　通过大学英语四级考试
	2016 年 6 月　通过大学英语六级考试
	2016 年 8 月　通过全国计算机等级考试，获得二级合格证书
	通过证券从业资格考试
	熟练使用 Office 软件
	掌握同花顺等软件基本操作

点评：用大量篇幅描述英语四、六级和其他的一般性考试，实际上没有任何可读性。看似想充实简历，但一读便知干货太少，应当适当缩减篇幅，关于何时取得相关证书可以不体现在简历中。

表 9-20　亮点未突出

职业技能	
英语能力	雅思 7 分，通过大学英语四六级，英语听说读写能力较好，可以阅览英文文献
计算机能力	熟练使用 Office 等办公软件，以及 Eviews，SPSS 等统计软件，有一定数据分析能力

点评：案例过于平铺直叙，没有凸显亮点。上述案例中“雅思 7 分”已经很优秀了，但后面的叙述内容常人即可做到，应该更完美地去诠释所拥有的成绩，

比如可用时间量化出英语阅读速度很快，也可量化词汇量来展示强大的英语能力。

5. 特长爱好

许多金融求职者可能不太重视该部分，其实这部分也可以成为简历的加分项。乐器、舞蹈、体育等才艺不仅能体现一个人的综合素质，也可以从侧面反映求职者的生活状态和性格。

下面对该部分可能出现的正、反面案例（见表 9–21 和表 9–22）进行列示。

表 9–21　突出特长

个人爱好
排球（“新生杯”排球赛季军、“新生杯”排球赛四强）、乒乓球、跑步； 读书，尤其是经济、财经类书籍或文章

点评：有体育爱好，喜欢读书，这些都是简历的加分项。

表 9–22　口号型内容太多

自我鉴定
我是一名积极向上、自立自强的大学生。要做事，先做人。我信奉的人生信条是：既成人，又成才！

其他
生活哲学：“青春在于折腾”；喜欢接受挑战；能吃苦耐劳，能接受出差、加班等工作，可以全职；热爱学习

点评：案例中的说法过于虚浮，不如真诚地说一些自己的特长及爱好，力求反映真实情况。

简历制作的总结及模板

一份精美的简历，可以让 HR 看得更为舒心，更全面地了解求职者。其实，优秀的简历不是做出来的，而是改出来的。当求职者的经历渐长，再回头看自己的简历时，会觉得可以改动的地方很多，包括新经历的挖掘以及用词的成熟等。一份优秀的求职简历就等于成功了一半，希望每一个求职者学习完此部分内容后都能精心修改个人简历。

下面展示几份优秀简历模板（见图 9–1 至图 9–3）供大家参考。[1]

1. 参考模板一

金 少

中共党员 | +(86)130 0000 0000 |jrxhb@126.com

教育背景

2014.09-2016.06 **金嘉大学** **经济学院—数量经济学专业** **经济**

- 相关课程：中级计量经济学、应用统计分析、金融计量学
- 金家大学经济学院研究生优秀奖学金（10%）

2010.09-2014.06 **金融小伙伴大学** **经济学院—风险管理与保险专业** **经济**

- **平均分 89 分**（GPA3.6）
- 相关课程：微观经济学（99 分）、宏观经济学（89 分）、财务管理、EXCEL 财务分析
- **"永旺"奖学金（1%）**、连续两年国家励志奖学金（5%）、连续三年国家一等助学金（5%）
- **金融小伙伴大学"社团积极分子"、金家大学黄埔团校"优秀学员"**

实习经历

2015.07-2015.09 **A 证券有限责任公司** **投资银行部-并购组**

- 参与 **L 公司 2015 年度非公开发行股票项目**，主要参与项目前期尽调、非公开发行预案募投项目以及尽调报告的撰写，同时负责制作项目底稿。
- 参与 **G 企业 2015 年度非公开发行股票项目**，参与项目尽调报告的撰写以及项目底稿的整理。
- 参与A证券完整投行培训，涉及**并购**、**股权融资**、**债券融资**、**资本市场**等投行各类业务。

2015.03-2015.06 **B 证券股份有限公司** **投资银行部**

- **参与新三板第一家阳光私募企业 K 企业定向增发项目**，负责制作路演材料，并参与路演全程。
- **参与天津 XX 电气集团新三板上市项目**，参与尽职调查、高管访谈、存货盘点，撰写尽职调查报告以及股份转让说明书。
- 参与某高新材料技术有限公司 IPO 过会阶段，负责反馈意见中车辆测算部分内容。

2014.05-2014.09 **C 证券股份有限公司** **投资银行部**

- 参与 **M 公司配套融资项目**的路演过程，负责推介会问题整理以及协调路演行程；同时负责撰写路演材料，分析客户公司投资亮点。
- 参与 **N 企业优先股项目**，负责修改项目建议书，分析公司经营状况和财务指标，并参与设计优先股发行方案。

2013.10-2014.01 **D 国际咨询公司** **通讯市场组**

- 参与撰写《中国某运营商终端公司终端市场趋势研究项目建议书》，分析全球终端发展现状趋势并与国内运营商策略进行比较，同时就 LTE 以及可穿戴设备进行专题分析。

2013.09-2013.10 **F 科技营运中心** **银行营运部**

- 参与整合接近 1000 家某银行客户财务报表，编排至人民银行非接口行报文生成系统。

社会实践

2014.12 至今 **大型金融组织"金融小伙伴"** **线上讲座负责人**

- 统领负责讲座团队全部活动，邀请金融行业已经从业的精英校友，举办了超过 20 场在线讲座，参与人数累计超过 15000 人次，讲座内容涵盖金融实务信息与经验心得。
- 主导两次大规模行业培训，累计培训人次超过 200 人。邀请多名具有多年工作经验的投行从业人员担任讲师，负责制作并完善全部课程 ppt，学员反馈热烈。

2013.11-2014.11 **领路人基金会校友导师计划** **学生工作组负责**

- 参与聘请优秀校友担任职业发展导师，共为 96 名同学与 44 位导师建立联系，完成了从文章导读到就业指导再到实习推荐的一系列过程，与各校友均保持良好关系。
- 在导师计划第一期总结大会上，**代表全体学员对第一期导师计划进行总结**，与会人员包含校友及同学逾 400 人。

2012.09-2013.09 **金嘉大学平安金鹰俱乐部** **理事会会长**

- 金融小伙伴大学"模拟商务酒会"：参与人次超过 100 人，邀请各社团负责人并聘请专业的培训老师进行公关礼仪的培训，在各社团间反响强烈。
- 金家大学"营销实践大赛"：组织全校范围内进行营销比赛，共 5 支队伍参与比赛，共获得超过 20000 元销售收入。

专业技能

语言：
- 英语（流利）：**托业英语考试：945 分**、英语四级(CET-4)、六级(CET-6)通过

计算机：
- 熟练使用 Microsoft 办公软件、VisualFox Pro 数据库、Matlab，**熟练使用 WIND**

技能：
- **证券从业资格考试、参加注册会计师考试会计、财管科目，熟悉财务报表分析**
- **熟悉投行工作流程以及发公开发行预案、尽调报告等各类材料、熟悉新三板上市流程**

兴趣爱好：
- 金嘉大学经济学院**羽毛球**比赛男单 8 强、天津市大学生**台球**比赛 8 强、**篮球**、乒乓球

图 9–1 简历模板一

---

[1] 读者如果需要更加周到的简历服务，可随时联系金融小伙伴职业发展团队，添加求职 +（jrxhbresume01）微信获取服务。

2. 参考模板二

金 少

25岁　北京市

13000000000　jrxhb@126.com

学习经历

2014.9-2016. **金嘉大学** **税务硕士**

主修课程：税收理论与政策、财务会计、税收经济学、中国税制、财税前沿专题等；任***班长***职务

2009.9-2013. **金融小伙伴大学** **经济学学士**

主修课程：金融学、税法、税收筹划、财政学、中级财务会计、管理与沟通、辅修金融相关课程等；班级团干，中共党员，班级排名 2/50

2013.9-2014. **注册会计师考试**

2013 年***一次性通过***注册会计师考试六门科目，2014 年通过综合阶段考试

工作实习

2015.11-至今 **A 证券股份有限公司** **债券承销部**

- 参与撰写上 M 项目小微债、N 项目企业债债券募集说明书，同时制作其他申报文件；
- 参与某区国资委拟打造政府投融资平台“A 公司”项目的方案设计，主要对子公司进行分类、甄别、筛选，测算其营业收入和现金流是否满足证监会的要求。

2015.6-2015.10 ***B 证券有限责任公司*** **投行部北京一组**

- 参与某上市公司收购项目的前期尽调和方案设计，进行实地调研，客户、供应商和高管访谈；参与某 IPO 项目半年报财务和业务数据的补充、更新；独立撰写某 IPO 项目建议书；
- 参与新三板维泰股份做市项目，N1、N2 三板项目尽调及公开转让说明书的撰写。

2015.4-2015.6 **C 投资管理有限公司** **投资部**

- 参与撰写投资项目的立项报告（大约 15 个项目），投资价值报告并给出相应投资决策意见；
- 根据要求对相关行业、拟投资企业进行综合分析并形成相应文字报告，现场参与项目尽调工作。

2014.12-2015.3 **D 证券股份有限公司** **投行总部**

- 参与新三板项目前期立项和尽职调查工作（×1 项目、×2 项目、×3 项目）；
- 在导师指导下主要负责法律或者财务部分的尽调，对公司业务、财务、技术等方面进行访谈，参与编写底稿及公开转让说明书财务、法律或业务部分的撰写工作。

2013.7-2014.8 **E 会计师事务所（特殊普通合伙）** ***审计师***

- 第一份工作，参与上市公司（G 公司）、拟上市公司、大型国有企业的审计，企业收购兼并、重组改制的财务尽职调查，参与 IPO 项目（J 公司，已上市）；
- 期间共审计 100 多家企业；主要工作系按风险导向进行审计，参与带队中小企业的审计项目。

学生工作

2014.5-2015.10 ***金融小伙伴微信公众平台***

1. 金融小伙伴是由国内外金融名校学子和在职人士共同打造的金融人士交流平台，成立于 2014 年 5 月，发展迅速，目前总人数已超 15 万，是最受学生喜欢的平台之一；

2、作为核心成员之一，管理团队 100 多人，线上讲座和考证板块负责人，曾举办 100 多场线上讲座，总策划人，带队编写《CPA 咖咖班教材》、《金融机构××××》书籍。

2014.10-2015.5 **F 发展研究中心**

参与国家级项目，在实践导师指导下参与中国智库高校专家组信息系统的建设。

证书技能

- ☑ 职称：中国注册会计师、证券从业资格、会计从业资格考试、会计初级职称
  外语水平：大学英语四级（CET-4）、六级考试（CET-6）
- ☑ 计算机水平：全国计算机二级、熟练掌握 word，excel 等办公软件、熟练运用 Wind 等软件
- ☑ 荣誉：学习进步奖、学习优秀二等奖、学习优秀一等奖、税务精英大赛二等奖、优秀研究生

图 9-2　简历模板二

3. 参考模板三

金 少

- 住址：××市大学城东路 000 号　　邮箱：jrxhb2014@126.com
- **求职意向：A 证券 M 计划培训生**　　电话：+86 13000000000

教育背景

2013.9-2016.3　　金嘉大学　　生物医学工程　　硕士
- GPA：3.50/5，2014 年获得一等奖学金（50%），毕业论文：3D 打印双网络水凝胶支架。
- 课程：生物材料表面功能化 97，现代医学仪器设计 96，生物医学材料 87，数学建模与数学实验 75 等；专业相关标的：冠昊生物，蓝光发展，光韵达，海源机械等。

2008.9-2012.6　　金融大学　　高分子材料与工程　　学士
- 2010 年获国家奖学金（3/860）；专业相关标的：金发科技，佛塑科技，伟星新材，康得新等。

实习与工作

2015.1-2015.7　　A 证券发展研究中心　　医药生物行业　　研究助理
- 分析医药行业现状和趋势，梳理行业逻辑，整理分析招中标、免疫、医保、药品等数据数次；
- 跟踪医药生物行业 **208** 家上市公司，撰写医药行业日周月报达 100 份以上，制作调研纪要 10 份以上；重点研究医药商业、体外诊断试剂和化学药子领域，形成研究报告和行业逻辑体系。
- 独立撰写行业和公司报告 5 份，业绩点评报告 3 份，包括**《XX 生物》、《XX 医药》、《XX 医学》**等深度报告及《XX 股份》和《X 康医药》等业绩点评。

2015.7-2015.10　　B 证券研究所　　医药生物行业　　研究助理
- 分析医药行业热点和政策，制作日、周报 20 次以上，制作深度会议纪要多份，运营公司专业公众号-广证恒生行业研究；参与葵花药业等企业调研，接待公司高管，组织葵花药业投资者交流会。
- 独立撰写《××生物》和《××生化》等调研报告；立足儿童大健康主线，寻找行业独特视角，形成行业观点和推荐逻辑，独立撰写了**《疫苗》和《儿童医院》**深度报告。

2014.7-2014.10　　C 产业投资基金　　投研部　　研究助理
- 分析医药、文化传媒、环保等行业数据数次，撰写数据分析报告；进行企业调研和投资决策分析，形成《广东××》、《××网》等投资研究报告。
- 独立完成**《×××》、《××××》**、《××环保》、《××××》、《×××》等行业、公司和专题研究报告 5 份以上，研究基金合作方案，进行集团内部路演。

2012.7-2013.8　　D 光学（广州）　　工艺工程部　　助理工程师
- 职责：管理加硬部门，研究视光学技术，镜片生产流程及工艺，开发、完善和导入新产品工艺等；
- 成果：××镜片新工艺项目提前 1/3 完成；研究解决工艺和机器故障 50 次以上，解决 95%以上客户问题；研究优化公司生产体系，提出 5 项以上精益提案，为公司节约成本万元以上。

校园经历

2014.6-2015.10　　金融小伙伴　　大型金融交流平台　　负责人
- 创建与运营新媒体平台：包括微信公众号（关注量 15 万+）、研究员微信群，行研专业网站等。
- 独立或参与运营金融行业微信公众号达 1 年以上，参与设计和运营旗下行研专业网站，作为负责人开办了三期《行业研究》培训课程，为团队带来收入 10 万+。

2014.6-2015.4　　金家大学研究生会　　文娱部　　部长
- 作为策划人之一与学校、研会内部进行沟通和对接，组织策划数场校级文体活动，如"唱响华园"大型歌唱比赛，观看人数达 5000 人以上；"咔"不插电音乐节活动参加人数达 1000 人以上。

技能和自我评价

- **金融技能：使用 Wind、Bloomberg、迈博汇金等数据库 1 年以上**；证券从业（基础和交易），Visual Foxpro 二级、熟练使用 MS Office 办公软件，考过 CPA。
- **语言能力：**英语六级（543 分），普通话二级，研究生阶段阅读英文文章 300 篇以上。
- **自我评价：专注（专注于研究）**，分析能力（三份以上研究岗实习），爱好运动（篮球、骑行），创造力（金融小伙伴），勤奋踏实（3 年辅导员助理），热爱二级市场（接触股票 3 年）。

图 9–3　简历模板三

求职信：与雇主的首次半正式对话

求职信的作用

求职信的用处到底有多大？很多人对此一直抱以怀疑的态度。也许求职信不能起到雪中送炭的作用，但可以使 HR 看见求职者的真诚态度。前文已经提及，简历的目的更多是为求职者争取一个面试机会，而求职信的主要功能就在于让 HR 产生良好印象，从而能够分配更多精力去看这份简历，并了解到一些简历中没有体现的内容，增加获取面谈的机会。和简历的不同之处在于，求职信是换了一种方式去和 HR 做积极的半正式沟通，是对求职者个性的一个全面展示，进而使对方了解自己认真的态度。从某种程度上说，它比简历还要重要。

人们常常把求职信看作求职的一个简单礼节，其实这是不全面的。求职信很可能是求职者和未来雇主的首次对话，在求职信里应当做自我介绍、说明求职原因以及说明简历中特别的亮点或解释个别问题。它是一个简短的单方会话。

关于求职信的重要性最典型的例子是老罗英语培训学校及锤子科技创始人罗永浩早期应聘新东方的万字求职信，相信每一个看过那封求职信的人都会被信中真诚的语言、坚持不懈的努力所感动，字里行间无不闪烁着青春、梦想、激情和汗水。虽然那时候的他仅仅高中毕业，没有上过大学，但是他还是勇敢地挑战自己，做到了常人看来不可能做到的事情。以下简单选取该求职信的部分内容供求职者参考。

俞校长您好：

我先对照一下新东方最新的招聘要求：

1. 有很强的英语水平，英语发音标准——英语水平还好，发音非常标准，我得承认比王强老师的发音差一点。很多发音恐怖的人（××、×××之流）也可以是新东方的品牌教师，我不知道为什么要要求这一条，尽管我没这方面的问题。

2. 大学本科或以上学历，英语专业者优先——真不喜欢这么势利的条件，这本来应该是 ×× 之流的公司的要求。

3. 有过考 TOEFL、GRE 的经验——GRE 考过两次。

4. 有教学经验者，尤其是教过以上科目者优先——教过后来被国家明令禁止的传销课，半年。

5. 口齿伶俐，中文表达能力强，普通话标准——岂止伶俐，简直凌厉，普通话十分标准，除了对卷舌音不太在意（如果在意，平舌音也会发错，所以两害相衡取其轻）。

6. 具备较强的幽默感，上课能生动活泼——我会让他们开心。

7. 具备较强的人生和科学知识，上课能旁征博引——除了 ×××，我接触过的新东方任过课老师（××、×××、×××）都和文盲差不多，当然他们还小。说到底，××× 的全部知识也只是在于让人看不出他没有知识而已。

8. 具备现代思想和鼓动能力，能引导学员为前途奋斗——新东方的学员是最合作、最容易被鼓动的，因为他们来上课的最大目的就是接受鼓动，这个没有问题。

9. 年龄在 40 岁以下——28 岁。

下面是我的简历或是自述……

这里并不是鼓励求职者学老罗搞特立独行，但可以很明显地看到老罗求职信中的可取之处，开篇即以具体岗位招聘要求和自身条件做对比，告诉 HR 你的要求我其实都满足，你有什么理由不要我？

因此，建议每一个金融求职者在求职前认真思考，结合个人经历和职业发展规划，写一封适合自己、突出个人特色的求职信，大约 500 字即可，切忌去网上抄袭千篇一律的模板。

撰写求职信的要点

如前所述，求职信要写得尽量完美，任何细小的疏忽都可能会让求职者失去进入下一轮的机会。下面是求职信撰写过程中需要注意的要点。

◆ 不要一封求职信走天下

杜绝万金油式的求职信。如前所述，切不可一份简历投递所有的岗位，求职信更是如此。对于不同岗位，求职信的差异程度甚至比简历更高，因为求职信在表达方式上比简历更为灵活，更个人化。

求职信本质上是展现亮点、诚意以及自己与目标岗位契合度的一封信，如果通篇都是套用的“俗话”，会使得 HR 认为这份工作对求职者而言没那么重要，因此花时间、费心思写一封令人赏心悦目的求职信非常必要。

◆ 恰当安排篇幅

需要谨记，HR 可能连简历都没时间多看几眼，更何况满是文字的求职信，所以，求职信要写得简明扼要。“少即是多”虽然已是陈词滥调，但对写求职信依然非常适用，特别是针对金融类的岗位，通常两到三个小段即可，说说为何对这个职位感兴趣、为什么认为自己能够胜任，以及自己具备哪些独特品质和经验。求职信要言简意赅，只写与背景相关、符合职位需求、最为切题的细节。

◆ 充分展示亮点

求职信要力求用最短的语句，充分表达想展示的亮点。比如专业很契合，通过了多门 CPA 考试，或者曾获得了巨大的荣誉等，这些信息可以在求职信中开门见山地说出来。

求职信是向 HR 展现自身亮点，以及表明自己将如何有助于公司的绝佳机会。只有求职信里展示的亮点足够多，才会增加 HR 看简历的专注度和时间，甚至看完求职信之后就决定录用都有可能。

◆ 站在对方的角度写

另外，求职信和简历一样，是给 HR 看的，不是给自己看的。对于求职者本人来说，这是一个向 HR 展示自我的绝佳机会。但光是空泛的自我吹嘘是没有价值的，求职信中的每一句话，都要尽量符合 HR 心目中合格候选人的特质。

◆ 职业格式

注意书写职业书信的格式和字体，具体的语言表达规范与否等。比如说求职信开头，如果不知道如何称呼对方，有一些常用语可以使用，从而巧妙应付并不知道收信人的相关情况这一事实。如敬启者、先生/女士、前辈，也可以用早上好、下午好等作为开头。

与简历不同，求职信在灵活性方面给求职者留出了很大的空间。所以成功的求职信可以不拘泥于格式，但仍必须注意书写的规范并表现出专业度。

求职信的具体内容

求职信的主要内容包括以下三个方面：

第一段，告诉 HR 为什么联系他们以及是通过什么渠道知道这个职位的。这一陈述应该开门见山而不突兀。之后，用一行简单的描述性话语使 HR 对自己有个大概了解，简练即可，不要假大空地描述自己的职业理想等。具体可介绍个人信息，如 ×× 大学 ×× 专业研究生，于 201× 年毕业……其他亮点也可以一句话阐述，如应聘投行岗位时，在求职信中就应该描述 HR 最想看到的核心信息，如“通过了司考 /CPA 考试，在 ×× 券商投行 / 律所 / 会计师事务所经历了 ×× 时间的实习，曾参与 ×× 项目”。

第二段，简要地说明为什么适合应聘岗位，这一段是整个求职信的关键所在。在这一段中要告诉 HR，基于自己以前的具体表现，可以胜任甚至在将来的工作岗位上有优异表现。可以考虑采取对比法，即把招聘要求中的每一条都找出来，同时列出自己的条件以验证自己和职位的匹配度。

第三段，表明对所投公司的倾慕之情及希望得到面试机会。可以用一句话恰到好处地表达对公司的成就、历史、地位、产品或领导的尊崇，同时表达真的很想加入，谦虚诚恳，不卑不亢。企业需要的是愿意与其共同成长进步、真心实意为公司发展做出贡献的员工，表忠心某种程度上也是加深印象的好策略。最后可以“希望能得到面试的机会”，以及自己的联系方式（电话及邮箱）结尾。

求职信范例

下面提供几篇优秀的求职信范例以供参考。

【范文一：银行求职之应用对比模式】

尊敬的先生 / 女士，您好！

我是来自金嘉大学金融专业硕士二年级的金小妹，将于 2018 年毕业。关注到贵公司网站上发布了招聘信息，希望应聘金融市场部岗位，百忙之中打扰还望您海涵。根据贵司招聘要求，我认为自己能够胜任。

贵公司岗位招聘要求	我所具备的素质
1. 金融经济类相关专业研究生以上学历； 2. 掌握金融学、数量统计及证券知识，熟悉银行金融市场业务，了解各类金融产品的特征； 3. 具备银行相关部门、券商资管、信托实习工作经验者优先考虑。	1. 金嘉大学金融学硕士； 2. 主修课程涵盖金融学、数理及证券方面知识，曾撰写多篇与银行及金融市场产品相关的论文； 3. 曾在 ×× 银行金融市场部、×× 券商资产管理部实习。

××银行金融市场部、××证券资产管理部等单位的实习经历使我积累了丰富的实践经验，学到了银行金融市场部所需的一些业务知识；另外，我考取了证券从业资格证及CFA，进一步提升了自己的金融财务专业技能。A银行既是百年民族金融品牌的继承者，又是中国金融体制改革的先行者，一直以来都是我梦寐以求的工作地点，也是激励我不断前进、挑战自我的动力源泉。

希望之前的积累能够助我圆梦贵行，为贵公司的发展尽自己的绵薄之力！附件中是我的简历，请您查阅。感谢您考虑我的求职申请，期待您的回复。祝您工作顺心，万事如意！

【范文二：券商投行求职之普通诚恳模式】

尊敬的先生/女士，您好！

冒昧打扰，特别感谢您在百忙中阅读我的邮件，我希望申请贵司××岗位。我是金少，本科就读于金融大学金融专业，研究生是在金嘉大学读金融专业，将于2018年毕业。

对于××岗位的工作我具有较为丰富的经验，曾先后在金融A公司、金融B公司进行过较长时间的实习，从事过投行IPO、再融资等发行承销工作。已通过证券从业资格考试及CPA四门的考试。

我是一个既具有上进心，又具备突出的学习能力的年轻人。希望您能考虑我的申请，我将以勤奋的工作回报您的知遇之恩。

如您希望继续了解我的相关信息，请您通过以下方式与我联系：电话：×××××，邮箱：×××××。

希望能得到面试的机会，期待您的回复！祝您工作顺心，万事如意！

10

求职进阶装备：笔试与面试的必胜秘籍

完整的金融企业招聘流程通常由宣讲会（线上或者线下）、简历初筛、网上测评、笔试、初面、复面、终面、体检、签约等环节组成，用人单位层层筛选以挑选最合适的人才。每个环节都有各自鲜明的特点和需要注意的细节，本章将对各个重要环节的求职要点逐一进行解读，帮助求职者了解金融职业招聘的全景。

简历初筛及流程

面对大量高素质人才的求职申请，金融机构往往会采用机器筛选和人工筛选相结合的方式对收到的简历进行筛选。各个金融业子行业的简历初筛总体上并无太大差别，招聘官在进行简历筛选时一般会按照“初步筛选、匹配度筛选、对比筛选”三个步骤来进行。

初步筛选

在初步筛选环节，一名熟练的 HR 花在一份简历上的时间平均为 30 秒，网申系统的完善更使得 HR 在此环节所耗费的时间进一步缩短。在有限的时间内，HR 会重点关注基本信息、毕业院校、实习和工作经历等信息，部分 HR 会进一步浏览社会活动、获奖情况、爱好等。具体而言，HR 通常会查看简历基本信息是否完整，求职目标与任职资格是否匹配，简历中的语句是否通顺流畅，简历版面是否清晰、简洁、大方、美观，以及简历内容的层次性和逻辑性。图 10–1 为某公司招聘系统中简历筛选的界面。

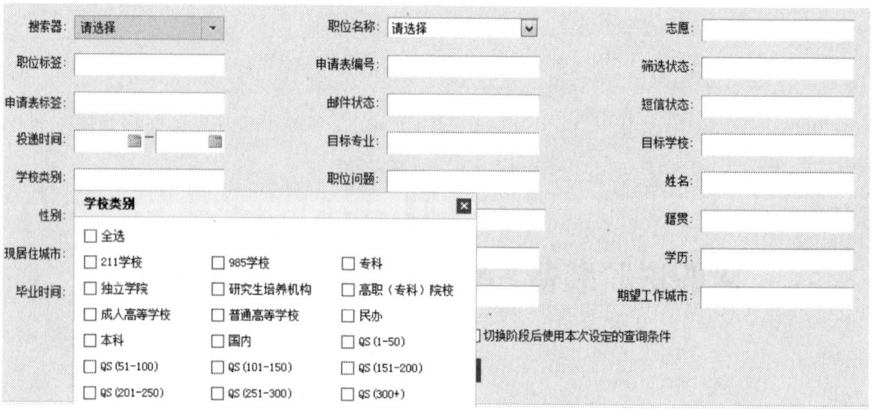

图 10–1　某公司招聘系统中简历筛选的界面

匹配度筛选

在经历初步筛选，淘汰了相当比例的求职者后，HR 通常会进一步进行匹配度筛选，对受教育程度、成绩排名和奖学金、实习或工作经历等指标赋予不同的分数权重，对挑选出的简历进行打分。例如总分为 10 分，高于 7 分的简历会被挑选出来，进入下一轮的筛选。

需要说明的是，由于申请者众多，有的用人单位会设置一些非常规的筛选条件，以满足企业的特殊招聘需要，因此即使是常人看来最优秀的简历可能也难以通过。所以反过来说，简历被淘汰也不能证明自己不行，只能说可能不适合。

对比筛选

前两轮的筛选过后，常常仍会有可观数量的简历符合用人单位的要求。招聘负责人为了控制面试人数以及保证面试质量，会对求职者的简历进行对比筛选，按照能力、背景等指标排序，从中挑选出最优秀的人才作为下一轮的候选人。

网上测评

网上测评一般通过专业机构设计的测评体系进行，其目的是对求职者的专业能力和性格素质进行测试。一般金融机构的招聘过程中都设有该环节，但测评时间点可能有所不同：有的机构在求职者完成网申后，就直接发测评邮件要求在一定时间内完成测评，其成绩作为第一轮简历筛选的参考；有些机构则是在HR经过第一轮简历筛选后，给通过筛选的求职者另行发送测评邮件进行测评。网上测评主要分为两种类型：一种是性格测评，另一种是综合能力测评。

性格测评

性格测评考查的主要是个人情商及心理素质等方面的内容，经常被考查的维度包括沟通能力、抗压能力、灵活应变能力等。此类测评主要有以下四个特点：（1）题型均为选择题，题量较大，一般在50~200题之间；（2）以情景题为主，题目简单，做题速度可以很快；（3）通常不限制作答时间，也没有固定答案；（4）典型的题目是，呈现一个实际工作中的一个情景，或描述一种现象或特征，要求被测评者给出与自身特征/做法相吻合的选项。下面给出两个例子。

题1：如果你的上司脾气很急，批评下属不留情面，大家的情绪经常受到影响，作为下属，你会如何处理？“A. 直接找上司谈话，建议其改变领导方式；B. 私下找领导沟通，婉转请求其注意自己的态度；C. 与其他同事一起商量，联名建议领导改变领导方式。”

题2：以下描述哪个与你更相符？“A. 我是一个乐观的人；B. 我是一个悲观的人；C. 有时乐观有时悲观。”

虽然素质测评比较简单，没有测评压力，但求职者应理性作答，适当考虑所申请岗位的性格要求。以上述题2为例，虽然实际生活中并不一定每个人的性格均偏向乐观，有部分人愿意如实承认自己是个悲观的人，但是在测评的时候建议此类问题应选择“A. 我是一个乐观的人”。原因很简单，站在金融机构的角度上看，企业需要寻找的是那些乐观、充满激情、不畏困难的人。

此外，性格测评中通常会设置一些虽然表述不同，但核心问题一致的题目，以测试求职者是否如实作答。求职者在测评时注意理性作答的同时，也应注意前后保持“口径一致”，对类似的问题给出一致的答案。

综合能力测评

综合能力测评（Online Test，OT）的测试内容与公务员考试中的行政职业能力测试题类似，主要类型包括数学运算、图形推理、逻辑判断、语言理解与表达等。最典型的OT是四大会计事务所的招聘网测题，也有部分金融机构未设置OT，而是直接在后续的笔试中考查此部分内容，比如银行考试。不论是OT还是笔试，求职者准备时都可以直接借鉴公务员行测考试用书。

笔者在调研过程中发现，大多数受访求职者认为OT是自己的弱项，很多求职者发现在给定时间内独立完成OT比较困难。事实上，OT确实以题量较大、难度较高而著称，但也因此能够使准备充分的求职者脱颖而出。实际上，与大部分考试相同，OT训练也是一个熟能生巧的过程。由于OT考试标准化程度很高，建议求职者以公务员考试参考书为基础进行准备，同时在网络上搜寻一些样题以便熟悉。

特别要提醒求职者注意的是OT测试中的诚信问题。由于OT采用在线测试的形式，考试过程无法进行实时监控，因此不少求职者会寻找“外援”，共同完成OT测试。但随着企业对这一问题的日益重视，目前进行线上测试已经出现了打开摄像头、禁止点击其他网页等监测手段。所以特别提醒各位求职者，要认真学习、准备考试内容，切勿投机取巧。

笔试须知及准备

金融机构在选拔人才时，素质测评后往往还会设立专业笔试环节，主要是为了考查应聘者的知识储备和专业能力，这一环节在整个招聘流程中的地位十分关键。应聘的每个环节都是激烈残酷的淘汰赛，需要求职者全力以赴，谨慎对待。总体上，简历筛选大约淘汰四分之一的应聘者，测评环节进一步筛除（占总数）四分之一左右，剩下的一半应聘者进入笔试和初面环节，根据笔试和初面结果再淘汰四分之一左右的应聘者，最后剩下约四分之一的候选人进入终面。目标招聘人数较少的岗位，进入终面前的淘汰比例还要高于此值。

由此可见，笔试环节处于“征途中的一半”，前面的关卡可以比作铺路石，把求职者带到企业门口，而笔试环节及之后的成绩将成为打开企业大门的钥匙。本节将为求职者全面解析笔试环节的内容，并提出有针对性的建议。

笔试总体策略

在经历了简历筛选环节后，更加符合金融机构用人标准的求职者也随之脱颖而出，进入第一轮笔试。整体而言，笔试跟求职者之前经历过的大大小小的考试差别不大；为了保证水平的正常发挥，在总体策略上应注意调整好心态，把握以下注意事项。

◆ 考前咨询，重点复习

在接到应聘公司的笔试通知后，求职者应充分调动自身资源去了解公司笔试的大概题型和考查范围，进行有针对性的复习准备。如果应聘公司笔试的信息内容非公开，求职者获取的渠道也有限，建议求职者先针对自己不擅长的题型进行巩固训练，再根据公司特点，进行押题复习。笔试环节往往考查范围很广而复习时间较短，求职者难以进行面面俱到的复习，有的放矢才能收到事半功倍的效果。许多求职类论坛中都会有往届求职者分享的题目，建议进行重点参考复习，典型的包括“小金窝”“应届生”等。

◆ 合理分配时间

金融机构笔试题目通常难度不大，但题量较大。求职者拿到试卷后，首先应迅速浏览一遍，初步了解题量、难易程度和题型分布，以便合理分配时间，掌握答题的速度；然后根据先易后难的原则，先做相对简单的题，后攻难题。这样就可以避免在难题上浪费过多时间，而没有时间做相对简单的题目的情况出现。

◆ 分点作答，条理清晰，保持卷面整洁

通常笔试部分都会包含主观论述题，在答此类题型时注意以下几点：第一，评卷老师通常都是应聘单位资深员工，相对注重实务性，更看重候选人分析问题的逻辑和思路，因此答题重点不在字数多，而在于框架清晰、条理明白，答题时可先列出提纲，分点论述；第二，卷面应保持整洁，体现严谨认真的态度，卷面不整洁是扣分项。

◆ 心态平和，沉着冷静

金融机构笔试的内容通常并非公开信息，求职者获取的渠道有限。因此，求职者在接到笔试通知后，一方面应尽量通过各种渠道了解往年笔试的大致题型和内容；另一方面可以通过模拟笔试等方式，调整好自身的心理状态，做到在笔试时保持心态平和，沉着冷静。在遇到作答有困难的题目时，保持淡定从容，尽己所能答好题。

笔试考点梳理

笔者对 2015—2017 年期间的金融机构笔试内容进行了调查梳理，并总结了金融机构笔试的共性内容和常见考点，以期为广大求职者提供参考。

一般而言，金融机构笔试的内容可分为两部分：一部分是行测（类似前文的 OT），题型与公务员考试内容相似，求职者可以准备一本公务员行政职业能力测试的历年真题作为练习资料；另一部分是综合知识，包含综合的经管类知识和具体行业的专业知识等。不同岗位的专业知识考察范围差异较大，建议求职者在应聘时提前储备相关专业知识，做到“有备而来”。

1. 综合知识考查要点

相较于学习过相关课程的金融、经管专业学生，非经管类专业的求职者更有必要制订具有针对性的复习计划。由于银行招聘笔试内容考查范围最全面、涉猎最广泛，且题目通常是公开的，很多金融机构的笔试题目都会参考银行考试，求职者在参加其他金融机构的笔试前可以参考银行笔试题目进行复习。表 10-1 是笔者根据银行历年考试真题总结的综合知识考点，供求职者参考。

表 10-1　银行历年考试真题：综合知识考点总结

笔试科目	复习重点提示
宏观经济学、微观经济学及货币银行学、国际金融、国际贸易	利率、汇率、货币政策、财政政策、充分就业、IS-LM 曲线、菲利普斯曲线、边际效用、货币银行学的银行部分等
管理学、人力资源管理、行政管理、市场营销	重点复习人力资源管理的相关原理、管理学比较重要的几个理论
会计、财务管理、审计、统计学	重点复习会计基础知识
民法、刑法、行政法、经济法、国际法	重点复习民法和经济法，还需要注意一些与银行相关的法律常识
词汇、阅读、翻译	注意要具备一定的金融和银行双语知识

续表

笔试科目	复习重点提示
涉及计算机专业的所有科目	考查范围广，但难度低。重点复习 C 语言程序设计、操作系统、计算机网络、数据库、数据结构、网络安全
银行基础知识	各大银行历史，获奖情况，简称，电话，网址等等
参考书籍：宏观经济学、微观经济学、货币银行学、金融学、商业银行经营学、金融企业会计、基础会计、财务管理、审计、国际贸易、民法、商法。在做准备时，需要了解往年考过的知识点以及考试的形式。	

此外，需要注意的是，如果准备时间有限，则需要把握复习重点。专业知识部分考查范围较广，短期内难以快速提高；相比之下，行测题目规律性较强，通过短期训练，提升幅度往往较大。因此，每位求职者可以根据自身情况，合理安排时间，有的放矢。

2. 行测知识考察要点

如上文所述，行测部分标准化程度高，通过短期高强度的训练能够明显改善在其中的表现，且银行、券商、基金等机构在初试环节均会进行行测考试，故短期突击行测应试技巧是一个性价比很高的选择。求职者在具体备考过程中可直接参考公务员考试用书，此处不再赘述。

笔试备考经典推荐

不少公司的研究所与投行部还会进行相关专业笔试，主要是为了考察应聘者的专业知识与能力，各公司出题形式与试题内容差异也较大。为帮助求职者更好地应对这些笔试，笔者为广大求职者推荐一些实用的经典资料和书籍，并介绍这些资料的有效使用方法。

1. 证券从业资格考试丛书

资本市场基础知识是金融机构笔试的考试热点之一，很多笔试中出现的相关选择题在证券从业资格考试中均曾出现，并且证券从业资格考试丛书这套教材确实体系完善，十分经典。所以，建议求职者在笔试前参考这套丛书对资本市场基础知识进行巩固。另外，我们也建议求职者根据岗位的不同，在丛书中选择最贴合笔试内容的一册或几册进行重点攻克。例如，应聘者可以在准备交易类岗位的笔试时重点关注交易类的知识，应聘投研类岗位时重点复习《证券投资分析》，应聘投行岗位则加大对《证券发行与承销》的学习力度。

2. 货币银行学相关课程资料

很多金融岗位专业笔试中都会涉及货币银行学知识，因此，我们建议求职者事先在网络上搜集货币银行学的重要知识点整理文档、授课 PPT 等资料进行学习巩固，这对金融科班出身的求职者和跨专业的求职者都很有帮助。

3. 金融英语词汇的总结资料

有些公司、部门的笔试会涉及中英互译，例如申银万国研究所、国泰君安研究所等，上述研究所的笔试中该部分分值较大，是考核重点。有些公司甚至规定如果中英互译部分不达标，后面的作答在判卷时不予批改。中英互译要求应聘者既具有扎实的英语功底和专业词汇储备，也具备良好的理解和表述能力。在网上可以找到很多金融英语词汇的总结，备考时建议求职者求精而不求多，根据自身英语水平与备考时间选择一份质量高的参考资料即可。此外，长期来看，CFA 考试对求职者夯实专业词汇储备的帮助很大。

4. CPA 辅导教材《会计》《财务成本管理》《公司战略与风险管理》

研究类岗位的专业笔试中往往会考查求职者的会计与财管知识，常考点包括会计基本假设、会计分录、财务指标的计算（特别是 EBITDA、净利润等内容）、现金流量表的分析、估值方法等。该类笔试也常会考查波特五力模型等公司分析框架模型，难度一般不大，熟悉《公司战略与风险管理》中提及的几种主要分析框架即可。

投行类岗位对会计与财管知识的要求则与研究类岗位有较大不同。例如，研究类岗位的笔试对估值要求较高，投行类岗位则常常比较重视对公司财务报表的理解与分析，以及对公司盈利、偿债等能力的预测和思考。出题人会根据三张基本财务报表灵活变换出题方式，比如要求对公司的负债结构、偿债能力进行分析，或按要求写出会计分录，或要求回答改变折旧率对三张表的影响等。

5. 券商等金融机构最新研究报告

研究类岗位的专业笔试有时会要求写一篇某行业的研究报告，这种出题形式以申银万国和国泰君安研究所为代表。比较典型的考法是给出某两个特定行业或某一类行业（例如互联网 + 行业），要求限时写一篇不少于一定字数的行业分析报告。由于涉及的行业存在不确定性，在准备该部分笔试时建议多读券商行业研报，在学习研报写法的同时也要注意提炼出自己的观点。

国内主要金融机构笔试考点及招聘形式汇总

根据笔者调研，现将国内主要金融机构的笔试形式和考点内容列示如下（见表 10–2）。

表 10–2　部分金融机构往年校招笔试概况

序号	单位	是否笔试	笔试形式	笔试内容
1	中国建设银行（总行）	是	现场机试	第一部分，行测 60 道，一分钟一道，数量计算，图形推理，语言理解，材料分析。 第二部分，综合，2017 年主要招聘理工科，50 单选 15 多选，题目设计经济，金融，计算机，管理学。 第三部分英语，3 篇阅读 15 道题，难度较大。 第四部分附加题，蓝天大学是全国综合 985/211 院校，有文、理、工等等全部学科，如果你是校学生会成员。让你组织一个活动，写一个策划，“蓝天大学十大校园社会实践之星”，一周时间办完活动。 第五部分，性格测试。一共 3 小时。
	中国建设银行（分行及分支机构全国统考）	是	现场机试	17 道语言理解、17 道数量关系、16 道逻辑推理、15 道资料分析、15 道职业能力测试（单选多选）、65 道综合知识（单选多选）、15 道英语附加题。还有性格测试。
2	中国工商银行（总行）	是	现场机试	第一部分是时事政治、专业知识、生活常识，共 70 题。 第二部分是行测，50 题（语言逻辑、图形推理、奥数计算、材料分析）。 第三部分是议论文写作（800 字，工匠精神）。一共 120 分钟。

续表

序号	单位	是否笔试	笔试形式	笔试内容
	中国工商银行（分行及分支机构全国统考）	是	现场机试	5 个部分分别是行测、专业知识、英语、时政和性格测试，一共 3 小时。
3	中国农业银行（总行）	是	现场机试	第一部分，45 分钟 60 道行测（语言理解，数字关系，图形推断，材料分析）。 第二部分，45 分钟 50 道英语（20 单选 6 阅读） 第三部分，60 分钟 100 道综合（60 单选 40 多选）2017 年考了很多国际贸易，国际金融和财务管理的知识，其他如宏微观、计算机知识各有一些。 第四部分，30 分钟 12 题性格测试。
	中国农业银行（分行分支机构全国统考）	是	现场机试	第一部分，专业知识 70 道（经济、金融、会计、管理、计算机、时政、农行知识）。 第二部分，行测 55 道（语言理解、数学运算、逻辑推理、资料分析）。 第三部分，英语 80 道（45 个单选 +35 道阅读） 第四部分，性格测试 20 分钟。 2017 年农行的笔试题目以管理学和计算机为主，经济金融类题目考得很少。一共 3 小时。
4	中国银行（总行、分行及分支机构）	是	现场机试	英语 100 个题目，多为托业语法和阅读。行测客观题 70 道（包括图形推理、数列推理、假设推理、数学能力、语言理解、速算、资料分析、思维测试）。综合知识 80 道选择题（金融经济、银行常识、时事政治、中行知识），还有 5 道色系辨析题（考查是否为色盲）。性格测试比较常规。
5	交通银行（总行、分行及分支机构全国统考）	是	现场机试	行测 70 道（语言理解、数学类、资料分析）、专业知识 65 道（经济金融、计算机、常识题）、时政热点 10 道、交行知识 5 道和英语 42 道（单选、阅读）。

续表

序号	单位	是否笔试	笔试形式	笔试内容
6	招商银行信用卡中心	是	在线笔试	均为选择题：行测，包括逻辑、数列、计算、推理、图形等。
7	招商银行（总行、分行）	是	现场机试	一共分为四个部分。第一是英语 30 道题（15 单选 3 阅读），第二是行测 60 道题，第三是能力测试（大家来找茬、消失的星星、移动的白球），第四是性格测试 160 道题。一共 120 分钟。
8	民生银行（分行）	是	在线测评	一共分为八个部分，每个部分分开计时。第一部分是专业知识题，70 分钟 70 道题（经济、金融、法律、会计、时政、民生知识）。第二到第四部分是语言理解、逻辑推理题，一共 30 分钟 30 道题。第五部分是数学题，7 道题 10 分钟。最后三部分是性格测试，不计时。
9	浙商银行	是	现场机试	全是主观题。第一部分是简答，其中有关于汇率套利、计算 ROE、凯恩斯三大心理规律。第二部分是论述题（五选四），其中有关于特别提款权、供给侧改革、利率市场化改革的相关时事热点题目。第三部分是分析题（五选一），其中有关于存款保险制度的题目。第二、第三部分基本都和金融热点相关。
10	兴业银行	是	在线笔试	1. 单选：涉及的内容较广，地理、会计、金融、人文社科都有涉及。 2. 多选：一些数字的读法，比如 808000 的正确读法；金额的大写写法，比如 160.23；兴业曾提出的一些口号；中国个人贷款的种类；信用卡的种类；银行的工作人员面对顾客的态度；等等。 3. 判断：先是中文判断题，有 10 道左右，内容大体和选择题相似，涉及较为广泛（例如广州是不是第一届亚洲残疾人运动会的举办地）；之后是 6 道英文判断题，主要是银行的相关业务。

续表

序号	单位	是否笔试	笔试形式	笔试内容
11	广发银行	是	在线笔试	第一部分行测 + 专业知识，115 分钟 90 单选 5 多选（言语理解、逻辑推理、数学运算、材料分析、经济金融）。第二部分 35 分钟 48 道题（单选、阅读）。
12	平安银行	是	在线笔试	1. 数量关系：第 1~5 题是比较传统的数列题，第 6~10 题是应用题。 2. 判断推理：第 11~15 题是图形推理，找图形规律；第 16~17 题是类比推理（例如蝴蝶，桑葚）；第 18~20 题是逻辑判断（往句子中填写恰当词语）。 3. 语言表达：第 21~25 题（文段主要内容，可以得出何种结论，哪些选项能够否定文段结论等）。 4. 逻辑推理：第 26~30 题（例如题目中四个人各有一句陈述，但只有一个正确，需要求职者找出正确表述）。 5. 商业银行基础知识：第 31~35 题是商业银行业务基本知识（例如央行的非负债业务、实际利率、风险等）；第 36~40 题是平安银行相关知识（本行新闻，非本行的业务，推出的微博理财面向客户，本行理念等）。 6. 资料分析，给出一整段材料要求进行分析。
13	浦发银行	是	在线测评	第一部分是综合知识，50 道题 30 分钟（经济、金融、管理）。 第二部分是英语，20 道题 20 分钟（10 道单选和 2 篇阅读）。 第三部分是性格测试，100 道题。 第四部分是行测题，50 分钟 47 道（语言理解、逻辑推理、图形推理、资料分析、思维策略）。

续表

序号	单位	是否笔试	笔试形式	笔试内容
14	中信银行	是	在线测评	第一部分是专业知识（经济、金融、证券从业、基金从业）。 第二部分是综合知识（会计、法律、管理学）。 第一部分和第二部分一共100道题。 第三部分是英语（15道单选和5篇阅读）。 第四、五部分是行测（图形推理、资料分析、语言逻辑）。 第六部分是性格测试。
15	上海银行	是	在线笔试	行测＋专业知识＋英语＋性格测试。
16	上海农商银行	是	在线笔试	行测＋专业知识。
17	宁波银行	是	现场笔试	行测题：数列、逻辑、推理、图形、学习能力（例如给出示例流程图，根据示例的推理方法做其他的题）等，整体题目偏难，建议先做语言题，不要在数列及较难的题目上花太多时间。 还有部分宁波银行常识题目。
18	顺德农商行	是	现场笔试	行测题
19	恒丰银行	是	在线测评	笔试共十几个部分，行测（不含英语、经济金融、时事常识题。）＋性格测试。考试时间一共3小时。
20	渤海银行总行	是	现场笔试	渤海银行历史、行测、公文应用题。
21	国家开发银行	是	现场笔试	第一部分是英语，20道单选4篇阅读一共60分钟。 第二部分是行测,90题60分钟。包括常识题、选词填空、主旨概括、数字计算、图形推理、逻辑推理、材料分析。 第三部分是申论。分别写3篇文章，要求长度为300字、500字和800～1000字，一共2小时。 每部分中间休息半小时。

续表

序号	单位	是否笔试	笔试形式	笔试内容
22	农业发展银行	是	现场机试	第一部分是行测，70 道题 90 分钟，包括语言理解、逻辑判断、思维策略、数量关系、资料分析。 第二部分综合知识。60 分钟 60 道题，包括农发知识、时事政治、经济、金融、管理学、会计、经济法、计算机。 第三部分是性格测试。考试时间一共 3 个小时。
23	中国进出口银行	是	现场笔试	第一大部分是英语，包括听力（3 篇长对话 3 篇短文）、阅读（3 篇）、翻译（英译汉和汉译英）和作文。 第二大部分包括客观题（单选 40 道、多选 10 道和判断 10 道）、论述题（3 个大题）、申论（1000 字，主题为电信诈骗）。总共 4 小时 15 分钟。
24	光大银行	是	现场机试	第一部分英语，单选和阅读一共 60 分钟。 第二部分行测，60 分钟 60 道题，包括言语理解、数学运算、逻辑推理、资料分析。 第三部分专业知识，40 道单选，10 道多选，经济，金融，管理学，会计，法律都有。 第四部分性格测试，15 分钟。
25	邮储银行	是	现场机试	第一部分是行测，60 道题 70 分钟。 第二部分是英语，10 道单选 25 道阅读。 第三部分是专业知识测试，经济、金融、财会、法律、计算机、时政、邮储知识共 60 道题。 第四部分是性格测试。
26	北京银行	是	现场笔试	行测、英语（单选和阅读）、专业知识（多选）、计算题（会计、财报）、申论（如何维护金融稳定）。

续表

序号	单位	是否笔试	笔试形式	笔试内容
27	南京银行	是	现场机试	第一部分是行测，有言语理解、逻辑推理、数学计算、选词填空、句子排序、图形推理、资料分析等。 第二部分是综合知识，包括南京银行历史 25 题，专业知识 25 题，时事政治 35 题。 第三部分是考验记忆力和识别力，星星游戏和找茬游戏。 第四部分是性格测试。 考试时间 150 分钟，南京银行赠送一杯星巴克、一个小包还有一个笔记本。
28	江苏银行	是	现场机试	第一部分是行测，75 道题。 第二部分是专业知识，经济、金融、计算机、法律、管理、江苏银行知识各 5 道。 第三部分是行知能力测试，考察记忆力和反应力，大家来找茬。 第四部分是性格测试。
29	杭州银行	是	现场机试	90 分钟 100 道选择题，包括语义理解、选词填空、数字推理、图形推理、逻辑推理、英语单选和阅读理解、经济金融、杭州银行知识、数据分析。
30	中信建投	统一笔试后，部分部门独立考试	在线笔试	首先统一笔试，笔试完统一初面，初面完各个部门再单独组织专业考试（比如应聘投行部就考投行相关题目）。 初试：行测题。 复试：专业知识，主要是会计和法律知识。
31	天风证券	是	在线笔试	60 分钟，4 道题，开放式大题，题目主要结合当下热点；前两题必做，后两题二选一，多与互联网金融、物联网相关。
32	江海证券	面试通过后笔试	现场笔试	行测题 70 分 + 问答题 30 分，问答题是为何从事证券业，为何加入江海证券，以及三至五年的职业规划。

续表

序号	单位	是否笔试	笔试形式	笔试内容
33	中信证券	是	在线笔试	SHL（逻辑推理测试 + 性格问卷 + 数字推理测试 + 语言推理测试 + 动机问卷），3 小时左右。
34	申万宏源	是	现场笔试	行测、金融基础知识、时事新闻、英语（语法选择题 + 阅读）。
35	南京证券	统一笔试，各部门之间内容一样	在线笔试	行测 + 证券从业知识 + 性格测试。
36	招商证券	宣讲会（按地区）后笔试	现场笔试和在线笔试结合	90 分钟，150 道题，其中 60 道行测，80 道专业，10 道招商证券相关知识。
37	九州证券	是	现场笔试	题量很大，行测、专业知识均有涵盖。
38	第一创业证券	是	在线笔试	首先初面，初面通过以后笔试，题型为行测 + 性格测试。
39	国泰君安	是	在线笔试	行测题。
40	财富证券	是	现场笔试	行测题。
41	华泰证券	是	在线笔试	行测数字推理题，CFA 经济学、财务报表分析及公司金融、GMAT 逻辑题等。
42	东吴证券	是	现场笔试	不同岗位题目不一样，题型为单选、多选、简答和论述，业务专业知识、东吴证券相关知识。
43	德邦证券	是	现场笔试和在线笔试结合	宣讲会后现场扫二维码笔试，30 分钟，40 题，金融基础知识、逻辑题、常识题、行测题等。
44	华福证券	是	现场笔试	宣讲会后现场扫二维码笔试，40 分钟，50 道题，金融基础知识、逻辑题、常识题、行测题、华福证券相关知识等。
45	海通证券	是	在线笔试	第一轮笔试为性格测试，第二轮笔试为行测题，四个部分，40 分钟。

续表

序号	单位	是否笔试	笔试形式	笔试内容
46	招商基金	是	现场笔试	投研岗：英语翻译 + 金融基础知识 + 简答计算收益率、无风险利率等 + 名词解释（纳什均衡、美式期权等）+ 综合题（比如注册制对资本市场的影响，分析一个行业等）； 产品设计岗：英语中译英 1 题，英译汉 2 题，都是原文（例如 G20 峰会上习主席的发言）；填空题，经济金融知识；简答题，一题英文计算，一题中文计算；名词；简述，同时事相关。
47	东方基金	统一笔试，但各部门笔试内容不一样	现场笔试	行测 + 基金相关知识 + 投研相关知识（比如估值、计算资产负债率等）。
48	南方基金	是	在线笔试	高难度行测，过的概率极低。
49	中科沃土基金	是	现场笔试	先初面，初面通过后笔试，笔试内容为行测 + 开放性试题，开放性试题 5 选 2。
50	新华保险	是	在线笔试	行测 + 性格测试。
51	泰康资管	分岗位笔试	在线笔试	岗位相关专业题（主观、客观题均有）； 其中资产配置岗考了美林时钟、柯布 – 道格拉斯生产函数等。
52	中国人保	是	现场笔试	第一部分（行测 + 英语）+ 第二部分（写作），时长 180 分钟。
53	中国人保资管	统一笔试后，部分部门独立考试	现场笔试 / 机试	分部门和岗位，一般涉及财务、金融工程、宏观经济等，包括填空、计算和论述题，每个岗位都要进行行测和性格测试。
54	中国人寿	是	现场笔试	分为三部分，一共 77 道题。62 道行测题，5 道保险知识选择题，两篇英语阅读。笔试时间 90 分钟。

续表

序号	单位	是否笔试	笔试形式	笔试内容
55	中信保	是	在线测评	第一部分是英语，45分钟，包括10个单选1篇完型4篇阅读。 第二部分是要求50分钟完成一篇800字议论文，主题是宿舍和大学生人际关系。 第三部分是45分钟专业知识测试，25道单选20道多选，内容涉及经济、金融、保险、国贸、经济法。 第四、第五部分都是行测，包括言语理解和资料分析，20分钟20个题。 第六部分是性格测试，100道题。
56	中再寿险 中再财险	是	现场笔试	分为三张卷子。 第一张是综合考试，行测30道题，申论4道小题。 第二张是英语，阅读（4篇）、完型（1篇）、汉译英（4题）、英语作文（1篇，互联网金融）。 第三张是专业知识，两道简答题。一道是介绍自己专业的特点以及专业与再保险之间的关系；第二道是再保险在经济环境和保险业中的作用。笔试时间150分钟。
57	华泰保险经纪	是	现场笔试	25道选择题，7道客观题。选择题包括保险、法律、会计知识。客观题有保险计算，对公司认识和英文翻译。笔试时间90分钟。
58	安邦保险	是	在线笔试	行测题。
59	东方资产	是	在线笔试	行测题（全选择题），但是题量大，题目较难。
60	外贸信托	是	在线笔试	行测题（全选择题）。
61	百瑞信托	是	宣讲会现场笔试	金融类基础知识。
62	华能信托	是	现场笔试	60分钟10道题，都是行测+奥数。
63	中国银联	是	在线笔试，需拍照验明身份	行测题为主（全选择题），包括英语部分、专业题及少量与银联相关的常识（经典题目包括：客服电话、银联三个颜色的顺序）。

续表

序号	单位	是否笔试	笔试形式	笔试内容
64	上海清算所	是	在线笔试	行测题，专业题，还有一些考查辨认能力的题，包括著名的 5 分钟 96 题。
65	上海文交所	各部门独立笔试	现场笔试	总时长 1 小时，财务 + 法律 + 开放性试题。
66	中粮集团	是	现场笔试	行测 + 专业测试 + 英语。
67	中石化（所有子公司统一）	是	在线笔试	行测题（全选择题）。
68	普华永道	是	在线笔试	行测，性格测试，英文写作。
69	德勤	是	在线笔试	行测，性格测试。
70	时代伯乐创投	是	现场笔试	首先初面，初面之后笔试，笔试为 30 道行测题，总时长 30 分钟。
71	小牛资本	是	现场笔试	现场笔试，行测题，总时长 1 小时。

面试准备及要点

简历筛选、测评和笔试环节是招聘企业对求职者进行的“静态”了解。简而言之，这只是企业为接下来更深入、更细致的了解和沟通所做的准备，是招聘的第一阶段。面试则是招聘企业与求职者之间的“动态”了解过程，这不仅是企业与求职者当面沟通的机会，也是求职者进一步了解企业的良机。从企业的角度分析，面试官会综合考量面试者的沟通能力、临场应变能力和言行举止等能力，进一步判断求职者是否与企业相匹配。在面试中要牢记这样一句话：最后获得录用的候选人一定是让面试官觉得“最适合”这个岗位的，而不一定是最优秀的。因此，面试环节求职者的发挥显得尤为重要。

典型的完整金融求职面试流程包括“三面”：一面人力官，二面业务考官，三面高管。实践中，为了提高招聘效率，部分金融机构可能会只进行其中一两场面试或者把相关面试放在一起进行。

关键时刻更不能疏于细节，本节将全面剖析面试前、中、后三个时间点的重点注意事项。

面试之前要做的准备

不少观点认为面试无非就是临场发挥，因此不提倡做准备，反而鼓吹所谓的“做最真实的自己”。对于表达能力强、心理素质好的求职者而言这并无大碍，但大部分求职者都会高估自己的临场能力，毫无准备只会导致阵脚大乱。在千军万马争抢的offer面前，“做最真实的自己”无疑显得过于理想化。笔者作为“过来人”的看法是，优秀的求职者往往从自我介绍这个环节开始就做足了准备，一词一句都经过反复的修改和打磨。

要得到任何一个职位，都必须经过面试这一关，短短几十分钟的面试也许就决定着你的职业生涯，当你接到企业的面试通知电话之后，应当做如下的准备：

◆ 问清详情

接到面试通知电话的时候，一定要问清楚应聘的公司名称、职位、面试地点、时间等基本信息，如果方便，让对方发一条短信或者邮件。最后，别忘了道声谢谢。这里提醒大家，尽量按要求的时间去面试，因为很多时候都是统一面试。如果确实需要调整时间，要及时沟通，且态度尽量诚恳。

◆ 在网上对企业及应聘岗位进行背景调查

公司背景包括企业所属具体子行业、股东背景、历史沿革、行业地位、优势业务等情况。应聘的职位情况则包括所投职位的名称、工作内容和任职要求等。了解这些信息之后，才能在面试前做好有针对性的准备。

◆ 问问亲朋好友中有无“内部人士”

身边的亲朋中也许就有能助你职业生涯一臂之力的“贵人”。如果在公司内部有熟人能够帮忙美言几句，让面试官对你产生良好印象，当然是事半功倍。即使做不到如此地步，挖掘人脉往往也能够帮助你获取宝贵的公司内部信息——福利待遇、岗位要求，面试官的履历和个性，甚至是你未来老板的性格和处事习惯，这些“内幕”将帮助你在面试中脱颖而出。

◆ 学习一些实用的面试技巧

如果说你的个人履历和能力是原始图片，那么面试技巧就是美图秀秀甚至Photoshop。如何在1分钟内做一个令人难忘的自我介绍？如何尽可能展现自己的优势和实力？如何让面试官相信这个岗位非你莫属？有许多实用的面试技巧能够让你离这些目标更近一步。我们建议求职者多逛逛相关论坛和网站，掌握一些常用的面试技巧，并就一些常见的面试问题做好准备。此外，最好能找熟悉的朋友做个模拟面试演练，这可以大大缓解面试中的紧张感。

◆ 复阅简历

在许多情况下，你的简历将是被提问的焦点。花一些时间看一遍你之前写了什么，是如何表达的。如果你不能就自己简历中的内容做出令人满意的回复，面试官可能会认为你伪造了相关经历。在回顾简历的时候，可以考虑一下用角色转换的方法，跳出自己本身，从招聘者的角度苛刻地看自己的简历，然后自我提问并回答。一旦想到了面试者会提问的点，你就可以想出一个很好的回答方式，在面对面时送上惊喜。

◆ 情绪准备

面试前在心里默念三句“你最棒”。记住，自信不一定成功，但不自信一定失败。心态上要平和一些，积极一些，成熟一些，不要紧张。让人感到你既有才干，又敬业厚道就行。要记住，人品或性格存在较大瑕疵的人，即使才华横溢往往也难以赢得上司和同事的喜爱。在理想情况下，面试官和被面试者都同样有兴趣找到双方的契合点，希望能和将来一起共事的同事愉快相处。

◆ 准备一身得体的职业正装，这在金融业尤其重要

首先，你需要选择合适的衬衫，颜色最好是纯色，切忌穿短袖，即使是在炎热的夏天，男生也需要根据衬衫的颜色佩戴图案较为含蓄的领带；其次，穿在最外面的正装长度需合适，颜色最好为黑色，显得比较干练；最后，请穿好干净的深色皮鞋和深色袜子。另外，其他细节也需要注意到，如保持头发、面部和指甲的整洁。

◆ 估算一下路途时间

一定要留出充足的时间，绝对不要迟到，也不要太早到达，最好是提前 15 分钟到面试地点，去洗手间做适当整理。提前 5~10 分钟进场。如因堵车等原因实在不能准时到达，也要电话说明情况，请求谅解。

初面准备

初面，一般为 HR 面试，由企业人力资源部门负责。HR 面试主要侧重考核

个人综合素质，看重求职者个人的逻辑思维能力、快速反应能力、团队协作能力以及语言表达能力等。HR 面试常用的考察形式是无领导小组讨论，或者压力面试。接下来我们对这两种形式的考察进行详细介绍。

1. 无领导小组讨论

无领导小组讨论是指由一组应试者组成一个临时工作小组，在一定时间内讨论给定的问题，提出相应的解决方案或观点，并以最终陈述的形式呈现结果的一种面试考察形式。由于小组是临时拼凑的，并不指定领导者及每个人相应的团队角色，每个求职者都需要在短短的讨论时间内找到自己的角色并完成小组任务，因此能够较好地考查个人的综合能力。无领导小组讨论的总用时一般不超过 20 分钟，包括阅读问题、讨论、最终陈述三大环节。

（1）无领导小组讨论的内容。无领导小组讨论的试题从形式上而言，可以分为以下四种：

开放式问题：该类问题一般较为宏大，答案灵活性很高，主要考查求职者思路是否清晰、是否有新的观点和见解。例如：你认为什么样的领导是好领导？

两难问题：该类问题提供两种互有利弊的答案，需要求职者选择其中一种，并说明理由，主要考查语言表达能力以及说服力。例如：你认为领导应该以工作为导向还是以人为导向？

多项选择问题：该类问题让求职者在多种备选答案中选择其中有效的几种或对备选答案的重要性进行排序。主要考查求职者抓住问题本质的能力。

资源争夺问题：此类问题适用于指定角色的无领导小组讨论，是让处于同等地位的求职者就有限的资源进行分配，从而考查其语言表达能力、概括总结能力、发言的积极性和反应的灵敏性等。例如，让考生担当各个分部门的经理并就一定数量的资金进行分配。

以上各种类型试题面临的都是选择问题，在选择中最重要的就是确定标准。选择 A 或选择 B 都可以说出让人信服的理由，但是两种选择会有不一样的侧重点，在这个时候提出一致同意的选择标准并引导话题方向，比简单地争取发言机会更有亮点。

操作性问题：提供材料、工具或道具，让求职者利用所给的材料制造出一个或一些考官指定的东西。主要考查动手能力、合作能力以及在一项实际操作任务中所充当的角色特点。此类问题比其他类型的问题更多地考查考生的操作行为，情景模拟的程度要大一些，但对语言方面的能力则考查较少，必须充分地利用现有的一切材料。

（2）无领导小组讨论的角色。参与无领导小组讨论的成员，一般情况下可以分为以下角色：

破冰者：自由讨论中第一位发言的考生被称为破冰者。破冰者需要勇气，往往由性格比较外向的人来担当。破冰行为有利于求职者给团队成员和考官留下更深刻的印象，也往往被解读为尝试担当团队领导者角色的信号，但破冰者也因此要承担一定的风险。如果破冰者尝试担负起领导团队的责任却表现不佳，则会带来较大的心理压力和负面效应。因此，求职者要认真权衡，自己是否真的适合做破冰者。

时间掌控者：时间掌控者是一个会注意时间进程，确保小组时间分配合理、能够及时完成任务的角色。如果讨论小组的成员中缺乏时间意识强的成员，则在自由讨论阶段很可能会出现争论不休而没有令人信服的结果，到最后被考官强制打断的局面，甚至会出现连总结汇报都没有时间的情况。时间掌控者的职责就是针对小组任务合理安排各项工作的时间，并在讨论过程中保持对时间的把控，确保讨论大体按计划进行。在无领导小组讨论中，时间掌控者是必需的角色。

引领全局者：引领全局者是掌握整个讨论节奏，对内容不断进行总结和升华的求职者，是不断地推动讨论实质性进展的人。因此，他必须拥有较好的逻辑思维能力，能够提出讨论的框架；同时需要善于倾听和沟通，能不断吸收讨论中的有益观点，将其纳入框架中；还需要有一定的领导能力，能够团结小组成员，控制争论程度，把握讨论节奏，保持小组的方向正确，也可以主动给小组成员分派任务。引领全局者如果做得成功，往往就是本场面试得分最高的求职者，面试官对其的印象也会非常深刻；但风光背后也是风险重重，如果引领全局者不能很好地团结小组成员并控制局面，导致任务完成状况不佳，要承担的责任也是最大的。因此需要提醒各位求职者注意，并非所有人都适合担任引领全局者，在站出来前需要充分考虑自己的能力和性格是否适合，以免弄巧成拙。

组织协调者：组织协调者是调动团队气氛、调和大家的意见、调配发言权的小组成员。该角色能够改善团队的讨论氛围，充分调动大家的积极性，帮助团队展开头脑风暴式的讨论，并且在一定程度上消弭争端。组织协调者与引领全局者的角色看似颇为相似，其实有本质的区别。引领全局者获得领导地位凭借的是领导力和逻辑思维能力，组织协调者凭借的则往往是亲和力和良好的沟通能力。因此，组织协调者更适合由性格亲和、易于取得大家信任的成员担当。

总结陈词者：总结陈词者是代表小组进行汇报总结的小组成员，该角色类型可以细分为预汇报人和正式汇报人。在无法取得正式汇报人角色的情况下，担任预汇报人，让正式汇报人成为自己的发言人也是一个不错的选择。同样，该角色对求职者而言也是机遇和挑战并存：如果发挥得好可以给考官留下比较深刻的印象；如果总结逻辑混乱拖沓、表意不清晰，则会严重影响面试成绩。因此这一角色不但需要总结陈词者具备良好的总结概括能力，还对其抗压能力、临场发挥等方面的能力有所要求。

综上，无领导小组讨论中的各类角色各具特点和利弊，没有明显的优劣之分。充当任何一个角色均有机会获得面试官的青睐，进而顺利通过该轮面试。各类角色对求职者的素质、能力、性格的要求差异较大，因此建议求职者针对自身特点，选择适合的面试策略。当然，与其他类型的面试类似，在无领导小组讨论中的表现也可以通过积极训练得到提升。因此，在正式面试前进行模拟小组讨论有利于求职者熟悉流程，消除陌生和紧张感，并了解自己的特长和不足，从而在正式面试中扬长避短，选择合适的角色，展现出最好的一面。关于模拟无领导小组讨论的相关信息，请关注金融小伙伴微信公众号，或小金窝网站（www.xiaojinwo.com）、小金窝 APP。

（3）无领导小组讨论的注意事项。参加无领导小组讨论的求职者应牢记，讨论并没有非黑即白的标准答案，面试官注重的是求职者在讨论过程中展现出来的相关能力，过程比答案本身更为重要。下面是笔者整理的无领导小组讨论中的几点注意事项：

◆ 在角色选取时需要结合自身情况和面试时的局面，灵活处理，量力而为

这是上文反复强调的一点。不同角色意味着迥异的要求，也意味着不同的责任，如果执行不力，弄巧成拙的概率或许更大。

◆ 切记决定面试成败的是“有效发言”，而非角色定位

一般而言，团队角色定位明确的求职者在讨论中表现机会更多，且对团队的

作用表现得比较明显，更容易出彩。但这并不意味着无领导小组讨论仅是一个“抢角色”的过程，抢到了就可以高枕无忧。事实上，最重要的还是求职者在讨论过程中“有效发言”的次数和质量。有效发言是指能够切中问题核心、推动讨论进程，对小组形成最终结论有实质贡献的发言。根据笔者的经验，一次 20 分钟的讨论中，求职者至少要做出 3 次有效发言方可得到面试官的足够注意。因此，决定成败的关键不仅在于选取合适的角度定位，更在于你是否有有效发言，是否在讨论过程中做出实质性贡献。

有些求职者看了一些面经，发现“时间掌控者”这一角色貌似难度不大又必不可少，带个抢眼的手表就能轻松拿下，发挥得好还能顺势成为引领全局者，于是便争当时间掌控者。但是应注意，当你主动要做时间掌控者的时候，就挑起了掌握节奏、全程监控时间的重担。如果最终因为时间问题导致讨论没有完成，面试官一定会诘问你是否真正承担起了掌控时间的责任，及时提醒其他成员注意时间。如果没有，那么面试官将给出很低的分数，通过此轮面试基本无望。例如，笔者曾经遇到过几位求职者，在讨论开始时就抢到了时间掌控者的角色，但讨论时手表在桌上放着，他们却自始至终没有看过一眼。讨论过半的时候，别人问起时间还剩多少，他们才想起来自己根本没有关注过时间。最后结局也可想而知。

◆ 注意立场问题

求职者在讨论中一定要有自己的观点和主见，即使与别人意见一致，你也可以阐述自己的论据，补充别人发言的不足之处，而不应仅仅简单附和。一味附和会让面试官感觉你是个没主见、没个性的人。此外，在观点陈述的时候建议尽量做到分点陈述，一般以列出 3 条左右为宜，条分缕析的阐述可以帮助你展现思维的严谨性和逻辑性。

◆ 灵活处理意见不一致的情况

如果出现意见不一致，一定要充分倾听其他成员意见，尊重每个人思考的成果，不能简单压制其他成员的发言，不要全面否定别人的观点，也不要在过程中出现多余的动作。在讨论的过程中，面试官对团队成员的考核是全方位的，眼神、动作、姿势等身体语言也是考核重点。例如，曾经有一场面试中两位成员在表述方面都很优秀，但是由于一个人在抖腿，一个人眼神飘忽不定，所以两人都没有进入下一轮面试。

对于别人的不同意见，应在其陈述完成之后，沉着应对，冷静分析对方的观点，而后以探讨、交流的态度，在较和缓的气氛中充分表达自己的观点和见解。如果其他成员观点基本一致，而自己持不同意见，除非自己有非常完善的逻辑架构，否则不宜过分坚持。在大家发表意见后，表示已经接受大家的观点，一方面促成讨论的成功，一方面也给自己“加戏”，留下一个有思考能力且善于接受观点的印象。具体而言，在讨论过程中，求职者应表现得有“风度”。这是指要积极参与讨论，既不轻易放弃自己的观点，也不要随意攻击别人的观点。就算最后不得不放弃自己的观点，也要注意对其他人的观点加以补充，不要过分纠缠对方在细枝末节上的漏洞，更不要对对方进行人身攻击，切忌对对方的观点表示出明显的轻蔑之情。面部表情要略带微笑，表现出亲和力。

综上，小组讨论成功的要点并不在于是否担任了某个角色，而在于求职者针对问题是否提出了有建设性的意见、是否推动了小组讨论的顺利进行、是否帮助小组得出了合理的结论。对于两难辩论问题，在讨论结束的时候最好能够达成一致的结论。谁的结论正确不重要，重要的是能不能达成一致结论并对存在的问题进行优化。如果不能达成一致的观点，可能的结果就是小组全军覆没。面试官会在这个过程中综合考查求职者的语言表达能力、思维能力、逻辑组织能力、临场应变能力、言行举止及胸襟度量等。笔者再次建议各位求职者：若没有无领导小组面试的实战经验，可以通过模拟面试进行训练，也可以在实际求职过程中多报一些职位，通过实战练习来了解面试内容以及自己的特点，保证在心仪的公司的面试过程中正常发挥。

2. 压力面试

压力面试（stress interview）是指面试官有意制造紧张环境，通过观察求职者在此环境下的表现，从而评估求职者如何处理工作压力。一般而言，面试官会刻意提出生硬的、不礼貌的问题使求职者感到不舒服，或针对某一事项或问题做一连串的追问，直至求职者无法回答。比如某著名保险资管终面的时候就是典型的压力面试，面试官会抛出一系列诸如“你本科 ×× 大学不够好，高考成绩多少？硕士就两年，究竟学到了什么东西？你觉得你适合这个岗位，大家都觉得他们才是最适合的，凭什么选你？”等问题，其目的是评估求职者对压力的承受能力、在压力下的应变能力和人际关系能力等。压力面试是典型的面试类型之一，下面将对此进行解读。

◆ 压力形式

①环境压力：通过对面试现场的场景布置来达到压力测试的目的，比如面试场所狭小、逼仄。②言行压力：通过粗鲁、直接的行为和语言让求职者产生压力，比如直接质疑求职者的衣着、举止或学历。③内容压力：一是追问刺激性话题、隐私性话题，让求职者不舒服，从而产生压力感；二是抛出两难问题，无论如何回答均有破绽，也会让求职者产生心理压力。④僵局压力：当求职者回答完上一个问题后，面试官陷入沉默，使得面试陷入僵局，来观察应聘者反应。

◆ 注意事项

①保持镇定：求职者切忌被突如其来的质问或追问吓倒。事实上，只要以认真的态度面对每个问题，思考过程符合逻辑，回答能自圆其说，就能够通过面试。一些难以回答的追问或质问，无法给出完美的答案才是正常的，此时务必保持微笑。②耐心解释：一个小技巧是，可以把面试官当作难缠的客户，在坚持自己见解的同时，对其无理挑剔给予心平气和的解释，要显得有耐心和涵养，尽力表现出一个职业经理人应有的沉着和冷静，而不是激动、失态地据理力争。③看清情况：求职者需要尝试着去揣摩面试官真正想考察的内容，而不被局限于所问的问题本身。举个例子，在压力面试中最常见的问题就是“你认为自己最大的不足是什么”，表面上这只是一个自我检讨的问题，我觉得自己哪里做得不够好，承认不足只是一个开始，真正重要的是要看清问题背后面试官的考查要点。如果已经知道不足之处，有没有采取相应行动，行动有没有收效，能力有没有改善，这些才是面试官真正关注的点。④提出反问：在适当的时候提出一些问题，比如“您觉得我的简历有什么需要改进的地方”或“您对我的面试表现失望，麻烦您针对具体的不足给予指导”等。

初面和复试

初面考核的是个人的综合能力，看重的是求职者的全方位素质。而二面或者说业务考官面的面试官通常是各个业务部门的业务精英或者部门领导，侧重考查的是求职者的专业能力，即求职者对所应聘岗位所需的专业知识的理解和应用程度，同时也会考察求职者的性格与岗位的契合度。

一般而论，进入复试环节的人员较少，通过率约为 30%。由于参加人数有限，二面形式一般是多对一或者多对多，面试方式一般是情景模拟和自由提问。此环节属于非结构化面试，没有固定的形式与模板，相对灵活。下面是一些常见的初面和复试环节的问题，求职者可以根据本书的建议再结合个人经历灵活应对。

1. 自我介绍原则

自我介绍也被称为“面试第一问”。在自我介绍中，面试官可以借机考查应聘者的语言表达能力和应变能力，应聘者也可以主动向面试官推荐自己，展示才华。这一问的回答在复试中尤为重要，因为在非结构化面试中自我介绍往往决定了面试官对求职者的第一印象，这对之后的面试进展会产生较大影响。一般而言，自我介绍的时间为 1~3 分钟，据经验，自我介绍可提前准备，并且求职者最好有针对性地准备三个版本——3 分钟版、1 分钟版和一句话版，较短的版本可在较长版本的基础上浓缩。

一段典型的自我介绍应该包括基本信息（姓名、学校专业等）、主要实习经历、个人亮点这三类信息，在此基础上再适当扩充。自我介绍核心点包括：①与所面试公司 / 岗位相关的个人能力或经历，譬如拥有何种证书，或曾在相关行业实习，或曾完成该行业的研究等；②突出的个人特点或优势，譬如曾获得奖学金，或擅长该岗位要求的技能，或某种特长（乐器、体育运动等）。

另外，自我介绍应真诚且个性鲜明，给面试人员留下“记忆点”。想做到这一点，除了有好的内容外，其组织形式也不容忽视。基础版自我介绍至少要保证各项内容分别阐述，切勿混在一起。进阶版自我介绍则可以在介绍中隐含某种线索，每一项内容都与该线索相互联系；比如可以说“我的特点可以用 1、2、3 三个数字来概括，1 是指排名年级第一，2 是指有两个专业证书，分别是 ××× 和 ×××，3 是指有 3 段实习经历，分别是 ×××，××× 和 ×××，其中 ××× 的工作内容与本岗位相关，我负责的是……”。进阶版更有新意，会给面试官带来不同的感受，当然如果组织不当，反而可能会增加风险，因此逻辑的把握尤为重要。

2. 自我介绍要点

◆ 时间把握得当

一般需要准备一句话、1 分钟和 3 分钟三个版本。在时间的分配上，按照 3

分钟的标准，第一分钟可谈谈学历等个人基本情况；第二分钟可谈谈工作经历，曾在哪些机构实习，负责什么，学到了哪些技能；第三分钟可谈谈自己的职业理想和对本职位及本行业的看法。如果自我介绍要求在 1 分钟内完成，就一定要有所侧重，突出一点，不及其余。

◆ 切勿照本宣科

自我介绍可以事前准备，但表现形式上应避免过于书面化，而应使用灵活的口头语言。切忌以背诵的口吻介绍自己，这种展现形式对面试官来说将是无法忍受的。自我介绍过程中还要注意音量和说话节奏的控制，尽量让声音听起来流畅自然，充满自信。

◆ 突出亮点信息

自我介绍时要投其所好展示亮点，所提及的成绩、特点、技能等必须与应聘岗位相关。记住，你只有 1~3 分钟，不是要告诉考官你是多么优秀的人，而是要告诉考官，你有多么适合这个工作岗位。那些与面试无关的内容，即使是你引以为荣的优点和长处，都应该果断舍弃。

下面给出一个自我介绍的案例。

尊敬的各位面试官、亲爱的各位同学：

大家下午好！我叫金少，很幸运今天能够与这么多优秀的求职者一起来参加面试。接下来我将从教育背景和工作经历两方面介绍自己：

在教育背景方面，我本科毕业于金嘉研究院大学（纯属虚构，请勿对号入座）金融专业，现就读于金嘉投行社大学（纯属虚构，请勿对号入座）。会计专业，将于 2017 年 6 月毕业，在校期间曾获得 3 次一等奖学金。并且，我目前已通过了 CPA 考试会计、经济法科目，有较扎实的理论基础。

在工作经历方面，我曾在 2 家证券公司进行实习。在某证券公司实习期间，我主要的工作职责和内容是撰写招股书及底稿，同时也参与了并购、新三板项目。通过这份实习，我一方面掌握了这一岗位所需要的 ××、×× 技能，另一方面也明确了在 ×× 领域开始自己职业生涯的想法。

因此，我觉得自己对于这个岗位，有如下竞争优势："1.……2.……"。凭借自己在教育和工作方面的积累，我有自信能够胜任投行岗位的工作，希望能够有机会加入这个大家庭，谢谢大家！

3. 重视简历提问

面试官在面试之前对求职者的所有了解均来自简历，因此面试官也期待通过提问来深入了解求职者。求职者对自己简历上提及的内容应有较深入的理解，可以说，回答不好简历问题，面试失败的可能性很大；相反，如果能够做出深入、精彩的回答，那么通过此轮面试的概率将大大提高。因此，求职者在面试前不仅要熟悉简历上的所有内容，还要仔细分析哪些点可能会被问到，进行有针对性的准备。

面试过程中经常会出现这种情况：有些求职者简历很精彩，但面对面试官的问题却无法给出满意的回答，这会给面试官留下非常不好的印象。因此，简历书写虽有技巧，但不应脱离事实，同时面试前也应做好充分准备。例如，曾经有一位求职者面试某券商债券承销部时，其简历上有一段在券商债券承销部的实习，简历上描述其经历了完整项目，但其对于面试官提出的关于债券承销的基本问题却无法准确作答。于是，面试官当场就批评“你是一个经历过完整项目的人，不应该对于这种基本问题都不了解”，面试结果也可想而知了。

针对简历上的实习和项目经历，求职者可以按下述的思路来准备或回答。第一，了解实习或项目的主要情况，如能够记住细节则更好；比如问及实习过程中参与了哪个 IPO 项目，应能明确清晰地回答出这家公司的主营业务、商业模式、财务状况等基本信息。第二，明确求职者个人在项目中承担的主要职责、工作内容以及工作成果，最好精确到细节。第三，对在实习或项目中遇到的问题，求职者的解决方案，以及求职者的收获。

建议求职者在准备简历问题的时候，花点时间系统地整理自己的每一段实习或项目经历，形成一个“简历问题答疑点”的文件，然后在电脑和手机中各备份一份，在每次面试前进行浏览。进一步来说，不同行业或岗位的面试，面试官可能会对求职者的不同实习或项目经历感兴趣，因此在每一次面试前，求职者也应根据所面试行业和岗位的特点，有针对性地加强相关经历的准备。

4. 通用型问题汇总

通用型问题指的是专业知识以外，关于求职者求职动机、性格、行为的相关面试问题。面试官希望通过这类问题，更好地了解求职者的个人情况，衡量求职者与岗位的匹配度。在某些公司的面试中，这一部分会单独摘出成为一个独立的面试环节，被称为结构化面试，虽然这部分问题灵活性大，但万变不离其宗。下面列举一些常见的通用型问题，以及对这些问题的分析和应答技巧。

问题一：为什么选择某行业（银行、基金、券商等）？

分析：这一部分面试官主要考察的是求职者对行业的了解、对未来的规划以及求职者的职业稳定性，可以从行业发展、兴趣性格、自身匹配度等几个方面来作答。

①行业发展：求职者可描述行业的发展情况以及未来的发展方向（可适当引用时事以及目标企业的动态），说明自己选择这一行业主要是基于可以预见的前景。

②兴趣性格：列举自己在这一行业的经验及收获，明确指出哪一部分工作内容对自己最有吸引力，同时对自己进行评价，表示自己选择这一行业也是因为自身能力与行业要求相吻合。

③自身匹配度：包括个人的专业背景、知识储备、相关证书、实习或项目经历与该行业的匹配程度。

问题二：谈谈你的缺点。

分析：该问题实际上给求职者带来两难选择，求职者既不能对自己的缺点避而不谈，比如用“我最大的缺点就是没有缺点”这样的俏皮话以期蒙混过关，也不能对自己的缺点滔滔不绝，这样会给面试官一种“满身缺点”的感觉。因此，回答此问题时应把握尺度，适度回答，建议有选择地阐述一两个缺点，并且这样的“缺点”并不会对应聘的工作产生重大影响；在讲完缺点之后，建议继续阐述自己采取了哪些措施进行改正，以及目前的进展等。这种回答，会让面试官觉得求职者既能够认识到自己的缺点，同时也在行动中努力改进。

另外需要注意的是，不少面经中推荐的经典回答，例如：喜欢追求细节导致项目／作业未能按期完成，或者不知如何拒绝同事，影响自身工作进度。上述回答本身不错，但问题是近年来被用得太多，已经落入俗套；而且这些所谓的缺点，实际上是在宣扬自己的某种优点，比如“细致”和“热心”，说多了反而会导致面试官产生反感。

举例：我最大的缺点是太过年轻，相关经验不是很丰富，还需要继续多历练、多学习才能很好地完成相关的工作。但是我会很积极、很努力地去尽快弥补这一点。

问题三：请谈谈你的某一份实习经历。

分析：复试时面试官最看重的就是求职者个人的相关实习经历，几次有价值、含金量高的实习经历作用远大于简历上的荣誉、奖项等。针对每一个实习经历，求职者均可准备一份 2~3 分钟的阐述，包括以下几点：①实习岗位工作内容，包括完成的某个典型项目；②求职者如何完成上述内容；③实习过程中最大的挑战和应对方案。这里又涉及简历和面试的匹配度问题：如果简历上写得天花乱坠，实际阐述却不知所云，会给面试官造成很大的落差。所以再次提醒求职者注意不要过分美化简历，同时也需要精心准备与实习经历相关的面试问题。

另外，阐述实习经历时，笔者的建议是“小中见大”，即描述一个实习经历应该从一个具体的项目入手，表明在金融机构实习时踏踏实实地学到了东西，让面试官对这份实习和求职者个人的价值更为信服；如果没有好的实习单位也不用担心，也应从小处入手，着重表达在实习过程中的具体工作内容、细节及所获成果等，让面试官逐渐淡化实习单位较小的事实，从而关注求职者踏实肯干，能够把小事做好做精，真正将知识应用到实践的品质。反过来说，阐述实习经历时切忌夸夸其谈，比如跟某总非常熟悉、跟某公司老板交情很深，或已经精通某个领域等。

问题四：谈谈你个人的职业规划。

分析：面试官询问与职业发展、职业规划相关的问题，一方面考查的是求职者对应聘岗位所处的行业是否有较深入的了解，对个人的职业发展是否有明确清晰的计划，另一方面也是为了了解求职者的职业稳定性。金融行业的工作通常压力较大，工作强度高，不仅需要较强的抗压能力，更需要明确的奋斗目标作为支撑。因此，关于此类问题的回答，求职者可以分阶段阐述，结合所处行业从学习、成长、发展三个阶段分别阐述个人的职业规划，同时回答内容应避免过于假大空。实际上金融行业瞬息万变，3~5 年内行业格局可能剧变。给求职者的建议是有选择的保留，但是不要欺骗。

举个简单的例子。比如求职者的初步计划是先在公司学习几年，之后择机选择，不一定会在公司长远发展。那么面试官问及此类问题时，求职者不应做出“我很想长期留在公司”等类似表述，因为这样的回答具有一定的欺骗性，会被面试官轻易看穿；但也切忌直接表达出只是想在公司学习几年，未来一定会跳槽。虽然这个想法合情合理，但是企业需要招聘能陪伴公司共同成长的人，因此应谨慎回答此类问题。比较理性的回答是“职业初期个人想在公司这个大平台上认真踏实地做好自己的工作，提升个人专业技术方面的能力，也相信公司会给每一个优秀的人才提供广阔的发展平台”，此类说法巧妙地避开了上述问题的两难，是一个不错的选择。

问题五：为什么选择本公司？

分析：通过这个问题，面试官主要考查的是求职者对所应聘公司及招聘岗位的了解是否充足，求职动机是否强烈。因为招聘是一个双向选择的过程，公司需要确认自己录取的求职者确确实实希望进入公司。求职者可以从个人渊源、行业地位、职业发展等几个方向来作答。

个人渊源：即求职者个人与公司在哪些时候、哪些方面有过交集，或者个人曾经接触过公司的哪些员工或服务。因为个人有过亲身的接触，所以认可公司的业务开展，或对该公司早已仰慕等。

行业地位：公司业务开展如何，在业内排名情况，同业对公司的评价，在上述基础上认为加入该公司符合求职者的动机。

职业发展：即公司非常符合求职者的职业规划，有利于职业发展，具体可以展开如下：①公司对新员工的培训；②公司业务对员工的锻炼；③未来发展契合求职者的职业规划。

问题六：应聘这个职位你有什么优势？

分析：这个问题主要考察求职者对于岗位和自己本身素质的双重认识，面试官希望通过这个问题了解求职者对于自己优势的认识，从而侧面印证自己对于求职者的看法，另一方面也可能发掘一些简历中没有的亮点。因此，求职者首先需要对职业所要求的技能和素质有全面的认识，在此基础上有针对性地选择自身的亮点予以回应，同时在四平八稳地回答完问题后，最好能够有一个非常突出且契合职位要求的亮点，给面试官留下深刻印象。

在具体回答的时候可以按以下思路作答：首先，简单地谈一下个人对所应聘岗位的理解，认为需要哪些素质和能力，可以归纳为 1~2 个要点。其次，根据总结出来的要点，结合个人情况作答。最后，选择一个亮点突出阐述，留下深刻印象。例如应聘某券商研究员岗位，可回答：研究员最需要过硬的研究能力和良好的沟通技巧。关于研究能力，我的专业课知识排名 ××，已通过 CPA、CFA 等考试，在 SCI/SSCI/ 核心期刊发表了 × 篇论文，并曾经在 ××× 研究所实习，可独立完成深度报告等；关于沟通能力，我曾经是学生组织负责人，负责与 ××× 沟通，成功组织过 ×× 比赛。最后，我在 ××× 方面有特长 / 曾经在 ××× 有长期的经历，对于以后从事研究员的工作将有所裨益。

上述问题是最为典型的面试问题，求职者应把握不同问题背后面试官考查的动机，根据所面试公司、岗位及自身的情况灵活作答。下面这些问题在面试中也时常出现，本书也将给出一些参考性的回答。

问题七：刚入行给你分配较多琐事，你会如何对待？

参考回答：我认为刚入行时正是一个新员工的沉淀期。作为公司资历最浅、工作经验最少的员工，做一些比较琐碎的事情是必要而且应该的。比如说，将领导的发票准确有序地贴好、在项目现场负责项目材料的复印等，这些事情能够锻炼一个人的细心程度，同时也是从校园到社会必经的一课。做好这些小事也是一个新员工工作负责的表现。

同时，认真对待琐事，留心学习相关的合同、文件、材料等内容，是一个提高自己、了解公司内控制度的好机会。

问题八：你是怎么平衡自己的工作和生活的？

参考回答：关于工作和生活，我认为如果处理得好，是能够兼顾的。我通常有这样一个习惯，将工作分为重要紧急、重要不紧急、紧急不重要、不紧急不重要四个层级，平时也会准备比较多的便利贴在办公桌上，用不同颜色来区分事情的轻重缓急，从而分配好时间和精力，保证优先完成最重要、最紧急的事项。对于刚步入职场的新人而言，我也认为应适当地向工作倾斜，在工作有需要的时候适当的加班既能够完成公司和领导的要求，也有利于个人快速地积累和成长。

问题九：为什么选择来北京（或上海、广州等）？

参考回答：我选择北京来工作主要原因有工作及生活两方面。

工作方面：第一，更灵活的竞争机制。回到老家的小城市，无论是日常工作还是升职加薪，很大一部分取决于家庭关系，而非个人能力。北京虽然也存在各种问题，但提供了一个相对公平、纯粹的竞争环境。我相信在北京这座城市中，只要肯付出，一定能够得到与之相匹配的回报！第二，北京作为大城市，资源比较集中，具备一些其他城市无法提供的优势。从工作岗位上来说，北京的金融机构集聚促进了高端金融服务的繁荣，例如投行、投研、投资等在北京就会有很多机会，而小城市的金融机构以银行分支行为主。

生活方面：北京能够提供全国最好的教育资源、医疗资源，甚至娱乐资源。比如我很喜欢看话剧，著名剧团演出的话剧在北京出演的频率要远远高于其他城市。

问题十：在你的实习经历中，哪一件事最让你自豪？

参考回答：实习当中，最自豪的一件事当属在业内某顶尖券商的债券资本市场部实习。当时部门主要做公司债，领导基本上是来项目现场一两天就去其他项目了，然后团队其他几个人留在现场做材料，收集并整理底稿，撰写募集说明书。那段时间客户为了尽快完成融资，进度安排非常紧凑，项目组连续加班20多天，经常熬夜到3点多。我因为之前没有负责过撰写的部分，所以对某些地方拿捏不准，只有熬夜反复修改、赶工。经过数次修改和补充，项目组终于按时完成材料申报，项目也如期获得受理，团队得到了客户和公司领导的高度评价，我通过此项目不仅熟悉了债券公司债的发行流程，也体会到了投行对从业人员的高标准要求。

问题十一：你在行研（或投行、投资）实习这么久，最大的收获是什么？

参考回答：我在行研实习过程中，最大的收获是逻辑思维能力得到了提升，这一点前后对比非常明显。举一个简单的例子：在分析一家公司的时候，没有实习之前，我会将分析的思维以及报告发展成为论文的模式，会找一些硬邦邦的理论文字或者过期的数据来支撑我最后得出的模棱两可的结论。但是在行研实习之后，我发现需要自己去挖掘，去创造，去佐证自己的想法。看到一个主题，首先想到的是为什么要讨论这个话题，而不是接到任务就闷头去做。了解大致背景之后开始构思框架，思考业内人士希望了解该话题的哪些方面，从而确定从哪几个方面来完整地将这件事讲清楚。最后再针对每一个部分查找资料，用数据说话，用图表展示，让整个报告看起来条理清晰，前后逻辑线条明晰。这种周全严谨的思考方式在处理其他事情的时候也非常受用。

问题十二：你对薪资有什么要求？

回答提示：这是很多人觉得比较棘手的问题，如果你对薪酬的要求太低，那显然贬低自己的能力；如果你对薪酬的要求太高，又会显得你自视过高。一些雇主通常会事先对求聘的职位定下开支预算，因而他们第一次提出的价钱往往是他们所能给予的最高价钱，他们问你只不过是想证实一下这笔钱是否足以引起你对该工作的兴趣。

参考回答一：我更重视的是这份工作带来的职业提升机会，具体的待遇和公司内同等级别的员工相同即可。

参考回答二：我有 ×× 相关经验，之前 ×× 公司给我的是 ×× 待遇，我希望能往上有一个浮动。

参考回答三：如果你必须自己说出具体数目，就说一个行业的平均价，市场大概是这样的水平，你觉得给这么多比较合理。

5. 专业问题回答

专业问题是为了进一步考察求职者的专业及行业素养，特别是对于财务知识的运用，或者对某个具体行业的认识。下面给出一些经典问题的回答，供各位求职者参考。

问题一：提高折旧率对于三张报表（资产负债表、利润表、现金流量表）有什么影响?

参考回答：首先，针对利润表，提高折旧率影响当期损益，费用支出增多，企业利润减少，从而导致应缴税收减少。从现金流量表看，因为折旧不涉及现金支出，但缴纳的税收减少，因此现金流量表中的经营现金流增加，最终企业的货币资金会增加。从资产负债表看，资产端因加速折旧，固定资产下降，货币资金有所增加，但幅度不如固定资产下降的大，因此企业资产总额下降；负债端，未分配利润下降，所有者权益下降。特别需要说明的是，资产端的货币资金增加和现金流量表中经营现金流增加相互钩稽，均来源于节省的税费，等于增加的折旧费用乘以税率。因此货币资金增加幅度小于固定资产的下降，比如所得税税率为 25%，折旧增加 10 元，那么货币资金增加 2.5 元，固定资产降低 10 元，资产总额依然下降 7.5 元。

问题二：利润表的科目包括哪些内容?

参考回答：利润表科目有营业收入、营业成本、税金及附加、销售费用、管理费用、财务费用、资产减值损失、公允价值变动损益、投资收益、营业利润、营业外收入、营业外支出、利润总额、所得税、净利润等。一般企业自上而下是：营业总收入，再细分营业收入、利息收益和其他收益。大多数制造类企业的营业总收入就等于营业收入，因为利息收益一般为0，但是对于金融类企业来说，利息收益占比很大，营业总收入和营业收入差别很大，所以在计算各种指标时，即便法规中只出现了营业收入，还是要以营业总收入作为标准进行计算。营业总成本和营业税收及其附加统称直接费用，因为每笔费用可以与每笔收入一一对应。管理费用、财务费用和销售费用统称间接费用，无法做到每笔费用与收入一一对应，只能分摊到一个会计年度进行计算。（对财务报表的提问不一定会这么的细或专业，但如果你专业背景是财会或者简历上财会是你的特长，那么一定要好好准备相关的专业知识。）

问题三：谈谈你对卖方研究未来发展趋势的看法。

参考回答：卖方研究作为投资的有力支撑以及证券公司的品牌体现，是资本市场不可或缺的一部分。我认为卖方研究目前主要是两块：研究和服务。

第一，从研究分析，这个行业未来应该是朝着更加专业化、细分化的方向发展，应该会找到更多研究的价值点和优势所在，只会做服务的卖方最终一定会被市场淘汰；同时，研究也会将一级和二级市场更多地联动起来。第二，从服务分析，卖方研究服务的客户范围未来会进一步增加，从目前的公募基金、保险资管为主扩展到包括券商资管、自营、私募基金等更大范围的客户群体；同时，互联网时代的卖方服务方式会更加高效和及时。

问题四：谈谈你对投资银行的认识。

参考回答：投资银行作为资本市场的中坚力量，参与并影响着各类金融资源的有效配置。狭义的投资银行是指在资本市场上为企业发行股票、债券等，筹集长期资金并提供中介服务的金融机构。我国投资银行飞速发展，但与国外相比还存在一些问题：①资产规模较小、国际竞争力不足；②机构数量众多，缺乏行业集中度；③业务品种单一、结构趋同、创新能力不足等。随着注册制的推进，未来我国投资银行会从以下几方面进一步完善：①通过行业内及跨行业兼并重组做大规模、提高行业集中度；②注重业务创新、实现多元化趋势；③加强专业人才培养以及风险控制管理。我国投资银行的国际化之路刚刚起步。

6. 向面试官提问

“你还有什么问题要问吗？”一般面试的最后，面试官都会问一个这样的问题。这里看上去可有可无，其实很关键。很多同学一般会问一些无关痛痒的问题，如“什么时候有结果”，或者“实习待遇有多少”。当然，企业更加不喜欢的是那些说“没问题”的人。

一般来说，企业都会很注重员工的个性和创新能力，希望看到一个积极向上、对业务动态有所了解的人。对这个问题，可以问公司对新员工有哪些具体的培训机制、公司的内部竞争制度等，也可以问更具体的，比如在如今的行业动态下如何应对某某业务。比较加分的就是提及最近某公司做的某项“得意之作”项目，这样可以打开话匣子，并且让对方觉得你很用心，对公司的具体业务有所关注。

但也需注意身份，这时你还是一个“提问者”的角度，所以要抱着学习的态度和语气，另外要避免问到企业近期尴尬的问题，以免引起反感。

7. 初面复试总结

总而言之，如果只能提一个建议，笔者建议求职者回答问题的时候尽量简洁、有条理，按照“第一，第二，第三”分点论述的方式进行组织。

有些非金融专业的问题，用人单位想要的不是求职者回答的具体内容是否正确，而是考查求职者的思维方式是否适合，逻辑是否缜密。所以，不要过分纠结于问题的答案，应尽量把思路清晰展现出来。

专业知识在面试中也占很大比重，一般涉及金融、会计、经济学等。如：人民币升值10%会如何影响宏观经济？你对于中国的资本市场有什么看法？最近你有关注什么经济问题？对某家上市公司的股票涨跌有什么看法？你是否知道过去一年里有哪些主要的IPO和并购交易？对于专业知识的复习我们在前期准备和笔试准备中已经详细分析，此处不再赘述。

终 面

1. 高管终面概述

高管终面环节是求职过程中的最后一环，在经历层层筛选后，求职者的个人素质已经达标，因此整体而言高管终面的通过率也比较高，但求职者仍然不可掉以轻心，否则容易前功尽弃。

最后这一关面试通常由用人单位的部门最高负责人出面，这些负责人在今后往往是被录取的员工的顶头上司。能够在前述众多比拼、考核、筛选环节中脱颖而出并进入这个环节的求职者，能力基本上是毋庸置疑的，所以终面考官更多的是确认求职者的性格与团队是否合拍，是否能够很好地融入整个公司的氛围当中。

与前述各轮面试很大的一个不同在于，此轮进行面试的高管经验丰富，阅人无数，已经不需要通过流程化的程序、套路式的问题来考察候选人，高管们大多会采用“闲聊”的方式来观察应聘者的表现，其背后具体的面试逻辑因每位高管风格和经历的不同而存在差异，但整体上的着眼点在于个人形象气质+沟通能力+求职动机。

在终面这样一个采用闲聊为主要方式、相对随意的面试环节，负责面试的高管往往希望求职者主动出击，用“提出问题”的方式表达自己的上进心和责任心。高管终面应达到的效果是让高管从感情上产生“我愿意和这样的人一起长远共事”的想法。

例如，一个非常经典的问题是：我能在这里得到怎样的成长？对面试的高管来说，这往往可以反映出几个积极的方面：这位求职者知道自己并非无所不知，有足够的欲望去促进自己的成长和进步，并且能将是否成长作为一种判别机会的标准。当然，招聘员工是为了给用人单位带来贡献，一味强调自己的获得，也不可取，需要把握度。

又如，给出的问题：您认为这个职位在未来三年里将会有何发展？当求职者提出这个问题时，实际上已经让面试高管清晰地知道，他自己是一个致力于职业长期发展的人，愿意去选择那些有助于帮助自己职业发展的职位和公司。

表 10–3 是 2017 年几家券商和基金的主流部门的面试题目，以供参考：

表 10–3　2017 年部分券商基本的面试题目

序号	机构	部门	几轮面试	面试内容
1	天风证券	并购融资部	两轮	第一轮面试：第一轮面试时人非常多，面试的形式为多对一，主要有两个专业面试官，一个人力面试官，时间大概 20 分钟左右，面试主要内容为：自我介绍 + 专业问题。专业问题和做过的具体项目有关，比较细节。 第二轮面试：进入第二轮面试人数不多，面试形式为多对一，主要有 4 个专业面试官，来自北京并购总部的领导，1 个人力面试官，时间大概在 15 分钟左右，面试主要内容：自我介绍 + 简历内容 + 专业问题。具体问题跟面试者的背景有关，有投资银行业务知识，对并购重组岗的认识，并购业务开展，个人应具备的素质等。

续表

序号	机构	部门	几轮面试	面试内容
2	汇添富	固收研究岗	四轮	第一轮面试：初面，多对一，海面，秋招人数特别多，春招人数较少。主要内容：自我介绍 + 简历 + 专业面。具体问题有结合你所学的课程，以及项目来问一些问题，比如让你谈谈 MM 理论等。 面试完后进行两个星期的实习，最后进行答辩。通过后进行第二轮面试。 第二轮面试：主要由投研总监来进行面试，面试主要内容让面试者谈谈研究框架及研究逻辑等内容。 第三轮面试：人力总监面试，问一些战略咨询方面的问题，比如如何测量东方明珠的重量，如何测量黄浦江的重量，利润表有哪些元素，为什么选择这个岗位。 第四轮面试：总经理面试，压力面试，主要根据面试者所学课程来提问，比如资本资产定价模型、久期等内容。
3	东吴证券	投行部	三轮	第一轮是 12 月上旬，五位领导面试，包括人力资源以及部门领导，每人面试约 20 分钟，主要交流简历以及部门业务相关的专业问题。 第二轮是 12 月中旬，五位领导面试，包括部门领导、分管部门的公司领导，每人面试约 20 分钟，主要结合简历和自我介绍进行交流，氛围很好。 第三轮是 1 月初，公司总裁面试，约 5 分钟，主要是自我介绍以及总裁提问。公司拟录取的全部应届生轮流接受面试，没有特殊问题一般不刷人。 第四轮是先提交体检报告，然后人力资源部约时间实习一个月，一般不差额实习，通过后发放 offer。
4	德邦证券	资管管培	两轮	第一轮：无领导小组面试，一组 10 个人，讨论题目相对不是太常规，当时讨论的是公司怎么组织员工多运动。 第二轮：多对多结构化面试，面试官 6 ~ 7 名，来自公司各个部门总，应聘者每组 8 ~ 10 人，轮流自我介绍，然后面试官根据介绍及简历提问，时间比较短，一般每个人会被问到 1 ~ 2 个问题。

续表

序号	机构	部门	几轮面试	面试内容
5	华福证券	投行部	三轮	第一轮面试是10月下旬，公司人力资源通知面试，先是签到登记，然后按照顺序进行单面，结合简历每人面试10分钟左右。 第二轮面试是在11月下旬，约第一轮面试后3～4个星期进行通知。公司人力资源部、投行部、资产管理部、自营部等五位领导一起面试，主要问简历相关问题，以及1～2个压力面问题，最后询问是否接受城市、岗位调剂。 第三轮是在第二轮面试后的一个星期内，人力资源部通知通过面试者，去对应部门实习一个月，根据领导评价发放offer。不是差额，实习期满一个月后撰写实习报告，没有特别问题，可以发放offer。
6	长江证券	研究所	三面	第一轮，大概5人一组，各个岗位一起群面，主要针对简历和报的职位，个人情况和实习经历，还有就是offer情况。马上给结果，通过后进入第二轮。 第二轮是性格和实习经历与岗位的匹配，主要是个人问题，看重家庭和性格之类的。 第三轮大约是一个月以后，部门直属领导面试，专业内容包括对行研的研究情况，对岗位和研究所定位的认知，如何做好这份工作等。第三轮面试后实习一个月，结束后部门领导会考核，进行简单汇报。

2. 高管终面考核要点

◆ 自我介绍

以1分钟的自我介绍为例，前30秒的时间用来介绍常规性的经历和背景，例如学校、专业、绩点、实习经历、学生工作、科研成果，要点在于这30秒的陈述必须要形成若干结论。比如突出学习能力强，通过描述绩点和排名进行支撑；突出实习经历的收获重大，通过讲述实习过程中取得的某一项具体成果来体现。

后30秒的时间则需要放在一个关键点上，从具体的事件中突出某些方面的才能，可以是参加某一社团的经历或者一份难得的实习。尽量用极简练的语言来描述自己的结论，让面试官自己找到论点，也让面试官感受到应聘者的交流能力、团队合作能力、领导能力和知识视野。在高管终面时，还需要阐述的一点是求职动机，即为什么希望加入公司。

◆ 高管提问

高管提问不同于 HR 面对初出茅庐的实习生，不会循规蹈矩地提问，而是将问题穿插在闲聊的过程中，例如："你觉得你在实习项目中做得最成功的一件事是什么，并说说你是怎么完成的""你如何确定一件事的重点，并决定采取哪些步骤来获得最后的成功""描述你是如何有效地与他人合作完成一件事的"。求职者在面对面试官的问题时，应短暂地思考其背后到底想考查的是什么，并简明扼要地回答。终面的高管更加忌讳空洞的长篇大论，因此求职者应在面试之前有针对性地总结，具体的经典问题可见上一节的通用性问题部分。

面试之后

整个求职过程基本上将在高管终面后告一段落，但是笔者建议，在面试结束后静待消息之余，还可以在一些细节上主动出击。也许这些努力并不能实质性地改变面试结果，但有时候也会带来意想不到的收获。

金融行业中的求职者有时候会同时面试多家金融机构，一些优秀的求职者最后可能会收到来自多家公司的录用通知，因此会同时占用多个录取名额，但该求职者最后只能决定去一家机构，导致会有相应的名额出现空缺。所以很多企业在发放录取通知之后不久都会要求求职者确认是否入职、签三方协议等，如果前面的求职者最终拒绝了这个职位，而刚好此时面试官对你印象深刻，那么最后幸运之神往往会眷顾你。

所以，面试结束后不能偃旗息鼓，还可以进行以下后续工作。

第一，回顾面试过程，判断是否有通过信号。

在面试过程中，如果 HR 主动询问求职者到岗时间、向你热情介绍并展示公司、主动留下联系方式、主动询问薪资要求，甚至主动透露出录取概率大等，那么要恭喜你，很可能你是企业感兴趣的人才，最后录用的可能性很大。

第二，努力多方打听，确认求职结果。

每家公司的人力资源政策差别较大，不同公司最终确认录用名单通常需要经过不同的流程，比如有些公司不仅需要 HR 确认，还需要对应部门负责人签字确认。总而言之，需要求职者耐心等待一定的时间。通常情况下，在面试结束后7~10个工作日内就会有电话、短信或者邮件告知你通过面试或者已被录用。若7~10个工作日内未接到对方回应，求职者可以通过以下两种方式来确定是否还有机会。

◆ 自行联系 HR，询问录用情况

有时一个邮件或电话或许会改变命运，一个专业的 HR 不会去主动打击求职者的积极性。当机会平等地摆在每个人面前时，最后往往被那些努力争取的人得到。切记，不要因为害羞而不敢去询问。但是求职者应注意选择适当的时机、适当的方式提问，沟通时应注意态度，保持谦逊。如果能找到公司或者 HR 的邮箱，尽量以邮件的方式沟通，避免直接打电话。原因很简单，HR 每天可能会接到很多电话，如果鲁莽地电话沟通，效果会适得其反。

◆ 询问周边的朋友或者一起面试的求职者

面试结束后求职者可以主动积极地向一起参加面试的求职者索取联系方式、互加微信等，此后也可保持适当的联系，交流录取通知发放信息。

此外，如今网络信息发达，求职者还可以通过网上求职论坛、求职社区、新媒体下的微信求职群及时了解信息。比如金融小伙伴微信公众平台（微信号：jrxhb2014）有按各大行业细分的求职群，其中汇聚了全国金融圈的从业人士和求职者，既可以随时咨询求职经验，也可及时分享求职信息，还可以在求职路上认识很多志同道合的朋友。另外，金融小伙伴旗下小金窝（www.xiaojinwo.com）已打造出求职动态跟踪社区，全面汇聚了最新求职消息。

写一封言辞恳切的感谢信

很多求职者在面试结束后并没有写感谢信的习惯，但事实上感谢信既是对 HR 的尊重与礼貌，也是自我引荐的一种有效方式。前提是需要得到对方的邮箱，所以在一开始的时候，可以问面试官“可否给一张您的名片？”

简而言之，感谢信有几点好处：首先，证明求职者是一个懂得感恩，努力与他人建立良好人际关系的人；其次，感谢信可以改善 HR 对求职者的印象，增加面试成功的可能性；再次，对之前面试中回答不好的问题，可以补充回答；最后，感谢信或许还可以帮助求职者多交一个朋友，给自己未来多一个机会。不过，感谢信要注意言简意赅。下面提供一个感谢信的示例，求职者可结合自己的经历，事先拟一个范本供求职时使用。

尊敬的 × 先生 /B 公司经理：

您好！我是就读于金融小伙伴大学金融专业研二的学生金少，非常感谢贵公司给予的面试机会，感谢您在昨天面试过程中对我个人简历、求职和未来职业发展方面做出的指导，在此向您表示深深的谢意。

结合您昨天在面试过程中的提点，我对自己总结分析了以下两点。一方面，我相信本人完全有能力承担您所描述的工作职责，曾经在小金窝投资银行部实习，全程参与了万邦金服 IPO 项目以及在金嘉证券研究所半年多的经历，让我更相信自己符合所聘岗位的条件。另一方面，通过与您的交流及与其他前辈的沟通，我很喜欢贵公司的文化与工作氛围，也十分渴望融入其中。针对之前在面试中所提的职业规划问题，我回去思考了一下，应该是研一时刚开始找不到合适的实习，因此找的实习跟现在的职业规划不太相符，后来明确了职业目标之后，我将重点都放在了投行领域，因此我在研一下学期开始考 CPA，以及去投行实习。

进入投行一直是我努力追求奋斗的目标，之前的学习和实习经历都让我更坚定了自己的职业发展道路。可能我目前还不是最优秀的，但我会按照您的提点去努力进步。诚挚希望能加入贵公司，与公司共同成长，共同进步！

望有机会再次向您请教学习，祝您工作顺心，万事如意！

——

顺颂商祺！

金少　金融小伙伴大学

联系方式：188-8888-8888

邮箱：career@xiaojinwo.com

2017 年 ×× 月 ×× 日

附：金小妹求职记

大家好，我是金小妹。现为金嘉研究院应届毕业的小硕一枚，刚刚经历了“史上最难”求职季，可谓感慨颇深：已然记不清经历了多少场笔试面试，也记不清跑了多少场宣讲会，更记不清投了多少份简历。每天手机铃声一响就哆嗦，平时生怕手机没信号、出问题，遗漏了任何一个关于面试的通知……

求职是人生必须经历的一个过程，如果没有它，对于学生阶段的我来说，甚至会感觉有点不完整，就像每一个人青春必经的高考，经历时是痛苦、煎熬的，但回忆起来却又苦涩而美好！这一路的艰辛和汗水也许只有自己知道，不过，皇天不负苦心人，几经周转，最后我成功应聘上了国内著名券商金嘉投行社的工作。

在细述求职细节之前，金小妹想告诉大家几句看似废话但颇为受用的箴言。首先，要相信努力就一定会有所收获。明天所有的成功，其实都是由你昨天和今天的努力积淀来的，不要等到面试的时候看到大神们对问题的透彻分析以及他们敏锐的反应能力后，才感慨“黑发不知勤学早”。所以请记住，一定要好好规划自己的学生时代，学习、实习、考研、活动、比赛、培训等，尽量多充实自己。其次，相信自己真的很重要。每一个人心中都存在几分卑微，笔试面试完很多人都有一个共同的感觉，那就是“真的不难”，但是为什么就紧张了呢？可能学历、教育、背景这些硬性的东西我们已然无法改变，但是性格、行为、能力完全都是靠自己培养的。进入面试环节以后，面试官其实更看重一个人的内在素质与综合能力。每一个企业都希望找到一个自信、阳光、真诚、踏实的工作伙伴，所以请相信自己，自信能够给你带来力量！最后，求职中要耐得住寂寞。不要气馁，送上小妹自己想的一句话：“坚持不放弃，总有柳暗花明又一村的一天，你现在还没有看到花，那是因为你还没有走到村口”。

絮絮叨叨了这么久，下面与学弟学妹们分享下金小妹自己一路的求职过程。先简单介绍下金小妹的背景：国内某尚算知名的高校金融硕士，成绩排名靠前，担任班委，研究生会宣传部部长；两次投行实习，一次某四大事务所暑期实习，一次 PE 实习，平均每次实习时间在 3 个月以上。金小妹觉得，对于求职自己要有一个清晰的规划，每一步要做好每一步的事情。因此，金小妹把求职分成了三个阶段，第一阶段是求职前准备阶段，第二阶段是求职中进行阶段，第三阶段是求职后等待阶段，每一个环节、每一个阶段都很重要，下面金小妹就按每一个阶段分别细说自己的求职经历。

第一阶段，求职前准备阶段。求职过程就是一个相亲的过程，当然要把自己最美好的一面展现给招聘企业，而这个工作的开始就在求职前准备阶段。在这个阶段，你首先要准备好一份精美的简历（包括一份中文简历和一份英文简历）、一封真诚、态度诚恳且能够表达自己职业生涯追求的求职信以及一个简短的自我评价。

关于简历，除了很多书中介绍的简历撰写要点外，金小妹自己也总结了几点原则：①简历不能超过一页纸。求职过程中发现有的同学给自己的简历增添了漂亮的封面、生活照等，结果 HR 看了就摇摇头，问了句“你知道我一天要看多少份简历吗？”最后结果可想而知。②简历一定要突出自己的亮点。HR 在看简历以及面试的时候都喜欢找简历的亮点，其实每一个人都有自己的亮点，比如你持续匹配的实习经历、钢琴过十级、马拉松等体育特长，这些都是亮点，好好想想，写出来体现在简历上。③简历要重点突出、主次分明、契合岗位。求职研究类的工作就要突出自己的科研能力，求职业务型的工作就要突出自己的实践能力、快速学习能力等，写简历时一定要有详有略，能够量化的内容尽量量化，不要敷衍了事。

关于求职信，金小妹觉得也非常重要，切忌在网上复制抄袭，也不要写那些千篇一律的内容，一定要体现出自己的优势及匹配性，对应聘行业的了解、热爱，对应聘公司的信任，自己的职业规划，远近期目标等。如果 HR 能被你的求职信感动，你就成功了一半。关于自我评价，很多人都会敷衍了事，其实这在求职过程中非常重要。HR 会从你自我评价的内容中看出你的态度，因此一定要肯花时间写一个简洁的“赞美”的自我评价，可以从学习、生活、工作、性格等各方面展示自己，分析自己适合应聘岗位的原因等。

第二阶段，金小妹把它叫作求职中进行阶段，在这个阶段要做的事情最多。金小妹曾经也是一个爱玩的大大咧咧的女汉子，求职前什么东西都不懂，不过好在一路上有师兄师姐的分享，同学朋友的帮助，让自己成长了许多。一开始求职时，金小妹也是一头雾水，不知从何做起，但是通过交流分享以及最后找工作的经历发现，找到正确的求职渠道真的很重要！

总结了一下金小妹在求职过程中觉得最实用和有效的求职渠道分享给各位小伙伴：①主动与已经就业的师兄师姐交流是最有效的渠道。由于金小妹平日里性格较外向，乐于助人又向上好学，师兄师姐们都很愿意跟我交流，师兄师姐们对自己入职单位的情况比较熟悉，又认识公司同事，问他们是最直接快捷的渠道。

②参加宣讲会。有的公司宣讲会会现场收简历，还有多位 HR 和公司同事分享，听宣讲会也是求职重要的渠道之一。③用好微信公众号、校园 BBS、学校就业信息网。这三大网络渠道也是金小妹最经常关注的渠道，基本每隔一两天都会刷一遍。现在是微信时代，像金融小伙伴这种微信公众号能够及时把各类校招信息汇总在一起，而且每日更新，只要定期关注就可以，自己学校和其他学校的就业信息网当然就不用多说了，上面的信息肯定都是真实、准确、可靠的。此外，还可以关注公司官网、专门的金融招聘网站比如小金窝等。

金小妹在找到适合自己的渠道后就开始疯狂投简历，终于有一天收到了国内某券商投行部的笔试通知。很多券商笔试环节内容都一样，有专业知识也有一套行测的内容，所以金小妹给大家一个小小的建议，可以考虑用公务员考试或者银行从业的教材有针对性地去练习。此外，当你收到某家公司的笔试通知时，一定要去应届生等论坛或者网上搜搜以前大神留下的关于该家公司的“笔经”，做个有准备的求职者。笔试主观性不大，这里就不详细说了，下面重点跟各位小伙伴详细分享面试的过程。

面试前也要记得做好必要的准备工作，比如应聘投行部的岗位，那你在面试前首先需要了解下这个行业干什么、怎么样、如何发展、前景如何。拓展开来，对宏观环境、国家的经济政策、金融改革等各方面最好都有所了解。金小妹喜欢在每次面试前对这些工作做个梳理，形成自己的思路，这或许也是金小妹能够成功应聘的原因之一吧。

金小妹已经不记得自己到底面试过多少回了，一路的面试经历就像是一个成长的过程：从第一次面试的紧张，害怕 HR 问些自己不清楚的问题，慢慢地，金小妹对各种各样的面试越来越熟悉。总结起来有以下几点经验值得借鉴：①基本工作要做到位，时间、穿着一定要注意，简历一定要事先准备好；②每次面试的时候都要对自己做一个小小的总结，比如自我介绍、大学生活怎么规划等之类的问题，不能敷衍了事；③一定要熟悉自己的简历内容，因为可能为了美化简历有些内容写得过于高大上了，但是请记得要会自圆其说，不要露出破绽，让人家觉得你是在“装”；④面试时态度须谦虚真诚，不管被谁面试，都是一个学习的过程，相信没有哪一个人喜欢高傲、自以为是的求职者，面试的时候记得带上简历和笔，面试官面试时说的重点内容最好记下来，这对提高自己的面试能力有很大帮助。

第三阶段，求职后等待阶段。面试结束后可以适当和HR保持沟通，发个邮件表达一下对今天得到面试机会的感谢，谢谢各位老师对自己的提点，有时候如果能和HR建立一种联系，对你的面试结果也是有很大帮助的。记得有一次金小妹面试某券商的资管岗位实习时，在等待阶段一直没有消息，金小妹就发短信询问HR姐姐自己哪里表现不好、哪些地方需要改进，后来HR姐姐告诉我，金小妹真诚的态度和上进的心让她很喜欢。最后在两个面试者之间犹豫选择时，HR姐姐向部门推荐了金小妹，金小妹也因此获得了一次宝贵的机会。

总结金小妹一路求职的心路历程，相信每一个小伙伴在求职季都会经历这些环节。每一个人的求职之路都很漫长也很值得期待，明天很遥远也很近，为了让自己的求职之路充满精彩，从现在开始加油吧！

结　语

每一次真枪实弹的笔试、面试都是求职者成长的机会，都应认真对待。每次求职结束后，求职者都应深刻分析总结优缺点，避免再犯错误，只有这样才能让自己变得越来越优秀。每一次终面结束后求职者至少应对以下两个方面做个总结。

（1）求职过程的总结。不管面试失败还是成功，求职者都需要对这次面试进行总结和分析，总结经验吸取教训。首先整体分析个人求职中失败/成功的原因，若失败，是因为求职者个人的硬件条件不足还是面试发挥不好？其次，针对求职过程中面试官提出的问题，进行进一步思考与完善，比如简历的修改以及答题思路、要点的调整。最后，回顾思考个人与他人对所应聘岗位的优势和劣势，并结合经验教训为以后的面试做准备。

（2）对自身职业规划的总结。通过面试与HR或者相应的领导交流后，求职者可能对某个岗位有了更深入的认识和理解。这时需要反思所应聘的岗位是否仍然与个人职业规划相一致，工作的强度、前途、内容等是否符合个人发展规划。

求职是每个学生脱离学校的象牙塔、走入社会风雨中的必经之路，既痛苦又幸福。求职如同当年的高考，备战时痛苦煎熬，让人无数次想要退缩放弃，却也只能咬牙坚持走向一片新天地。回首求职路，你会发现有压力有打击，但也会看见自己的成长与收获。昨天的你为死板的简历格式发愁，明天的你经过反复修改终获完美简历；昨天的你为蹩脚的自我介绍着急，明天的你从容不迫全面展现自己；昨天的你为纷杂的求职方向迷茫，明天的你坚定不移奔赴梦想彼岸……一切的一切，都需要你今天的努力与坚持！求职带来的不仅是一个岗位，更是一份磨炼、一份突破，还有一个更加强大优秀的自己。

从求职菜鸟到职场精英，每个人都需要一个过程，希望每一个真心渴求进入金融行业发展的人都能够仔细揣摩本部分的内容，精心准备好简历，准备好自我介绍，准备好金融从业人员必备的素养，如此，心仪的公司和职位一定会在未来等着你！

JOB HUNTING GUIDE

How to Get a Great Job in Finance

故事篇

11

银行，TO BE OR NOT TO BE[1]

感谢金融小伙伴的约稿，借此机会总结一下自己进入银行业的这两年，也与大家分享一些自己的感悟和体会，希望能够为有志进入银行业的小伙伴们提供一点参考，有些看法可能比较局限或片面，不足之处还请各位读者批评指正。

银行业面临的困局与挑战：净利润增速下滑

2016 年上半年，上市银行归属母公司净利润平均增速约 2.55%，较 2015 年全年的 1.79% 增速有所回升，但较 2016 年第一季度的增速 2.81% 有小幅回落。从银行类别来看，股份行和城商行的利润增长推动了上市公司整体的利润增速，其同比增速分别为 4.84% 和 11.46%，基数最大的五大行增速垫底，平均只有 1.2%，在营收增长乏力和拨备空间不足的双重压力下，勉强维持正增长，上市银行业绩增速整体放缓。

不良双升，资产质量承压

从 16 家银行的年报看，只有南京银行逆势降低了不良贷款率，从 2015 年年初的 0.94% 降到年末的 0.83%，其余全部出现不良贷款率上升的情况。其中，农业银行的不良贷款率在 2015 年一举突破了 2%，2.39% 的不良贷款率和 2 128.67

[1] 作者为于梦洋，毕业于复旦大学经济学院。

亿元的不良贷款余额，是 16 家银行中最高的。

主动求变

随着利率市场化的深化和直接融资的崛起，商业银行传统的依靠存贷款政策性利差谋生的盈利模式面临严峻的挑战，商业银行“躺着赚钱”的时光一去不复返。在此背景下，众多商业银行向“轻型化”转型，大力发展投行、资管、托管等新兴业务，提升中间业务收入的占比，主动求变，应对挑战。

支行 VS 分行 VS 总行

商业银行的组织架构按行政角度可分为支行、分行、总行，每个层级有相应的职责和特点，整体来看，压力：总行＜分行＜支行；薪酬：总行＜分行＜支行。

支行

支行是直接面向市场、营销客户的排头兵，是银行各条线业务的落地点和执行者。支行的主要岗位包括柜员、对公客户经理和零售客户经理，这些也是应届生初入银行最可能从事的岗位。

柜员岗位或许是很多同学职业生涯的起步，但是笔者不太建议应届生把柜员作为一个长期的职业选择。随着银行物理网点的增速放缓甚至是减少，银行对柜员的需求程度也大不如从前。从近 3 年的数据来看，银行的柜员配备数量正在逐年递减，尤其以国有大行为首，从 2014 年的减员 1.7 万余人到 2016 年的骤减 5 万余人，从某种程度上来看，银行的柜员人数减少是银行智能化的必然结果，在线业务的逐步发展使得“柜员”的替代性越来越强。

与柜员相比，客户经理需要的能力更为综合，对个人的挑战性更大，带来的成长也更快。在产品端，客户经理要熟悉全行各个条线的业务品种，深度挖掘客户需求，根据每位客户的情况精准地为其提供金融服务；在客户端，客户经理不仅要维护原有客户，还要积极营销新增客户，并且能够熟悉每一位客户的特点和偏好。但同时，客户经理要承担的考核指标较多，绩效收入与考核结果直接相关，工作压力也较大。因此，一名优秀的客户经理要具备较强的营销能力、沟通能力、学习能力与抗压能力，这种历练是综合而全面的。刚入行的同学也不用过于担心，一般银行会给新手 1 ~ 2 年的保护期，保护期内会有前辈带教，一起营销客户，在此期间可以多多留心营销技巧并提升自身的专业能力，为自己独当一面打下基础。

分行

由于商业银行网点众多，总行很难直接对支行进行管理，因此需要分行在其中承担“承上启下”的角色，一般是以省、市为单位划分为一级分行、二级分行，有些业务权限会授予分行来执行，以提升管理效率。

分行主要负责辖区内支行业务的管理，并为支行业务开展提供相应的支持。不同的银行给予分行的权限不同，一方面要考虑当地的经济发展情况，另一方面也要考虑分行的历史业绩及综合表现。一些较为新兴的业务，有些银行仅在分行设有相应岗位，如投行业务、同业业务等；有些银行的分行设有直营部门，可以直接营销客户创造收入，而非仅仅作为支行的支持者。

总行

在商业银行架构中，总行更多地是承担管理职能，较少直接参与业务的营销；更多地是制定相应的规章制度与操作指引，为具体业务的开展做好顶层设计。不过，有些岗位仅在总行层面设置，如金融市场部和资产管理部中的外汇交易、债券交易、贵金属交易等标准化产品投资职位。

总行每年招收应届生的需求不太多，更多地是通过社招或从支行、分行调派。总行的工作压力相对较小，但是薪酬激励也不够市场化，薪资较为固定。

银行 = 去能力化吗

商业银行的体系庞大，人员众多，每个员工的贡献度相对较小，而且很多岗位具有可替代性，因此会有人产生“员工仅仅是银行这架大型机器上的小小螺丝钉，随时可以拆换”的看法。

诚然，与券商、基金、私募等结构更为精简、更为市场化的机构相比，银行文化中似乎天然多了一些稳定，少了一些狼性；多了一些安逸，少了一些挑战。商业银行的组织架构繁杂，岗位设置细化，每一个岗位所负责的事情较为片面，甚至一些岗位看起来似乎对专业性要求不高，替代性较强。并且商业银行在客户和资金端具有较强的优势，有“金主”之称，这种优势很容易让从业者降低对专业性的重视程度，从而造成“去能力化”的现象。

但是，在政策红利逐步消失、市场竞争越来越激烈的当下，商业银行已经不再是曾经的“铁饭碗”。对每个从业者，尤其是刚刚踏入社会的应届生来说，树立居安思危的意识尤为重要。作为初入行的员工，不仅要踏实勤勉地做好分内工作，更要积极利用和汲取银行体系内的资源和知识，了解更多的业务类型与品种，尤其是一些新兴的业务类型。在熟悉银行业内部运作之外，建议大家保持对金融市场的敏感性。金融市场瞬息万变，业务创新层出不穷，监管政策更新迭出，这些市场因素的变化关乎每位金融从业者，只有紧跟市场热点，主动了解市场，才能不被市场淘汰，在大浪淘沙之下坐看起伏。目前银行的很多业务都和其他机构建立了紧密的联系：资管业务、投行业务中不乏与信托、证券公司、基金公司的合作，零售业务中也出现了阿里、京东、百度等互联网公司的身影。商业银行并不是一个孤立的体系，和其他市场参与者的合作、融合给银行带来了更强大的生命力。

结　语

作为目前金融体系中举足轻重的子行业，商业银行的制度和监管最为完善，平台更为综合，能够积累足够的人脉和资源，也能够给应届生提供一个足够广阔的舞台，同时初入行者也要居安思危，注重专业能力的提升。希望以上粗浅的分享能够给大家的求职之路带来些许帮助，祝愿每位读者都能顺利拿下满意的offer！

12

风雨投行路[1]

——风雨过后，总会见到彩虹

求职投行意味着拼搏，除了名校硕士、还需要知名金融机构实习经历，此外通过保代、CPA 及司法考试职业考试是加分项。对于应届生，这仅仅意味着你可能拥有面试资格，之后的网申、笔试、多轮面试、实习考核，每一轮进阶都可谓风雨兼程。

踏上征程

转行金融之路始于金融“跨考”，一份投行梦支撑了众多学子的艰辛考研路，这份珍贵的记忆心酸却又充实。庆幸自己的恩师善解人意，我在研究生第一个学期全力修满学分并跟随恩师参与了项目研究。在我离校实习期间，恩师给予了理解。

本人的金融实习路充满曲折。一方面本科较弱，另一方面缺乏券商、基金核心岗位实习经验，最后我选择了一份知名金融机构非核心岗作为起点，后经师兄推荐进入某 Top 券商投行进行为期 4 个月的实习，而后以此为铺垫谋得另一份 Top 券商投行的暑期实习。从第一次整理底稿到 IPO 专业问题研究，高强度付出带来的是飞速成长。一直觉得自己的努力应该有一个直接的回报，比如可以顺利地在投行留用，但事与愿违。

到了 10 月，我放弃充满变数的留用，等待，踏上了百万校招路。求职的前两个月，“当潮水退去的时候，你会发现谁在裸泳”。那些优秀的教育背景及实习

[1] 作者为陈利俊，毕业于南开大学金融学院。

经历，也在校招大军的冲击下显得“然并卵”。一份不错的教育背景及多份匹配的实习在我简历投递期间起了明显的作用，个人简历通过率不错。这也要感谢前辈在简历制作方面的指点，数次修改之后已然“面目全非”。过了12月，各机构开始陆续发放offer，每年春节前的1月份是offer发放相对较为集中的时期，大家都期待着带上一份满意的offer回家过一个安心的年。与其他人一样，我的工作最终落实也是在1月份，也即目前所在的某券商投行并购部。其实最早拿到offer是在10月，但并非自己所钟爱的投行，因此选择了继续追随最初的梦想，最终如愿以偿。

求职经验分享

首先，需要问自己是否发自内心地喜欢这份工作，是否可以忍受这样的生活状态。投行确实会带给你专业技能的飞跃、良好的职业平台、较为快速的财富积累。但如果你向往的是每天朝九晚五、周末休息的生活，那么投行不适合你。如果在静下心来思考之后，依旧愿意付出大部分的时间，投入精力去追求这份梦想，那就请你好好看看以下我个人的一点经验分享。

进入投行的路径一般有两条：一条是实习留用，且以暑期实习为主；另一条便是校招。

路径一：实习留用。这是最省心的方式，凡是暑期留用的同学在校招期都过得比较滋润，至少心理压力小，但大牛们一般在校招期间还会继续求职，去占各种坑（大家不要因为身边的人前期持续拿到offer而心急，因为早期拿offer的只是少数人）。如何选一份可以留用的实习也有一定的技巧。通常自己投简历、官方发布的实习，留用概率更大；熟人介绍的实习更多是团队临时招的实习生，留用机会小；有多人离职的团队或新组建的团队留用概率会大很多（该换坑还是得早换）。具体哪家能留用，请咨询你被“坑坏”的众多师兄师姐（一般有一定的规律，各家IBD对实习生的态度及风格各具特点）。

在这里跟大家分享一下券商的实习留用经验。本人当初实习时，也是每天对电脑，要么是在万得资讯找数据，要么是不断刷新一季报、半年报、三季报或者年报，几周后，又开始刷新各种财务数据，再就是大家普遍体验过的打印机大战，非常无聊和没有“技术含量”。在这种状态下必须告诉自己，我要做点“不同的”。比如，录入数据这种琐碎的小事，要认真去做，简单而又重复，反复录入、反复查找并更新，并且要保证这些数据没有任何错误。一般招股说明书或者债券募集说明书多达一两百页。只有让自己始终怀着某种使命感，“拿出去的申报材料，是要直接拿给监管机构和投资者看的”，才能坚持细致地做好这份“体力活”。有了这个基础，你就战胜了自己。更加重要的是，通过这一过程的积累，你可以打动老板或者同事，告诉他们：我足以胜任这项工作，并且可以从事更加复杂和具有挑战性的工作。如此，通过一个良性循环，你可以做得更好，肩负更重要的工作和责任，这对于你的留用有更大的帮助。

路径二：常规校招。这是大部分人的途径，对普通人来说也是长期的煎熬与折磨，一般投行校招需要通过简历 + 笔试 + 面试（两到三次面试为主）+ 实习这四个阶段，IBD 正式录用前一般都要实习。通过校招路径的实习一般时间会短一些，留用比例取决于公司风格与需求。

求职前的准备

寻找一家投行实习。一是通过专业金融平台。推荐金融小伙伴、金嘉求职汇等专业的金融信息推送平台，该类平台每天有专职人员收集信息或圈内人员直接提供的招聘信息。二是向校友求介绍实习的方式一般都会失败，不是师兄师姐不愿意帮你，而是连你是个什么样的人都不了解，怎么帮你？所以请先做好铺垫再求助。与人交往目的性太明显也无益于进一步交流。你可以经常参与一些校友活动，或在校友群等公开场合尽可能帮助他人。先留下好印象，之后联络就会比较顺利。不过前提是你行事、为人真的靠谱。没点真本事、不能踏实高效做事是不行的。三是通过亲友推荐。多找找靠谱给力的亲友，一般你教育背景良好、本人非常懂事，各种亲友但凡能提供帮助还是会帮助一下的。

简历：力求精致、专业、匹配，只要是券商总部的岗位，特别是投行、行研、资管，都有堆积如山的简历。你需要在如此优秀的人群中脱颖而出，需要对简历进行反复精心打磨。相当一部分同学的简历实在是惨不忍睹，而且自己毫无知觉，海投无果之后便开始怀疑自己的教育背景太差，怀疑自己所学专业不对口，但从来没意识到是自己的简历出现了问题。一份精美的简历首先应有合理的排版布局，个人的教育背景、实习经历、科研项目、专业技能等能恰当地安排，根据自身的实际情况及亮点进行搭配，通过表格线隐藏的方式制作整齐简洁的简历版式。对于细节，需要进行专业化的描述，尽可能避开那些占据了很多实习时间但对求职岗位无意义的文字，通过细节中篇幅的控制和关键词的加粗突出自己要展示的内容。写简历是一门艺术，尽量多请教一下已经求职成功的师兄师姐。

笔试：行测 + 专业知识 + 金融热点。如果你有幸需要走校招，那就请你好好地准备笔试。每年招聘的券商有限，能通过券商简历筛选的更是凤毛麟角，所以还是尽量珍惜每一次笔试机会。笔试以行测为主，这是校招笔试的必考题。此外，经济学、金融学、财会基础及证券从业也是常考的题目，当然还包括一些金融热点等开放性的题目。这一块没有捷径，大家只有提前多练习准备，如果笔试准备不充分，风险很大。

面试：自信 + 专业 + 沉稳 + 有料。走出象牙塔后，没有任何人再催着你前进，所以 offer 需要自己去争取，在交流中向面试官传达出自己可以胜任这份工作的自信。面试投行的时候，你会发现身边所有一起面试的人都具有非常优异的教育背景及实习经历。要有专业素养，你有某某名校某某专业背景意味着你有相当的专业准备，可以解决或者尝试解决该岗位的一些难题。要沉稳，比如投行，作为一个初出茅庐的新人，你要去向上市或待上市的高管提供各种方案，就需要成熟的思考及表述，这里的成熟说的不是年龄而是心智。不少人或许会说，学长，我长得就是萌萌哒，那怎么办？其实沉稳更多来自平时的积淀，多思考、多学习，注意自己说话的方式，那么你讲出来的东西就是有底蕴的、成熟的。不过说句实话，萌妹子进投行之后，很快会变身为女汉子，所以想继续做萌妹子请绕行，投行不适合你们，如果确实有投行梦，或许可以考虑找个投行男民工。

学校门槛：我列举一下面试中经常会遇到的国内学校：清北复交、人大、南开、南大、外经贸、中财、上财、武大、中大、厦大、西财、暨大、中南财、华科及其他部分不错的 985 高校（有，但真的少很多）。本科的学校确实相当重要，不少券商对本科的学校有严格要求，本科非 211 的话将是很大的硬伤。以上，不是让本科背景一般的同学放弃，而是希望大家以正确的心态看待已成事实的差距，并付出更多的努力让自己变得更优秀。金融考研可尽量选择上面所列的学校，排名无先后，可能有非常强势的学校被遗漏，个人愚见如有差错，还请见谅。

一般情况下，通过投行简历是需要相关实习经历的，现在在名校里面，拥有各种投行部实习经历的学生很多，你在校招面试的时候就会知道，大家自我介绍的时候都有多家投行部的实习，努力获取两个及以上同行业实习经历是不错的，并且要确实学到东西，不要混，混过来的是很难在面试中脱颖而出的。有人选择在学校混、实习混、集体中混，最终都要付出代价。对于部分海归来说，金融小伙伴推出的学徒计划可以快速直接地补充海归在实习方面的短板。

保代 +CPA+ 司考：这三项是绝对的加分项，保代考试作为投行最“值钱”的考试，是所有投行新老员工追求的对象，保代考试可以直接证明个人的投行专业能力。部分券商依旧为保代提供不菲的保代津贴，当然对于保代来说签字费更是具有相当的诱惑力。当前保代考试已经向学生开放，但目前普及度还不够，可以预测到未来将有大批的学生会参加保代考试，一大批考霸的加入将带来考试难度的极大提升。这三项投行十分钟爱（CFA 证书相对弱一些，但也加分）。本人不才，一个都没过，实习经历匹配加上简历写得不错故而校招时也通过了一些券商的简历关。至于证书是否一定要有，并非绝对，主要取决于个人，上海地区考证氛围相对浓厚（从金融小伙伴上海群及面试上海券商跟 HR 沟通中能体会到）。其实在求职中，有几处匹配点（如学校 + 实习 or 其他）即可。

其实，取得证书不是考证的最终目的，但绝对有实际意义。比如财务里的公司估值，经济法中的证券法，这些在实际工作中随时都会用到。所以抱着拿证的心态去考试，一般效果和效率都不尽如人意。那么考证应如何选择呢？相对而言，有志于从事投行的强烈建议保代考试加 CPA 一定要考，对业务处理大有裨益。其他则可以根据自己的时间和精力来灵活选择，作为一个加分项。

投行新人入行感悟

时光荏苒，有三年投行经历的我仍处于新人期，这或许是选择投行与行研极大的差异。大部分有三年工作经历的投行员工还在适应不同的业务角色，以最大的工作负荷迎接下一个项目。由于不具备会计专业背景，从入职负责业务与技术到负责法律模块再到现在的参与负责财务模块，每一次前行都十分艰难。

投行整体的工作压力和状态比较苦，出差和加班是常态。“投行狗 / 一级狗，拉着行李全国走”，这是形象化的描述。具体可以看看《投行阿猫阿狗的故事》这篇网络文章，有些地方略有夸张，总体比较接近真实状态。一般早上九十点上班，晚上可以七八点下班，但是下班只是形式上的，回家后很可能要继续工作到凌晨 1 点之后。然而这只是常规状态，如果遇到项目出现问题，或者项目处于申报状态，那就只能没日没夜地工作死扛。因此，这个行业的员工身体大多处于亚健康状态，这也是很多人选择离职跳槽的原因之一。

入职的前两年，经历过加班到疯狂的时期，主要体现在答反馈阶段、项目申报阶段及项目启动期，并购项目的时间节奏明显快于其他项目类型。新人除了项目承做外，项目前期的研究包括项目建议书的撰写也需要投入大量的时间，所以加班确实是常态。选择这个行业，在时间上确实牺牲了非常多，特别是陪伴家人方面。投行前两年的感受总体是辛苦的，但不至于到没日没夜那么可怕。

在待遇方面，在不同的公司和不同的部门，甚至不同的团队间，区别较大。在我工作的前两年，收入方面中规中矩，这应该是大部分投行新人的情况。底薪其实都很透明，大部分的投行新人拿到的底薪都在 1 万元左右。此外就是年终奖，大部分的券商会给新人 10 万元以内的年终奖。至于项目奖金这块，如果碰上不错的机遇出了项目则比较可观，能拿多少真的就看企业及领导风格了。

但相对来说，投行的待遇还是高于一般的金融行业。尤其是在股债比较好的时期，奖金超乎你的想象。但对于新入职员工，10 万 ~20 万元的底薪是标配，奖金则与大环境、公司、团队等有很大关系。相对来说，大券商底薪较高，奖金较少；中小券商则底薪较低，奖金较高。

关于投行业的推荐读物

最后向大家推荐一些课外可供研读的书籍，也是我自己看过的一些书：《说谎者的扑克牌》《中国资本市场二十年》《中国资本市场发展报告》《上市公司并购重组监管制度解析》《红筹博弈》《公司上市审核与保荐重点》《企业上市典型案例深度剖析》《企业上市审核标准实证解析》《中国企业债券融资：创新方案与实用手册》。

关于专业知识的学习，其实最直接有效的方式是通过保荐代表人考试或注册会计师考试，保荐代表人考试可以保证你最专业有效地学习投行项目中核心要点，注会考试的学习可以让你拥有在项目中处理财务问题的能力。如果个人对例如IPO、并购、再融资有浓厚的兴趣，可以系统性地阅读招股说明书、重组交易报告书等材料。最后，除了相关的证书和材料，参加金融小伙伴组织的投行班及学徒计划培训是掌握相关专业技能的捷径。

13

外资投行一定比内资投行高大上吗[1]

作为金融行业的明珠，投行因为其造富效应，被许多应届生作为职业追求的目标。然而在实践中，外资投行与内资投行之间差异化明显，外资投行对应的更多是国内的券商的概念，而国内券商的一个部门“投资银行部”的概念对应的是外资投行“IBD”的概念。本文更多讨论的是狭义上的国内外投行部门的差异。

外资投行一定比内资投行高大上吗？大家似乎一直是这么认为的。

确实，外资投行的起步比国内投行早了许多，海外的证券市场相对本土 A 股市场也完善许多。从本土坊间戏称中信证券、华泰证券、中信建投为“麦子店高盛”“新街口美林”“朝阳门巴克莱”等调侃中，不难看出大家认为外资投行确实是走在本土内资投行的前面的。极端一点的情况是，目前市场上有很多求职培训课程，涉及国内投行的分享和培训时，通篇的宣传及内容都还是外资投行的内容，并没有特意提及区别。不知道确实是认识欠缺，还是觉得本土投行层次不够高，想要借更高大上的外资投行的光环去吸引诱学生们。

然而随着神奇的大 A 股市场的崛起，国内监管制度的不断变革，中国本土券商实力崛起，这个问题有了更多的讨论空间。

为什么大家普遍觉得外资投行更高大上

其实关于国内外投行的对比，在班妮（《亲历投行》作者）网上的相关文章

[1] 本文作者为邹永胜，毕业于华东政法大学。

《有一种区别叫中国投行与华尔街投行》及著名的《亲历投行》中都有不少的阐述，文笔精妙，笔者尚未从事投行而泛泛读时并无颇深感触，但在从事投行后再回头看时，对文中说到的许多地方不禁拍案叫绝，感叹道："还真是这样，说得太生动了！"

其实大家普遍觉得外资投行更高大上，甚至有些超级名校的学生认为进了内资投行是进了"假投行"，笔者认为原因大概有如下这些。

外资投行的工作状态 bigger 满满。在很多人的心目中，似乎进了外资投行，就意味着能快速拥有财富和奢靡生活。各大媒体似乎也一直是这么宣传的，描述投行生活的书籍《Monkey Business》、电影《亲密敌人》《华尔街》《华尔街之狼》等中的投行人员风流倜傥、西装革履，办公场所奢华高端，出差都是头等舱、五星酒店，总之就是一副社会精英的模样。内资投行在这方面逊色不少，办公场所及着装、出差方面比一般企业稍好，但并不会那么注重。之前听同事谈起一件趣事：在做某国内的项目时，作为本土券商投行曾和外资投行合作，本来觉得肯定是我们更懂业务更有优势。但在一起见发行人时，外资投行的人员一来，确实给人感觉非常不一样。除了颜值更高外，着装统一，动作统一，拿出统一型号的电脑，惊艳了现场。

外资投行待遇更高。至少在应届生待遇方面，外资投行慷慨得多。且不说在国外或者香港能拿 global pay 之类的，应届生刚进入本土投行的初始待遇远不如外资投行（大多数底薪与合资券商相比也有着不小的差距），奖金变数与行情及职级关系非常大。甚至本土投行的底薪比起其他行业来说，也不见得有显著的优势。如今保荐代表人数量的增加带来了保代津贴的降低，即使较资深的本土投行人员在固定薪资方面，也与外资投行相去甚远。

更高的选拔标准，极高的门槛。外资投行对于候选人的要求门槛要求非常高，其在国内招募人数极少。一般来说，国内外顶尖学历背景只是最基础的要求，优秀的英语技能、实习经历、权威证书也不能保证，基本上是选拔有着特殊经历、群体中最为优秀的候选人，确实是万里挑一。内资券商的要求往往简单直白很多，主要是看重候选人来了是否能较快较好地胜任工作，所以核心岗位除了要求硕士以上学历（比较严格，国企人为设定的硬性要求，外资投行在海外招聘本科或 MBA 较多），更注重应聘者的财务和法律等技能，十分关注应聘者是否有相关实习经历，希望到岗后能尽快上项目分担压力。所以名校金融法律财务等专业毕业，通过 CPA、司法考试等证书，在投行曾经长期搬砖者，就有机会脱颖而出，进入投行。相比之下，外资投行的选拔要求确实显得高大上很多。

国际化背景，世界知名度高。随着中国经济的发展，外资投行竞相加快在中国内地的布局，在中国各个资本市场上，到处可以见到世界著名投行活跃的身影。同时随着中国企业国际化进程的加快，越来越多的企业选择海外上市或者进行跨国并购以打开国际市场。早期的大型、明星级别项目出海，基本上都由国际投行包办，显得外资投行能接触的项目资质确实更加高大上。而内资券商投行的项目以本土为主，在大型央企国企上市潮过去后，投行人员纷纷到了二线、三线城市去挖掘有潜力登陆资本市场的项目，而许多制造型的企业把工厂设在了比较偏远的地方以降低成本，所以本土投行人员经常要到很偏的地方出差，长此以往，不管是项目还是从业人员本身，都容易冒着一股土气。笔者有位很好的海归朋友，为人非常接地气，一毕业就进入了国内排名前五的某券商投行部的农业事业部。有一次邀请他去交大做投行经历分享时，他妙语连珠，提到："说起我是做投行的，可我在西北大甘肃一待就是大半年，住的都是 88 块一晚的宾馆，每天看企业杀牛宰羊。而我妈到现在都还以为我是华尔街之狼……"

为何会形成内资投行和外资投行的诸多差异

其实造成这个结果的原因或许有很多，但归根溯源，笔者觉得一个重要的因素是双方所处市场本身的差别。

笔者还记得在一次针对学生们关于投行的分享中，提及某些项目因为存在一些问题无法登陆国内资本市场，转而申请到海外上市。然而看到听着的学生们似乎有些疑惑，转而提问："你们觉得在 A 股上市牛 × 还是在美股或者港股上市牛 × ？"同学们纷纷回答美股、港股，原因是觉得人家经济比咱发达，美国市场和香港市场听起来就高大上得多。

然而，笔者认为，在我国特殊的时代背景下发展起来的大 A 股证券市场，甚至在世界范围内都是非常奇特的存在，我国 A 股的交易活跃度、一二级市场的溢价，都是世界领先的。一个很重要的原因是，我国证券市场目前实行的是核准制，而海外成熟市场多采用注册制。在中国证券市场，想登陆资本市场进行融资难度非常大，制度的设定标准就非常严格，监管对上市申请的审核也非常严苛。但是一旦企业成功上市，等同于企业通过了证监会的审核，至少在当时都是“相对优质”的。再加上经历了以往的 IPO 破发潮后，证监会为了保护投资者限制发行价格，窗口指导发行市盈率不能超过 23 倍，所以出现新股紧俏，打新必涨，高的甚至能达到发行价的数十倍的现象。再者，目前核准制下壳资源的稀缺以及退市制度的不完善，使上市公司具备了多种低成本融资的优势，传统企业一旦上市，便能远远甩开同行业的后来者。所以即使实际控制人把企业玩烂了，但因为有着“不死鸟”的身份，这些企业大多可以进行资产重组或者把壳卖了，再捞一大笔。因此出于对监管的信任，出于对上市公司优势地位的崇拜，国内散户投资者是 A 股市场的主力，他们极大地促进了 A 股的交易活跃度，也造成市场的估值偏高。

在海外市场的注册制背景下，企业上市并非绝对的难题。交易所只做形式审核，并不限制上市的时间窗口，不需要经历漫长的排队，不限定发行价格，遵循买者自负的原则。在这种成熟的市场中，市场对投资者的教育远胜于国内，自然人很多从很早就开始理财，将资金交托给专业机构。所以机构投资者才是市场的主要参与力量，以基金、保险、信托等机构投资者为主，理智谨慎，关注价值投资。所以在发达的证券市场，交易其实并不活跃，不管是美股还是港股，上市后的资本溢价都很低，而且不限定价格，也经常会出现破发（股票在二级市场中的价格跌破它在一级市场中的发行价）的情况。对于投行来说，挖掘出真正受到市场认可的优秀企业，具备优秀的承销能力把股票卖出去，才是正道。所以即使优质如阿里巴巴的企业去美国上市，美国的大投行也要使出浑身解数销售股票，力求发行成功。

从上述可见，虽然海外市场比国内市场发达，但国内上市公司的“牌照”却远远比海外上市公司更值钱。除了融资成本更低、估值更高之处，还有着大量资本运作的优势。早些年国内大量互联网企业不符合境内上市严苛的要求，纷纷选择在海外上市，主要采取的就是 VIE 架构。后来，随着创业板的推出，以及 A 股市场的火热和国际地位的提升，大量美股上市公司都积极希望拆除 VIE 架构，通过再申报或者借壳形式实现向 A 股的回归，享受更高的估值溢价。

然而，目前国内券商也纷纷探索自己的国际化道路。一方面，中国本身在世界经济中的话语权越来越强；另一方面，随着中国资本市场的发展，A股本身估值较高，在资产荒的时代，上市公司纷纷去海外收购资产，因为对比国内，海外资产显得优质且便宜得多。

核准制的确存在诸多弊端，但这是目前监管当局认为最适应国内经济形势的上市制度。国内资本市场不成熟，投资者教育有待加强。通过核准制提高融资门槛，成了政府保护投资者与金融市场的有力工具。当然，进入2016下半年以来，IPO绿色通道开放、核准加速表现出我国证券监管思路的一个转变。或许在不远的未来，以资本市场与投资者的逐步适应作为先决条件，有希望逐步成为实行注册制的成熟市场。

内资投行与外资投行的工作内容差异

中外市场的差异也带来了投行工作内容的差异。如上所述，其实在本土资本市场发展尚不完善的情况下，内资投行反而有着更多发挥的空间，已经先行上市的公司也享受了巨大的“制度红利”，投行可以为上市公司不断地提供融资及资本运作方案，做更多的产业整合等。

在投行业务的大分类上，外资投行与国内券商也都可以分为承揽、承做、承销三大块。但在海外注册制之下，其实承销才是最重要的工作。投行销售定价能力的体现，包括发行时间窗口的选择以及客户推介能力，将对股票或债券等融资工具发行结果产生重要影响。所以国外的承做过程中，许多文书制作工作会由律师来承担，投行部门则有强大的资本市场团队，工作重心也就成为产品设计、建模定价、销售证券等。在IPO发行中，通过针对项目研究，挖掘投资亮点，再举行各种路演、调研等活动，让投资者认可公司及发行价格，最终保障项目顺利地发行。

在国内，资本市场门槛严格，券商通常要通过承揽符合监管“审美”的公司，不仅要利润好发展快，还得尽量“家世清白”、合法合规，即使有问题也需要券商有能力去解决，否则必须放弃。千辛万苦承揽成功后，通常就进入漫长的承做阶段。这个阶段，内资投行的重点放在材料的制作以及监管沟通上，负责项目的总协调，推动企业以及所有中介机构工作按计划进行。除了自己负责的材料之外，投行还要和其他中介机构亲密无间地合作，是一起“关小黑屋”的革命战友。其中和律师、会计师的合作最多，所以本土投行一直喜欢财务和法律背景的人。而目前中国的实体经济中，尤其是在税负较重、工商管理制度等并非十分健全的情况下，基本上很少有企业能够做到完全规范运营。通常每个项目都存在诸多疑难杂点，关联交易、同业竞争十分常见，未缴员工社保、偷税漏税、各种公司治理材料存档缺失基本都是家常便饭。本土投行一方面得跟企业斗智斗勇，尽可能全面了解企业存在的风险（很多企业有时不会全盘托出，但证监会对中介机构的处罚力度非常大），在发现问题之后，有救的需要帮助其管理改制、合规经营、补足账目手续等，没救的一般就会选择放弃。有意思的是，我们有个同事当年从事某创业板 IPO 项目，为了确认收入的情况，和企业销售总监一起找客户要账，一个地方一个地方跑，最终防止了当年利润下滑。他笑称确实每个企业的上市故事都可歌可泣，写成书都不为过。总而言之，承做的过程非常辛苦，需要长期出差和加班。目前在大城市项目普遍已经上市的情况下，企业多在偏远城市，生活条件常常十分艰苦。至于在承销方面，其实国内再融资和债券已经相对市场化了，非常考验券商的承销能力，目前由内部的资本市场部或专设的投行销售部门负责。路演、销售及发行的相关工作，其实和外资投行已经非常类似了，当然对投行来说分配精力占比还不是很高，但在这方面也是本土券商投行人士少有的能高大上一把的时候（北上深三地路演 + 高档餐宴酒店等）。

笔者感想

说了那么多区别，其实笔者觉得，很多人过多地把注意力放在了本土投行的苦逼和土气上，但是忽略了本土投行在这个过程中也积累了巨大的宝贵财富。例如能够和优秀的企业家为伍，了解企业最一线的商业模式及运作模式，能站在一定的高度上挖掘亮点解决问题，在解决问题的过程中又综合运用各种财务法律技能。这些经历造就了中国投行人员的几大特点：

第一，意志力非常惊人。首先，态度极其严谨和认真。国内对于承做的要求，投行内会层层把关。加上不像国外有专门的部门进行文字处理及校对，在多重严格要求下，投行人的思维逻辑、文笔撰写等各方面能力和工作习惯极好。

第二，动手解决问题的能力很强，很少会觉得有什么问题很难。在承做过程中确实会遇见许多奇葩的问题，没有法律规定、没有案例可参考是常有的事情，想要继续做下去，必须把问题解决掉，遇神杀神，遇佛杀佛。面对绝大多数问题，投行人会有很清晰的思路去考虑怎么在最短的时间内解决。

第三，真正的深度企业管理能力。就对行业的理解来说，做投行承销或者说研究员通过高效率的大量研究、调研，的确可以达到很强的深度。但是真正能做到像本土投行这样长期（以前最起码三五年）与企业在一起，深入到每个细节问题，运用大量财务和法律技能的绝不多见。笔者认为，投行常常分为“行业 + 财务 + 法律”三部分工作内容，如果将三者融合为一，其实就是专业的企业管理能力的体现。

从投行的核心就是融资这个角度看，外资投行业务确实更加纯正、包装也更为专业。但是在国内市场大环境下，笔者更相信本土投行锻炼出来的，这些拥有极强专业能力和执行能力的人，能在这片神奇的土地上发挥出更大的价值。

当然我国的资本市场在不断发展，国内终有一天会转向注册制，目前 IPO 的审核加速就是一个很好的表现。在未来，内资投行的业务也很可能会随之演变。毫无疑问，将来投行的定价研究能力和发行销售能力会要求更高。

所以在未来，很可能外资投行和国内投行的工作内容差异会缩小，高大上与否之说会淡化。但笔者相信，这个时代下的内资投行人，是特殊的一群人。

结　语

其实写了这么多，并非是为了纠正所谓本土投行“不高大上”的形象，更多是想肯定国内兢兢业业的投行人的付出。许多投行人都在繁重而辛苦的承做工作中变得更加杰出，更多的人在积累了足够的资源之后，转而追求更广阔的空间。

不可否认，不管是国际投行还是本土投行的工作，不管是否高大上，确实都是一份特别的经历。过程真的很苦，甚至充斥各种令自己怀疑人生、觉得浪费生命的事情，所以笔者常说我们可能是付出了别人三到四倍的时间和努力，却只获得了别人两到三倍速度的成长。确实收获了很多，但也牺牲了很多，包括对家人、对恋人、对友人的陪伴，久而久之甚至可能丧失追求美好生活的能力。这样是否值得，又有谁知道呢?

所以最后用一句话总结：对于想进入金融行业/一级市场/创业等又没有资源的同学，爱他，让他来投行吧；恨他，让他来投行吧。这里既是天堂，又是地狱。

14

行业研究漫谈[1]

——寻找那份你最爱的事业

平凡的我

本人背景如下：本科为某非 211 一本计算机科学与技术专业，研究生为沪上一所 211 财经院校金融专业，目前就职于某证券公司传媒互联网行业组，做行业研究工作。我的本科学校并非 211 或 985 名校，时至今日能够进入金融业，一方面是因为读了研究生，另一方面更多靠的是勤奋刻苦。

应金融小伙伴之邀，分享一下从学生至今学习、求职、工作感悟的故事。我个人觉得励志故事 / 成功学对于个人的成功作用不是很大，因此我将不会重点讲前两项，而更多讲讲我在实习和工作中的经验，希望对大家有所帮助。

追求自己所爱，二次转行

专业上的转变：计算机→金融

计算机、互联网作为当今社会的热门行业，每年吸引了很多的人才涌入。从薪酬上看，互联网行业起薪很高，在金融领域做着实习拿着 60~70 元日薪甚至免费的同学，可能对互联网公司愿意免费给实习生进行暑期技术培训，并且在实习

[1] 作者为邵伟，毕业于上海财经大学。

期间给实习生开出 5 000 元甚至更多的实习工资比较惊讶。从企业文化的角度说，互联网公司年轻的文化氛围也是非常吸引人的。

但我为什么还要转行？一方面因为经常与经管学院的朋友沟通，以及在学校创业类社团的经历难以让人专注于一个行业，感觉世界还存在其他机会，想进行不同的尝试。我起初想去的是 PE/VC，认为未来可以实现自己价值的地方在于股权性的投资。另一方面，虽然从事科学研究工作也有可能带来成就感，但我逐渐感到商业、创业这类关键词才能更好地调动我的兴奋神经。于是就走上了考研的道路，从计算机专业转到金融专业。

除了上述因素使我转行业外，还有如下几点原因：

◆ 互联网行业看起来很美，但并不是每个人都可以脱颖而出

以一位垂直电商的朋友为例，当初毕业时年薪令人羡慕，但至今工资上涨幅度不尽如人意，虽然有公司期权，但公司上市遥遥无期。且一旦跳槽，期权将作废。公司以此把员工利益和公司绑在一起。年轻人的时间成本真的很高，试错机会真的很少。

◆ 互联网公司加班也是家常便饭

互联网行业每天接触的基本是机器以及内部同事，而行研最大的优势就在于在职业生涯早期就可以与董事长、CEO 等有深入的交流，可以得到更大的成就感。所以，我个人觉得后者更能较快地提升个人的综合能力。

互联网行业目前发展较为迅猛，但是未来的发展具有一定的不确定性；而金融市场将伴随人类社会更长的时间，资本市场的机会相比之下更多。

金融子行业间的转变与适应

进入研究生阶段后，我经历了 PE/VC 的实习、行研的实习，最后出于种种原因求职于某基金公司的子公司，以资产管理业务作为职业生涯的起点。资产管理行业较为宽泛，而基金子公司因此前的制度红利，更多活跃于一级市场，大部分是通道业务，工作性质、组织结构更像投行。这种上下级关系，以及偏向固定收益的投向不是我所期望的，于是凭借之前行研实习的底子转向了现在的行研工作。

对于资产管理行业，我认为，在固定收益领域，通道方通常以监管套利的形

式存在，银行通道业务中，风险不会消失，但在财务报表的数字上进行了一定的隐藏，几乎不创造价值。资产证券化项目的通道业务中，通道方通常作为SPV存在，资金和项目往往两头在外，无法自己控制，因此其主要的核心竞争力是“快”，而“快”又会导致风险暴露。融资类项目的通道业务，一则没有利率优势（无法与银行竞争），二则高利率项目通常伴随高风险，容易造成风险暴露。一定程度上，固定收益类项目的风险很难避免，其主要核心竞争力在于通过风控措施，在风险发生时有人可以兜底，通过条款的设计使得风险发生时在受偿上获得优待。

而在权益类的通道业务中，新人的项目通常由于风险问题不太受重视，没有足够的研究经历很难说服以融资类业务为强项的风控团队。而资管机构因缺乏相应人才，目前大多也暂无主动管理的能力。

以上困境让我转行到了卖方行业研究员的工作。行研的好处在于：年轻人可以凭借自己快速接受新事物的能力获得买方的认可。基金经理可能对汽车行业、玩具行业、电子行业非常熟悉，但不太了解汽车电商、二次元、虚拟现实，这正是年轻人的优势所在。行研虽然辛苦但职业起点较高，未来出路较为广阔。而且对资本市场的熟悉对未来自己的投资也是有帮助的。

背景不突出，如何突破桎梏转行

考研的经历在这里就不说了，我主要想谈谈背景经历并不突出的人如何去突破自己背景的桎梏，找到相对满意的工作。另外需要说明几点：我并没有通过任何一门CPA，仅通过CFA I级，通过证券从业资格证4门，绩点也很低，上述背景着实不值一提。说这些，并不是强调不努力也能心想事成，只是想表明在考证、学习和实习之间，确实应该有一个明确的取舍。

研究生入学之初，我就去寻找PE/VC的实习。但大部分简历如石沉大海，少部分在获得面试机会后也没有了下文。后来我总结出，没有财务背景、学校普通、实习经验不足等均是重要的原因。情绪低落的我只好经常去参加各类校友聚会，包括本科和高中在沪校友聚会，最后在一次聚会中，我主动向一位创投基金总裁校友递上自己的学生名片，希望获得实习机会，她很爽快地答应了。后来通过了解，发现相比于背景，她更看重年轻人的主动性，另外拥有自己的名片让她眼前一亮。

我很感激这位老总，她经常开车带我去看项目，并让我负责各类case的研究分析，代她参加一些创业者为我们举办的路演活动，帮她维护行业内的人脉资源等，并表示如果愿意长期实习并留下来，薪酬好商量。如果真能获得如此高起点的工作，我也就实现了最初的目标。但我发现自己的研究能力严重不足，因为没有干货，所以与创业者和各个老总交流起来较为困难，完全不像当初想象中那样成为人生赢家，所以我希望能有更多的积淀。

在这份实习之后，经朋友介绍，我向某证券公司研究所的环保行业投递了简历，寻求研究能力的突破。实际上在此之前，我已经向无数研究所提出了研究实习申请，但总是石沉大海。这位组长的特点在于，只有在完成了他要求的任务后才能获得面试机会。后来他说，之所以招我进去，是因为我提交的任务文档是最接近他要求的，虽然很粗糙，但是令人眼前一亮（原因仅仅在于完成任务之余还做了精美的图表）；并且本科不是名校，应该是个能吃苦耐劳之人。于是，我获得了难忘的行研实习经历。但最后仍然因为实力不足而没能留下，更深层的原因也可能在于对环保的兴趣不足，并未投入所有的时间聚焦于这个行业的研究。要知道，我毕竟是学计算机出身的。

后面的事情如上所述，经历了一段资产管理行业的工作之后，加上之前的PE/VC的实习经历、行业研究实习期间认真写的深度报告（否则行研一般需要较长的实习期）、计算机专业背景再加上对互联网的热爱（唯独差海归经历），我找到了目前的行业研究工作。

如果我的经历具有参考价值的话，请背景普通的同学务必保持独特性，最好不要通过传统的渠道与大牛竞争。

研究工作感悟

入行时间不算很长，仅提供以本人的视角得出的感悟。

◆ 兴趣很重要，身体很重要

首先你应该对自己想从事的行业感兴趣。有的人只对收入有兴趣，这份工作如果做得好，收入确实没有上限。研究员只有喜欢这个行业，才会时时刻刻关注它的动态，对它有敏感性，愿意接触每一个与之相关的产品。兴趣将驱使你有动力熬夜，而熬夜在行业研究这一行不可避免。有时候为了能够及时发出一份深度报告，连续熬夜几天都很正常；而外出调研之前，也需要熬夜了解公司的方方面面，避免问出愚蠢的问题。

然而，一般人都是对收入感兴趣（可能有行业外人士的幻想因素），但是对高强度的工作状态不感兴趣，这部分人实际上并非对金钱感兴趣，而是对毫不费力地赚钱感兴趣。如果有这种想法，或许你并不适合做行业研究。

◆ 人脉很重要，积累人脉要做活雷锋

《证券分析师的最佳实践指南》里说到，一个优秀的研究员不仅要挖掘市场忽略的信息，而且要建立自己独特的消息源。这些消息源包括同事、朋友、各类行业人脉等。但二级市场与一级市场割裂的地方在于，大多数二级市场研究员通常与非上市公司没有联系。但我认识的优秀前辈，通常是不求回报地为非上市公司提供帮助，比如提供研究服务、提供自己的观点、帮助其与上市公司交流、帮助其融资收购等。这样做收获的除了友谊还有信任。记得一次在某活动上与行业人士交换名片，对方发现我是研究员，就随口说他也经常向赵晓光咨询行业问题，可见前辈的触角真是无所不在。

◆ 市场中存在各种风格的研究员，要找到自己的风格

记得刚入职组长就对我说：咱们研究员有两种生存法则，一种是研究型，一种是推票型。

研究型的研究员是真的要对整个产业的各个方面都很熟悉，比如上下游各家公司，以及产业内的人脉等，能清晰地讲述行业逻辑，并能帮助投资者学习，以帮助他们投资。人脉不仅包括二级市场，一级市场中的非上市公司也应该掌握。虽然研究型的研究员推荐的股票不一定很出色，但仍然能够体现出卖方提供服务的价值。

另一种是推票型，这样的研究员要做有效市场建立过程中勤劳的小蜜蜂，尽量消除市场与公司之间的预期差，挖掘市场忽略的信息，力争做推票小能手。我们一眼就能看出市场上各研究员的风格，各有千秋，无须赘述。

◆ 卖方的本质是服务

作为卖方研究员，应该根据买方的需求提供相应的服务。准确推票是服务，

组织调研是服务，写研究报告为买方路演推介观点也是服务。因此，发表观点就显得特别重要。只有发声才能传递自己的观点，从而获得关注。

◆ 行业研究的本质

有时候会想，行业研究的本质是什么？我个人认为，应该是努力寻找低估的标的，并使之合理定价；通过发表投资观点，引导投资者在最优的行业和公司上配置资源，这么看来，行业研究这项工作是神圣的，也是很有价值的。但卖方研究的本质是什么呢？我认为，还是要成为信息的中心、进行资源的整合，因此一个优秀的研究员必然是拥有强大的行业资源积累的。

同时，我个人觉得，A 股的概念炒作不一定会扰乱资源优化配置。例如乐视网起初只是默默无名的视频网站，上市后逐渐发展壮大，成为第四大视频网站，其余的生态系统的想象空间仍然巨大。A 股上市重盈利，但二级市场的高估值能够帮助想象中的盈利成为真正的盈利。美股同样也相信故事，亏损公司也有上市的机会，这样提供了更大的讲故事的空间。

作为行业研究员，虽然在股市波动中获益良多，但是只是讲故事似乎也并未提供太大的价值。因此我更加认同产业研究的理念，即做一二级市场的联结者。

给后来者的一些建议

每一位后来者都会纠结：实习的时候应该选择哪个行业进行研究，选择怎样的券商会更加合适，买方和卖方该如何抉择。

我的建议是：

◆ 如果没有特殊偏好，可选择与自己专业背景或经历相关的行业

例如医药、化学、机械等专业性较强的行业，一个外行要付出比内行多得多的努力，还未必能够达到很高的研究程度，相比之下，具备相关行业经历或者背景的人通常更容易投入到这个行业的研究中来。另外，在该行业有一定的工作经历也有利于具备更多的行业人脉用以获得行业最新动态信息。当然，像金融、建筑、资源等行业可能更多与宏观经济挂钩，那么金融专业背景也可以胜任。

◆ 新兴行业重行业经历，成熟行业重财务，任何背景均能找到合适的行业

类似于 TMT、医药这类新兴行业，更重视行业的学习经历和工作经历，因为

这些经历有助于更快掌握行业最新发展动态，在前瞻性研究上更具优势。而已经处于成熟期的行业，金融、财务等背景仍然可以非常好地胜任。因此我们可以看到，新兴行业的研究报告很少进行财务分析，而更多进行技术、应用、市场空间等前瞻性的研究，而成熟行业更注重财务方面的分析。

◆ 应届毕业生的择业选择

一般情况下，大机构适合大多数人，至少适合尚未对自己有明确认识的应届生，小机构则更加适合有极强主动性的人。一方面，大机构更加稳定，对新人会有一段时间的保护期，使其安心研究；另一方面，大机构的资源更多，培训体系也更完善。因此，若有人问我对机构的选择，我给出的答案是：大买方→大卖方→中小卖方→中小买方。但一般来讲，大机构是用来学习的，小机构是用来变现的。

大型买方的优势在于，会有无数的卖方为它服务，作为刚入门的应届生可以获得更多的学习机会。而卖方的适合面更广，如果觉得自己不适合买方的工作性质，并且研究能力较强，在卖方仍然能够发光发热。卖方的另一个优势在于，跟上市公司建立的是长期关系，并且与一级市场或者投资机构有较多的接触机会，是职业生涯的一个非常好的起点。

◆ 如何知道自己是否适合做行研

抛开后台、风控、IT 等职业，金融行业基本上是业务驱动的。如果你不喜欢严格流程的东西，希望一入行就能发挥自己的能动性，喜欢钻研，对新鲜事物有好奇心，乐于写文章分享观点等，我觉得你适合做行研。再进一步，若你具备理工科复合学习或工作背景，那你就是行研行业中不可多得的人才。

◆ 如何事先对行研有所了解，从而提高面试的成功率

对行研没有了解的同学，可以从以下几个方面进行了解：

● 看券商的行业 / 公司深度研究报告，读懂行业研究 / 公司研究的逻辑，重点关注行业变迁史、行业驱动因素、国外标杆的发展史等；

● 看书：《波特三部曲》《证券分析师的最佳实践指南》等；

● 如果想从事的目标行业较成熟，通过 CPA 考试、CFA 考试会加分；

● 证券从业资格证，虽然简单但通过也能加分；

● 外语：需要前瞻性研究的新兴行业，需要阅读大量外文资料，若掌握英语乃至小语种语言，在有需求的行业可能会加分。如环保行业有时需参阅日本、欧

洲、美国的资料，那么掌握日语、英语将加分。

◆ 如何投递简历，获取关注

平日招聘实习生的时候会有这样的感觉：有的人受教育经历非常漂亮，但亮点不突出。下面我将对经常出现的简历投递问题给出建议。

不要只发附件没有正文，而且附件的标题未按照招聘启事的要求设置。建议正文中简单介绍一下自己，表现出自己的亮点，可以写上自己的经历、专业背景、联系方式等，甚至仅仅是自己的满腔热血也可在正文中显露出来，注意一定要有特色。简历文件一定要按照招聘启事的要求命名。

有相关证明自己实力的作品一定要传到附件中，附件请用 PDF 格式。证件照一定要好好拍，有时候形象也挺重要的，或者干脆就不要放照片。

简历一定要精心制作。虽然细微，但通过简历的结构编排、简历的写法，很容易看出这个人的风格。实习生这么多，凭什么选择简历都写得不认真的人呢？

求职目标要明确。例如明明是应聘行研，就不要在简历中写上“求职目标：行研、投行、资产证券化等金融业务均可”。

结　　语

做一个研究员虽然很累，但适合这个职业的人其成长速度通常快于同龄人。银行流程化、投行等级森严、一级市场投资周期长、实业不景气，因此，研究员的好，懂的人自然懂。我见过不少朋友因为不满研究员工作的高强度而找了别的工作，但不久之后又回到了这个坑中。我想，正是这个行业的魅力才让他们重返战场的吧。也祝愿希望在本行业发展的朋友获得动力，找到风格，飞速成长。

15

应届生适合做私募吗[1]

——世界会向那些有目标和远见的人让路

对于大多数金融在校生而言，私募股权投资（PE）都是神秘甚至有些望而生畏的行业。事实上，PE 也确实是各个金融子行业中较为年轻的一类，20 世纪 70 年代才开始发展，在国内，则直到 2010 年以后才逐渐为人所知。在本章中，笔者将首先从 PE 行业需要的相关能力展开，聊聊 PE 行业的日常和工作感悟。

PE 行业需要什么样的能力

从事金融各行业所需要的能力，总结起来可以分为以下三种：研究能力、执行能力以及沟通能力。这三种能力又各自对应着高级形态：研究能力会逐渐成长为对行业、对公司的判断；执行能力会演变成为完成交易，成为 deal-maker 的能力；沟通能力则会演变为各种业内资源和进一步获取资源的能力。如果说投行对于执行和沟通能力要求较高，行研需要较强的研究和沟通能力的话，PE 则对上述三种能力都有非常高的要求。要成为一个好的私募股权基金投资人，既需要能够快速学习、了解行业、做出投资判断，又要主导交易结构设计，完成交易从前期尽调到后期各类手续和流程，同时要能够获得好的投资标的，与同业和企业保持良好的关系。下面就基于这三种能力展开聊聊私募行业的日常状态和工作感悟。

[1] 作者黄懿杰，毕业于清华大学；刘年康，毕业于重庆大学。

研究能力

研究是PE的必备技能，也是刚入行员工的基础工作。一般而言，当某个投资机会出现的时候，需要做的第一件事就是进行研究，从而初步判断是否有投资价值。研究可进一步分为行业研究和公司研究。前者与券商研报的行业研究有一定的相似之处，很多时候会进行借鉴，但券商的行业研究偏宏观，只覆盖上市公司所在行业，PE的行业研究则会非常细致。事实上，很多公司并没有完全相同的上市公司对标，要了解这一行业就需要另起炉灶，在较短的时间内理解行业。PE常用的行业研究手段除了传统的数据分析外，很重要的一种方法是专家访谈，访谈对象往往是在行业内有多年经验的专家，或对投资标的较为了解的人士。在专家访谈环节中，投资人可以获得第一手的信息和观点，这是传统行业研究所不能比拟的。公司研究则包括公司战略、运营情况、财务分析和预测等多个方面。公司研究很大程度上依赖于对公司进行的尽职调查，这也是PE投资中非常重要的一个环节，是了解整个公司的真实运营情况的关键所在。

在行业研究和公司研究的基础上做出的成果就是财务预测模型，即预测未来该公司的发展情况、净利润（通常是最关注的指标）的增长速度和绝对值等。一般认为，财务预测最关键的地方在于假设。假设不准确，再精美的模型算出来的数字都是垃圾。准确的假设来源于对行业和公司的准确理解，这是前面研究的成果。比如说，未来整个行业的发展速度如何，行业集中度是进一步集中还是分散，公司的现有产能能否支持快速扩张，目前的商业模式在未来是否会暴露出问题，等等。每一个关键假设都需要有坚实的数据基础和完整的逻辑支持。

从研究能力的角度说，进入PE行业之前，券商行研、基金投研、咨询公司、四大（从财务角度）的从业经历，发表的某篇论文甚至在某个领域跟导师做的课题都是宝贵的经验。因此，即使是在学校的某个作业对培养自己的研究能力都是有帮助的，而研究能力也是需要逐渐积累、不断打磨的基本功。

执行能力

执行是什么？相信很多在校的同学都不太能够理解。按照笔者的理解，执行就是把一件事做成的过程，比如在社团组织某个活动，从前期拉赞助、贴海报，到组织报名、安排场地，再到活动中的主持、茶歇、问答，最后活动结束安排嘉宾离场、撰写新闻稿……整个活动的点点滴滴都是在执行，都是促使这个活动按照前期的计划和安排有条不紊地完成，取得预期的效果。在 PE 投资中也是如此，前期的研究和预测固然美好，但交易要顺利完成，尽职调查的进场，交易结构的安排、架设，相关协议的签署等一系列环节都得一丝不苟地落地。就小事说，复印、扫描相关交易文件是执行；就大事说，整个交易结构如何设计也是执行。从接触投资标的到最终投资，期间有大大小小各类细节需要注意，每一件事都不难，但需要在规定的时间内零差错地完成，这就对执行能力有很强的要求。

根据笔者个人的观察，执行能力是很多同学相对欠缺，且不容易引起重视的能力。而事实上，执行能力是刚入行菜鸟的基本素质，也是脱颖而出的必要条件。试想，如果连最基本的填写合同都会出错，领导怎么会放心让你去参与甚至主导重要的投资项目呢？相信很多同学在刚开始实习的时候会接触到整理材料、打印、复印、扫描、填写合同等较为枯燥无味的工作，但如果能够在一段时间内将这些工作零失误地完成，你的上级肯定会觉得你是一个靠谱、细致的人，未来会放心地把更重要的事情交给你去做。有了这种信任，才能够不断接触到新的、越来越难的内容；才能够不断成长，不断进步。而人与人之间的这种信任，是金融业的根基所在。

执行能力很虚，这里再详细叙述。首先需要的是细致，是在各种琐碎的流程中仍能够保持注意力集中，不会出错的素质。这一点说起来很简单，但对于心比天高的我们，却是很容易忽略的一点。其次，需要养成良好的工作习惯，高效安排工作开展流程，进而形成一种大局观。说实话，私募基金对这方面的培训比较少，而很多大型银行都很看重这一点，因此，想进入 PE 的同学要注意培养好的工作习惯。笔者的感觉是，投行项目经验和资管行业通道业务的经验，对于养成好的工作习惯、培育执行能力，有较大的帮助。

沟通能力

沟通无处不在。在研究中需要跟卖方、专家、投资标的管理层和内部员工进行沟通；在执行过程中需要跟会计师、律师、本公司的风控部门、投资委员会的大佬们进行沟通，因此这一技能非常重要。但是，这一重要的技能，却不像前面的研究和执行，可以拿出来展开说很多。这里我简单把沟通分为三类：对内沟通、对外沟通和社交。

对内沟通是指跟自己的直属领导、团队内的同事，以及其他部门的同事进行高效交流。与领导和团队内的同事需要保持充分沟通自不必多言。在某项投资过程中，投资团队往往起到牵头的作用，因此要协调公司各个部门，这就涉及与其他部门进行充分沟通。在规模较大的 PE 中，相关人员较多，要想带动其他部门的同事跟上投资部门的节奏，同时让各个部门感到舒服，需要非常强的沟通技巧。目前比较大的私募基金，特别是偏债权类的，很多时候风控部门都较为强势，是制约投资部门的主要力量。既要照顾风控部门的情绪，又要实现自己的投资方针，非常考验情商。

对外沟通是指与第三方尽调机构及标的企业进行沟通。PE 作为买方，在与第三方尽调机构打交道中一般较为强势，但同样也需要进行充分沟通，了解尽调的进展，确保尽调程度达到预期要求。更重要的是与标的企业进行沟通，包括借助沟通获取标的企业的数据、信息、相关文件，同时传达自己公司的投资意向和相关要求。上述过程实际上是较为微妙的，哪些内容该仔细询问，哪些条款不能多说，都需要好好揣摩。

最后是社交。大家都知道，金融是最讲究人脉的，除了平时业务活动积累之外，另一个重要的渠道就是进行社交。社交有很多种，既有吃顿饭、喝点酒、唱个歌，之后也没什么联系的；也有交流业务，相谈甚欢，最后成为合作伙伴的。从笔者有限的经验看，学生时代的朋友往往比工作之后更为难得，因此同学们不妨现在就多出去看看，跟打算从事金融行业的其他学校，甚至其他城市的小伙伴们建立联系。在这个过程中，沟通技巧并不是最重要的，最重要的是有一颗热爱分享和交流的心。有的时候热心回答他人的一个问题就会为你收获不止一个朋友（因为其他小伙伴也会因此而认可你）。

综上，从事 PE 对个人的研究能力、执行能力和沟通能力都有较高的要求，也正因为如此，PE 会带来丰富的工作体验、持续的挑战和满满的成就感。正是因为一直在进行多方面的锻炼，PE 行业才能造就个人的快速成长。但凡事都有另一面，PE 行业的投资周期较长，如果学习能力不强，又不够细心，也很容易在很长一段时间内颗粒无收，这也是为什么很多人会选择先去卖方锻炼几年。PE 并不会拒绝优秀的应届生，但确实不适合没有做好准备的同学们。选择之前，好好问问自己，做好准备了吗？

从事 PE 行业的感悟

为什么选择 PE 行业

首先，PE 投资客观来看需要全面的知识体系，包括：财务知识、法务知识、税务知识和扎实的行业基础知识。一个出色的投资人必然是某一个行业的专家，对上下游行业要非常熟悉；从工作挑战的角度看，这项工作对笔者而言非常有趣，推动笔者每天不断学习，不断丰富自己，这让笔者感觉很充实。其次，PE 在其他方面，会让个人附加值增长很快，因为工作中需要不断与同事沟通，与客户谈判，不断换位思考，不断去揣摩对方，客户访谈也经常会遇到各行各业顶级的企业家、行业专家，对情商也是很大的历练。一以贯之，个人的成长速度将比同龄人快很多，软实力也会有较大提高。最后，PE 投资是积累业界资源、更新人脉的极佳切入点：很多 PE 投资同行思路宽广、思维活跃，笔者与他们中的很多人成了非常好的朋友，同时，也会有机会接触行业翘楚，眼界也有较大提高，这都是个人职业发展过程中宝贵的财富。

从事 PE 行业的感受

根据最新统计，截至 2016 年 12 月，国内已备案私募基金 17 433 只，认缴规模突破 10 万亿元，私募基金从业人员超过 30 万人。私募股权同质化严重，处于高度竞争状态。具体到笔者个人层面，PE 投资工作强度大、节奏快，在私募行业生活和工作很难做到平衡，大多数投资人的工作和生活都融为一体了。回忆笔者刚入职的时候，高级投资经理没有足够的时间指导我，大部分时间靠我自己主动去争取、去学习，保持对行业、生活的高敏感度，入职第一年，平均每天都加班四五个小时；同时，很多工作内容其实需要较强的研究能力、较深的社会阅历，我也需要不断向前辈主动沟通请教。

◆ 应届生是否适合做 PE

首先，PE 行业对从业者综合素质要求较高，很多人把 PE 行业比作一级市场皇冠上的明珠是很有道理的。相较而言，应届生知识体系储备不足，很难具备扎实的行业基础以及相应的财务技能和法务技能。譬如有过咨询公司工作经验的，对企业整体架构、战略有较好把握；在投资银行部做过的，对交易架构、企业估值了然于心；有过实体行业经验的人，对整个行业核心竞争力、未来行业走向的敏感度更高。因此，正规的大型 PE 机构不太接纳应届毕业生，因为相比于有经验的从业者，应届生的价值输出比较少。

不过，如果有机会可以直接进入 PE 投资领域，当然不必拒绝。PE 投资让我们有机会直接接触更多的行业，更容易看到资本市场的全貌，何乐而不为？此时此刻就要严格要求自己，加强对知识体系的梳理，积攒工作实习和社会交往经验。

◆ 对应届生从事 PE 的建议

入行需谨慎，问问自己是否真的喜欢 PE 行业，愿意深耕下去。PE 投资看上去光鲜靓丽，实则需要巨大的时间和体力付出；从职业发展的角度来看，直接从事 PE 投资工作容易让应届生对行业甚至对职业生涯的认知出现偏差，若日后转行做其他行业，容易出现眼高手低、工作不踏实的问题。

◆ 对入行之后的建议

在我看来，接地气、勤奋、主动这三点是比较基础的。PE 投资会让你接触大量优秀的人，甚至会接触很多成功的“捷径”，保持谦虚，不自我膨胀，慎始敬终，始终如一很重要。如果不想被淘汰，尤其是目前行业竞争激烈的状态下，要保持十足的勤奋和主动，像蔡蕾总在昆吾九鼎多次提及的“天下武功唯快不破”，只有勤奋和主动，才会有可能超越其他机构、其他竞争者抓到好的投资机会，才有可能在行业内立锥立足。

16

误入信托业的法科学子[1]

——跌跌撞撞，一发不可收拾

此文是较久之前写的，仅更新了个别的数据。时过境迁，目前信托业乃至资管业与之前所处环境相比可能发生了较大变化，许多政策包括数据已经不够新。许多原先认为是业务的一个方向的，如今在实践中也已经大量出现，还请大家见谅。但是很多对于从业的感悟和理解都还是通用的，真心希望能对大家有所帮助。

回想起几年前，对大资管还是一知半解，不记得是被师兄忽悠的，抑或是看媒体上传播觉得大资管很挣钱，开始疯狂地投简历给各种信托公司及资管机构。最终，不知道是运气好还是不好，误打误撞进入了沪上一家大型基金子公司从事类信托，再后来跳槽到另一家基金公司从事专户业务，至今在资管业从业已两年有余。

唏嘘感慨时间飞逝之际，在此做个总结，也给对资管业有兴趣的师弟师妹们提供一点自己的感悟与经验。资管业的先驱是信托公司，所以本章探讨的资管多以可利用信托制度开展资管业务的各家机构为主，单论大资管的话范围太广，恐难以讨论详尽。

关于信托业从业经验的文章已然不少，如当初最早入门时读过的《我的信托法务入门》《我所认识的信托》等名文，风格不一，各有所长，有兴趣的师弟师妹可自行问度娘。与前辈达人们不一样的是，笔者资历尚浅，对行业理解亦不深，但胜在与后辈们年龄相当，考虑问题的方式可能较为接近，也许可以提供不一样的视角。念在小弟入行不久，分享全因热心，请各位资深人士轻拍。

---

[1] 作者为邹永胜，毕业于华东政法大学。

资产管理市场的现状是什么样的

记得2014年初，107号文[1]刚刚发布，网上流传着一篇非常幽默风趣的段子文《理财黑社会》，把银行比作黑帮老大，把地产、平台等非标比作贩毒，信托是帮内二把手，曾立下不少汗马功劳，但已被局里盯上了；券商小弟自从有了“定向”神器和海归基金公司的儿子公司，就成了新受宠的小弟……当真写得生动形象，惟妙惟肖，感兴趣的同学可自行百度阅读。

确实，在整个资产管理领域，银行是当之无愧的老大，无论是体量还是资源的获取能力。实质上，我觉得银行做简单的贷款业务也可以算作是广义的资产管理。因为银行资金充足且融资成本相对低廉，所以银行永远都是客户融资的第一考虑，往往也是各大企业项目第一个接触的金融机构，其在资金端和项目端的把控能力都是其他金融机构远远无法望其项背的。自同业潘多拉魔盒打开后，银行的投行部、金融市场部等各种创新资产管理模式不断涌现，传统的信贷业务很多以转为投资非标资产的方式为地产、工商企业等输血。除了获取更高额的收益外，更通过各种设计降低风险资产占用，突破监管限制，许多做得“野”的银行资产管理规模激增。然而，也正是因为银行体量大，牵涉面最广，监管当局对其的监管也最为严格，导致银行的资产管理效率很低，很多高风险高收益的业务无法开展。这个时候，要突破监管，获取高额的收益，就需要其他资管机构的参与，于是信托、券商、基金子公司等各路小弟就跑出来了。自127号文[2]及后续的一系列监管文件出台后，银行的同业、金融市场业务受到了巨大的冲击。但是从长远看，基于混业经营的大趋势，银行作为金融市场中的航母，肯定能够参与市场中的前沿业务，即使它受到的监管最严，也一定能找到自己的定位或者变通方案。如今银行业在逐渐尝试原先属于其他专业金融机构的业务，例如，虽然法律明确

---

［1］ 107号文：指国务院办公厅发布的《关于加强影子银行业务若干问题的通知》（国办发〔2013〕107号）。该文件首先厘清了中国影子银行的概念，并明确影子银行监管责任分工，以及各类金融机构如何监管的问题。

［2］ 127号文：指“一行三会”和外管局联合发布的《关于规范金融机构同业业务的通知》（银发〔2014〕127号），用以进一步规范银行同业业务。127号文由央行金融稳定局牵头五部委制定。银监会也在同日发布《关于规范商业银行同业业务治理的通知》（银监办发〔2014〕140号，下称140号文）。

限制银行不得做股权投资，但目前许多银行都把 PE 业务作为自己的一个战略发展重点，做了许多不同方式的创新。银行一旦摸索出属于自己的创新道路，其增长速度绝对是其他机构所无法比拟的。

信托业目前的领头羊自然还是信托公司，2010—2012 年经历了史无前例的几年发展，信托公司着实疯狂了一把，目前规模已突破十几万亿元，成为金融业当之无愧的老二，但目前被银监会等列为重点监视对象，正在经历转型之痛。信托业其实一直是坏孩子的形象，在五次整顿后，信托业其实一直没有找到自己的定位。直到后来才逐渐摸索出了一套类银行信贷的业务模式，但也不温不火。早期的历史性机遇，使信托得以给银行当小弟，通过其牌照红利，为银行业务立下了不少汗马功劳，除通道费赚得盆满钵满之外，也积累了一些自己的客户。如今通道端面临着牌照放开后各种机构的竞争，主动管理则因为监管从严、整个行业兑付风险压力的存在，以及信托公司内部风控的逐渐转严，同样较难开展。

但与基金子公司等新晋机构相比，最关键的是信托公司目前已基本获得了市场的认可，具有项目沉淀和投融资人员优势，开展主动管理及创新业务具有较大优势。现今市场进入了一个资产荒的时代，传统业务越来越难做，以传统非标业务见长的信托公司，也一直处于转型的阵痛之中。目前信托公司陆续开始开展各种新的转型业务，如私人财富信托、土地流转信托、企业资产证券化等，还积极介入股权投资、并购重组等资本市场业务。由于信托牌照的特殊性，在各种前沿业务中加入信托作为 SPV[1]，可以变换出多种交易结构，具有一定优势。如中融信托之前主要做地产及平台业务，如今立志转型做各类资本市场业务，对传统业务“壮士断腕”，可谓非常果断与坚决。

券商资产管理此前受困于投向及委托法律关系的问题，小集合不能投资非标，故主要投资二级市场。随着大资管新政的放开，获定向资管计划，抢食通道业务，小集合主要通过借用通道等形式也风风火火地做起了非标和许多主动管理业务，目前规模逐渐达到十几万亿元。真正的券商资管目前仍然受制于较多的法律问题，在二级市场主动管理、一级市场方面有较多参与。但在一级市场方面，

[1] SPV：Special Purpose Vehicle 的简称。在证券行业，SPV 指特殊目的的载体，也称特殊目的机构/公司，其职能是在离岸资产证券化过程中，购买、包装证券化资产和以此为基础发行资产化证券，向国外投资者融资。是接受发起人的资产组合，并发行以此为支持的证券的特殊实体。

若能很好地依靠其营业部销售端、投行项目端、资管产品端三者联动，定将极大地影响目前资管行业的地位排名。另外，曾经的大集合被暂停了，但券商现在陆续在申请开展公募的资格，凭借券商的行业研究能力，在二级市场肯定也会非常有作为。如东方证券的东方红就是一个很好的例子。

若论金融圈的当红小生，非基金子公司莫属。成立至今，总量规模狂飙突进。因最早的监管极其宽松，基金子公司牌照被业内称为“万能神器”，各机构不能做或需要规避监管的，纷纷找基金子公司做通道。目前基金子公司不到 70 家，但真正在做业务的只有二十多家，这与股东发展思路有重要关系。银行系的子公司势头很猛，背靠大树，做了许多通道业务，开展创新业务也有资本。招商财富、民生加银、平安大华等按规模核算，也是当之无愧的行业先锋。但与信托的问题相同，证监会的监管也逐渐收紧，26 号文[1]叫停了资金池与一对多的通道，同样面临着转型的问题。根据证监会的会议精神，对基金子公司会一直遵从放松管制、加强监管的理念。

最近面对市场上的兑付风险事件，证监会也对相关机构做出了暂停业务进行整改的处罚决定。据笔者所知，对于非标业务，目前大多数基金子公司也主动提高标准，严格风控。至于在二级市场方面，基金子公司更多的是做基金专户，未来基金子公司的牌照红利也注定会和信托一样，面临稀释的问题，未来到底能走多远，能否成为市场中的执牛耳者，最终还是要看基金子公司从业人员的努力。

保险资管、融资租赁、私募基金作为大资管的一员，在市场上也有着不容小觑的地位。保险是金融市场的土豪机构，在保监会推出不少保险资金运用创新政策的条件下，一定比例的保险资金可以投资非标产品，保险资管可以开展债权计划、资产计划等方式参与资管市场，前途非常广阔。融资租赁一直非常火爆，其实做的很多也是类似信托的活，只是更多投向实业生产等，很多人认为融资租赁是解决中小企业融资问题的一个重要途径，未来值得期待。私募新规下，获得承认的私募机构、将获得更大的发展。私募本就以专业见长，如私募证券投资相对于公募机制更灵活、激励机制高，业绩不俗；私募地产基金也是给地产项目融资，

[1] 26 号文：中国证监会办公厅向各证监局下发了《关于进一步加强基金管理公司及其子公司从事特定客户资产管理业务风险管理的通知》（证办发〔2014〕26 号），业内称“26 号文”。

但是一般以股权形式投入，实际参与项目运营，靠的是专业能力，在承担风险的同时赚取高溢价。

信托经理 / 项目经理到底做什么

很多同学可能对信托的工作内容不甚了解，实际上信托公司的信托经理和券商资管 / 基金子公司的项目经理，工作内容大体相同。《信托经理：人民币的搬运工》很形象地说出了信托经理的从业要求："首先，要经验丰富，业务全面。其次，要效率恐怖，随叫随到。最后，要人脉广阔，能拉项目。"

之前在微博、朋友圈里流传甚广的那个经典广告更为形象："本人经验丰富，业务全面，效率恐怖。银信合作，买入返售，存单质押，一级承销，二级结构化加伞形，股债投资无不精通，合同修改过目不忘。专注资管多年，每天只睡三小时！QQ、微博、微信、陌陌 24 小时在线，手机、飞机 24 小时待机！千里之外接通道业务，瞬息之间走完流程。身体强壮，健步如飞，连续工作 100 小时不睡觉，沟通合同三小时不喝水。银行要求全满足，费率低到无底线，服务好到爽到爆。跪求通道业务！！！"虽略有夸张，但形象地描述出了信托经理的大致工作状态。

上面的段子多在调侃通道业务。笔者进一步补充一下，信托的主动管理大致做些什么。首先，何为通道？何为主动管理？业务界、各家公司的定义可能有所不同。在此笔者也不尝试做定义，仅简单列举通道的特点：合同明确约定管理人不尽调、不担风险、依投资人指令进行投资，委托人自行承担风险，接受无条件原状分配。至于何为主动管理更是众说纷纭，有人认为只要起到了向市场募资的作用即算主动管理，也有人认为投资之后进行适当的投后管理的才叫主动管理，我支持后种观点多一些，在此亦不多做讨论。

总而言之，每家公司的流程虽不同，但大致是一样的。主动管理的第一步是项目的承揽。信托经理要严格地按照公司的风控指标进行项目的搜寻及筛选，对于初步确定可以满足要求的项目则索要相关的尽调材料制作申报材料，与风控部门项目评审人员沟通，确定风控要点是否满足，不满足风控要求的项目会被直接放弃。如果通过了风控部门的审批，再做进一步深入的尽调，此处一般需引入专业的第三方机构（一般是律所）进行协助，最终制作有理有据的上会材料，上公司的投决会。投决会是信托公司关于项目投资的最高决策机构，一般由公司高管及风控人员组成，投决会将对项目进行评审，明晰风控点，最终投票表决是否能通过。千辛万苦通过了投决会的审批，就可以名正言顺地法审敲定合同，进行面签，确定交易放款日。项目成立后安排募资事宜，一般会有代销方（三方、券商等），最终募资结束后进行放款，中途有一系列满足监管的报备手续等。之前大多数的信托公司在把钱放出去之后就万事大吉了，但笔者觉得真正的主动管理是要考虑资本的运作及升值的，信托公司把自己作为等同于银行的角色，给信誉高的交易对手放出款之后，履行的仅是类似银行的催收职责，这不能叫作真正的主动管理。

与之相比，同期市场的私募地产基金，虽然其融资成本比信托更高，但其从业人员许多出自大的地产商，对于地产行业具有很深厚的理解及运作能力，能够有效地筛选出优质项目，通过股权加债权的形式为地产项目进行融资，并参与具体项目的监管与运营，最终退出获得较高的溢价，是真正的主动管理。所以，许多信托从业人员感慨没有项目做，风控太严，其实也是由于本身缺乏较高的主动管理能力。目前许多信托公司的风控把房地产开发商的指标列得很高，如排名前几十，区位要多好多核心，也是无奈之举。一些转型的信托公司已经开始修改自己的风控要求，更多地提供技术控制，如通过股权的方式进入，加强对项目的把控能力，通过更多投后管理的方式确保降低风险。

从总体的工作状态来说，信托经理项目多的时候也经常需要加班，但相对于投行的业务人员来说会好很多。首先每个信托项目的周期短且效率高，而且不像券商，很多工作内容是为了应付监管，需要做大量重复的工作。出差也以短期为主，主要是看项目及做尽调，经常去的也是较大的城市，无须像投行业务人员一样长期在山沟沟里驻场。业务稳定的话，总体来说不轻松，但是不至于很累。

从事信托行业需要哪些知识与技能

此部分参考上班第一天部门领导发给我们的一封邮件“我们需要什么知识”，简要谈谈我们所需要的知识结构与技能。原文当真是字字珠玑，希望有一天能征得其同意发出来让大家一起学习。在此仅表达个人看法，许多大牛或许对这些技能根本不屑一顾。

基础阶段

◆ 法律法规

对于信托业法律法规的掌握绝对是第一基本功。

首先，作为一名信托经理，其实大部分时间都在与法律文本打交道。所有的谈定交易模式最终都是以合同的形式确定下来的，这中间会涉及信托合同、融资合同、保证担保合同、合作备忘录等形式各异的法律文本，要看懂进而修改这些合同，必须具备基本的合同法、公司法、物权法、担保法等相关法律的基础，如涉及复杂的资本市场业务，还需要对商法、证券法等有一定了解。不懂财务可能只是很难独自操作主动管理的项目，而如果对法律一窍不通的话，甚至连通道都无法操作。

另外可以很肯定地说，信托业是一个受政策影响极大的行业，任何一个法律法规、监管文件都可以改变整个资管格局。故从事信托业要保持绝对的政策敏感性，入门首先需要熟读信托业的一法三规，熟悉地记忆信托法的核心内容及特点。

除了信托法以外，对银监会下发的监管文件要保持敏感性，如之前的 99 号文[1]对信托业的影响非常巨大。除了信托业的基础法律，其他资管业的法律也要有所了解，对同属资管业的券商、基金公司的法律法规也给予适当关注并知道各个资管牌照的差异点，对于新出的私募新规涉及行业监管巨大变动的要重点研究。另外因与银行、保险、租赁、上市公司等机构合作空间巨大，要非常关注这些机构的基本法律法规、行业动态。如针对银行的 127 号文是否同样对整个信托业影响深远？保险资金运用新政策是否孕育着更多的空间？上市公司并购重组新规是否有新的业务空间？另外，对信托业务投向的相关领域的政策法规也需要异常关注，如对于房地产的调控政策会对房地产信托项目造成什么影响？关于清理地方政府融资平台的 43 号文[2]出台后平台业务将何去何从？这些都是需要思考

[1] 99 号文：银监会下发的《关于信托公司风险监管的指导意见》（银监办发〔2014〕99 号）。

[2] 43 号文：国务院下发的《国务院关于加强地方政府性债务管理的意见》（国发〔2014〕43 号）。

的问题。

◆ 财务知识

除了法律知识外，财务知识举足轻重。从一开始判断交易对手的资质，就需要运用财务知识，从企业的审计报告中判断企业的经营状况、偿债能力等关键要素。另外，主动管理类的项目，撰写尽调报告，制作上会材料，对项目进行收益测算等，都需要用到比较复杂的财务知识。除此以外，许多创新的机遇都隐藏在财务规则、法律制度当中，没有一定的财务功底甚至很难理解业务兴起的原因，何谈业务的创新？对于金融机构来说，财务知识非常重要，这也是许多在四大做审计出来的人受到金融机构青睐的原因。

◆ 对交易结构的理解

以上只是基础知识，要快速地融入业务，你还必须懂得各种交易结构的内在逻辑，懂得如何设计交易结构。最好的学习交易结构的方法是仔细阅读目前已经成熟的各类业务合同。从最基本的信托资管的主合同，到融资所需要的所有底层合同，都要熟悉，要理解条款为何设计，了解背后的风控点。交易结构设计其实无非是想办法以一种最优的方式完成交易，或出于资产出表考虑，或为交易便捷，或为税收等种种原因，而这些也是财务及法律手段的一个综合体现。只有具备了足够的基础知识，才能在复杂的条件约束下，找出交易双方的契合点，或在现有的法律结构、财务制度中找出最佳（最经济、最易实现）途径达到交易目的。

进阶阶段

◆ 资源获取能力

如果问信托业最重要的是什么，相信很多人都会回答：资源！信托资源的体现主要就是项目与资金的积累，看项目端是否具有优质的项目储备，资金端是否有靠谱的资金。

无论是通道还是主动管理，资源的重要性均不言而喻。做通道其实就是一种资源整合。以前信托牌照稀缺的时候，大家自动找上门，自然轻松，号称能躺着赚钱。如今资管牌照已然放开，信托、券商资管、基金子公司等都面临同质化的竞争。凭什么把通道项目做成做好？除了提供高效高质量的服务外，就是具备找到项目，或找到资金，撮合交易的能力。只有真正具备了配置资源的能力，才能算有实质的竞争力，面对交易对手才有议价的空间，不会被轻易替换。

所以，做通道项目其实需要积累大量的有关项目资金的客户资源，短途出差交流拜访机构客户、联络感情是常态。主动管理项目则有所不同，资金多是向市场募集的，故对项目的要求更高。此时主要在于开拓优质的项目，以前做房地产的要和开发商管理投融资的拿项目，做政信类的需要在政府等体制内有资源，做上市公司、国企、工商企业融资的更需要有一定途径获得资源。市场中确实项目满天飞，但是好的项目真的需要特别用心去找。资信情况特别好的交易对手，特别优秀的项目，在银行端已经很容易融资，在市场中也是被哄抢的对象，凭什么找你做？资源，还是资源。

如何积累资源？相信很多人都会有这个疑问，尤其是在校的学生都非常担心这一点。其实大可不必担忧，大多数人的资源都是自己积累下来的。不排除高富帅、官二代有各种天生的资源，但毕竟是少数。而且即使有，人家和你也不在一个层次上竞争，担忧何用？地命海心道不同。

那普通人如何积累自己的资源呢？答案就是——选一个对的行业，对的团队，对的岗位。首先是选行业，其实并没有大家想的那么复杂。无论是券商、银行、基金、信托等金融机构，能在金融市场中立足的机构都有自己的所长，在这里历练都能积累下来一些资源。然后就是进入对的团队。并非说要跟着多厉害的老板，但是你的上级愿不愿意将他的资源分享给你，比如说带你去见客户、让你具体对接资源等，确实很重要。如果你的领导牢牢地把所有的资源都把握在自己手里，那么你想拓展资源就非常受限。对的岗位指的是那些可以积累资源的岗位，大多数情况是业务部门，一些销售部门、机构部门也可以接触大量的客户，积累一定的资源之后，转到业务部门也不是特别难的事情。积攒资源无非两种途径，第一种是积极跑，多认识人。所谓有资源，其实也就是能在对的地方找到对的人。另一种就是在本专业做专、做精，能做到别人所不能做到的程度，在业内的名气响了，很多时候客户会慕名而来，很多资源的获得也会容易很多。

这其实印证了一句话：金融行业乃至所有行业只分两种岗位，一是拉皮条，二是高精尖。二者并不互斥，作为没有资源的普通人，那就从金融民工开始做，在承做中积累专业技能，逐渐积累客户与口碑。等到有一定承揽能力后，注意客户和项目的开拓，多跑多参加活动，多认识朋友。二者具备者，往往比较容易成为业内的大牛，当然越往后拉皮条的能力越重要。毕竟工作到一定时间后也会有自己的团队，刚开始团队的成员在没有独自盈利能力时，都需要老板所开拓的项目去养活。

◆ 创新整合能力

有句话叫“一切金融创新都是围绕逃避监管开展的”。此言虽略有夸张，但确有道理。中国的金融业起步较晚，各监管机构的监管较为严格，可以说，监管政策对市场的左右很多时候起到决定性的作用。如前所述，很可能一份监管文件就会使原先开展的业务无法进行。但资管业之前的很多所谓的创新业务的推出，就是为了让无法开展的业务重新进行。如银行同业业务的兴起，信托受益权买入返售的创新，“TRS 总收益互换”，“T+D”模式的更新，都是出于规避存贷比、风险资产占用等目的，信托在这些交易模式中都起到了重要的作用。不要小看这些创新，每一次新模式的出现都在市场中刮起了风潮，创造了大量的利润。即使目前监管越来越严，寻找政策的空间，较为合规地将不能做的业务继续做下去，依然是一个重要的思考方向。

上述其实只是中国特色的创新。然而笔者认为，真正的创新无非发明或整合。发明一种新的模式毕竟太难，我们能做的其实是有效的加工整合。如今金融界最流行的就是跨界，把不同领域的概念整合在一起，往往有令人意外的惊喜。如硅谷天堂的“上市公司 +PE”私人定制，并不需要概念多新多不同，在现有的基础上进行整合，做市场中的第一个，就可以创造很多利润。而信托业作为典型的资源整合平台，需要我们主动去思考，什么样的资源、什么样的东西可以放到一起整合，能擦出什么样的火花。这都需要从业人员发挥想象力，跳出思维的围墙，做市场中第一个尝试的人，引领一种业务模式的兴起，这才是真正的高阶能力。

信托从业人员的“钱景”与前景

关于“钱景”

本应先讨论信托业的前景，再讨论其“钱景”，但由于之前网络上的各种言论：信托闷声发大财，信托业才是真正的高帅富行业……导致信托业待遇受到了很多人的关注，尤其是小伙伴里的各位师弟师妹，一听说是做信托的，马上两眼一亮，下一句几乎就开始问待遇了。现实情况是媒体报道有点太夸张了。其实目前信托从业人员的具体待遇真的可以参考券商投行，因为券商投行部的待遇相对透明。除了特别高的几家外，底薪大多是6 000 ~ 8 000元，奖金根据业绩完成情况而定，业内较为平均的提成比例是10%（这是笔者了解到的平均数），如此算下来，一个1个亿1年期的主动管理项目按1%管理费计，若完全独立完成，奖金差不多是税前10万元。

光看奖金比例感觉确实比券商投行高，但现实情况是，目前信托业整体风控趋严，主动管理类过会极难，有信托业人员都说“上会如上坟”。而符合风控指引的项目实在太难找，真找到了非常优质的项目，因融资方实力很强，条件自然会很硬，肯接受的融资成本就不高，管理费通常都突破了主动管理1%的底线，常常沦落到千分之几的程度。事情已经如此艰难，奖金自然给力不到哪里去。媒体口中动辄吓人的百万年薪、千万年终奖的信托经理，那只是传说……媒体报道的号称金融业第一高薪，平均工资达75万元的安信信托，引来无数人艳羡。为此笔者还特地问了一位在安信工作的学长，答曰：“呵呵，被平均了……”不过依据现在的情况，确实可以倒推之前的情况。以前风控没那么严、项目满天飞的时候，或许媒体说的高薪也不是那么夸张的事情，具体能拿多少请自行脑补。另外，对于本身拥有很优越的资源，或者具备特别强的资源开拓能力的人，信托业绝对是一条康庄大道。而没有资源的人，相对来说需要适应的时间很长。

关于前景

对前景的问题，大家都非常关注。笔者觉得应分开来讲，一是上升空间如何，二是出路如何。就上升空间而言，金融行业做业务的都差不多，资源为王，业绩说话。项目做得好，不仅会体现在年终奖上，同时也会更加受到团队的重视。一般业务团队规模都不大，如果你能独当一面，有足够的资源养活团队成员，就完全可以组建自己的团队。总体来说不像很多行业那样按部就班凭资历，上升空间不错。

至于出路，这个问题值得深入分析。现实中，信托公司最早的那一批从业人员大多是从银行出来的，而券商资管和基金子公司的从业人员，很多是挖自信托公司。大家思考一下，为什么会这样？那是因为信托之前的定位是做类银行的融资业务，工作内容与银行信贷其实有较高的重合度。即便是现在，一名信托经理的工作内容与知识结构，其实依然和银行做信贷业务的具有较高的同质性。而券商资管和基金子公司业务放开或开展较晚，挖人的对象自然就瞄准已然较为成熟的信托公司。

透过现象看本质，其实一份职业的出路就是看你从中积累的资源和知识结构，锻炼的核心竞争力，是否可以适应下一份工作或者行业。如 PE 之所以喜欢投行出来的人，是因为 PE 大多做企业投资的后半段甚至是 Pre-IPO 阶段，所以需要精通财务和法律的投行人士参与项目的运作。VC 则更喜欢担任过相同行业的高管或有创业经历或管理咨询的人，因为他们对相关的产业更有自己的理解，对一个非成熟的企业的管理也更有经验。

所以我觉得，在信托业所能积累的最主要是财务、法律知识，另外对各行业的资源也都会有所接触，每天接触的是业内最新、最前沿的动态。只要没有混日子，培养出来的竞争力其实能带来很好的出路。出路最广的当然是投行，从一级市场出来的基本都能混。投行在项目端资源较多，信托相对来说可能在资金端更有积累。而在信托业做得好的话，投融资市场基本上都能去。什么？你问如果做得不好怎么办？对不起，如果做得不好，根本没人要，哪儿都不能去！

工作感悟

又到了谈工作感悟的时候。在此笔者写下自己工作以来的切身体会，与那些灌水文不同，是发自肺腑的最深的感悟。

最难得的能力是靠谱

以前总看到各种招聘信息都写着要求靠谱什么的，一直认为这是废话。但从自己开始工作后，不断犯各种莫名其妙、糊里糊涂的低级错误，我发现我太高估自己了，或者说很多人都高估自己了，我们一开始甚至连很简单的任务都没有办法完成得很好。很多实习生刚来总觉得自己在打杂，其实笔者发现是因为他们真的没有能力去接触业务，团队的人也不会给予其充分的信任。有句话叫“优秀不在于你能完成多么困难的任务，而在于你能把简单的事情做得完美”。笔者认为，花很长时间去让自己变得稍微靠谱一点，尽量仔细、多次核对、多询问、少想当然等都是很有必要的。

在此对那些在校生、实习生、初入职场的人说一句，不要想着一开始就接触多么高大上的业务，先从小事情中证明你的靠谱，老板才会将更重要的事情陆续分配给你。

决定一个人能否成功的是学习能力

真正进入职场后，在学校中相差无几的人会拉开很大的差距。撇开运气和家庭因素，最具决定性的要素就是学习能力。学习能力到底有多重要？市场是变幻莫测的，只有保持敏感性，时刻关注市场，注意补充各种知识的人才能够在动荡的市场中存活下来。对于初入职场的人，很多机构和单位，尤其是金融机构，并不会给予你多么完美的培训，就是老板分配下任务让你去完成，没有任何的借口。你必须让自己在短时间内飞速地成长，汲取一切基本的技能，漂亮地完成老板交代的任务。

相对来说，即使是金融机构的职场老手，面对层出不穷的新业务模式，很多时候都是现学现卖，往往是头天晚上在网上搜资料，第二天就必须在客户面前摆出一副专家的样子。所以非诉律师转职金融业受欢迎的一个原因，就在于学习能力特别强。非诉律师每天都要被问一堆或无明显法律规定或极其前沿的问题，律师其实并不一定懂，但一定会根据法理及所知常识漂亮地搪塞过去，显示出他的专业，最后再说“这样吧，我搜一下具体的资料，给你写个书面的材料”。一挂电话马上到处去搜资料，做法律检索，再根据找到的资料结合法律写一篇看起来异常专业漂亮的文书给客户。客户一看，大为满意，直叹律师果然专业，律师费花得不冤。所以说，学习能力基本决定了一个人的成长速度。

要宽容，解决问题，不要抱怨

刚入职的时候，部门总监陈总给每个新员工都推荐了一本书，有人分配到的是资产证券化、结构化金融的专辑，略微没那么专业的也是黑天鹅、第五项修炼，而笔者分配到的却是《胡适与鲁迅》。刚开始颇为不解，最终在交流分享中，陈总说是为了让笔者跟大家分享胡适与鲁迅这两个人的对比。该书总体上是褒胡适而贬鲁迅的，封面上写道："阳光与闪电是面对黑暗的两种方式，在比较的意义上，温和的胡适不妨是阳光，犀利的鲁迅更适合是闪电。闪电以它的锐利，可以穿刺黑暗，让黑暗现出原形。和闪电相比，阳光不是在黑暗中穿刺，而是在黑暗的外面将黑暗照亮。"二者确实都是大文豪，与胡适的温婉宽容相比，鲁迅更多是表达愤怒与不屑。胡适先生一生待人温和，即使后来鲁迅经常讽刺胡先生，胡先生依然保持着对鲁迅的尊重。虽然有些宣传中刻意抬升了鲁迅的形象，但是在国际上，胡适被认为是真正的大师。在此不挑起争辩，有兴趣的同学可以在网上搜更多的分析对比他们的文章，知乎上就有不少精彩的讨论。但是在职场中，我们确实需要的更多是胡适这样的人。工作中总有各种不如意的地方，无论同事、竞争对手还是合作伙伴，总会有交流不畅的时候，总会有各种的不满与愤怒，一旦抱怨就会带来消极情绪，你真正要做到的是像阳光一样去照亮黑暗，真正地解决问题。只有真正控制了自己的情绪，不去抱怨，才能够战胜逆境。

结　语

本人资历不深，对绝大部分问题都是一知半解，无奈有着一颗热爱分享的心，所以斗胆写了那么多字。此文主要针对职业介绍，未做更多深入的讨论，希望能对信托业感兴趣的同学有帮助。

17

从理工科闯进金融业[1]

——经历塑造人格

应金融小伙伴之邀，在这里分享一下自己从理工科转至金融业的故事，希望能对大家有所帮助，尤其是一些立志转行的理工科朋友。

首先介绍下我的背景：本科学校为非 211 重点高校，硕士学校为普通 985 高校，本硕七年工科专业背景，对金融的有限了解都来源于自己的零碎积累，没有系统完整的金融知识体系。因教育背景相对普通，非根正苗红的顶级院校金融专业出身，因此称为转型，且路途颇为坎坷。

首先需要说明的是，下文涉及的对实业界和理工科的任何描述，仅代表个人选择，不作为对相关领域的评价。同时，由于是自身对金融业和实业的一点感悟，因此我会更多地从亲身经历的角度去写，缺少全面的调查与研究，因此结论和数据难以确保完整。

我为何放弃科研

◆ 客观原因：科研并非适合所有人，想获得成就难

先说实业环境。从行业角度分析，我国的制造业整体上仍以中低端制造业为主，目前已经连续低迷多年，行业整体利润较低。新闻中不乏一吨钢铁不及一斤白菜利润高的报道。持续低迷的实体经济对就业产生了巨大的影响。从个人经历分析，2012 年我本科毕业后曾在广州一家德资企业从事技术型工作一年多，工

[1] 作者为彭波，毕业于华南理工大学。

资是税前 4 000 元，基本只够自己的正常开销；我考察过同行业的同学和朋友，除了少数去了 BP（英国石油）、西门子、宝洁等国际龙头企业的，大部分就业者的待遇在 3 000 ~ 6 000 元 / 月之间。

再谈谈我对科研界的粗浅认识。一个真正的科研工作者其实需要很强的素质，比如可以沉得下心做研究，有科研悟性，有创新能力，英语较好，沟通能力强等，对人的综合素质要求很高，包括我在内，很多人算不上真正的科研工作者，缺少对科研的敬畏，更多的人是顺路走上了漫漫科研路，认为多年的专业不想浪费或者没有更好的路可走等。再加上国内相对不那么纯粹的科研环境，想要在科研领域有一番成就，实属不易。所以我认为，科研只适合少数人。如果你热爱科研，同时能沉下心不受周边环境的影响潜心研究，那你可能适合继续在这条路上深耕。但如果对科研没有诚挚的热爱之情，在犹豫是否要从事科研工作的话，那我建议，转行可能是一条不错的路。

◆ 主观原因：金融业对我的吸引力

首先，金融业带给我新的眼界与新的思想，这是最吸引我的地方。以前的自己在一个相对小的圈子里快乐而自足，而当我渐渐地深入接触这个行业，就开始对自己目前所处的环境感到强烈的不满，包括自己的能力、素质、工作环境、人生追求等，因此越来越想改变自己，因而那段时间是非常痛苦的。在之后的转行过程中，我的眼界越来越开阔，想法也越来越不一样，金融业带给我的改变与成长弥足珍贵。

其次，从成长性来分析，相比于实业，金融行业带给人的成长空间是显著大于实业的。金融业受益于政策红利、经济增长等因素，其发展空间和速度显著高于传统实业，因而带给人的成长速度也更快。这里晒一份成胜先生的履历：2005 年硕士毕业后就职于光大证券担任行业研究员，2007 年 5 月加入银河基金管理有限公司，历任研究员、基金经理助理，2010 年 9 月起担任银河行业优选股票型证券投资基金的基金经理。其后续职业通道不再列出，用一句话概括就是，5 年做上了基金经理。反观实业和科研，苦苦寻求科研道路漫无止境，最后只有极少部分人能脱颖而出，功成名就，5 年时间能在实业或科研的路上走到什么程度呢？

最后，从科研人员 / 实业待遇的角度分析，我所了解的初入职场的企业研发人员待遇基本在 7 000 ~ 10 000 元之间，博士的待遇稍高一些，传统实业的待遇也在几千元的水平，与金融业相比，基本工资相差其实不大，但两个行业的奖金以及后续待遇增长空间和速度着实有差距。

我的转行经历

大约是从读研究生的半年后开始，我对现状感到强烈不满，很清楚眼前的生活状态不是自己想要的，因此寻求改变。在此特别感谢新媒体时代带给我们的便利，减少了信息不对称，同时也非常感谢金融小伙伴这个平台，让我对金融业的了解逐渐深入，还结交了一帮非常好的朋友。

结合自身专业背景，我开始尝试找金融类实习。在找实习初期，简历常常石沉大海，杳无音讯，已经记不清投了多少简历后才得到第一次面试通知。我的第一份实习是在一家成立不久的私募做投资助理，由于个人认为私募相比于大机构并非主流公司，一个月后去了一家产业基金做研究助理。实习四个月后慢慢步入正轨，但后来因为需要完成论文开题报告，故而辞职回学校做实验。第三份实习是在某大型券商研究所，这份实习时间比较长，也是让我坚定信念要从事行研这份工作的重要经历，但是因为本身不够优秀等诸多原因最后未能留用。第四份实习是在另外一家券商研究所，因为有了之前的积累，这份实习做起来更加得心应手。

除了实习，我也逐渐学着搭建研究框架，学习金融经济知识和行业相关知识。工作之余我通过考证来补充金融知识。最基本的证书有证券从业资格证，重量级的证书有 CFA 和 CPA。本人惭愧未能拿下这两个重量级的证书，不过考证本身也是一次学习的过程，因为考证是一种较好地搭建财务、建模和研究等知识体系的方式。

世上无难事，只怕有心人

理工科转行的思想准备

◆ 打开眼界

相比于商科学生，我身边的理工科同学普遍的不足是眼界偏窄。因为长期接触的人和事主要来自身边的同学和朋友，同时大量时间消耗在实验室，因而少有机会尝试科研之外的事情，接触圈子外的人。所以理工科同学的社交能力也略显不足。另外，我所接触的部分理工科学生，可能会把大量时间放在游戏等爱好上，而商科的同学会用这些时间来实习、考证和社交。我并不是反对玩游戏，而是认为，在正值青春最应该奋斗的时候，把更多时间花在成长上会让自己今后的路走得更顺。到了读大学的年纪，已没有任性的资本了。所有“浪费”了的时间和精力，在职业发展中都会成为短板，平白无奇的简历和个人经历无论是在求职还是今后的职业升迁时都不会加分太多。世界非常大，打开你的眼界，跳出固有思维，创造机会出去走走，你会发现不一样的自己。

◆ 树立正确的行业观

不要纯粹为了金钱而转入金融业。在此，需要强调的是：这个行业虽然是资本的市场，金钱的游戏，但它最大的魅力反倒不是金钱。因此，想转行的理工科同学，不要只因为能在这个行业获得更多的财富而转行，那样你会迷失自己。正确的行业观应该基于兴趣、爱好、成长等比金钱更重要的东西。因此，决定转行之前，你首先需要问自己，对这个行业的印象是怎样的，自己最看重这个行业的什么，付出更多努力来进入这个行业你能坚持多久等。行业观将会在转行的过程中深深地影响你的行动，因此转行前请多了解下这个行业，询问同学、朋友、师兄师姐，或通过网络、社交渠道去熟悉。

◆ 确定自己的意愿

金融业的核心岗位（如投行、行研、资管等）是高强度、高节奏的工作，能在这个行业中走下去的人，一定对它是真爱。同时，这可能也是一个“屌丝”行业，刚入行几年的待遇也许并没有想象中那么高，付出可能与收获不成正比。一旦走上这条路，你可能需要牺牲时间、爱好，甚至不合适的爱情。尤其对于理工科的同学来说，为了转行，你可能需要在研究生阶段（因为硕士学历是核心岗位的标配）平衡好实验、实习和论文的关系，每一件都不是简单的事情，你需要在有限的时间完成两倍甚至更多的工作量。你甚至可能会觉得很孤单，因为一旦走上这条路，你和身边同学的共同语言会逐渐减少。而更痛苦的事情是，明明知道自己要做什么，却受制于现状而步履艰难。因此，想转行，请做好思想准备，先想清楚自己到底愿意付出多少，能付出多少，再去考虑怎么做。

◆ 现在就行动起来

行动是治疗焦虑的最好方法。倘若你确定了要走一条不一样的路，请今天就行动起来，不要犹豫。卸载掉你的 Dota，处理掉你的 LOL 账号，跟你的女 / 男朋友说一起努力奋斗少点花前月下，跟过去说一声再见，然后花一周的时间好好想想自己未来 1~2 年的路要怎么走，把规划写在纸上，马上开始执行。时间不等人，不要埋怨，生活如果给了你曲折的经历，是希望你以后做更大的事情。

你若确定愿意并且能够付出，来走这条不寻常的道路，接下来的内容想必对你有所帮助。

行研路径

做行研的路径一般有三种：第一种是以应届生身份直接进入；第二种是从金融业其他子行业转行；第三种是“曲线救国”，从实业转行。

1. 路径一：以应届生身份进入

这是最顺利的路径。分为两种：一种是实习留用，一种是校招。对于大部分公司而言，实习留用的比例普遍不高。

实习留用：实习留用最靠谱的当然是暑期实习，很多暑期留用的同学之后一年的生活会比较轻松，所以建议有暑期留用机会一定要去争取。当然暑期留人比例并不高，有些券商研究所甚至一个不留，所以即使没拿到合适的暑期留用机会也别心慌，大部分小伙伴还是通过校招拿到 offer 的。建议大家在找暑期实习前最好了解一下所申请的研究所的历年留用情况，减少信息不对称，做出最佳的选择。

同时，日常实习一样是有留用机会的，而且在某些券商，日常实习跟暑期实习是一样的，某些机构甚至没有暑期实习招聘。所以我认为留用需要满足三个条件：第一，基本的专业、学历等背景；第二，与团队相处融洽，在实习期间能对团队有所贡献；第三，在有诸多竞争者存在时，可以做出一些让团队感动的事情来。如果不能满足以上三个条件，那么你需要在某些方面足够出色。

校招：一般研究所校招需要通过简历筛选 + 笔试 + 面试（两到三次面试为主）+ 实习这四个阶段，相比实习留用，校招后实习考核时间一般会短一些，留人比例因公司而异。

券商研究所的校招名额一般比较少，多则十多个，少则三四个，公募机构的研究员招聘名额更少。招聘人数跟二级市场的行情也有很大关系，2014 年开始的牛市为参加当年校招的学生提供了更多的名额，到 2015 年末情况就糟糕一些。而竞争者往往很多，一般三四个卖方 / 买方研究员的岗位有上千人参与竞争，你都不知道自己会在哪个环节被淘汰。所以，如果你还没有毕业，请一定要认真花时间去想一想，花时间去充实自己，对自己的未来负责。

2. 路径二：从金融其他行业转行

一般来说我不建议这样做，因为有时间和成长成本。原因有二：

第一，愿不愿意转的问题。如果毕业的第一份工作是投行、自营、资管等工作，那么一般来说你不会愿意转行了，因为你做的行业本身也是非常有发展前途的，而且其实这些工作性价比可能也更高，除非你真的对行研情有独钟。比如自营、资管或公募基金等买方机构从业者习惯了被卖方服务的感觉，其实是不太愿意再回到卖方去服务别人的。

第二，能不能转的问题。前文已经说了，研究所的门槛相对较高，如果你在其他子行业从业时间短，那么还有一些机会转，如果从业时间长了，研究所可能会怀疑你的职业选择以及你是否真的热爱行研。

3. 路径三：曲线救国

这条路径是针对理工科同学的。理工科同学，比如化工、轻工、医药、机械等专业背景的同学，因为平日的科研压力较大，所以能成功转行的其实非常少，少数能转行的要么是科研压力相对较小，能花一些时间去实习的（我自己就是属于这种情况），要么是个人素质非常好，能把时间安排得非常高效的。我认识的一位大牛，研究生阶段不仅把实验安排妥当，发表了论文，还通过了两门注册会计师考试，外加多份咨询和券商实习经历，后来直接留用在某大型券商研究所。

因此，对绝大部分的理工科同学来说，在沉重的科研压力下是很难去实习和准备转行的，所以曲线救国也是一条可行之路。但是这个也一样有讲究，如果立志要做行研，请注意以下几点：

首先，请进入一个好行业，比如互联网、医药、人工智能、TMT 等，如果你在一个未来几年可能处于低迷的行业工作，那转入金融业后能给卖方研究带来多大的价值呢？而且这些低迷的行业研究机会已经相对较少了。

其次，在行业里面选一个好公司，最好是上市龙头企业。卖方 / 买方研究目前都主要是关注上市公司，你需要考虑如何将在实业的经历转化为未来转行研的资本。

再次，请注意在实业工作的时间，最好不要短于 1 年，也不要超过 3 年，因为太长了你可能没有精力跟二十多岁的年轻人竞争，转行研后可能需要从零做起，因此你的时间成本不能太高。而过短的实业经历又不足以成为跳槽的资本。资本市场和实业界是完全不同的概念，千万不要以为实业经历能给你带来巨大的跳槽资本，卖方研究不需要你对专业技术有多深的钻研，在实业界的人脉资源也许更能为你在卖方的职业生涯提供帮助。

最后，要知道曲线救国的道路这几年来是越来越窄了，尤其是在行情不是特别好的时候，请最好不要选择这条路，如果迫不得已请慎重考虑。

说了这么多，总而言之，如果你想好了自己一定要选择行研，那么请一定坚定自己的目标，这是少数能让屌丝逆袭的职业之一。人生是一场长跑，不在乎短期是否跑在了前面，几年后蓦然回首你会发现，通过默默的坚持，早已经将很多曾经的佼佼者抛在身后。既然如此，那又何必在意一时得失呢？

行研实习和校招建议

1. 如何做好行研实习

一言以蔽之，在每一份研究助理实习岗位上一定要做出成果来。具体来讲分以下几个方面：

◆ 认真实习，不要浑浑度日

珍惜每一段实习经历，这都将会对你的工作和选择产生重大的影响。在行研的实习中，首先一定要持非常认真的态度，认真是赢得别人尊重的基础。如果 3 个月后还在做找数据、写日报周报等相对基础的工作，请拒绝，可以考虑换一个实习，同时也要反省。

◆ 做出一些让研究员感动的事情

有的时候研究员为了赶报告、赶任务，加班熬夜是难免的，如果偶尔有这种情况需要你也熬夜，请不要轻易拒绝。同时，接到任务请思考，交给别人的东西一定要是自己觉得不能再改的东西，不要给初成品。

◆ 实习时间最好在 3 个月以上

一般来说 3 个月以内的实习经历是很难真正学到东西的，时间太短你可能一直在做一些基础性的工作，那么这份实习其实是不够分量的，而且时间太短的话企业会觉得你浮躁，写在简历上也不好看。所以，如果能在一个合适的地方实习半年以上，是不错的加分项。

◆ 在离开的时候请至少拿出一份深度报告

有深度报告的行研实习才是相对完整的，在面试的时候，这段经历就可以成为你和面试官侃侃而谈的资本。而且，这份报告最好是自己独立撰写、经过研究员反复修改后的成果，能公开发表就更好了。

◆ 争取任何能参与调研和路演的机会

不是每个实习生都有机会参与调研和路演的，所以一旦有这种机会，请好好珍惜，即使适当自付费用也是值得的，这些东西能成为你区别于他人的重要因素。

2. 行研校招建议

关于校招建议，由于本书前面已有不少技巧性的东西，在此不再赘述，下面主要跟大家聊聊关于行研的一些校招建议。

◆ 想要什么，能做什么

我接触的很多小伙伴，面临校招时其实都没有想清楚自己到底想要什么，到底能做什么。30 岁之前，社会是可以在一定程度上容忍一个人的一些错误和不足的，30 岁之后，社会对其容忍度日渐下降。人生的第一份工作对一个人的影响是很大的，它可能会在较大程度上决定你走什么样的路，过什么样的生活。

选择金融业，意味着你是追求较快成长和财富的，不必隐晦自己对成功和财富的渴望，这其实是一种荣耀，同时也意味着你需要付出比同龄人更多的心血来追求梦想。所以在尚且来得及的时候，希望大家能多思考自己想要什么，认清自己，寻找自己的内心世界。这不是一件简单的事情，但极其重要。

◆ 校招形势解析

校招是一段让人焦急忧虑、心力交瘁的旅程，几个月的等待和拼搏最后不一定能有一个圆满的结局。但校招也一定是一个让你印象深刻、令你成长和思考的过程，人往往会在经历一些痛苦的事情之后迅速成长。

大部分的小伙伴在校招季都会经历“充满信心——期待——失望——绝

望——喜出望外——重生——平淡”的过程。总体而言，这个行业高端人才紧缺，商科普通型人才过剩，尤其是没有经验的应届生，是供过于求的。不过也不必过于灰心，积累了工作经验后机会就会多很多，因此首先要进入行业的大门。

就行研而言，证券公司研究所校招放出的岗位数量每家平均在5~10个，全国有对外研究所的证券公司如果按50家来算，那么每年招人数量也就在500人以内，而事实上这50家卖方还有不少没有校招计划，所以这500个名额还需要打一个大大的折扣。即使在经济形势比较好的时候名额会相应多一些，也远远无法满足数以万计的求职者的需求。经历过校招的小伙伴应该知道，2016年公布的某券商笔试名单，大多都是清北复交海外顶级名校背景，看完之后只想感叹校招成功不易。买方行研岗位竞争更加激烈，老十家基金行研岗即使招人也基本在5个以内，每家的竞争者却有数千人，而且都是强势竞争者，个中难度不言自明。

◆ 行研喜欢什么样的人

行研喜欢什么样的人呢？答案是：研究能力＋沟通能力＋思考能力。一个具有复合专业背景、较强的逻辑思维能力与沟通能力、独立思考能力的人是很受研究所欢迎的。一般来说，能满足所有要求的完美行研人是极少见的，因此应该尽量突出自己的特色和优势，减少自身不足带来的劣势。你的金融知识框架、金融行业资源等都是你的立足点和优势；同时一定要加深对应聘的岗位所在行业的了解。如果你应聘医药生物行业的行研岗，但连基本药物、医保、纯销等这些概念都没听过，那实属不应该。理工科的同学，需要尽可能凸显自身在产业的优势和技术方面的专业知识，这是你的立足点，需好好加强；同时也应加强自身的金融财会素养，了解绝对相对估值法、三大财务报表等基本的财会金融知识，否则企业如何相信你已经做好准备，能胜任这份工作呢？

目前尚有时间的小伙伴，请多花点时间搭建自己的能力框架，包括金融财会、行业研究方法、思考能力、逻辑分析能力等。校招和找实习是不一样的，千军万马过独木桥，工欲善其事必先利其器，因此在参加校招之前务必做好充足的准备。

◆ 简历笔试建议

在此不再多谈，只想告诉大家：不要让自己输在起跑线上。简历修改现在有太多机构在做，请找一家良心的机构帮你改简历。关于笔试，参加校招之前大家务必花点时间准备行测、证券从业、货币银行学等相关内容，这些是大概率会考的知识，尤其是行测和证券从业知识。也可以多参考公司往年的试题，做到心中有数，从容应对。

◆ 行研面试建议

这里主要跟大家聊一聊行研面试中一些个性化的问题。面试前请一定要全面了解以下两个方面：第一是个人简历，不能是简单地了解，而要深入详细地了解，闭上眼睛后能对自己的每段经历都有个清晰的框架；第二是所求职的岗位，了解岗位的工作内容、要求和前景等。

如何向面试官介绍自己写的深度报告。请先确定这份深度报告真的是你独立完成的，如果不是，请写清楚"参与"等字样，或者不写，诚信为本，不然一定会在某个时候露出马脚。面试行研岗位时深度报告被问到的概率是很大的，所以对你所写的深度报告一定要弄得很清楚，包括写报告的逻辑、推票原因，以及估值方面，如目前公司的股价、是否还可以买，以及技术层面东西等，不要停留在表面。谈到公司的时候，语气要坚定，说话要自信、连续，展现缜密的逻辑与完整的框架。

如何告诉面试官自己适合行研工作。基于对行研岗位的理解，应聘者主要需要从个人意向、个人素质、沟通表达等方面进行匹配，告诉面试官自己适合行研的岗位。首先，个人意向方面，不要简单地告诉对方你喜欢行研工作，要通过自己的例子来说明，比如行研实习过程中你解决的工作难题，特别是一般情况下大家不会遇到的问题，比如你发表到互联网上的报告、陪研究员加班的经历、对团队做出的不一样的贡献等，表述要有理有据。其次，个人素质方面，从金融财会知识到行业积累到沟通表达再到个人身体素质等方面举例说明你具备这个能力，或者说至少具备这个潜质。行研的工作属性决定了你需要经常跟上市公司、基金经理、买方研究员等接触，所以面试时你需要表现出自己的成熟度和专业能力，这对于今后的工作是非常重要的。

书单和网站推荐

行研是一个相对紧凑和忙碌的职业，尤其是卖方，入职的前两年，你可能每周都需要满负荷运转。但是，一旦决定进入这个行业，持续学习是非常有必要的。

金融业的知识本身很广，同时更新速度也非常快，一段时间不学习，你可能就会掉队。在此，向大家推荐一些比较好的书籍和微信平台。

书籍类:《证券分析》《证券分析师的最佳实践指南》，这两本是必读经典;《一个证券分析师的醒悟》《金融炼金术》《伟大的博弈》《彼得・林奇的成功投资》《富可敌国》《价值投资》《滚雪球》《尖峰时刻》等也是极好的了解行业、提升自己研究和投资能力的书籍。

微信平台:新财富，新财富分析师，新财富舆情，新财富杂志，新财富 plus，金嘉研究院，雪球，行业研究报告，跟我读研报，各大行业主流公众号，证券研究所公众号（如国泰君安证券研究）。

最后，希望我的心得对大家有所帮助。行研路不易，且行且珍惜。

18

致正在参加金融业校招的你[1]

似乎每个走过毕业季的同学都会成熟很多。经历着令人不安的校招，担心明年的今日自己会在哪里，又舍不下即将离开的校园……最后蓦然回首，突然发现自己在挣扎、困惑、兴奋、沮丧各种情绪的交杂中成长了。

时光荏苒，一年的时光转眼飞逝而去。当年我们也曾经历过校招的彷徨无措，如今也算是立足于金融市场的小一分子，贡献着自己的一分力量。又是一年校招季，看到大家眼中熟悉的惶惶不安有所感触，所以写下这些文字，希望鼓励仍坚持走在金融求职路上的小伙伴们！

为什么金融业校招成功这么难

校招季开始以来，无数同学在金融小伙伴旗下的校招群内悲叹，感慨金融校招成功难度之高，宣讲会、招聘会之拥挤，金融机构招聘岗位之稀少，投递的简历数量之多……很多人得出的结论是：就业形势太差了，或者金融业门槛太高了。

然而，真的是这样吗？对就业形势姑且不做深入分析（当然二级市场的波动确实可能对金融业就业岗位产生一定影响），从目前金融机构官网公布的名额总数来看，金融岗位招聘名额其实并未显著地少于往年。

金融业门槛是否真的那么高？笔者在此重点阐述，以正视听。首先，何为门槛？门槛最早的定义是“门框下部挨着地面的横木”，越是大户人家，门槛越

[1] 作者为邹永胜，毕业于华东政法大学。

高，意思是越难进入。然而，正如本意所指，所有的门槛都是“人为”设置的！比如说很多岗位，是不是真的像招聘要求那样非北清复交硕士就不能胜任？肯定不是的。之所以定那么高的门槛，理由无非是，企业的选择太多，所以设置高标准，人为地限制报名人数。事实上，每所学校都拥有非常优秀的人才，为什么金融机构不扩大范围去面试更多学校范围的人呢？答案就是：其实这些金融机构没有抱着真正的诚意来进行招聘！他们打出铺天盖地的广告，举行排场很大的宣讲会，更多地只是把校园招聘当作秀场，从而向全国各大核心院校宣传自己的企业形象。

笔者曾经与一位大型券商的相关部门负责人交流，提到他们去东北的相关院校进行宣讲，每次都会收到厚厚的一沓简历，但宣讲会结束后却直接丢进垃圾桶。上述院校其实根本不是他们的目标招聘院校，但因为该区域实业企业较多，公司希望维护该券商高大上的形象，为将来发债融资等业务打下基础。又如，笔者毕业于某政法类院校，在校期间也经历过很多顶级律所来学校进行高调的宣讲，然而最终招聘的人数少得可怜；但是这些律所每年都来，乐此不疲，为的就是给台下未来的检察官、企业法务人员甚至是其他律所的同行，留下一个他们所很厉害的印象，在将来讨论合作的时候，得到特别的青睐。事实也确实是如此，笔者对于当年在学校听过宣讲会的机构，都抱有非常好的印象。

现在你大概能够理解很多企业和机构进行校园宣讲的意图了，它们中的很多并没有足够的招聘诚意，所以注定了进入门槛很高。因此，即使规模再小的机构，只要拿出足够吸引人的待遇，制定足够高的招聘标准，都会让你觉得门槛很高。

所以很多时候，同学们都是被一些诚意不足的企业伤透了心，甚至开始怀疑自己、怀疑人生，其实大可不必。金融业是人才需求旺盛的行业，不管当年形势怎样，最终都会进行大量的招聘。回想一下自己学校每年的就业率，再打听一下往年师兄师姐的就业情况，求职者心中自不必焦虑。至于就业形势不好的说法，呵呵，你知道每年毕业季都会有一个“今年是史上最难就业季”的说法么？！

所以，同学们，不要再焦虑，不要再怀疑自己了。很多时候你的简历没有通过，在面试中被淘汰，并不代表你不够优秀。你需要做的是，抓紧时间，擦亮眼睛，去找寻真正有诚意招人的机构，并努力争取！笔者一直认同一句话：校招考验的是运气和毅力，运气无法把控，所以能加强的，只有毅力了。

校招的参与心态和战略

很多时候，每个人都觉得自己找工作已经非常努力，以至于很多人的日常生活变成了如下情景：每天登录各种网站搜罗金融业招聘资讯，在各个微信群内四处寻问某个行业怎样、某个岗位如何，随时打听班里系里的同学拿下了多少offer……再后来，求职要求越来越低。当初求职目标是券商、基金核心部门，后来银行也开始广投，但仍然未能收获一份录取通知，于是便觉得自己毫无竞争力，对求职毫无头绪，并开始怀疑是否毕业后就要失业、就要啃老等。总结下来，你变得不自信、怀疑自己，觉得曾经自己认为的优点都不再是优点，而缺点开始放大，最终对金融业的向往和憧憬不断动摇……

然而，很多同学把时间耗费在了焦虑上面，错误地耗费了精力，但又感觉自己已经很努力。首先，与其无助，不妨静下来思考自己到底想做什么样的工作、适合什么样的工作。人贵自知，但多数人都很难做到，因而缺乏努力的方向，漫无目的地找工作——今天投递券商各个部门，明天看到基金的招聘启事又一窝蜂地涌去。在笔者看来，这种求职方式其实也缺乏诚意，一方面耗费了求职者大量的精力，另一方面也无法专注于最想从事的某个领域。比如有些很优秀的小伙伴，非常清楚自己想去的就是券商投行部门，简历上的所有关键词都是围绕着投行展开的，求职信、面试中也是如此，实习也非常契合。这样的简历与经历会让招聘方觉得他非常用心、非常优秀。并且他在面试中对于该求职方向的问题了然于胸，上来就直接谈做过什么项目，这样会让人觉得他可以直接展开工作，进而迅速录用这种类型的人才。这就是专注的力量；没有人可以精力充沛到面面俱到，想要变得优秀且卓越，必须专注，别无他路。不管能否得到相关的实习经历，专注一个领域，你都可以有针对性地得到显著的改进与提高。既然在其他方面（就读学校或实习经历）并不出众，甚至说处于劣势，你就必须在得到的少数面试机会中，达到令人难忘甚至惊艳的程度。

就像作家李尚龙所言，“在这个世界上，没有什么是只要努力就一定能成功的。毕竟努力的人很多，在大城市，最不缺的就是梦想，最不差的就是优秀的人。可是，你优秀又能怎么样，每个人对于优秀的评价又不一样，既然优秀不够，就让自己无可替代吧。而做到无可替代的方式有两种：一是做别人不愿意做的事情；二是把别人都能做好的事情做到卓越。这样的人，才是这个社会真正需要的”。笔者深以为然。做别人不愿意做的事情，可以包括很多方面，比如拉下脸皮求师兄师姐推荐，或者勤奋地去宣讲会现场帮忙并努力给招聘人员留下好印象，再比如花费大量的时间，细致地准备某一个方面的知识和技巧等。至于把别人能做好的事情做到卓越，一是需要细心、踏实、肯干，二是需要在某一方面付出大量心血。

所以笔者认为，即使你现在已经开始参与校招，即使你每天要填大量的网申，跑大量的宣讲会，甚至参加大量的笔试和面试，也要时常停下来思考一下自己想要做什么，又擅长做什么，这非常重要。举个例子，我曾经和一个朋友一起给某高校的同学做在线分享，当时我和他的角度完全不同。我坚定地认为研究所的门槛比投行高，而他却坚定地认为投行的门槛比研究所高，其实根本原因就在于我是学法律的，而他是学理工的，双方正好擅长对方觉得门槛高的行业。所以你所喜欢的很多时候并非是你所擅长的，逆向选择确实会很痛苦。正如选择你最爱的人还是选择最爱你的人，这中间面临着许多权衡，但早一分钟想清楚，进而对目标倾尽全力，做到专注，很多时候会豁然开朗。即使错过很多其他方面的机会，但至少你的内心不会动摇。

杂　谈

1. 身边的例子

历尽千辛，最终得善终。身边很多人吃了很多的苦，但绝大多数不放弃不妥协，最终都获得了较为理想的 offer。举两位女性小伙伴的例子，都很不容易。Y 同学 TOP 4 名校 +CPA+ 超好的实习经历，求职历经坎坷，一直到 2015 年 5 月才确定 offer，最终入职某银行总行投行部。另外一位海归小伙伴，情系二级市场，被某卖方研究所欺骗，直到毕业后六个月左右，才最终确定在某公募基金担任 TMT 研究员。

曲线救国，后来居上。有的时候不怕目标定得高，只要你够坚定，机会一定会垂青于你。笔者是学法律的，很多身边的朋友一开始很难进入很好的券商，但是因为够有决心，从律所非诉业务入手，后来都陆续被券商挖走，甚至做得非常优秀，迅速成为骨干。另外，券商研究所也有大量实业出身转行过来的人，做得非常优秀。唯一担心的就是你总是动摇、退缩，忘记了自己最初的理想。

不一样的世界，也很精彩。其实许多人并不一定适合金融业，在其他行业或许真的可以做到更好。比如有的人喜欢钻研问题，天生是做科研的料；有的人慧眼独到，是从商的潜力股。潜伏在金融小伙伴上海校招一群里的某著名研究所一位非常令人钦佩的HR老师，对一位理工科的小伙伴询问的实业与金融问题的回答让人印象深刻："实业（科研），很多时候做的是从0到1的事情；而金融，更多做的是从1到1.5的事情"。

确实，金融业并不直接创造财富，更多的时候是将资金配置在更有效率的地方。所以我们可以说，金融业做得好，可以让我们的生活变得更好，但真正推动社会变革的，是那些致力于"从0到1"的人。虽然其他行业的待遇和发展或许很难比得上金融业，但是仍然值得去追求。笔者出身于法律专业，混迹于金融圈，早已经忘记了当初做律师伸张正义的理想，但是心中由衷地钦佩那些以社会变革为己任的同学。

2. 大平台 VS 小平台

这个问题见仁见智，但是如果有人问我这个问题，或者是类似"小券商能不能去？"这种问题，我一般都会直接回答：其实你更应该考虑你的直属领导或者团队怎么样。事实证明，一个好的团队，远比单纯的公司背景对人的影响大。大平台不乏很烂的团队，小平台也有非常厉害的团队。如果有选择，可以考虑的话，优先按照此标准进行筛选。如果确实没有信息可参考，同等条件下还是建议选择大平台，一方面可以接触到更多的资源，如大项目、优质客户等，另一方面跳槽的时候大平台的名气可以使你的职场之路更加顺畅。小平台是不是就一定不如大平台？其实也不然。一般来说，小平台人才相对没有那么溢出，可能更容易尽早深入项目，受到重用的话也可以更快成长，迅速地独当一面。等到具备若干年工作经验，在金融业大小平台间切换，并不会很难。

3. 关于金融业的待遇

很多同学都会问这个问题，如果得到的是一个较为模糊的答案，还会继续追问到底是多少、税前还是税后、福利怎么样、奖金有多少等，着实有些让人无语。

笔者认为，应届生其实根本没必要太看重所谓的待遇问题。当然不是说金融业的待遇不好，或者说喜欢钱不对，而是你的眼光不能被这些小钱所局限。

某位大哥曾经说过这样一番话，我觉得很有道理。“金融业就是这样一个‘嫌贫爱富’的地方，应届生一无所有，工作前几年都需要我来培养你们，所以不管我给多少钱，一堆优质的学生都会抢破头”。这也解释了为什么很多金融业单位的核心岗位给应届生的待遇都不太高。但是你会发现，只要能力强、有积累，之后的成长会非常迅速。所以说，如果是核心岗位，别管底薪是给 8 000 元还是给 5 000 元，甚至是给 800 元都一定要去，只要是你所喜欢的，又是金融业的核心岗位。等到你成长起来，市场一定会给你一个公道的价格！

结　语

说这么多，其实主要是希望大家不要气馁。但校招成功的确很难，因为校招本来就是地狱模式，简易模式都被别人提前选完了。

正如前文所说，校招这段经历对你心智的磨炼，对你人生的成长，都是非常有价值的。还记得你的高三吗？当时是不是充满了担忧和郁闷？但是如今回想起来，留下的更多是美好而充实的回忆。因为在那时，人生难得有一个确定的方向，所有人都在朝这个方向努力，心无旁骛，勇往直前。校招同样如此，将来的你，很有可能会很怀念这段时光。预祝大家求职成功！

致　谢

JOB HUNTING GUIDE
How to Get a Great Job in Finance

这一路走来，要感谢各位的关注与信任。每日推送文章收到的点赞与分享，每次线上活动收到的鼓励与感谢，每次线下活动现场的欢声笑语与觥筹交错，一直都是我们前进的最大动力。

这一路走来，要感谢各路金融职场精英的鼎力相助。你们无私的分享，帮助许多迷茫的同学明晰了前进的方向，也让平台获得了更多的关注。感谢你们在繁忙工作之外的付出，你们是值得钦佩的！

这一路走来，要感谢各个运营团队成员的辛勤耕耘。每天大家都为了更多地提供信息，更好地组织活动、提供服务去努力，分工合作，互相帮助与交流，共同打造了这个气氛融洽、能量无限的平台。熬夜写分享材料，清晨赶着推送，讲座录视频录到手僵……点点滴滴都令人难忘。感谢大家一直以来的坚持、信任、相濡以沫与担当！

金融小伙伴，成长永相伴。短短十个字简明扼要，铿锵有力，掷地有声。我们每一步的前行都战战兢兢，如履薄冰。从知道到做到，从想要到实现。隔着十万八千里的西天取经。重要的是，总算上路了。充分的思想准备，空杯的心态，落地的执行力，曲曲折折，永不停步。记不清有多少个夜晚，深夜打电话沟通书稿中的问题，或是因一处引用错误，或是因一处表述缺少图表。幸福吗？幸福。痛苦吗？痛苦。值得吗？当然值得！从小小的远景，到强烈渴望改变现状，无论遇到什么困难和阻碍，我们都抱定信念，要做一件对人、对时代、对生活，有巨大意义的事。编撰团队刚开始确定编写本书时，经反复讨论达成共识：一定要提供一本严谨的、接地气的求职指南。大家都还很年轻，是中国未来金融业的中坚力量。这部求职指南是我们送给大家的礼物，也是对我们过去的一个阶段式的纪念。

这本书到底如何，不是我们说了算的，需要大家用心去阅读和评析。在这里，真切希望各位翻阅者为我们提出宝贵建议。可以通过邮箱或者微信的方式与我们编撰团队联系。

最后，谨向为本书作序的业界前辈管清友先生、张建平先生、周金涛先生（已故）、孙刚先生及曹凌松先生表示衷心的感谢，他们在中国金融界资深望重，能为本书写序实在深感荣幸。特别鸣谢苏齐忆（杜伦大学）、贺立（南开大学）、蒋奕琳（东华大学）、杨俊丰（南京大学）、陈关武（武汉大学）、郭祎姮（上海财经大学）、蒋丽（南开大学）、韩育哲（天津大学）、席可欣（南开大学）、刘素雅（同济大学）、李振江（复旦大学）、袁军（重庆大学）、王方舟（北京大学）、龚晴（上海财经大学）等同学在初稿撰写、书稿排版和布局以及细节校对中做出的贡献。还要特别感谢出版本书的中国市场出版社，感谢为本书付梓付出辛勤劳动的白琼、张瑶等编辑。

再次对大家的关注与支持表示诚挚的谢意！金融小伙伴将陪你走更远的路，看更大、更美的世界。

后 记

JOB HUNTING GUIDE
How to Get a Great Job in Finance

作为金融圈的“新人”，也曾经怀疑过，我们到底有没有能力写出一本无愧于读者的书。从专业上看，金融行业范围广阔，大的方向涵盖一级市场和二级市场，子行业有银行、证券、信托、保险、基金、私募等，工作内容涉及财务、法律、投资、研究等。在目前市场上，即使仅想初览行业全貌，也少有书籍可以做到。

集众人所长，本书最终顺利完稿，并且此次进行了增订修改。如前所述，本书是我们共同努力后的阶段性成果，囊括了我们在金融领域求职和从业的经验和教训，力求让此前对金融业一无所知的人，通过仔细地研读本书，能对整个行业有一个大致的了解。

我本是一名政法院校的法科学子，后“误入”金融业，在目前不长的职业生涯中跌跌撞撞，却一发不可收拾。学生时代，碍于法律科班出身，身边同学多立志从事律师及公检法行业，故一直缺乏日常可以交流业务、共同成长的小伙伴。偶然的机会有幸加入“金融小伙伴”这个大家庭，认识了天南地北各个学校、各个学科的精英，也感受到了来自“家庭”非常强烈的幸福感。我们时常被问及日夜坚持运营金融小伙伴的原因，理由简单而又丰富：和一群优秀的人向一个共同的目标一起前进。在职业生涯的早期，非常幸运地结识了这么一群志同道合的朋友，大家虽就职于不同的金融机构，业务不甚相同，但彼此心心相念，交流无间。

关于我们一起创立的平台，我觉得如下几点值得骄傲，能有这样的团队，我三生有幸。

不“装腔作势”的氛围。深以为，其实每个人的心中，都有一只“装腔作势”的小怪兽。许多平台最初的做法，可能更多的是以标签定人，以学校和专业为门槛准入条件。只有“金融小伙伴”一直致力于做最亲民、最友善的组织，只要你有一个金融梦，小伙伴们都会欢迎你。在这里可以愉快地和不同学校、地区的人交流学习，汇聚信息，拓展合作，可以为那些想从事金融业的同学及朋友提供我们力所能及的帮助，这种满足感和充实感让我感到愉悦。当然，我之所以如此喜欢这个平台，可能也与自己非名校出身有关。这种没有标签的感觉，确实自在。

不求回报的态度。到目前为止，基本上平台运营的所有工作人员都是无偿在为平台工作，不喊苦不喊累，经常加班到深夜，很多兼职同学白天也都在繁忙的实习中。无论什么人有需要，基本上都可以很轻易地找到我们每一个负责人。让我印象深刻的一件趣事是，在第一次全国性聚会前，许多工作人员虽素未谋面，却默契地工作了一年多，彼此成为最熟悉的陌生人。真正在见面时说得最多的话是：“原来你长这样呀！”不禁让人感叹，“缘”，妙不可言。

不断进步的成果。从最早的几个人捣鼓每天发什么，到现在有成套的工作流程，总运营工作及线下人员共计上百人，随着平台的壮大，我们的影响力也在与日俱增。比如在小金窝的筹划、推广、宣传过程中，从细节的字体颜色、宣传口号拟定，到最终定出方案，大家都全程参与、热烈讨论，于是就有了大家眼前的小金窝 APP。我们在职人士都是活跃在金融圈的“民工”，日常的工作和大家想象的一样，真的很忙，也经常加班，但是看到微信群里及小金窝网站里那些问题都会随手回复一下，一同参与最终选文评审，一起为头条选题提意见。这样的生活，着实丰富。

能够帮助别人，我真的很快乐。同时也衷心感谢每位在金融路上认识的朋友。衷心希望我们的努力能使得你的金融之路走得更顺一点。金融归零，你我都是新人，一起加油吧！

邹永胜

金融小伙伴创始人之一